成本管理会计与企业决策分析

李跃升 著

人民邮电出版社

北京

图书在版编目（CIP）数据

成本管理会计与企业决策分析 / 李跃升著. -- 北京：
人民邮电出版社，2019.10
ISBN 978-7-115-50976-5

Ⅰ. ①成… Ⅱ. ①李… Ⅲ. ①成本会计 Ⅳ.
①F234.2

中国版本图书馆CIP数据核字(2019)第049777号

内 容 提 要

　　成本管理会计是成本核算与经营管理的结合，其成本预测和决策职能是区别于传统会计的一个重要标志。本书深入浅出、通俗易懂地剖析企业成本的发生过程，预见成本管理问题，并从生产过程入手，讲解如何进行成本控制，如何将会计与业务管理结合起来，为经营管理服务，为决策分析指明方向。

　　全书有4部分共12章：第1部分阐述成本入门基础，包括管理会计与财务会计的区别与联系、成本因素分析等内容；第2部分阐述成本核算基础，包括成本核算的方法、财务会计的完全成本法核算与管理会计的变动成本法核算等内容；第3部分探讨成本决策方法论，包括本量利决策分析、生产决策分析、产品定价决策分析、经营收付款决策分析等内容；在成本决策方法论的指导下，第4部分系统阐释"全面预算是基础，差异分析是手段，绩效评价是措施"，以实现企业的成本管理目标。

　　本书主要面向的读者：一是已进入管理会计、成本管理会计领域的专业人士；二是有志于改善成本管理水平的企业管理人员；三是尚未转型的财务会计人员；四是对成本管理感兴趣的人士。

　◆　著　　　　　李跃升
　　　责任编辑　　郭　媛
　　　责任印制　　周昇亮
　◆　人民邮电出版社出版发行　　北京市丰台区成寿寺路 11 号
　　　邮编　100164　　电子邮件　315@ptpress.com.cn
　　　网址　http://www.ptpress.com.cn
　　　大厂聚鑫印刷有限责任公司印刷
　◆　开本：700×1000　1/16
　　　印张：24　　　　　　　　　　　2019 年 10 月第 1 版
　　　字数：442 千字　　　　　　　　2019 年 10 月河北第 1 次印刷

定价：69.80 元

读者服务热线：(010)81055296　印装质量热线：(010)81055316
反盗版热线：(010)81055315
广告经营许可证：京东工商广登字 20170147 号

为什么要写这本书

高毛利、粗放经营的时代已然离去；竞争激烈、管理精细化的时代悄然来临。企业在重视从外部客户赚取收入的同时，也重视内部成本费用绩效管理，这就要求企业着力从内部管理上挖掘潜力。由此可以看出，管理会计的重要性越来越得到彰显。

随着企业管理意识的增强、ERP（Enterprise Resource Planning，企业资源计划）等信息化管理手段的丰富、财务共享中心的建设，管理会计人员的数量在逐渐增加。

在管理会计中，成本管理是最重要的组成部分，但也常令众多财会人员、企业管理人员感到困惑。本书的目的是深入浅出、通俗易懂地剖析企业成本的发生过程，预见成本管理问题。本书从生产过程入手，讲解如何进行成本控制，将会计与业务管理结合起来为经营管理服务，帮助大家理解并运用成本管理会计知识，为解决成本管理问题指明方向。

关于财务会计与管理会计的联系与区别，本书也会重点阐述。如果本书能够系统、简明地说明相关道理，启发读者思路，提升读者信心，建立起读者与作者之间的信任关系，笔者欣慰之至。

本书有何特色

1. 图文并茂，直观剖析

除了运用举例、类比、比较的方法外，本书还尽量采用图形、表格与文字相结合的方式解读成本管理会计，直观地剖析成本。

2. 循序渐进，深入浅出

本书在章节顺序上力求逻辑严谨，在语言组织上力求通俗易懂；在内容讲解上运用类比或举例的方式，细化地剖析成本，为管理成本会计指明方向。

3. 来龙去脉，原理讲解

理解成本的来龙去脉，有利于运用成本管理会计知识，为成本管理会计实务献计献策。本书从原理角度进行讲解、推导，力求让读者知其然更知其所以然。

4. 系统梳理，厘清思路

本书将成本管理观念在企业管理系统中展开，系统性地梳理生产经营过程中的成本，以便厘清成本管理思路。

5. 业财融合，成本专家

本书力求从促进财务与业务融合发展的角度进行讲解，希望读者能在企业中扮演成本策略专家的角色。

本书内容

本书分为 4 部分。

第 1 部分　成本入门基础（第 1 ~ 3 章）。

第 1 章开篇介绍了企业如何分阶段经营，读者如何分类别认识企业经营的决策信息，为引出成本管理会计做了铺垫。管理会计与财务会计之间的渊源日久，第 1 章介绍了管理会计与财务会计的区别与联系，有利于读者理解成本管理会计如何为企业的经营管理服务。

企业进行成本管理，需要了解成本的构成，进行成本因素分析。第 2 ~ 3 章重点向读者介绍成本认知语言，企业的成本类别，每类成本与成本核算、预测、决策之间的关系。知晓产品成本的构成要素，生产产品直接发生的直接材料、直接人工、直接费用以及间接费用，细化认识成本要素，才能探讨如何进行成本管理。

第 2 部分　成本核算基础（第 4 ~ 5 章）。

如想控制成本，需要熟悉成本的发生过程及结果，以便从源头上控制。成本核算能够反映成本的发生过程及结果，不同的成本核算方法反映的效果不同，企业应慎重选择成本核算方法。

第 4 章介绍成本核算的品种法、分批法、分步法，以及在成本核算体系中如何反映废品损失、停工损失、残料收入、处置成本、出品率等生产管理的过程和结果。

第 5 章介绍财务会计的完全成本法核算和管理会计的变动成本法核算。

第 3 部分　成本决策分析（第 6 ～ 9 章）。

第 6 ～ 9 章探讨成本决策方法论，即本量利决策分析、生产决策分析、产品定价决策分析、经营收付款决策分析。

第 4 部分　差异绩效评价（第 10 ～ 12 章）。

在成本决策方法论的指导下，成本决策意识的觉醒需要营造成本环境氛围，培养全面预算意识、差异分析意识、绩效考核意识，这绝非一朝一夕之功。为了实现全面成本管理的目标，须全员协同持之以恒地努力。

本部分的核心是实现企业的成本管理目标，在这部分内容中，全面预算是基础，差异分析是手段，绩效评价是措施，这三方面内容分别在第 10 ～ 12 章予以讲述。

适合阅读本书的读者

❑　已进入管理会计、成本会计领域的专业人士。

❑　尚未转型的财务会计人员。

❑　致力于会计研究的学者。

❑　有志于改善成本管理水平的企业管理人员。

❑　对成本管理感兴趣的人士。

阅读本书的建议

❑　没有成本管理会计基础的读者，建议从第 1 章开始顺次阅读。

❑　有一定成本管理会计基础的读者，可以根据自身实际情况有重点地选择阅读。

❑　前 5 章是成本管理会计的基础，后 7 章是成本管理会计的应用，读者在阅读前可先浏览目录，对章节内容的结构有大概的认识，这样阅读效果会更好。

第3章 成本要素 / 54

第6章 本量利分析决策 / 167

第 10 章　全面预算 / 257

第 11 章 差异分析及控制 / 306

第 12 章 业绩评价及绩效考核 / 321

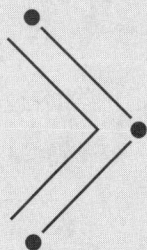

成本管理会计概述

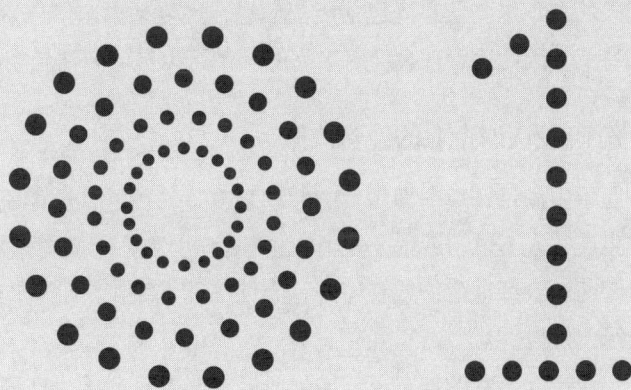

企业开展经营业务活动，离不开物流、资金流的循环。企业在经营过程中，需要在复杂多变的市场环境中进行决策。信息化时代的企业家需要了解企业经营活动内外信息，熟悉企业的真实情况，在掌握相关信息的基础上进行决策，信息流管理对于决策十分重要。

企业信息流犹如遍布全身的神经系统，为人脑决策及时提供信息。企业信息流通常分为业务信息流与财务信息流，ERP 系统像神经系统一样整合了这些信息流。ERP 系统反映经流程梳理后的常规信息流，但企业还存在复杂的特殊决策，如特殊订单决策，这就需要管理会计提供指导决策进行系统化思考的方法论信息流。

在竞争激烈的今天，成本优势是体现企业竞争力的一个重要方面。成本管理会计提供了获得成本优势的系统化思考方法，这有助于企业进行决策，实现经营管理目标。

1.1　认识企业的经营与决策

企业的经营表现为人力资源管理下的物流与资金流运动，也就是人、财、物的经营管理。同时，信息流可以反映企业经营状况。企业经营需要决策，决策时需要考虑相关信息，这些信息既包括历史信息，又包括未来信息。面向未来是管理会计的突出特点，因此，管理会计对未来的决策可以提供方法论指导。

1.1.1　分阶段认识企业的经营决策

企业希望满足订单交期需要的劳动强度是均衡的，这样既有利于安排生产，也可以使生产工人不过于劳累或轻闲。生产部门负责人希望有条不紊地连续均衡生产，而不希望断断续续地生产或者停产。会计核算上将正常的生产经营这一基本前提称为持续经营假设。

在企业持续经营的情况下，如果要最终确定企业的生产经营成果，只有等到企业歇业后才能核算盈亏，这显然不符合决策对信息的及时性要求。因此，需要将企业持续经营的生产经营活动划分为一个个连续的、长短相同的期间进行分期核算和反映。可见，在持续经营的前提下，有必要人为地进行会计分期假设，如将月度作为会计期间。

同样的道理，为了便于分析决策，有时也有必要对持续生产经营过程中的每一个订单进行单独核算反映。不过，这里所说的单独核算反映，无须再将订单按照期间进行人为划分，因为订单本身就能分期间反映。按简化情况来看，如果企业从开业至今仅接了一个订单，并且订单已经完成，那么关于这个订单的经营周期如图 1.1 所示。

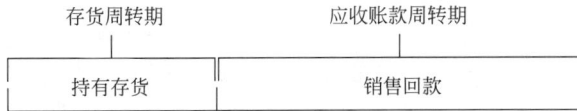

图 1.1　存货 + 应收账款经营周期

图 1.1 表示企业接到客户订单后，马上向供应商订货组织原材料，从收到第一笔原材料开始，直到生产领用原材料、生产出产成品并入库、按销售订单要求发给客户为止，这段时间企业一直持有存货，故称之为存货周转期。

产成品按销售订单要求发给客户，企业享有应收客户货款的权利，这时应收账款已经产生，直到赊销信用期结束，企业实际收到客户的货款为止，这段时间反映了企业资金一直占用在应收账款上，故称之为应收账款周转期。

为了简化，以交货作为收入及应收账款的确认时点。因此，经营周期可用如下关系式表示：经营周期 = 存货周转期 + 应收账款周转期。

如图 1.2 所示，企业购入原材料，但没有马上支付货款，因为供应商给了企业付款账期。企业从原材料入库并承担付款义务开始，直到支付货款为止，这段时间反映了企业赊购原材料期间，故称之为应付账款周转期。企业从支付供应商货款开始，直到收到客户账款为止，这段时间反映了现金收付周转期间，故称之为现金周转期。

图 1.2　应付账款 + 现金经营周期

因此，经营周期也可用如下关系式表示：经营周期 = 应付账款周转期 + 现金周转期。

图 1.1 所示经营周期从原材料入库开始，直到收到客户账款为止。图 1.2 所示经营周期从原材料入库并承担付款义务开始，直到收到客户账款为止。因此，将图 1.1 与图 1.2 综合在一起，如图 1.3 所示。图 1.3 所示经营周期可用如下关系式表示：经营周期 = 存货周转期 + 应收账款周转期 = 应付账款周转期 + 现金周转期。

图 1.3　经营周期

经营周期代表企业经营活动的营运效率，经营周期越短，代表企业营运效率越高、营运能力越强。缩短经营周期的策略是缩短存货周转期或缩短应收账款周转期，或者两者同时缩短。另外，前文的公式可变形后得出如下公式：现金周转期＝经营周期－应付账款周转期＝存货周转期＋应收账款周转期－应付账款周转期。

这个公式对于经营活动的指导意义在于缩短现金周转期，以减少资金占用。因此，企业可以通过缩短存货周转、缩短应收账款周转期、延长应付账款周转期来缩短现金周转期，提高现金使用效率。

图 1.3 所示是企业先支付供应商货款而后收到客户货款的情况。采用现金销售的企业，往往表现为先收到客户货款而后支付供应商货款，其经营周期表现如图 1.4 所示。

图 1.4 这种情况表现为没有应收账款周转期，应付账款周转期大于存货周转期，故现金周转期为负数，这也是利用供应商的资金进行周转的情形。零售业、快餐业企业可能出现这种情况。但在当今的信用社会，采用现金销售的企业并不多，企业或多或少存在赊销，这类企业的经营周期表现如图 1.5 所示。

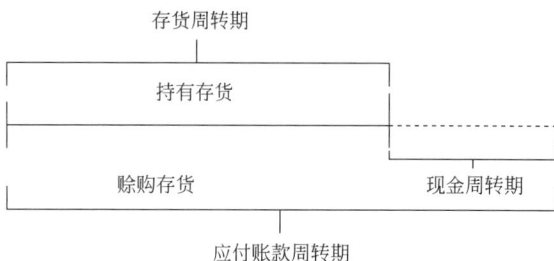

图 1.4　无应收账款周转期的经营周期

图 1.5 所示的经营周期中，企业先收到客户应收账款而后支付供应商应付账款，相比图 1.3 的情况，图 1.5 中的企业缩短了应收账款的账期，延长了应付账款的账期，有利于企业的资金运转，减小资金压力。

如果企业能够将收付款的信用期配合起来，也能减小资金压力，如有些销售方比较强势，与供应商约定付款条款时，采用"背靠背"合同方式，也就是当销售方

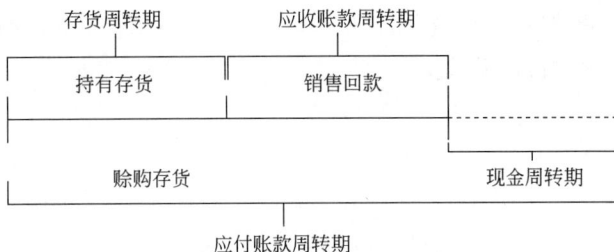

图 1.5 有应收账款周转期的经营周期

收到客户的货款时,才会支付给供应商货款,这时销售方无垫款的资金压力,没有现金周转期。这类企业的经营周期表现如图 1.6 所示。

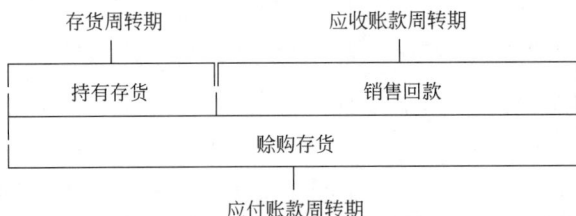

图 1.6 无现金周转期的经营周期

关于赊购、赊销信用期的谈判,体现了购销双方之间的竞争地位。例如,销售方的产品在市场上具有明显的优势地位,竞争对手少,则销售方谈判时比较强势,赊销信用期可能较短;如果销售方的产品在市场上属于大众化产品,竞争激烈,则购买方谈判时比较强势,赊销信用期可能较长。图 1.7 所示的经营周期反映了供应商比较强势的情况。

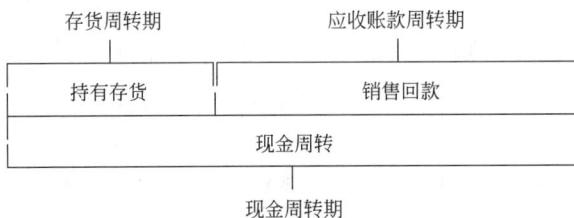

图 1.7 无应付账款周转期的经营周期

图 1.7 中,企业没有应付账款周转期,即采购业务全部使用现金,现金周转期较长,企业资金压力较大。

以上是以一个订单的购销活动来进行阐述的,但企业往往采用项目或批次来核算订单。因此,每一个订单从材料采购直到收回客户货款的时间,可以称为项目周期。例如,生产定制化机械设备的企业,每台机械设备都可能有差异化的特点,技术设计、生产成本方面均有差别，因此企业有必要分项目或批次进行核算，通过对项目周期的总结来改善未来的订单需求。

企业经营需要总体的宏观管理思想，需要知道整个项目周期实际用了多长时间，与预期标准时间比较如何。如果实际超过预期，则需要细化分解，如需要知道是因为存货周转期较长，还是因为应收账款回款较慢造成。如果企业存货周转期超过预期，如何利用总分思想进行针对性地管理决策呢？

实施精细化管理的企业可以对存货周转期再进行细分，例如，图 1.8 将存货周转期细分为原材料周转期、产品生产期和产成品储存期，有利于针对存货周转期较长进行细化的因素分析。将存货周转期进行细分，可以知道存货周转期超过预期是由于部分原材料没有及时到货而不能齐套投产，还是由于生产工人不熟练造成了生产期较长，抑或是由于提前生产造成了产成品放置太久，分析出具体原因，以便加以改善。

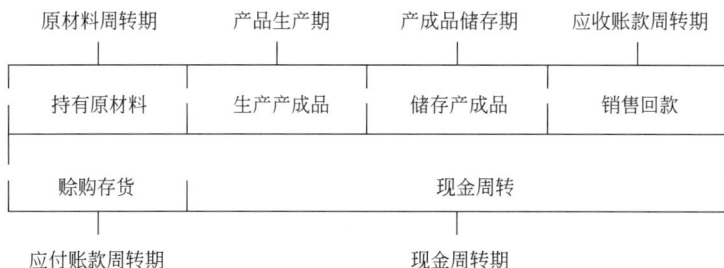

图 1.8　三分存货周转期的经营周期

图 1.8 针对的是以产品交付作为收入确认时点的企业，但现实中，对于产品相对复杂的企业，产品交付后还需要为客户安装调试。例如，有些机械设备安装调试要求较高，只有在安装调试验收合格后，才能作为收入的实现、享有应收账款权利。这时存货周转期增加了一个时间段，称之为安装调试期。这类企业的经营周期表现如图 1.9 所示。

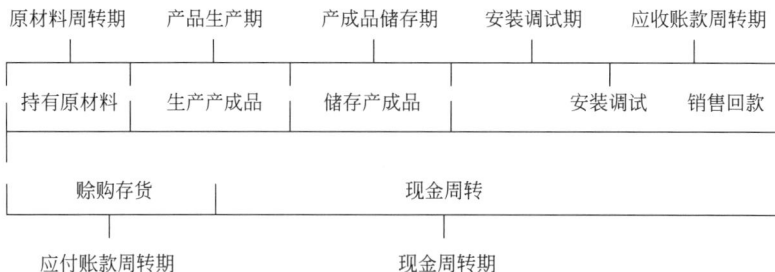

图 1.9　四分存货周转期的经营周期

对项目周期进行细分，可分析哪个时间段耽搁了时间，以利于未来加以改进。时间是有成本的，这样的分析有利于成本管理。

1.1.2 对应各个经营周期的成本管理核算

下面从项目经营周期入手，介绍如何进行成本管理。

（1）针对原材料周转期，企业需要从源头上控制采购成本，决定每次应在什么时点采购，采购的原材料数量应为多少。

（2）针对产品生产期，企业需要细分成本要素进行控制。原材料的领用耗费需要通过表单控制领用数量，并加强盘点稽核，通过假定发出原材料的计价方法进行领用单价的核算；人工成本控制需要规划职工薪酬结构，通过激励措施及表单制度规范来提高职工生产效率；制造费用是通过单一标准还是通过多标准分配给成本核算对象，会影响产品成本核算的准确性。

（3）针对产品生产期，企业需要在核算出产品成本的基础上控制生产成本，要在品种法、分批法、分步法、分类法等成本核算方法之间进行选择；控制物耗的重要方法是减少废品率，因此，要明确废品损失如何核算，残料如何核算，残料、废品是否需要花费处置成本。控制人工成本及提高设备利用率的重要方法是减少停工损失，因此，企业也要明确对停工损失如何核算。

（4）针对产成品储存期，企业希望生产出来的产成品能马上发给客户；针对安装调试期，企业希望尽快验收，并减少安装调试成本。

（5）针对产品生产期，企业既要应用财务会计对外核算的完全成本法，又要应用管理会计对内核算的变动成本法。

（6）针对应收账款周转期，企业应做好应收账款信用及收账管理，在从管理会计视角核算应收账款机会成本、管理成本及坏账成本的基础上，对客户赊销的信用期长短进行决策，对选择何种现金折扣政策以尽快收回货款进行决策。

（7）针对应付账款周转期，企业应重点应用管理会计知识进行放弃现金折扣的信用成本测算，并与资金成本进行比较，从而对放弃还是享受供应商提供的现金折扣进行决策。针对现金周转期，企业应明确如何确定账户上的最佳现金持有量，如何管理短期有价证券，以便保持一定的流动性和盈利性。

以上的成本管理内容，会体现在本书的后续内容中，其与各章对应关系如表 1.1 所示。

表 1.1 经营周期管理与各章对应关系

具体内容	对应各章	备注
（1）、（2）	第 3 章	
（3）、（4）	第 4 章	

续表

具体内容	对应各章	备注
（5）	第 5 章	
（6）、（7）	第 9 章	

1.1.3　多个订单或项目同时进行的经营周期

前文以一个订单的项目经营周期为出发点，总结了利用成本管理会计需要解决的管理问题。为什么仅以一个订单的项目经营周期来阐述，一个订单怎么能叫周期呢？企业可能是多元化经营、多品种持续经营生产的，因此，往往是多个订单或项目同时进行的，这种情况下应如何进行成本核算呢？

多个订单或项目同时并存，周而复始经营下去，才有周期的概念。前文按一个订单的项目经营周期来探讨成本核算管理，并不影响理解，而且可以简化经营。

如何看待经营周期？实际上，可以将企业经营周期看作多个订单或项目的加权平均周期。每个项目周期，可以通过 ERP 系统中关键节点的分析统计求得。但有时因项目多，某些节点也并不容易找出，采用加权平均法计算经营周期是一件苦差事，于是，往往采用简化方法来解决。

例如，存货周转期如何计算理解？企业经营是持续的，是多个项目同时生产经营的，而且每个项目的完工程度不同，因此，每个时点企业仓库内均有存货。企业的存货周转期就是指多长时间能将企业仓库内的存货销售出去，用公式表示如下。

$$存货周转期 = \frac{平均库存}{平均每天销售成本} = \frac{（期初库存 + 期末库存）/2}{期间销售成本 / 期间天数}$$

按照这个公式，存货周转期可以理解为企业平均库存按平均每天销售存货的速度，可以多少天销售出去。计算得出的天数就是存货周转期，即存货平均周转一次所需要的时间。

也可用类似的方法计算应收账款周转期，再计算经营周期。企业将计算出的经营周期同以前年度比较或与同行业的公司比较，可以整体把握企业经营管理情况可以整体把握企业经营管理情况，实现经营目标。

这里仅举例说明了存货周转期的计算，其他周转期的计算将在第 12 章讲述，这里仅介绍如何计算的总体思想。成本管理会计的理念并不局限于结果，也不局限于最终公式，而是要知道公式是怎么推出导出来的。理解了来龙去脉，才能举一反三地锻炼思维。

经营可以分阶段看待，决策也可以分层次梳理。对于企业来讲，如何实现企业价值的增值是企业的长期决策，那么从短期来看，如何实现年度盈利是对长期决策的分解。对如何实现年度盈利还可以再进一步分解为如何实现年度销售目标、成本控制目标等。在此基础上，还可以将上述目标进一步分解到企业的每个部门、每个生产班组、每个人，以便支撑企业总体的长期决策。

有了结构、层次，决策才可能更清晰，决策人员或企业才可能更有格局。从层次角度，决策可分为战略决策、战术决策和运营决策。

战略决策由企业高层管理者做出，总经理、副总经理、财务负责人、董事会秘书等往往是企业高层管理者；战术决策由企业的中层管理者做出，企业的中层干部，如行政部经理、销售部经理等部门经理往往是中层管理者；运营决策由基层管理者或监管人员做出，如生产班组长往往是基层管理者。企业管理决策类型及对应决策者举例如表 1.2 所示。

表 1.2　企业管理决策类型及对应决策者

决策类型	决策者层级	决策者举例
战略决策	高层管理者	总经理、副总经理、财务负责人、董事会秘书
战术决策	中层管理者	行政部经理、销售部经理
运营决策	基层管理者或监管人员	生产班组长

1.1.4　分类别认识企业的决策信息

决策与信息密不可分，决策时如果没有充分的信息支持，做出的决策难以让人信服，更难以统领下属走向成功。

为什么要重视信息？这是由决策的重要性决定的。如果从了解信息角度来看，很明显，不合理的决策很难令人信服、得不到支持的。决策能够走向成功，互相信任下的合作是前提，只有这样方向才能一致，才可能使企业走出困境。

信息可分为描述性信息、评价性信息、规范性信息。描述性信息是对客观事物运动状态和变化的描述，如企业的产品高一米；评价性信息，是对客观事物运动状态和变化的一种主观评价如企业高一米的 A 产品经久耐用；规范性信息，是企业从生产制造到产品销售每个流程、环节的规矩和标准，如将 A 产品生产成合格产品的依据标准是国家标准。

将信息分类为描述性信息、评价性信息、规范性信息，便于从企业经营活动的描述、评价、控制规范入手，进行分析决策，进而改善企业经营效率和效果。在对企业经营活动的描述、评价、控制规范方面，会计起了很大的作用，会计信息举例与信息分类对应关系如表 1.3 所示。

表 1.3　会计信息举例与信息分类对应关系

序号	会计信息	信息分类
1	财务会计对于企业历史时点状态和历史经营活动成果的描述	描述性信息
2	财务分析对于经营活动成果好与坏的评价	评价性信息
3	会计内部控制对于完成既定目标采取的约束与监督措施	规范性信息

会计支持信息既需要有历史的财务会计信息，也需要有预测的管理会计信息。财务会计信息侧重于对企业经营活动的历史性描述，说明企业经营活动是怎样开展的、过去取得了什么样的成果、目前的状况如何；管理会计信息侧重于对企业经营活动的分析评价，对企业未来经营活动的预测，面对未来决策选择的方法，以及为完成目标考虑的控制规范措施。

从信息流角度来看财务会计信息和管理会计信息，它们服务于企业的经营和决策，企业的经营与决策也离不开这些会计信息。接下来有必要对财务会计与管理会计的区别与联系进行细致的说明，以便于更好地利用这两类会计信息为企业经营决策服务。

1.2　甄别财务会计与管理会计的关系

中国人讲究对称、讲究平衡协调，会计方面也一样，有对外的财务会计，也有对内的管理会计。

财务会计与管理会计是会计的两个分支。这两个会计分支在服务对象上有所不同：财务会计为外部信息使用者报告财务信息，如为股东、债权人、政府、税务机关等提供信息；管理会计为企业内部的经营管理者提供信息。正是所服务的信息使用者的不同，造成了两个分支的区别。

1.2.1　甄别财务会计与管理会计的区别

如果将企业经营实体比喻为一个家庭，那么财务会计与管理会计的区别，就好像这个家庭具有两面性：家庭每个成员对外在正式场所比较谨慎，说的都是大家能听得懂的普通话，着装比较正式，对外具有统一性；但家庭成员一回到家，关起门来，说的话可能仅有家里人才懂，穿着也很随意，体现出家里生活的灵活性。

正是在服务对象上有所不同这一基本区别，体现出两者的统一性和灵活性的不同。两者在其他方面的不同如表 1.4 所示。

表 1.4　财务会计与管理会计的区别

序号	区别角度	财务会计	管理会计
1	信息时间属性不同	历史性，属于报账型会计	现实性、预测性，侧重于面向未来
2	职能不同	侧重于核算和监督	侧重于预测、决策、规划、评价和控制
3	约束性不同	受会计准则、会计制度的统一性约束	不受会计准则、会计制度的约束
4	验证程序不同	需要公认会计师的外部审计	无须外部审计
5	报告责任不同	属于正式报告，具有法律责任	不具有法律责任
6	计算方法不同	一般数学方法（加、减、乘、除）	大量应用现代数学方法（微积分、线性规划、概率论等）和计算机技术
7	计量尺度不同	统一货币计量	货币计量、非货币计量，如实物量计量、关系量计量（市场占有率、销售增长率）
8	信息精确程度不同	精确，数字必须平衡	相对精确
9	会计报告的编报频率、及时性不同	按规定的会计期间编制报告，即月度、季度、半年度、年度报告；按规定的时间对外报送	不受会计期间的频率限制，可按小时、天、月、年，甚至若干年编制报告；按各级管理者的要求报送，及时性要求更高
10	会计报告的内容不同	采取整体原则，将企业看作一个整体	会计主体的多层次性，可反映企业内部机构、部门等详细情况
11	会计报告的类型不同	对外报送的财务报表包括利润表、资产负债表、现金流量表、所有者权益变动表、财务报表附注等	对内报送的管理报告包括特定决策分析报告、业绩评价报告、控制报告等

1.2.2　甄别财务会计与管理会计的联系

"一母生九子，九子各不同。"财务会计与管理会计的区别是必然存在的。但财务会计与管理会计也存在着一定联系。

财务会计与管理会计的资料来源基本相同，这是两者的主要联系，其他联系如表 1.5 所示。

表 1.5　财务会计与管理会计的联系

序号	联系角度	具体内容
1	两者的最终目标一致	管理会计和财务会计共同服务于企业管理，其最终目标都是改善企业经营管理，提高企业的经济效益
2	实现目标的控制手段相似	监督是财务会计的职能，控制是管理会计的职能，监督和控制相似，均是实现目标的内部控制手段

序号	联系角度	具体内容
3	两者的主要指标相互渗透	财务会计提供的历史性资金、成本、利润等有关指标，是管理会计进行长、短期预测决策分析的重要依据；而管理会计所确定的计划，又是财务会计进行日常核算的目标或标准
4	两者在方法上相互补充	管理会计利用财务会计核算、分析方面的优势去搜集资料、处理资料；财务会计利用管理会计的先进方法简化会计核算，强化会计分析和检查，提供会计信息
5	两者提供的信息具有共同特征	相关性和可靠性是管理会计与财务会计信息的共同特征
6	均可接受内部审计的验证	内部审计人员审计时，既可审计是否遵循了统一的会计准则，又可进行经济效益审计，评价管理层的经营业绩
7	两者对财务报表附注信息的利用	财务报表附注信息要求披露得较详细，管理会计也可利用财务报表附注为内部管理者提供细化的会计信息

管理会计与财务会计的交叉边界，主要体现在内部控制、财务分析和成本管理三个方面。内部控制和财务分析这两方面前文已经提及，接下来讲述成本管理方面。

1.3　剖析成本管理会计的内涵

企业成本管理具有综合性，涉及经营业务活动的方方面面。

1.3.1　领会成本管理会计的内涵

可以这样描述成本管理会计：搜集组织内部关于成本活动的信息，将相关成本归集到产品、服务和存货中去，根据预算、产品成本等信息编制报表。

成本管理是财务会计与管理会计的交叉边界，因为无论在财务会计领域，还是在管理会计领域，都离不开成本管理。成本管理又称为全面成本管理，具有综合性特征。

工业企业全面成本管理包括成本预测、成本决策、成本预算、成本控制、成本核算、成本分析和成本考核。其中，成本核算是全面成本管理的基础，既通过总体成本的核算（如总的生产成本、总的销售成本核算）来满足对外报告和对内宏观决策的需要，又通过细化成本的核算（如总成本中废品损失、停工损失的核算）来满足降低成本耗费水平，改善企业经营绩效的需要。

在会计领域，可将成本会计视为管理会计的重要组成部分。

1.3.2　剖析成本管理会计的内涵

　　管理会计是利用各种财务数据为使用者提供相关信息的会计，使用者利用这些信息做出决策、制订计划，并控制企业的活动。在管理会计利用的信息中，存在大量的成本信息。因此，管理会计中侧重于成本信息的提供与利用的部分，就是指成本管理会计。

　　成本管理会计中常见的要素如图 1.10 所示。

　　成本管理会计涉及的内容如下。

　　（1）生产、销售产品和服务的成本。

　　（2）与特定部门或区域的活动有关的成本。

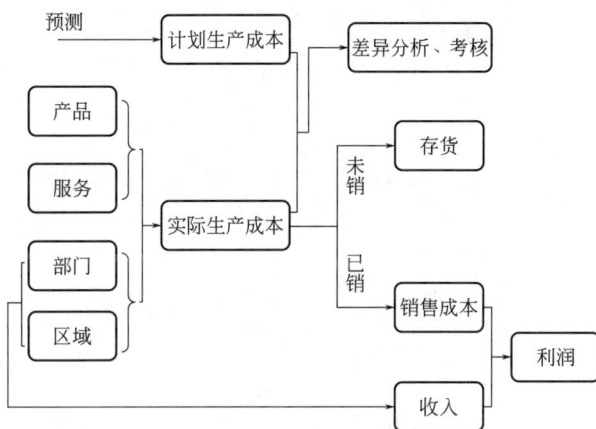

图 1.10　成本管理会计要素

　　（3）企业、某部门或地区获得的收入。

　　（4）企业、某部门或地区获得的利润。

　　（5）每一种产品、服务的收入与成本之间的关系。

　　（6）期末存货的价值。

　　（7）对未来成本的预测、决策。

　　（8）实际成本与计划成本之间的差异分析、控制、考核。

　　因为本书是从工业企业日常经营活动角度讲述成本管理会计，以上所述没有涉及企业筹投资内容。

第 2 章

> 成本分类

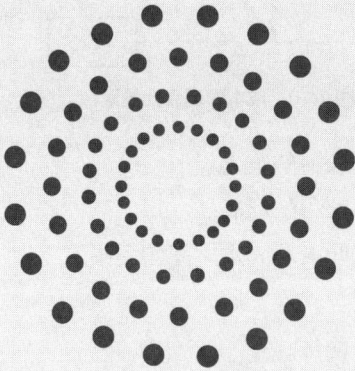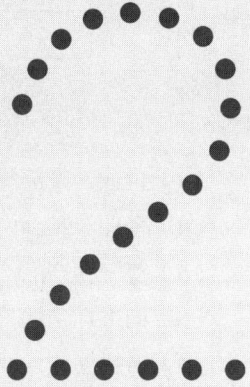

企业为实现经营目标，需要重视成本管理。成本核算是成本管理的基础，核算成本之前须先学习成本分类，熟悉每类成本的含义、特征，以及各类成本之间的区别、联系，以便在理解成本的基础上加以应用。

"横看成岭侧成峰，远近高低各不同。"对于成本，也要站在不同的角度来看。看的角度不同，成本可以分成不同的类别。

以下主要从不同的角度、不同的管理目的分类介绍成本。依次介绍的成本分类有直接成本与间接成本、主要成本与转换成本、生产成本与非生产成本、设计成本与非设计成本、固定成本与变动成本、产品成本与期间成本、相关成本与无关成本。

2.1　直接成本与间接成本

走进企业，车间中正在热火朝天地生产产品，叉车正在往来地运送产品，仓库中整整齐齐地码放着产品，有的产品准备发给客户。这是在产品制造型企业经常可以看到的场景。为了清晰地核算产品成本，有必要将成本划分为直接成本与间接成本，如图 2.1 所示。

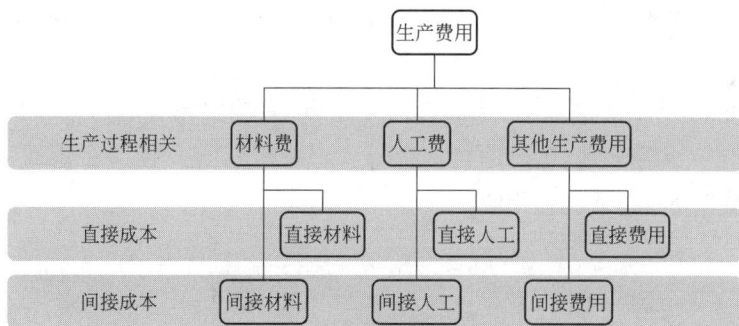

图 2.1　直接成本和间接成本分类

产品成本核算是针对成本核算对象的核算。例如，针对生产的计算机进行成本核算，计算机就是成本核算对象。进行成本核算时，需要将生产计算机过程中耗费的材料费、人工费及其他生产费用计入计算机这个产品的成本之中。计算机作为成本核算对象是投入的料、工、费等生产费用的承担者。

将产品生产过程中耗费的费用计入成本核算对象，有两种计入方式——直接计入方式与间接计入方式。直接计入方式，是指成本发生时能够直接计入成本核算对象的方式，这种计入方式能提高成本核算的准确性，这种成本称为直接成本。例如，直接材料、直接人工、直接费用是直接成本。间接计入方式，是指成本发生时不能够直接归属于成本核算对象，而是通过间接分配计入成本核算对象的方式，这种计入方式计入的成本与生产过程相关，称为间接成本。

2.1.1 直接材料成本

因材施教，是教师针对学生的特点实施适合的教育；因品选材，是企业根据产品的功能选取合适的材料。

如果企业为产品选取的材料，通过限额领料单方式领用，限额领料单上领用的原材料 A 指明用于生产甲产品，那么 A 材料成本就是甲产品的直接材料成本。

企业为产品选取的材料，是企业的技术部门在设计产品时就考虑好的。

技术部门设计产品时，需要考虑产品所耗用的材料、所采用的工艺技术，并将产品所耗用的主要材料列入产品物料清单，也就是 ERP 系统中的物料清单。生产部门生产产品时，依据产品的物料清单，通过 ERP 系统中的限额领料单或领料单领用主要材料，以便生产产品。

限额领料单也指明了生产对象，这个生产对象就是成本核算对象，故限额领料单上领用的原材料也属于直接材料成本。

限额领料单的限额总量，是由技术部门设计的物料清单上规定的消耗定额和产量所决定的。

如图 2.2 所示，物料清单上规定生产 1 件乙产品需要耗用 2kg A 材料，那么生产 10 件乙产品需要耗用 20kg A 材料。20kg A 材料就是限额领料单的限额总量。B、C 材料的耗用情况与 A 材料相似。

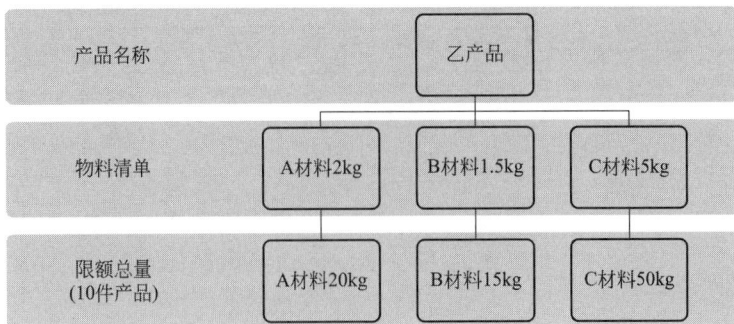

图 2.2　限额领料示意

领用的 20kg A 材料全部被指定用于生产 10 件乙产品，如果知道领用的材料单价，对应的 A 材料成本就是乙产品的直接材料成本，如图 2.3 所示。

领用 20kg A 材料与材料单价 300 元 /kg 的乘积就是 10 件乙产品的直接材料总成本 6 000 元。核算成本时，每件乙产品的直接材料成本 600 元有两种计算方法：一是可以利用总成本 6 000 元除以产量 10 件进行计算，二是可以利用物料清单定额耗用量 2kg 乘以材料单价 300 元 /kg 进行计算。B、C 材料的成本核算方法与 A 材料原理相同。

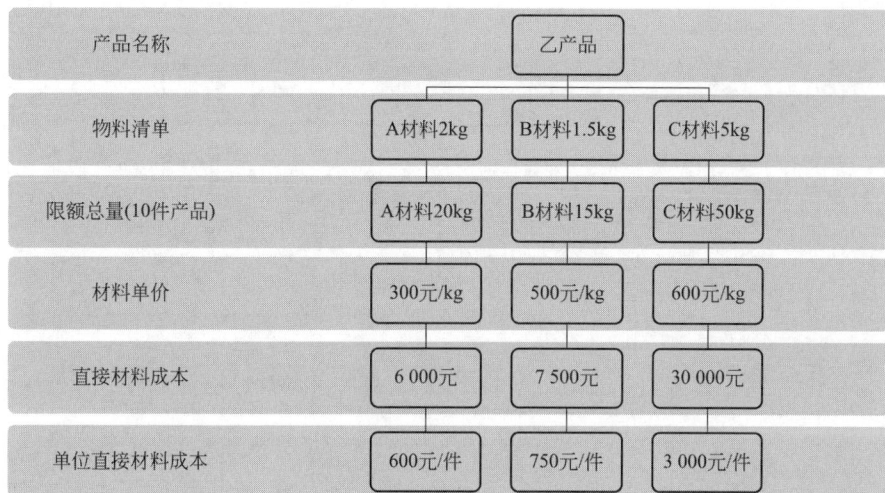

产品名称	乙产品		
物料清单	A材料2kg	B材料1.5kg	C材料5kg
限额总量(10件产品)	A材料20kg	B材料15kg	C材料50kg
材料单价	300元/kg	500元/kg	600元/kg
直接材料成本	6 000元	7 500元	30 000元
单位直接材料成本	600元/件	750元/件	3 000元/件

图 2.3　直接材料成本示意

如果领用的原材料 D 是打磨铁锈的砂纸，领用目的是生产甲、乙等产品时去除铁锈，同时因为砂纸的价值低，甲、乙等产品共同耗用砂纸时并不针对成本核算对象进行区分领用，那么砂纸就是甲、乙等产品的间接材料成本。这类成本应如何核算将在制造费用中讲述。

2.1.2　直接人工成本

劳动是有价值的，企业是需要支付报酬给车间主任和生产工人的，这部分报酬也是需要产成品来承担的。

工资报酬的核算与工时及小时工资率有关，工时的发生涉及车间的生产安排。企业进行生产安排是通过派工单或生产任务通知单进行的，并将实际耗费工时记录在单据中，按实际耗费工时及对应的小时工资率结算工资，将工资计入相应的成本核算对象，如图 2.4 所示。

如果将乙产品定义为成本核算对象，那么张三为生产乙产品工作 5 小时对应的 160 元工资全部由乙产品承担，属于乙产品的直接人工成本。如图 2.4 所示，单位产品计划工时也称为定额工时，是计划生产人员或车间主任派工的依据，以便按照标准的工作时间来合理安排工人生产。李四、王二、赵六的工资也计入乙产品成本，作为乙产品的直接人工成本。

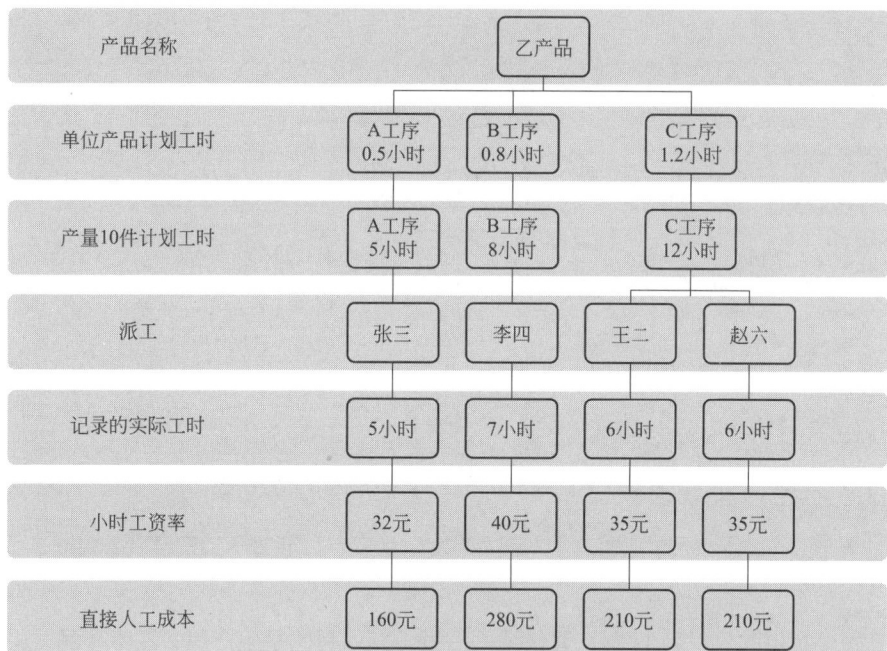

图 2.4　产品直接人工成本示意

以上是针对乙产品的直接人工成本情况，但张三一天时间不可能仅生产 5 个小时的乙产品后就没事闲着。如果张三在生产完乙产品后接着生产丙产品，那么张三一天生产产品产生的直接人工成本情况如图 2.5 所示。

张三一天工作 8 小时的工资总额为 160+96=256（元），其中 5 小时全部用于生产乙产品，3 小时全部用于生产丙产品，所以 160 元直接人工成本全部归属于乙产品，96 元直接人工成本全部归属于丙产品。

但对于组织安排生产任务的车间主任，如果既组织生产甲产品，又组织生产乙、丙产品，其组织生产的时间与工人张三的生产时间不同，是无法有效记录的，即使费尽精力能记录，成本代价也会比较高。那么车间主任的工资报酬需要由甲、乙、丙 3 个产品承担，作为间接成本分别分配到甲、乙、丙产品。在财务会计核算中，此工资报酬需要按照一定的标准分配给甲、乙、丙产品，这部分成本应如何核算将在制造费用中讲述。

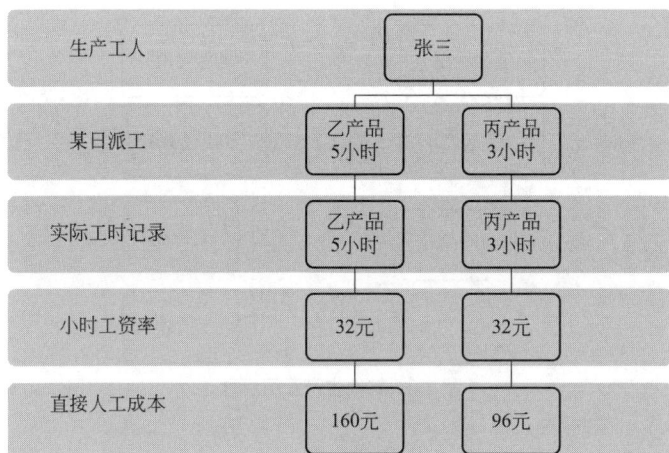

图 2.5　工人直接人工成本示意

2.1.3　直接费用

在产品生产过程中，除了直接材料成本和直接人工成本之外，还会发生诸如差旅费和机器设备的折旧费、租赁费等生产费用，这些其他的生产费用，也可以按照费用发生时能否整体或全部计入成本核算对象为标准，划分为直接费用和间接费用。

直接费用是指费用发生时能够直接计入成本核算对象的部分。为完成特定任务而租赁的专用机器设备的租赁费，生产特定产品专用的机器设备的折旧费，为生产特定产品而取得专利权的使用费等，均属于直接费用。

如果机器设备 B 是仅能用于生产甲产品的专用设备，那么 B 设备的整体租赁费用能全部直接计入甲产品的成本，则 B 设备的租赁费对于甲产品来讲就是直接费用。

如果机器设备 A 对于企业来讲是通用设备，实际生产时，既可以用 A 设备来生产乙产品，又可以用 A 设备来生产丙产品，而且应用 A 设备生产乙、丙产品提供的工时服务并能区分，那么 A 设备的租赁费应计入间接费用，并通过一定的标准分配给乙、丙产品（这部分内容将在制造费用中讲述），如图 2.6 所示。

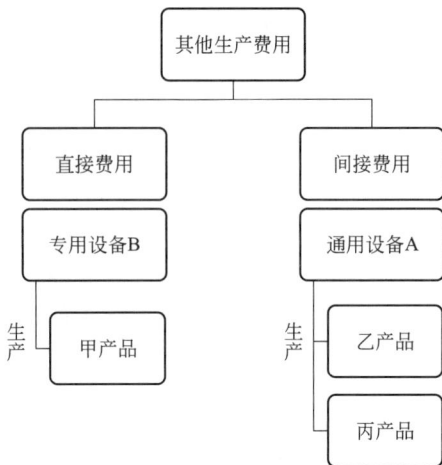

图 2.6　其他生产费用示意

2.1.4　制造费用

制造费用，又称为间接生产费用，或简称间接费用，是指与生产过程相关但是不可能直接计入成本核算对象的成本费用。制造费用仅能以一定的标准间接分配后计入成本核算对象。图 2.6 所示的通用设备 A 的租赁费用就是制造费用。

前文讲述直接成本时，涉及在生产过程中发生的间接材料、间接人工以及其他间接费用，均先归集计入制造费用，如图 2.7 所示。

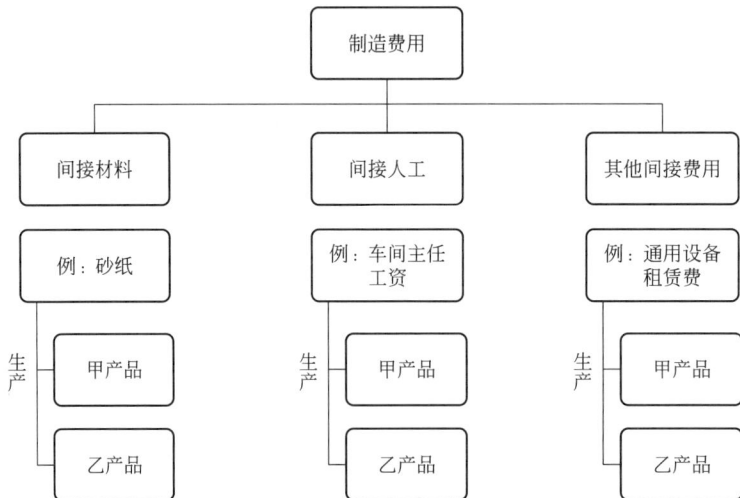

图 2.7　制造费用示意图

砂纸是生产甲、乙产品共同耗用的，共同耗用费用并不针对成本核算对象直接计入产品成本，而是计入制造费用。类似这种共同耗用而不按成本核算对象进行区分领用的间接材料，它们的共同特点是不制定消耗定额标准，不在物料清单中体现，不通过限额领料单领用，是一种价值较低的容易损耗的非主要材料，如生产机器用的润滑油。

车间主任等的工资是甲、乙产品共同耗用的间接人工成本。例如，生产部门设置的清洁工岗位，如果这个清洁工既负责办公室的卫生，又负责甲、乙产品车间的卫生，还负责工厂洗手间的卫生，那么，清洁工的工资也是计入制造费用的间接人工成本。

如果生产部门雇用生产工人陈七主要是临时安排支持生产，为生产甲、乙产品的临时需要打一打下手。在每天的生产过程中，陈七有时去支持生产甲产品，有时去支持生产乙产品，并且陈七在工作中没有针对产品进行工时记录，不能直接区分生产甲产品的工时数和生产乙产品的工时数。财务会计核算成本时，也将陈七的工资计入制造费用。

陈七等临时安排生产工人的工资按间接方式分配后计入成本核算对象，而生产线上的主要工人，应将其工作按成本核算对象做记录区分。否则，如果生产现场不做工时记录区分，即使生产派工没有什么变化，因缺少原始记录，生产工人的工资计入产品成本也只能采用分配的方式。图 2.8 所示为既生产甲产品又生产乙产品的工人张三的工资费用分配情况。

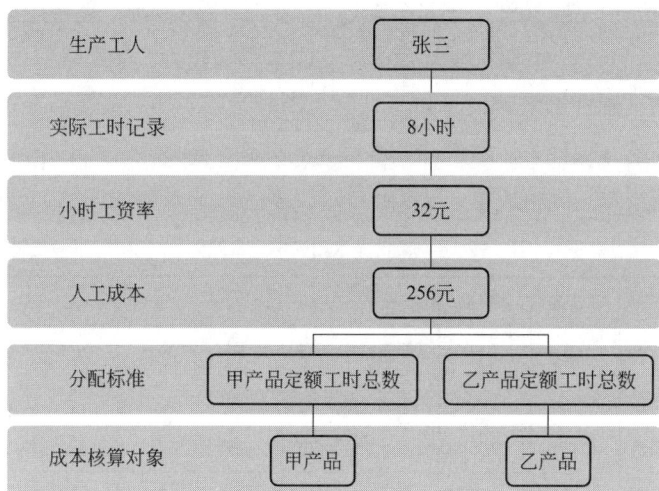

图 2.8　分配方式计入人工成本示意

图 2.8 与图 2.5 同样是针对同一生产工人一天的工资进行核算，但在不同的企

业成本管理要求和生产现场管理环境下，却有两种不同的成本计入方式，第一种是以直接方式计入，第二种是以间接方式计入。

对于计入产品成本的准确性，间接方式不如直接方式。分配方式的准确性与工时定额的准确性相关，因为企业是按照每个成本核算对象对工时进行定额分配的。

间接分配方式虽然影响了成本核算的准确性，但因简化了生产管理的现场记录，所以在实务中仍然受到一些企业的欢迎，而且这些企业仍然将这种分配方式计入产品的生产人工成本称为直接人工成本。我们可以将其理解为简化的直接人工成本。

这里所说的生产现场管理环境主要体现在企业的信息化管理环境，而信息化管理环境的氛围又与管理要求有关。

如果企业追求精细化成本管理，管理的基础要求首先是细化成本核算，这又会要求信息化能匹配这种要求，于是 ERP 信息化软件中会上线生产管理模块，来满足生产现场管理的记录要求。

综上所述，直接成本与间接成本是相对的。不同企业或同一企业的不同时期，对于同样的人工、材料或其他生产费用的成本核算，可能会按不同计入方式核算产品成本。

直接成本与间接成本，不管采用哪种方式计入产品成本，对企业的指导原则是：在条件允许、成本效益原则允许的情况下，能以直接方式计入产品成本的就直接计入，不能以直接方式计入产品成本的，就分配后计入。

成本费用无论是直接计入还是分配后计入产品成本，都既要考虑成本效益，也要考虑重要性。例如，主要材料对企业产品成本影响较大，如果采用分配方式计入，对成本核算的准确性影响较大，会造成企业成本信息的严重失真；但对于非主要材料，即使按分配方式计入，对产品成本核算的准确性影响也不大。

关于直接成本与间接成本，可以通过对照表的形式来加深理解，如表 2.1 所示。

表 2.1　直接成本和间接成本对照　　　　　　　　　　单位：元

成本项目		丁产品	戊产品	备注	
直接成本	直接材料	120 000	100 000	限额领料单，直接指定领用到产品上	发生的成本，整体或全部直接对应到一个成本核算对象中
	直接人工	80 000	50 000	派工单，时间直接花费在产品上	
	直接费用	40 000	10 000	专用性，特定任务作用在产品上	
	合计	240 000	160 000		
间接成本	制造费用	31 250		先归集到制造费用，再从制造费用分配给成本核算对象	发生的成本，（共同成本）对应到多个成本核算对象

2.2 主要成本与转换成本

将生产费用进行交叉分类，可分为主要成本和转换成本。主要成本是指构成产品主要部分的成本，包括直接材料、直接人工、直接费用。非主要成本是指未计入产品主要成本之中的间接材料、间接人工以及其他间接生产费用。

主要成本与非主要成本的管理，可借鉴二八定律的思想。二八定律又称为80/20定律，其思想的精髓在于将精力集中于80%高价值部分的有效控制。为避免胡子眉毛一把抓，企业成本管理的重点也应放在成本在企业总成本中占比较大的产品上，集中精力重点控制高价值的主要产品，成本核算的细化程度也要体现这种管理思想。

例如，产品的主要材料在物料清单中体现，通过限额领料单可以直接区分生产的成本核算对象，将相关费用计入直接材料成本，构成产品的主要成本；共同耗用的非主要材料，不按成本核算对象区分领用对于非主要材料，常常多产品混用，期末经常使用倒轧核算领用数量来简化成本核算，如企业产品使用的螺钉、螺母，计入制造费用，是构成产品的非主要成本。

成本核算除了满足对外报送成本要求之外，还要满足内部的管理要求，如企业重点管理、重点细化核算的要求。

转换成本是指将原材料转换成产成品所花费的成本，包括直接人工、直接费用、制造费用。

非转换成本是指产品构成中的直接材料成本，体现的是构成产品实体形状的主要成本。非转换成本是构成有形产品的主体，而耗费非转换成本的目的是将原材料的状态转换成有形产品的状态。

转换成本与非转换成本的管理对于特定产品来说，要区分出管理的重点。直接材料是构成产品物料清单的主要材料，是一旦采购就已经固化了的成本。针对固化成本进行制造转化成产品的过程中，会由于报废、返修等原因发生无效成本，所以在生产过程中控制成本是成本管理的重点，也就是要在转换过程上下功夫，特别是针对转换成本较高的产品。

有些产品要对主要成本进行重点管理，如制作工艺比较简单的产品；有些产品要对转换成本进行重点管理，如制作工艺相对复杂的产品。

主要成本与转换成本，从分类角度来讲，存在着交叉的部分，主要在于直接人工成本和直接费用既属于主要成本又属于转换成本。主要成本与转换成本间的交叉关系如图2.9所示。

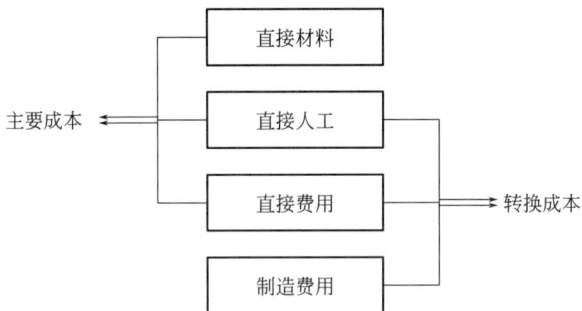

图 2.9　主要成本和转换成本的交叉关系

2.3　生产成本与非生产成本

生产成本是指在生产产品的过程中所花费的成本，这种成本与生产过程相关。故以上所述的直接材料、直接人工、直接费用、制造费用均属于生产成本。生产成本和产品相关，成本由产品承担，体现在资产负债表项目上。

非生产成本是指与生产过程不相关的期间费用，包括销售费用、管理费用、财务费用。非生产成本和期间损益相关，配比当期收入核算期间利润，体现在利润表项目上。

2.3.1　销售费用

销售费用，是指企业为了销售产品和材料，提供劳务的过程中发生的各种费用。

销售费用主要体现为营销队伍在销售过程中为了销售产品所花费的费用或代价，如营销队伍的职工薪酬，日常办公经费，使用资产的折旧、租赁、摊销、修理费等；企业为吸引老顾客或潜在顾客的关注所花费的费用，如广告、推销费等也属于销售费用。

企业设置部门是为了履行一定的职能，在履行职能的过程中必然会发生费用，故费用用途与部门的职能最为相关。例如，营销部门一般分为销售部和市场部，销售部的职能在于招揽顾客并完成销售，市场部的职能在于市场调研与品牌宣传推广，这与销售费用的两种用途相关。

销售费用明细分类会计科目的设置如表 2.2 所示。

表 2.2 销售费用明细分类会计科目的设置

一级会计科目	二级会计科目	三级会计科目	四级会计科目
销售费用	职工薪酬	工资	基本工资
			加班工资
			奖金
			补偿金
		社保	
		福利费	生日礼金
			过节费
			伙食费
			其他
		职工教育经费	
	办公经费	办公费	
		通信费	移动话费
			固定话费
		邮递费	
		水电费	
		差旅费	
		汽车费用	汽油费
			停车费
			路桥费
			保险费
			其他
		运输费	
		会务费	
	市场费用	业务招待费	
		广告宣传费	
		产品展示费	
		"三包"费	
	折租摊修费	折旧费	
		租赁费	
		低值易耗品摊销	
		计算机维护费	
		其他修理费	

2.3.2 管理费用

管理费用，是指企业组织管理活动所发生的费用。

企业组织管理活动的部门或机构人员的工资，日常办公经费，使用资产的折旧、租赁、摊销、修理费等，均属于管理费用。

管理费用除了用于企业日常经营管理之外，还包括应当由企业统一负担的费用，如审计、评估、券商等中介机构费。

管理费用明细分类会计科目的设置如表 2.3 所示。

表 2.3　管理费用明细分类会计科目的设置

一级会计科目	二级会计科目	三级会计科目	四级会计科目
管理费用	职工薪酬	工资	基本工资
			加班工资
			奖金
			补偿金
		社保	
		福利费	生日礼金
			过节费
			伙食费
			其他
		职工教育经费	
		工会经费	
	办公经费	办公费	
		通信费	移动话费
			固定话费
		邮递费	
		水电费	
		保险费	
		保安服务费	
		绿化费	
		差旅费	
		汽车费用	汽油费
			停车费
			路桥费
			保险费
			其他

续表

一级会计科目	二级会计科目	三级会计科目	四级会计科目
管理费用	办公经费		员工招聘费
			业务招待费
			董事会费
			会务费
	中介机构费		审计费
			法律服务费
			评估费
			券商费用
			咨询费
	折旧、租赁、摊销、修理费		折旧费
			租赁费
			低值易耗品摊销
			计算机维护费
			其他修理费

2.3.3　财务费用

财务费用，是指企业为筹集生产经营所需资金而发生的筹资费用。财务费用明细分类会计科目的设置如表 2.4 所示。

表 2.4　财务费用明细分类会计科目的设置

一级会计科目	二级会计科目
财务费用	金融机构手续费
	利息支出
	利息收入
	汇兑损失
	其他

2.4　设计成本与非设计成本

从企业成本构成来看，研发技术部门进行产品设计的成本，占了产品成本的绝大部分，有人称 80% 的成本是由设计成本所决定的。不管这个数据是否准确，可以看出设计成本对产品成本产生的重要影响。

企业产品设计通常源于市场需求，营销部门是市场需求信息的搜集者。营销部门对市场需求进行初步分析后，提出产品设计申请，有的是新产品的设计申请，有的是现有产品的改进设计申请，申请需侧重描述产品需要实现的功能。

研发技术部门依据产品需要实现的市场功能，会考虑技术上如何通过软件或硬件实现，需要什么材料，材质有什么特殊要求等。这些设计关系到产品成本，功能类型越多、功能要求越高，产品成本也会越高。产品成本与功能的匹配性、经济性、市场可接受性，需要从公司层面总体考虑决策。

价值分析是分析产品成本与功能的一种主要方法，该方法通过分析产品功能与成本的比值，从而在确保产品必要功能的前提下，降低产品成本。产品设计过程如图 2.10 所示。

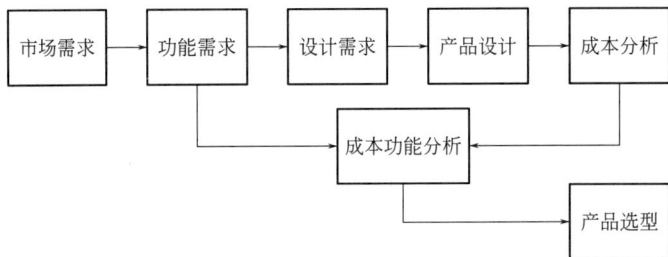

图 2.10　产品设计过程

产品的功能是通过材料等硬件或程序等软件实现的，因此，材料的选择对产品成本的影响较大。在目前高科技产品迅猛发展的年代，程序软件对实现产品功能的作用日渐显现，程序开发人员的工资水平是水涨船高，软件成本越来越不容忽视，同时，硬件芯片的作用和成本地位也是无法撼动的。

在产品的功能—材料—程序—成本分析模式中，对于成本管理会计来说，重要的是提供数据支持，如提供产品材料各个构成方案的成本，并进行方案间的成本比较，以便设计人员及时进行设计方案改进。

另外，成本管理会计从成本全面性与相关性方面会提供决策支持。在产品设计过程中，研发技术人员或营销采购人员对于构成产品的全部成本可能考虑得不充分、不完整，同时，对与决策相关或无关的成本可能考虑得不专业，对税金因素可能考虑得不彻底，这些都需要成本管理会计人员参与并提供决策数据支持。

作为企业的高层领导，也需要设立成本功能分析小组或委员会（或类似组织），请相关部门及人员共同分析论证将所设计产品进行生产的可行性。

2.5 固定成本与变动成本

直接成本与间接成本，主要是从财务会计角度对成本进行的分类，重在对外核算；固定成本与变动成本，主要是从管理会计角度对成本进行的分类，重在对内决策。

固定成本与变动成本是按成本性态对成本进行的分类。成本性态指成本习性，是成本总额随着业务活动的变化相应变化的习性。影响成本总额的业务活动称为业务量，又称为成本动因。业务量根据具体业务性质的不同，可以表现为实物量、价值量和时间量，如生产量、销售量、销售额、工人工作小时、机器工作小时、维修小时等。

成本按成本性态分类，可以分为固定成本、变动成本和混合成本三大类。混合成本又可分解为固定成本和变动成本，故从最终实质来看，成本可分为固定成本和变动成本两大类。

2.5.1 固定成本

固定成本是指在一定时期一定业务量范围内，成本总额随着业务量的变化而保持不变的成本。固定成本曲线如图 2.11 所示。

如图 2.11 所示，成本总额不随业务量变化，表现为一条平行于业务量的直线。

图 2.12 所示为单位固定成本曲线。由图 2.12 可知，单位固定成本随着业务量的增加而降低，这一变化规律也可以通过以下公式进行解释。

$$单位固定成本 = \frac{固定成本总额}{业务量}$$

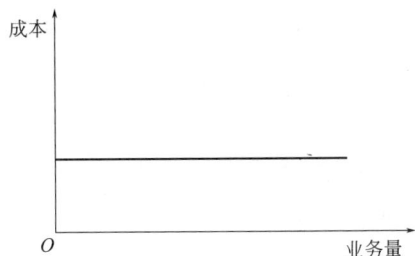

图 2.11 固定成本曲线

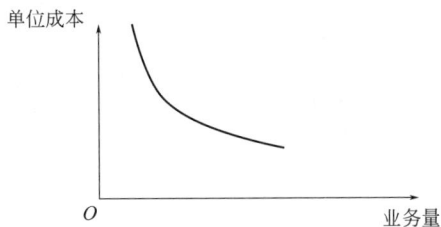

图 2.12 单位固定成本曲线

从公式来看，分子（固定成本总额）保持固定不变，分数值（单位固定成本）随着分母（业务量）的增加而减少。分子、分母及分数值如何变化，可以通过箭头方向来判断，如图 2.13 所示。

$$\text{单位固定成本} = \frac{\text{固定成本总额}}{\text{业务量}} \qquad \text{单位固定成本} = \frac{\text{固定成本总额}}{\text{业务量}}$$

图 2.13　单位固定成本变化方向判断

单位固定成本的变化方向与业务量的变化方向相反，所以单位固定成本与业务量成反向变化关系。

固定成本包括设备按年限平均法计算的折旧费、租赁费、财产保险费、财产税、高管薪酬、广告费、研究开发费、职工培训费等。

固定成本在企业中大多体现为期间费用和制造费用，因此，固定成本又可细分为固定性销售费用、固定性管理费用、固定性财务费用、固定性制造费用。

固定成本按照企业管理层短期决策行为是否能够影响固定成本总额，可分为酌量性固定成本和约束性固定成本，如图 2.14 所示。

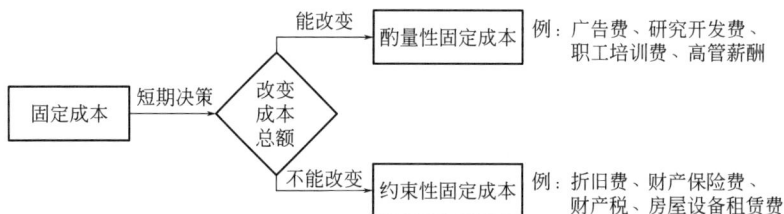

图 2.14　酌量性固定成本和约束性固定成本示意

酌量性固定成本是指固定成本总额受管理层短期决策影响的成本，也就是管理层能酌情改变这部分固定成本总额。广告费、研究开发费、职工培训费、高管薪酬等属于酌量性固定成本。

在预算酌量性固定成本时，管理层会根据年度发展计划考虑成本预算，如计划加大广告宣传，管理层会相应增加广告预算；但如果资源有限，特别是企业资金陷入困难时，管理层会酌情缩减广告预算。

约束性固定成本是指固定成本总额不受管理层短期决策影响的成本，也就是管理层不能改变这部分固定成本总额。固定资产折旧费、财产保险费、财产税、房屋设备租赁费等属于约束性固定成本。

约束性固定成本往往是由企业高层管理人员根据企业战略发展规划和长远目标做出的决策决定。例如，房屋、设备等资产一旦购入企业，即使生产中断，这些资产对应的折旧费、租赁费、财产税等仍会发生，企业管理人员在短期内不能改变其数额，对短期决策具有约束性。

2.5.2　变动成本

变动成本是指在一定条件下，成本总额随着业务量的变化而成正向变化的成本。变动成本曲线如图 2.15 所示。

图 2.15 中，变动成本总额随着业务量的增加，从原点开始斜向上升。

图 2.16 所示为单位变动成本曲线。由图 2.16 可知，单位变动成本不受业务量的影响，其随着业务量的增加而保持不变。这一变化规律也可以通过以下公式进行解释。

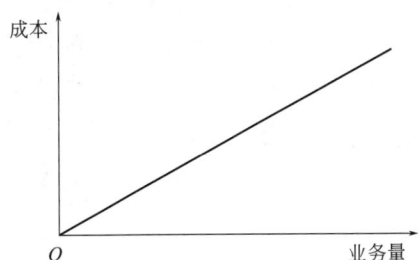

图 2.15　变动成本曲线

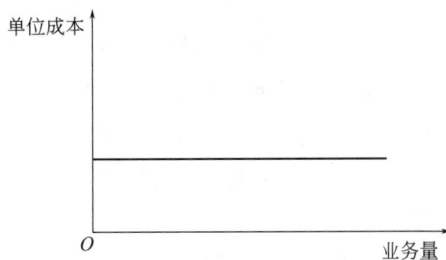

图 2.16　单位变动成本曲线

$$单位变动成本 = \frac{变动成本总额}{业务量}$$

分子（变动成本总额）随着分母（业务量）的增加成正比例增加，分数值（单位变动成本）保持固定不变。这一规律也可以通过图 2.17 表示。

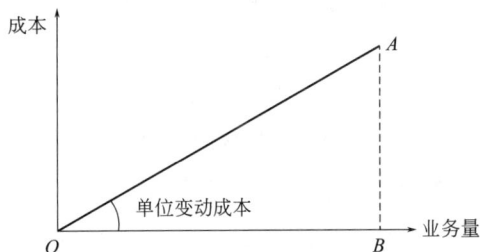

图 2.17　变动成本和单位变动成本示意

图 2.17 中，$\angle AOB$ 的斜率等于 AB 除以 OB，AB 代表变动成本总额，OB 代表对应的业务量。

$$\angle AOB\,的斜率 = \frac{AB}{OB} = \frac{变动成本总额}{业务量} = 单位变动成本$$

$\angle AOB$ 的斜率保持不变，则单位变动成本也保持不变。同时，也说明变动成本总额随着业务量的增加以单位变动成本的速度在匀速增加。

变动成本在企业中一般包括直接材料、直接人工，它们随着产量的增加而成正比例增加。

变动成本在制造费用和期间费用中也有所体现，因此，变动成本又可细分为变动性制造费用、变动性销售费用。随着业务量成正比例变化的机物料消耗，按销售额提取的提成或佣金、运费，以及按工作量法计提的设备折旧费等，都属于变动成本。

管理费用和财务费用一般很少存在变动成本，故一般全部以固定成本对待。

另外，关于直接费用，需要具体分析。如果专用设备是企业购买的，则对应的折旧费是固定成本。如果专用设备是企业从外部租赁的，要具体看租赁合同是如何约定租金的。如果按租赁时间约定租金，如规定一个月的租金为 10 万元，那么租金是固定成本；如果按产量约定租金，如规定生产一件产品租金为 100 元，那么租金是变动成本。

关于直接费用中为生产特定产品而取得专利许可的使用费，也要看许可使用合同是如何规定的。如果按许可时间约定使用费，则专利使用费是固定成本；如果按产量约定使用费，则专利使用费是变动成本。

可见，直接费用也可拆分成固定性直接费用和变动性直接费用。

变动成本按是否受管理层决策的影响，进一步分为设计变动成本和酌量性变动成本。

设计变动成本是不受企业管理层决策影响的成本。企业只要生产，就必然会发生设计变动成本。设计变动成本是由企业技术部门设计的产品构成及工艺所决定的，只要不改变产品构成结构及工艺，成本构成就不会改变。

设计变动成本是产品设计成本的主要部分，如果企业期望大幅度降低产品成本，考虑降低成本的主要方向应是大力支持创新工艺技术及产品材料等构成设计。

酌量性变动成本是受企业管理层决策影响的成本。例如，在不影响质量和消耗水平的情况下，可以决定从不同地区或不同供应商采购材料，这是由采购部门决策确定的。

当设计变动成本无法改变时，考虑降低成本的主要方向应是降低酌量性变动成本。

2.5.3　固定成本的相关范围

固定成本和变动成本的区分并不是绝对的，而是有条件的，这个条件管理会计称之为相关范围。

固定成本是在特定期间内的成本，如果超出了"一定期间"，固定成本也可能会变动。例如，随着时间的推移，企业的生产经营能力将会发生变化，其固定成本总额也会发生变化，所以固定成本又称为"期间成本"。例如，一年时间的租赁费是固定的，超过一年，租赁费总额也会增加。

在定义固定成本时，还有"一定业务量范围"这一限制。例如，一年生产10 000 件产成品需要一台机器设备，如果产量提高到 10 100 件，就必须再购买一台新的设备，那么设备折旧费在产量 10 000 件之内是固定的，超出 10 000 件这个业务量范围，折旧费总额需要成倍增加，如图 2.18 所示。

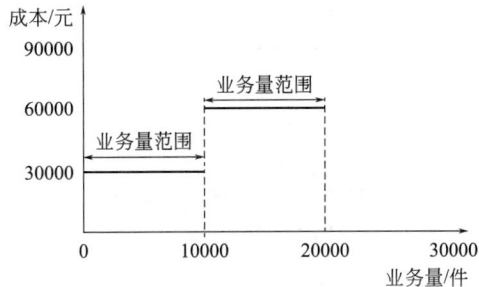

图 2.18　固定成本业务量范围

以上所述的"一定期间"及"一定业务量范围"，就是指"相关范围"这个前提条件，超出了相关范围，固定成本不再保持固定不变。

2.5.4　阶梯成本

讲述固定成本的相关范围，相当于简单介绍了阶梯成本。

如图 2.18 所示，当 0 ≤业务量≤ 10 000 时，折旧费为 30 000 元，当 10 000 ＜业务量≤ 20 000 时，折旧费为 60 000 元。依此类推，当 20 000 ＜业务量≤ 30 000 时，折旧费为 90 000 元。

这说明折旧费在一定的业务量范围内是固定的，当业务量超出了相关范围，折旧费会跳跃到一个新的水平，并在新的业务量范围内保持不变。折旧费每次超出相关范围就跳跃到新水平上保持不变，好像在跳跃台阶，所以称这类成本为阶梯成本。

除了上面列出的折旧费之外，质检员的工资、运货员的工资、设备租赁费等，也随着业务量的增长呈现出阶梯式增长的态势，也属于阶梯成本。阶梯成本曲线如图 2.19 所示。

图 2.19 中，如果向业务量逐渐增大的方向看，阶梯成本呈现出阶梯式上升的趋势。如果将每次超出相关范围就跳跃到新水平上去的起跳点，与原点连接起来，就构成了一条斜线，而前面已经讲过的变动成本线也是经过原点的斜线，可见，阶梯成本这种上升的势头与变动成本有相似之处，如图 2.20 所示。

图 2.20 中，阶梯成本是介于固定成本和变动成本之间的成本，因阶梯成本具有这种成本习性，所以称之为混合成本。

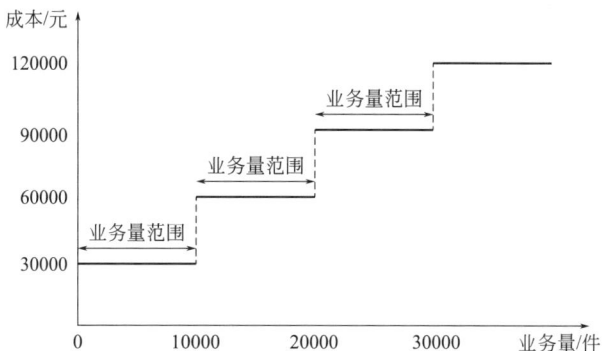

图 2.19 阶梯成本曲线

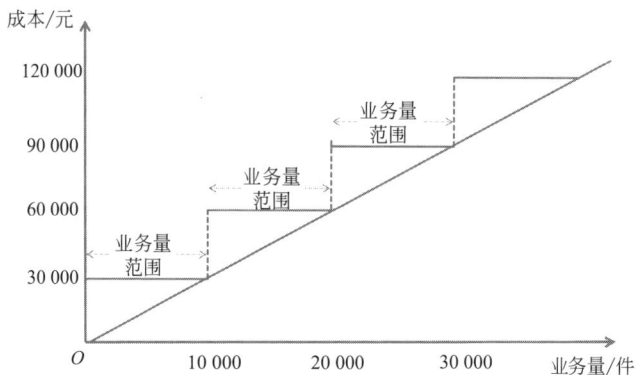

图 2.20 阶梯成本与变动成本结合示意

混合成本，是介于固定成本和变动成本之间，具有固定成本及变动成本双重特性的成本。常见的混合成本除了阶梯成本之外，还有半变动成本。

2.5.5 半变动成本

半变动成本，是指具有固定成本及变动成本双重特征，可以具体分解为固定成本及变动成本两个部分的成本。半变动成本曲线如图 2.21 所示。

图 2.21 中，半变动成本曲线在纵坐标轴上的截距代表了固定成本部分，说明它

具有固定成本特性。关于半变动成本具有的变动成本特性，也可以从图 2.22 所示的图形演变中看出。

图 2.22 中，上面的第 1 张变动成本曲线和第 2 张固定成本曲线组合在一起生成下面第 1 张图，如果下面第 1 张图中，通过原点的变动成本线沿着纵坐标轴方向按固定成本大小向上平移，会得到下面第 2 张图。在下面第 2 张图中，以固定成本线与纵坐标轴交点为起点的斜线，就是半变动成本曲线。由此可直观看出，半变动成本具有固定成本及变动成本双重特性。

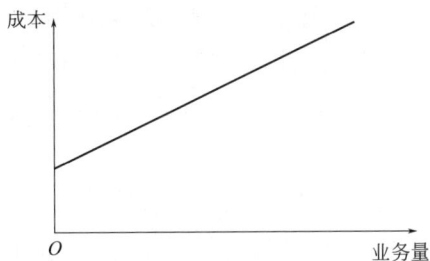

图 2.21　半变动成本曲线

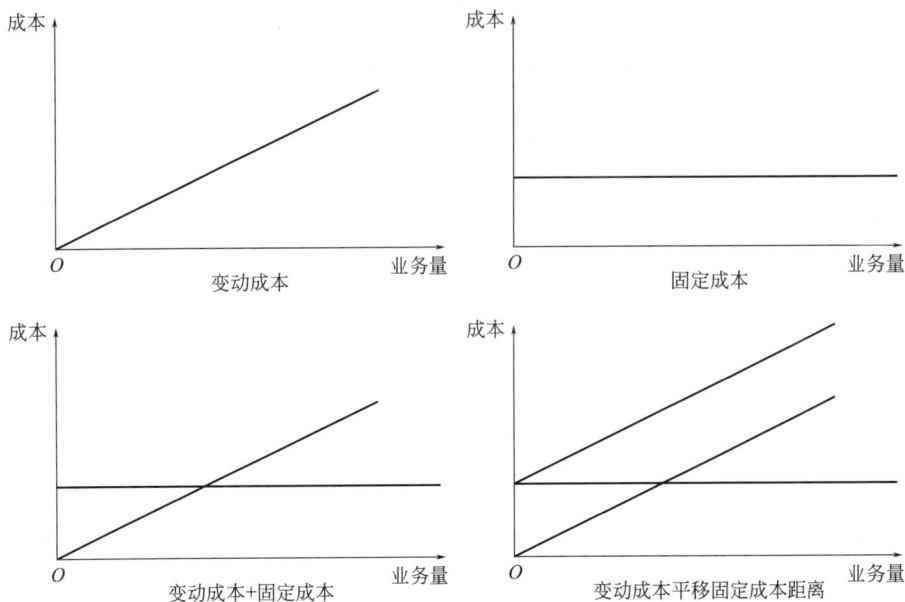

图 2.22　半变动成本曲线演变

图 2.22 中，如果将下面第 2 张图中通过原点的变动成本曲线去除，可得到图 2.23 所示的半变动成本曲线。

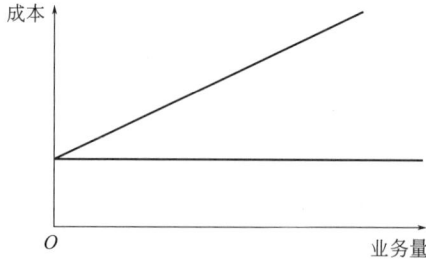

图 2.23　半变动成本曲线与固定成本曲线

　　企业日常经营中，水电费、燃气费、电话费、机器设备的维修保养费、汽车费用等，一般由供应单位每月确定一个固定金额，这个固定金额不管企业当月的使用量大小如何都必须收取，相当于固定成本；此外，再根据使用量大小按固定单价收取超用量费用，这部分成本相当于变动成本。

　　既然半变动成本具有固定成本及变动成本双重特性，为了决策的信息需要，也有必要将半变动成本分解为固定成本和变动成本。那么如何在图 2.23 的基础上分解呢？先在图 2.23 中做一些辅助线，如图 2.24 所示。

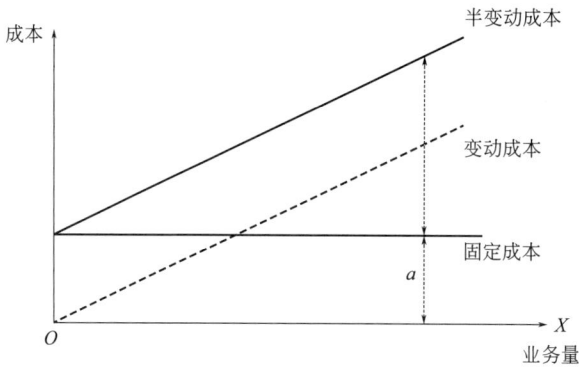

图 2.24　半变动成本分解

　　图 2.24 中，固定成本用函数方程表示为 $y=a$，变动成本用函数方程表示为 $y=bx$。

　　半变动成本曲线是对通过原点的变动成本曲线按固定成本的大小距离沿纵轴向上平行移动得到的。可见，半变动成本曲线的斜率与通过原点的变动成本曲线的斜率相等；半变动成本曲线比通过原点的变动成本曲线高出了固定成本 a，半变动成本曲线用函数方程表示如下。

$$y = a + bx$$

　　将半变动成本分解成固定成本和变动成本，实质上变成了求解 a 和 b 的问题。

先来看一下，如何通过高低点法求解 a 和 b，如图 2.25 所示。

假设在半变动成本曲线上取一个高点 (x_1, y_1) 和一个低点 (x_2, y_2)，则半变动成本曲线的斜率 b 计算公式如下。

$$b = \frac{\Delta y}{\Delta x} = \frac{高点的成本 - 低点的成本}{高点的业务量 - 低点的业务量} = \frac{y_1 - y_2}{x_1 - x_2}$$

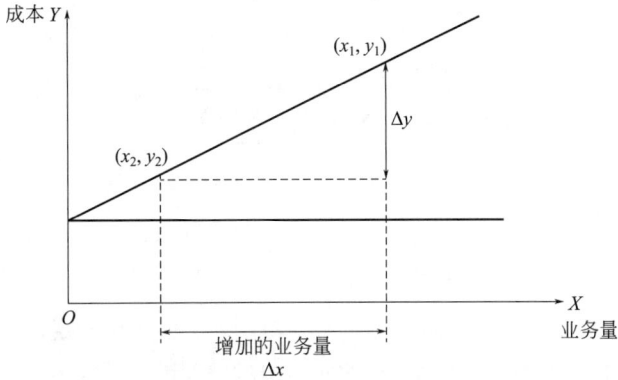

图 2.25 高低点法分解半变动成本

求解 a 时，用 b 代入高点的方程即可求出，不做详述。

除了高低点法外，还有一种公式推导法，可以求解 a 和 b，推导过程如下。

高点的方程式：$y_1 = a + bx_1$。

低点的方程式：$y_2 = a + bx_2$。

利用高点方程式减去低点方程式，可按如下方式求解 b。

$$y_1 - y_2 = a + bx_1 - (a + bx_2)$$
$$y_1 - y_2 = a + bx_1 - a - bx_2$$
$$y_1 - y_2 = bx_1 - bx_2$$
$$y_1 - y_2 = b(x_1 - x_2)$$
$$b = \frac{y_1 - y_2}{x_1 - x_2}$$

同样，将 b 代入任意一个方程即可求出 a

还有较为精确的方法来计算固定成本及变动成本，如回归分析法。

回归分析法，是根据企业混合成本的历史资料，利用最小二乘法的原理，计算出最能代表业务量与成本关系的回归直线，借以确定成本中固定成本和变动成本的方法。

回归分析法也是利用回归直线方程，计算出 $y=a+bx$ 之中的 a 和 b，计算公式如下。

$$a = \frac{\sum x_i^2 \sum y_i - \sum x_i \sum x_i y_i}{n \sum x_i^2 - \left(\sum x_i\right)^2}$$

$$b = \frac{n \sum x_i y_i - \sum x_i \sum y_i}{n \sum x_i^2 - \left(\sum x_i\right)^2}$$

2.5.6　延期变动成本

图 2.26 为延期变动成本的成本性态。

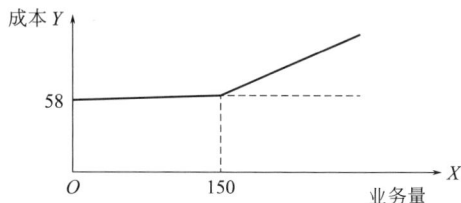

对于半变动成本，如果在业务量的一定范围内，成本也固定，突破相关范围后成本才随着业务量的增加而增加，且按照一定的比例增长。这种成本性态，称为延期变动成本的成本性态。手机话费的 4G 套餐属于典型的延期变动成本。

如图 2.27 所示，如果手机话费套餐规定，月通话 150 分钟之内固定收取 58 元，超过 150 分钟的部分，按每分钟 0.19 元收费，这就是延期变动成本的成本性态。

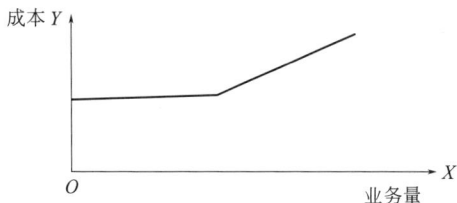

图 2.26　延期变动成本的成本性态　　　　图 2.27　4G 话费套餐的成本性态

关于延期变动成本的成本性态的分解，可采用区分业务量范围进行分解。

图 2.27 中所涉函数方程式表示如下。

当 $0 \leqslant x \leqslant 150$ 时，$y = 58$。

当 $x > 50$ 时，$y = 58 + 0.19 \times (x - 150) = 29.5 + 0.19x$。

当函数方程式表示为 $y = 29.5 + 0.19x$ 时，变成了半变动成本的固定成本与变动成本的分解模式。

2.5.7　最大限制成本

延期变动成本的成本性态，是成本有下限而无上限的成本性态模型。以从无到逐渐增大业务量的方向来看，延期变动成本的成本性态也是先有固定部分后有变动部分的性态模型。下面看一个先有变动部分后有固定部分、成本有上限的成本性态模型，如图 2.28 所示。

图 2.28 中，初始成本随着业务量增加成正比例上升，成本上升到最大金额后，随着业务量增长，总成本保持不变。

个人办理银行汇款的手续费，初始按照汇款金额的千分之一比例收取，当汇款金额超过 50 000 元时，最多收取 50 元的汇款手续费，这就是典型的最大限制成本，如图 2.29 所示。

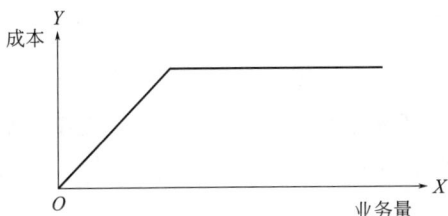

图 2.28　有最大成本限制的成本性态　　　图 2.29　银行汇款手续费的成本性态

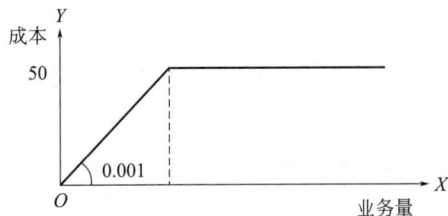

关于最大限制成本的成本性态，也可采用区分业务量范围进行固定与变动成本分解。

图 2.29 中所涉函数方程式表示如下。

当 $0 \leqslant x \leqslant 50\,000$ 时，$y = 0.001x$；

当 $x > 50\,000$ 时，$y = 50$。

2.5.8　变动成本的线性假设与相关范围

以上讲述的变动成本，均假设是线性的。在定义变动成本时，有"在一定条件下"这个限制，意为变动成本在一定条件下成本是线性的。但在企业实务中，存在多种状况，有的变动成本是近似线性关系；有的在相关范围内是线性关系，超出相关范围是非线性关系。

关于近似线性关系的变动成本，可以利用散布图法进行历史数据的分析归纳，总结成线性规律。散布图如图 2.30 所示。

在图 2.30 中，将收集到的成本和业务量的历史数据，在坐标系上一个一个标出来，这些历史数据在图上形成若干个散布在图上的点，然后通过目测，画出一条最接近大多数点的直线，通过直线反映成本变动趋势。通过目测散布点画出趋势直线的方法，称为散布图法。

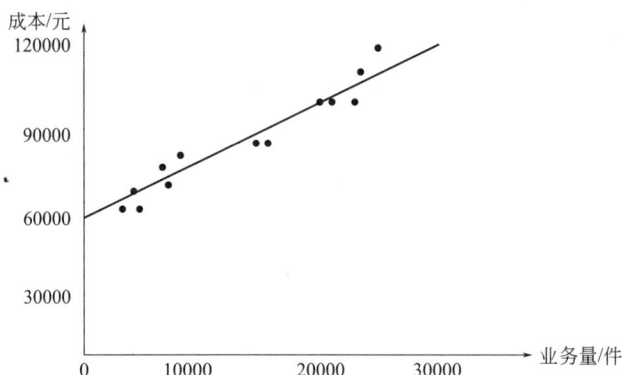

图 2.30　散布图

利用散布图法画出的近似的趋势直线，可以根据历史数据来预测未来趋势。

利用散布图法预测未来趋势时，重要的是归纳总结出函数方程式，以便掌握变动规律。针对图 2.30 通过在图上取点，可利用高低点法求得相关函数方程式，如图 2.31 所示。

图 2.31 中，在直线上选择高点 A 和低点 C，计算出直线的斜率 $=\dfrac{\Delta y}{\Delta x}=$
$\dfrac{120\,000-90\,000}{30\,000-15\,000}=\dfrac{30\,000}{15\,000}=2$。

直线在纵轴上的截距 60 000 是固定成本，故直线函数方程表示如下。

$$y = 60\,000 + 2x$$

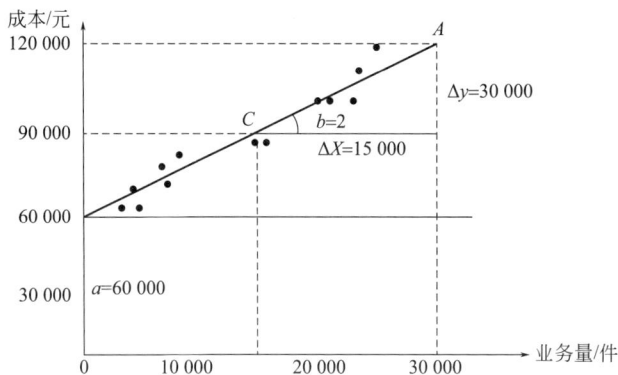

图 2.31　在散布图上取点

散布图法下，相当于将近似直线按直线线性关系对待，以简化关系，预判趋势。

但是近似线性关系在企业的历史长河中，在大量的业务量与成本数据的测试中，可能仅是其中的一段。当业务量不在相关范围内时，成本与业务量表现为非线性关系，如图 2.32 所示。

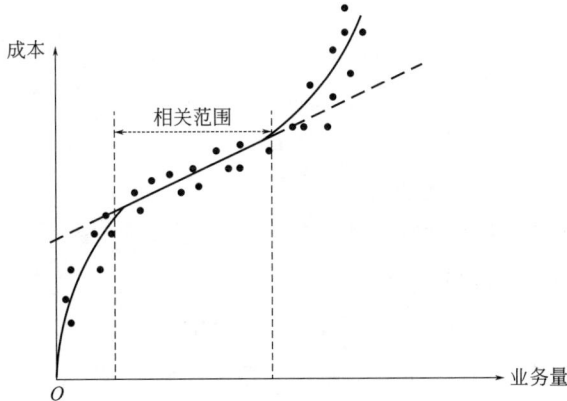

图 2.32　非线性变动成本

企业在投产初期，销量和生产量均较小，工人熟练程度低，生产效率低，单位产品消耗的直接材料和直接人工可能较多。随着工人经验积累，熟练程度提高，以及业务量增长，单位产品的直接材料和直接人工逐渐下降。这样，就使得企业产品的单位变动成本先上升再下降，表现在变动成本曲线上就是曲线上切线的斜率先上升再下降，此时的变动成本曲线是非线性的。

当企业业务量持续增加到一定程度，单位直接材料和单位直接人工成本相对稳定在一定水平上，也就是单位变动成本相对固定，此时的变动成本曲线呈现出近似的线性关系。这段业务量的变动范围，称为变动成本线性关系的相关范围。

当企业的业务量超出相关范围继续增长，超出了规模经济的范围，随着生产工人的大量增加，生产的协调人员也会增加；随着使用材料的大量增加，机器设备的购置也会增加，促使单位变动成本较快上涨，此时的变动成本曲线上切线的斜率也表现出上涨趋势。这段范围形成的变动成本曲线为向下弯曲的非线性关系。

图 2.32 中，直线部分与两段曲线部分的切线斜率相比，直线的斜率更小，说明在直线阶段相对应的业务量范围是规模经济的相关范围，低于规模经济或高于规模经济的相关范围，企业成本均不经济。

2.5.9　规模成本模型

图 2.32 所示的成本性态，仅是成本关系性态的其中一种模型。同时，不同企业

的成本关系性态也与企业所在行业有关。

下面从行业的角度来看一下规模成本变化对企业效益的影响模型。图 2.33 所示曲线表示规模效益递增。

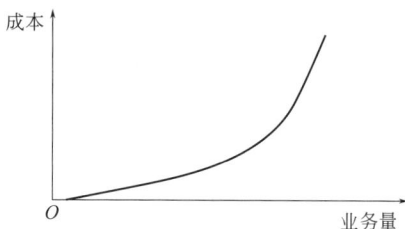

在某些资本密集型行业，当业务量增加时，较少的机器设备增加可能带来较大的产量增加，因此，可能带来相对较低的成本增加，变动成本的变动幅度越来越小，曲线上切线斜率下降，形成向上弯曲的非线性曲线关系。这种随着成本总额以较小速度增加，收入总额相对仍以原增速增加或略有减速增加的情形下，企业的经济效益会增加，企业的规模效益会递增。

在某些劳动密集型行业，往往是轻资产企业，固定资产较少。当业务量增加时，会造成较多的生产工人增加，生产的协调人员也会增加，促使变动成本的增加幅度越来越大，曲线上切线斜率上升，形成向下弯曲的非线性曲线关系。这种成本总额以较大速度增加，收入总额相对仍以原增速增加或略有减速增加的情形下，企业的经济效益会减少，企业的规模效益会递减。

规模成本模型，也可称为曲线成本模型。

图 2.33 所示的规模效益递增关系，也可称为曲线成本递减关系。曲线成本递减而收入不递减，或者曲线成本的递减速度大于曲线收入的递减速度，表现出规模效益递增。

图 2.34 所示的规模效益递减关系，也可称为曲线成本递增关系。曲线成本递增而收入不递增，或曲线成本递增而收入在递减，表现出规模效益递减。

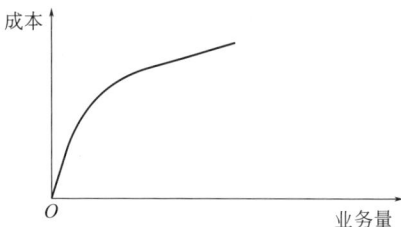

图 2.33 规模效益递增　　　　　图 2.34 规模效益递减

关于如何判断曲线成本或曲线收入的递增或递减，需考虑边际成本、边际收入；关于规模效益如何递增或递减，需考虑边际利润。

2.5.10 边际成本、边际收入、边际利润和利润最大化

在规模成本模型中，提到了曲线收入。曲线收入与曲线成本类似，是非线性关系，如图 2.35 所示。

图 2.35 中，随着业务量的增加，收入快速增加。但当业务增加到一定程度时，在市场需求量基本不变的情况下，总收入的增加速度降低，总收入曲线随着业务量的逐步增大而变得平缓。

图 2.36 所示为收入曲线与成本曲线综合在一起的图形。如果企业为劳动密集型企业，图中的成本曲线就表现为规模成本模型中的曲线成本递增模型。

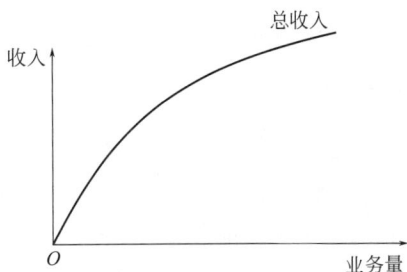

图 2.35　收入曲线

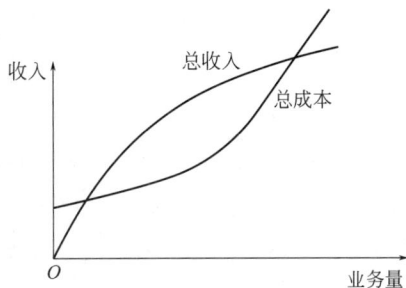

图 2.36　收入成本曲线

曲线成本或曲线收入如何递增或递减，与边际成本、边际收入有关。

边际成本，是指生产量每增加一个单位时总成本的增加额，也就是每多生产一个单位产品造成的总成本的增加额。

边际收入，是指销售量每增加一个单位时总收入的增加额，也就是每多销售一个单位产品造成的总收入的增加额。

规模效益如何递增或递减，与边际利润有关。

边际利润，是指边际收入减去边际成本的余额，也就是每多销售一个单位产品造成的总收入增加额与总成本增加额的差额。边际利润、边际收入、边际成本的关系用如下公式表示。

$$边际利润 = 边际收入 - 边际成本$$

接下来探讨曲线成本或曲线收入如何递增或递减，规模效益如何递增或递减，以及如何实现利润最大化。在探讨之前，先来认识曲线上任意一点的切线斜率问题。对于成本曲线，其切线斜率表示边际成本；对于收入曲线，其切线斜率表示边际收入。

下面通过图 2.37 进行利润最大化分析。在图 2.37 中，从原点越靠近 M 点，总收入曲线的切线越来越平缓，说明边际收入在逐渐变小；从原点越靠近 M 点，总成本曲线的切线越来越陡峭，说明边际成本在逐渐变大。M 点之前，边际收入 - 边际成本 = 边际利润 > 0，所以在 M 点之前，企业希望增大销量，因为每多销售一个单位的产品都会增加企业的利润。

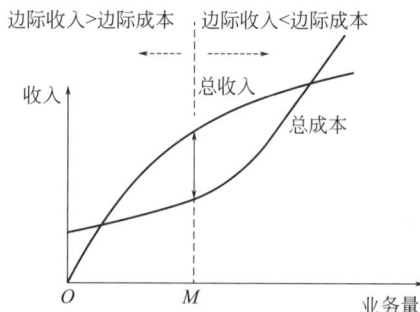

图 2.37　利润最大化分析

从 M 点向后，总收入曲线的切线更趋平缓，边际收入逐渐变小；M 点之后，总成本曲线的切线更趋陡峭，边际成本逐渐变大。如果 M 点之后，每多销售一个单位产品所增加的收入已经小于每多销售一个单位产品所增加的成本，这时，边际收入－边际成本＝边际利润＜0，所以在 M 点之后，企业不希望增大销量，因为每多销售一个单位的产品都会减少企业的利润。

由此可见，M 点之前企业希望增大销量，使销售接近 M 点。过了 M 点，企业增大销量反而会减少利润，这是企业不希望见到的。因此，企业希望将销量控制在 M 点处，这时总收入曲线与总成本曲线之间的距离最大，企业的利润最大。在 M 点处，边际收入等于边际成本，边际利润等于0。

在图 2.37 中，总收入曲线与总成本曲线的交点代表总收入等于总成本，也代表着盈亏平衡，故图 2.37 的两个交点代表企业的两个盈亏平衡点。关于盈亏平衡点的内容将在第 6 章本量利分析中讲述。

以上讲述的边际成本与实务中所说的单位总成本不同，因为单位总成本是从平均角度来说的。单位总成本用公式表示如下。

$$单位总成本 = \frac{成本总额}{业务量} = \frac{固定成本总额 + 变动成本总额}{业务量}$$

$$= \frac{固定成本总额}{业务量} + \frac{变动成本总额}{业务量}$$

$$= 单位固定成本 + 单位变动成本$$

以上为公式推导，再来看一下单位总成本的图形形式，如图 2.38 所示。

从图 2.38 所示的成本性态来看，单位总成本是单位变动成本和单位固定成本的综合影响的结果。这与公式推导结果一致，从公式"单位总成本 = 单位固定成本 + 单位变动成本"可以看出。这一结论的重点在于表明了影响单位总成本的因素主要是单位固定成本和单位变动成本。

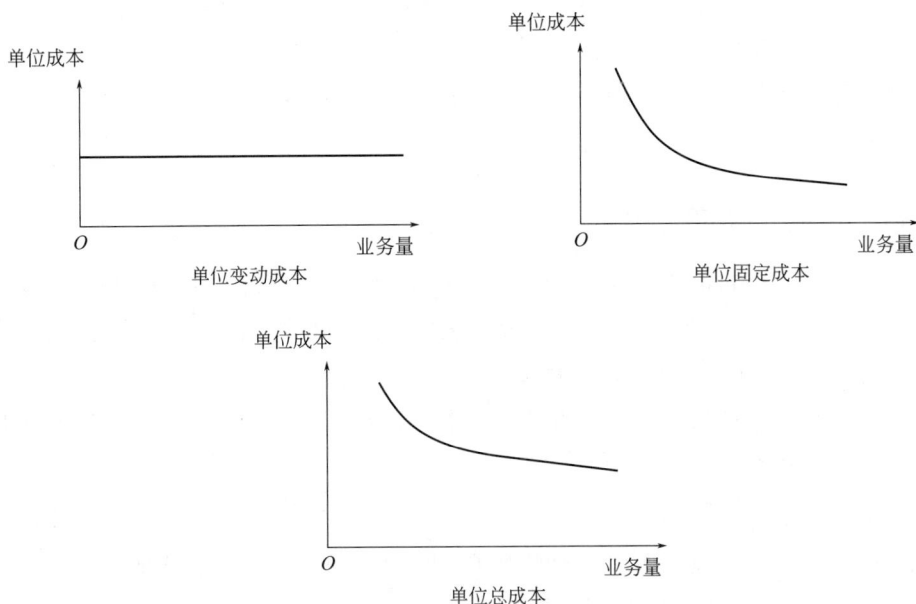

单位变动成本

单位固定成本

单位总成本

图 2.38　单位总成本

　　边际成本与实务中所说的单位总成本不同，除了从图形和公式理解之外，还可以通过以下例子来理解。

　　【例 2-1】　一家企业生产桌子，一天生产 30 张桌子的总成本为 2 700 元，则单位总成本或平均成本为 90 元；如果一天生产桌子的产量增加到 31 张，总成本会增加到 2 821 元，则单位总成本或平均成本为 91 元。

　　单位总成本由 90 元上升到 91 元，主要是由于增加了一张桌子，即总成本增加额 =2 821-2 700=121（元）。由此可以看出，总成本增加额大于一张桌子的单位平均成本，这主要是由边际成本较高造成的。边际成本 121 元比平均成本高出较多，主要是因为企业在正常工作时间之外增加了产量，需要支付加班工资，因此造成成本升高。

　　可见，探讨企业产量的一些临界点很有意义。例如上例中，如果知道这样安排会造成成本增加较多，那么可以考虑是否通过调整每天的产量安排来减少边际成本的增加。同时，还需要注意有时产量达到了产能上限，反而因为偶尔接了少量几个产量的订单，需要增加机器设备才能解决，那么，产量的增加可能就得不偿失了。

　　关于边际收入与实务中所说的单位收入或平均收入的不同，跟边际成本与实务中所说的单位总成本不同的原理类似，不再讲述。

2.6 产品成本与期间成本

产品成本与期间成本所包含的具体内容，也会因考察视角不同而有所不同。本书将从财务会计的角度和管理会计的角度分别探讨产品成本与期间成本所包含的具体内容。

2.6.1 财务会计角度分类

从产品生产过程来讲，领用原材料是生产的起点。产品在生产过程中，通过直接费用、直接人工、制造费用等转换成本将原材料转换成产成品，直到产成品检验合格入库，这个生产过程所发生的成本均与产品相关，称为产品成本。

产品成本包含直接材料、直接人工、直接费用、制造费用，包含生产过程发生的相关直接成本与间接成本。

企业持有产品的最终目的是销售，将产品销售给客户，产品存货转化为应收账款或货币资金，并实现了资产负债表总值的增值或减值。企业将产品销售出去是实现资产负债表增值还是减值，是通过"未分配利润"项目反映的。企业产品在资产负值表中的循环如图 2.39 所示。

企业销售产品取得营业收入，用营业收入减去营业成本得到销售毛利润；用销售毛利润扣减当期发生的销售费用、管理费用、财务费用、所得税费用等，最终得到净利润。

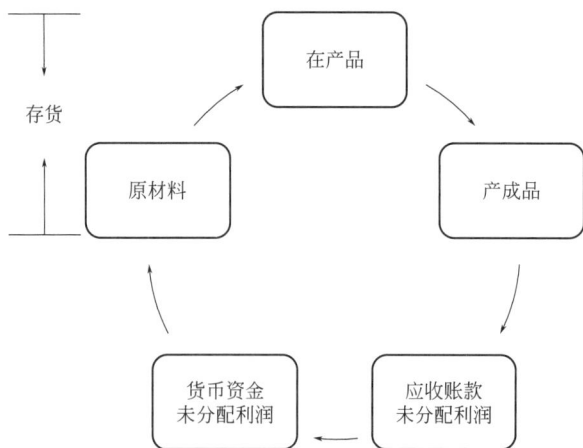

图 2.39 产品在资产负债表中的循环

净利润在利润表中列示，可以反映企业销售业务实现的是增值还是减值。企业实现的净利润也会在资产负债表的"未分配利润"项目反映。这样，企业的销售业务就可以实现资产负债表与利润表的关联反映。资产负债表与利润表对企业产品销售的反映如图 2.40 所示。

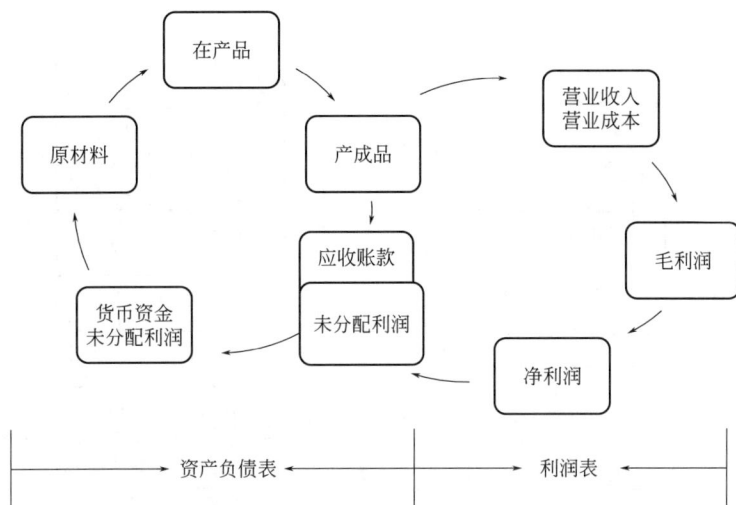

图 2.40 资产负债表与利润表对企业产品销售的反映

产品成本从资产负债表的存货中转出，转化成利润表中的营业成本，可见，营业成本来源于产品成本，是产品成本的对外表现或披露形式。

利润表中销售费用、管理费用、财务费用与发生的期间相关，仅在发生当期体现，下期不再体现，如 12 月发生的销售费用，不会体现在下一年度 1 月的利润表中。利润表这部分与期间相关的成本费用，称为期间成本。

综上所述，从财务会计角度来看，产品成本与期间成本所包含的内容如图 2.41 所示。

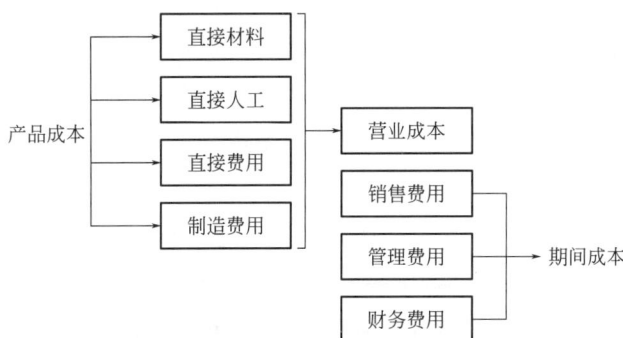

图 2.41 财务会计角度产品成本与期间成本内容

2.6.2　管理会计角度分类

从管理会计角度来看产品成本与期间成本，所包含的内容与财务会计角度不同，如图2.42所示。

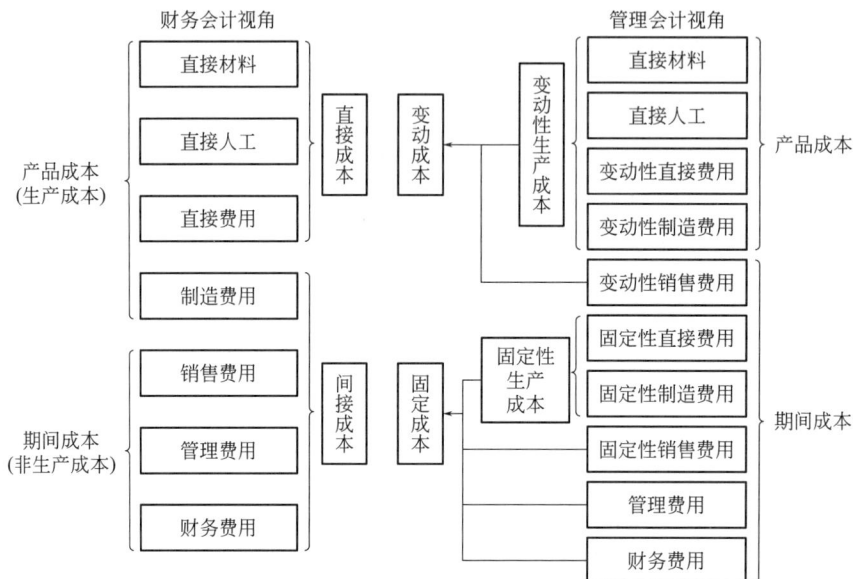

图 2.42　不同角度产品成本与期间成本内容

在图 2.42 中，财务会计角度主要从生产与非生产角度来看待产品成本与期间成本，它们的对应关系为生产成本计入产品成本，非生产成本（期间成本）计入期间成本。

如果从广义的直接成本与间接成本的角度来看，有时将销售费用、管理费用、财务费用三大期间费用也作为间接成本。所以，广义角度的间接成本，不但包括与生产相关的制造费用，还包括三大期间费用。

财务会计角度下的成本分类有利于完全成本法的学习与应用，这部分内容将在第 5 章讲述。

在图 2.42 中，管理会计主要从固定成本与变动成本角度来看待产品成本，也就是说产品成本仅包括变动性生产成本，而将固定性生产成本（如固定性直接费用、固定性制造费用）与期间费用一样看待，均于发生当期计入当期损益，直接列报于利润表。

固定性生产成本与固定性销售费用、管理费用、财务费用（管理费用与财务费用一般是固定成本）一起称为固定成本，并且固定成本也称为期间成本。变动性销售费用（如销售佣金），在发生佣金的当期计入当期损益，也作为期间成本。

管理会计角度下的成本分类有利于变动成本法的学习与应用，这部分内容将在第 5 章讲述。

2.7　相关成本与无关成本

管理会计中，成本有着广泛的含义，针对不同的经营决策问题，需要使用不同的成本概念。

企业管理层在做决策时，要考虑相关信息。从与决策的相关性考虑，成本可以分为相关成本和无关成本，如图 2.43 所示。

图 2.43　相关成本与无关成本

2.7.1　相关成本

相关成本是指由某项特定决策方案直接引起的未来成本支出，并且是不同方案之间有差别的未来成本。相关成本的特征如下。

（1）相关成本是预计的未来成本。过去已经发生而不能改变的历史成本与当前决策无关，它们不是相关成本。

（2）相关成本是有差别的未来成本。决策是对未来方案的选择，所以管理者做决策时要将方案与方案之间要进行比较。如果不同方案间的成本没有差别，那么这类成本与决策的选择就没有关系，也就不是相关成本。

例如，生产部工人的基本工资 10 000 元，无论产量高低这是每月必须支付的。企业正在考虑是否接受一个订单，订单金额是 30 000 元。在考虑是否接受订单的决策中，虽然 10 000 元的基本工资在未来需要支付，但无论是否接受这个未来订单，10 000 元均会发生。这类成本是无差别的未来成本，是与接受订单无关的成本。

在决策时要充分考虑所有的相关成本，如果遗漏了某些相关成本，就可能导致信息缺乏或失实而做出错误的决策。

常见的相关成本包括差量成本、机会成本、重置成本、可避免成本、专属成本、可分成本，以下分别进行介绍。

1. 差量成本

差量成本是指两个备选方案相关成本之间的差额，又称为增量成本。

边际成本是差量成本的一种，边际成本是指生产量每增加一个单位时总成本的增加额。当业务量增加一个单位时，在相关范围内，边际成本等于单位变动成本。

2. 机会成本

机会成本是指在决策分析时，由于选择了某一方案而放弃另一方案所损失的潜在收益。

机会成本与资源稀缺有关，因资源稀缺，将资源应用于一个方面，就不能应用于另一个方面，所以在考虑方案本身的收益时，同时要考虑不能将资源应用于其他方案而损失的收益，也就是说这部分损失的收益应由选定方案的收益来补偿。如果选定方案的收益不能补偿机会成本，说明选定方案不可行，还不如将资源应用于其他方案来获得收益。

机会成本是决策时考虑的相关成本，并不是企业的实际支出或资产耗费，无须在会计记录中反映。

3. 重置成本

重置成本是指按照现行市场价格购买功能与某项现有资产相同或相似的资产所需支付的成本。

企业资产的重置成本是按照现行市场价格考虑的成本，可能与历史成本有较大的差异，在决策分析时，应考虑重置成本而不是历史成本。

4. 可避免成本

可避免成本是与某特定备选方案相联系的，其发生与否完全取决于该方案是否为决策者所采纳。

可避免成本通常用于决定是否停止某产品的生产或终止某部门的经营业务决策。可避免成本可以是固定成本，也可以是变动成本。一般而言，变动成本都是可避免成本。某些酌量性固定成本，如广告费、培训费、员工的固定工资等均属于可避免成本。

5. 专属成本

专属成本是指能够明确归属于某一特定决策方案的固定成本。

选择某一决策方案时，有时会增加固定成本，这些固定成本往往是为了弥补生产能力的暂时不足，因而需要增加有关装置、设备、工具等长期专属资产。专属成本属于某一特定决策方案的成本，因此，不存在分配的问题，可作为直接费用。

6. 可分成本

可分成本是指在联产品或半成品生产决策中，对于已经分离的联产品或已产出的半成品进行深加工而追加发生的成本。

2.7.2 无关成本

无关成本是指在企业决策时无须考虑的成本。

是否选择某个决策方案均会发生的成本，或在不同决策方案之间选择无差别的成本，均属于无关成本。

常见的无关成本包括不可避免成本、共同成本、联合成本、沉没成本。

1. 不可避免成本

不可避免成本，是指无论企业管理层做出何种决策都不能改变其发生数额的成本。

不可避免成本与特定决策方案无关，不管决策方案是否被采纳，成本均会发生。例如，已购固定资产的折旧费等约束性固定成本，就是不可避免成本。

2. 共同成本

共同成本，是指多个决策方案共同负担的固定成本，是各个方案之间没有差别的成本。

共同成本是多个决策方案共同负担的成本，存在分配的问题。例如，各个方案共同分享的设施和服务成本，包括车间管理人员工资、车间照明取暖费用等，均属于共同成本。

3. 联合成本

联合成本，是指联产品在分离之前的生产过程中发生的，应由所有联产品共同负担的生产成本。

联产品分离点之前发生的成本，是所有联产品应共同负担的生产成本，是管理层在决策是否进一步加工的方案中无须考虑的成本，属于无关成本。

4. 沉没成本

沉没成本，是指因是以前做出的决策而目前已经支付了的历史成本。沉没成本是历史成本，通常表现为账面价值或账面净值。

历史成本或沉没成本是已经发生了的成本，无论现在或未来是否决策，都已经发生，是与决策的无关成本。

2.7.3　相关成本与无关成本比较

可避免成本与不可避免成本相对，共同成本与专属成本相对，可分成本与联合成本相对，以下分别进行介绍。

1. 可避免成本与不可避免成本

可避免成本是指与某特定备选方案相联系的，其发生与否完全取决于该方案是否为决策者所采纳的成本。不可避免成本是指无论企业管理层做出何种决策都不能改变其发生数额的成本。

可避免成本通常用于决定是否停止某产品的生产或终止某部门的经营业务决策。可避免成本可以是固定成本，也可以是变动成本。一般而言，变动成本都是可避免成本。某些酌量性固定成本，如广告费、培训费、员工的固定工资等均属于可避免成本。

不可避免成本与特定决策方案无关，不管决策方案是否被采纳，成本均会发生。例如，已购固定资产的折旧费等约束性固定成本，就是不可避免成本。

可避免成本对于不同方案来说也属于增量成本，是决策时应考虑的相关成本。不可避免成本对于不同决策方案来说均会发生，属于无关成本。

2. 专属成本与共同成本

专属成本是指能够明确归属于某一特定决策方案的固定成本。共同成本是指多个决策方案共同负担的固定成本，是各个方案之间没有差别的成本。

选择某一决策方案时，有时会增加固定成本，这些固定成本往往是为了弥补生产能力的暂时不足，因而需要增加有关装置、设备、工具等长期专属资产。专属成本属于某一特定决策方案的成本，因此，不存在分配的问题，可作为直接费用。

共同成本是多个决策方案共同负担的成本，存在分配的问题。例如，各个方案共同分享的设施和服务成本，包括车间管理人员工资、车间照明取暖费用等，均属于固定成本。

专属成本属于特定决策方案的相关成本；共同成本对选择决策方案无差别，属于无关成本。

3. 可分成本与联合成本

可分成本是指在联产品或半成品生产决策中，对于已经分离的联产品或已产出的半成品进行深加工而追加发生的成本。联合成本是指联产品在分离之前的生产过程中发生的，应由所有联产品共同负担的生产成本。

可分成本是进一步加工方案必须考虑的相关成本。

联产品分离点之前发生的成本，是所有联产品应共同负担的生产成本，是管理层在决策是否进一步加工的方案中无须考虑的成本，联合成本属于无关成本。

第 3 章

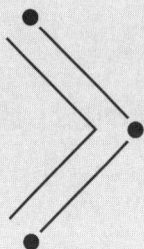

成本要素

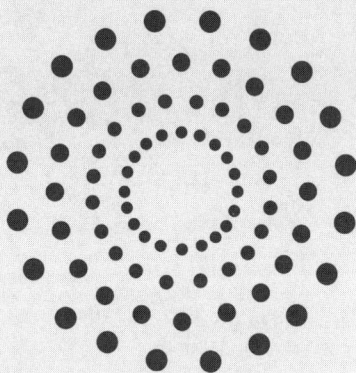

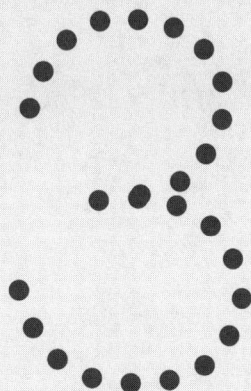

产品成本由料、工、费 3 个要素构成。从财务会计视角来看，料是指直接材料，工是指直接人工，费是指直接费用和制造费用。

直接费用因其发生时不存在分配问题，故直接计入产品成本；未来决策时，直接费用经常作为专属成本进行决策，按决策的相关成本对待。因这部分内容较少，前面讲述时已经涉及，本章不再讲述。

本章主要分别讲述直接材料、直接人工、制造费用 3 个成本要素。

3.1　材料成本

企业资产负债表的存货，是企业生产经营的重要流动资产。生产制造型企业的存货占流动资产的比重较高，比重越高，占用的资金越多，越会影响资金的运营效率。

存货包括原材料、在产品、产成品等，企业持有存货的主要原因如图 3.1 所示。

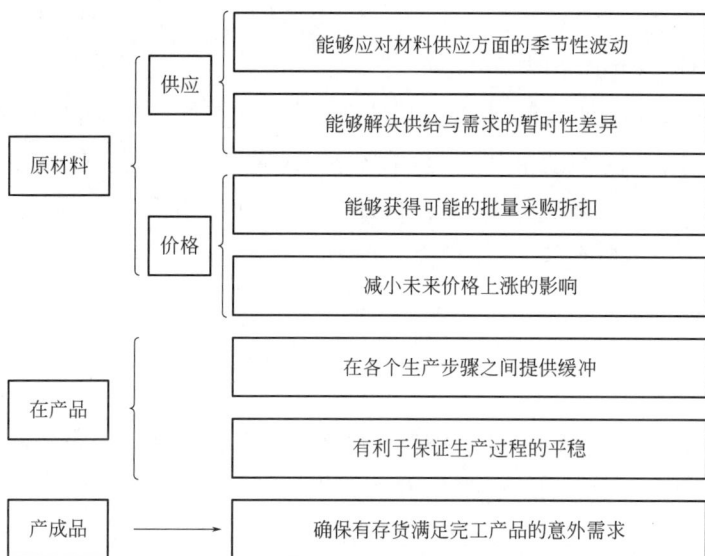

图 3.1　企业持有存货原因

原材料是存货的重要组成部分，原材料的采购、储存、领用等环节，都会影响产品成本。

3.1.1　认识材料采购及持有的相关成本

当设计变动成本无法改变时，考虑降低成本的主要方向应是降低酌量性采购成本。

在原材料的采购环节，采购部门可以选择不同的供应商供货。企业的原材料分为主要材料和辅助材料等。从重要性来看，主要材料的供应商应重点甄别，组织供应商评价小组评估供应商的资质，对符合企业标准的供应商纳入供应商名录，再从供应商名录中选择供应商供货。

企业需要先确定采购方式再进行采购。例如，对于大宗材料采购可采用招投标方式确定采购价格，一般采购也要采用询价议价制度，零星材料采购才可以采用直接购买等方式。

采购批量也是采购前必须考虑的问题。多少次的采购批量最合适，这是需要企业进行综合决策的。综合决策时既要考虑采购资金的占用问题，又要考虑不影响产品的生产问题，还要考虑每次采购的运输成本问题等。

考虑这些问题时，企业需要了解材料采购涉及的成本，如考虑采购资金的占用问题涉及持有成本，考虑每次采购的运输成本问题涉及订货成本，考虑不影响产品的生产问题涉及缺货成本。所以，接下来主要探讨这3个方面的成本。

持有成本是企业储存持有存货发生的成本。持有成本与持有存货的数量成正比。持有成本主要包括如下内容。

（1）资金利息费用。如果企业用外借资金采购存货，那么外借资金的利息费用是持有成本；如果企业用自有资金采购存货，那么资金占用在存货上而失去的其他投资机会的收益，就是持有存货的机会成本。企业常将机会成本同银行的贷款利率相比较，所以机会成本经常按资金利息费用一样对待。持有存货占用的资金越多，利息费用也就越多。

（2）监测存货水平的成本。例如，仓库保管员的工资成本。持有的存货越多，雇用的仓库保管员也越多。

（3）为持有的存货投保而交纳的保险费用。持有存货越多，保费越多。

（4）报废、变质、损毁成本。持有存货越多、持有期限越长，报废、变质、损毁的可能性越大，这方面的成本代价越高。

订货成本是企业在订购存货的过程中所发生的成本。订货成本与订购次数成正比，与订货批量成反比。订购成本主要包括如下内容。

（1）订货相关的管理与办公费用。例如，订货时花费的传真费用、网络费用、手机电话费用等。这部分费用与订货次数成正比，订货次数越多，这部分成本越高。

（2）运输货物发生的运输费。每次订货批量大，既可增大每次运输的批量而节省单位运费，又可减少往返运输的次数而省运费总额。

缺货成本是因为存货耗尽短缺，影响生产或销售而发生的相关损失或代价。缺货成本与持有存货的数量成反比。缺货成本主要包括如下内容。

（1）客户订货而企业存货满足不了交期，销售量受到损失而发生的成本。例如，潜在的未来销售损失，企业声誉和形象受到损失而产生的成本。

（2）存货短缺，不得不紧急订货以补充生产需要的存货而发生的成本。例如，因紧急订货由日常的铁路运输改为航空运输方式而产生的成本。

（3）存货短缺造成的生产停工损失。例如，机器设备的额外维护成本。

（4）存货短缺造成的工人停工带来的成本。例如，停工期间工人的工资。

3.1.2　剖析经济订货量模型

企业期望利润最大化，期望材料采购及持有的相关成本总额最小化，期望持有成本、订货成本、缺货成本三者之和最小化。这是企业的愿望，如何实现？关键是确定经济订货量。

经济订货量是指能使材料采购及持有的相关成本总额最小化的订货量。

经济订货量是订货量模型的其中一种特殊形式，因此，在探讨经济订货量模型之前，有必要先分步探讨订货量模型，如图 3.2 所示。

横坐标轴代表时间（天数），纵坐标轴代表材料数量（千克）；直线 BF 代表企业材料的最低持有量，也就是安全库存；直线 AE 代表企业材料的再订货点，也就是向供应商下达采购订货指令的库存水平点；直线 CG 代表企业材料的最高持有量。

企业期初库存持有量位于 D 点，例如 500 千克，随着企业生产耗用原材料，原材料的库存持有量下降到 A 点水平，这时候企业开始向供应商下达采购订单进行订货，A 点被称为再订货点。

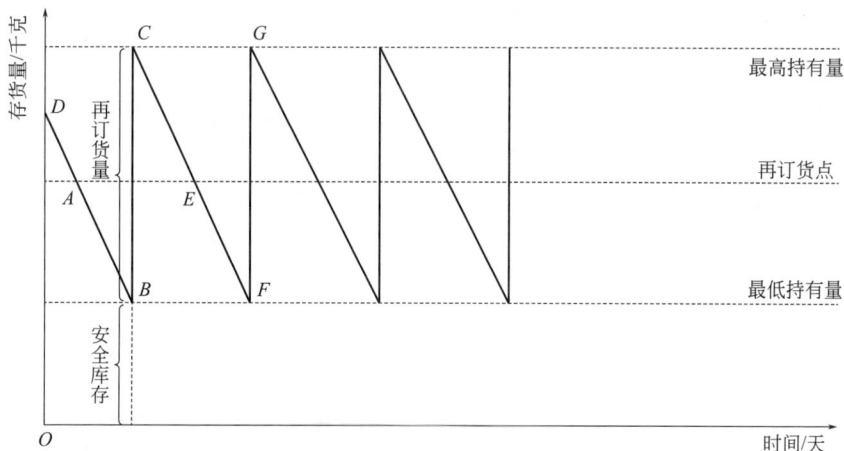

图 3.2　订货量的基本模型

随着企业每天生产均匀耗用原材料，材料被耗用到 B 点时，也就是到了最低持有量的库存水平点。这时正好 A 点处下达订单的材料被送到了企业仓库，入库量就是 A 点处下单的订货量，称为再订货量，如图 3.2 中线段 BC 所示。随着办好入库手续，库存一下子涨到 C 点，达到了最高持有量点。

企业又在 C 点处连续生产均匀耗用原材料，当库存降到 E 点再订货，正常情况下，F 点处到货，库存又涨到最高持有量 G 点的水平。如此重复，就是订货量的基本模型。

企业期望生产平稳运行，材料正常周转。但这只是企业的愿望，订货量模型也存在特殊情况，如图 3.3 所示。

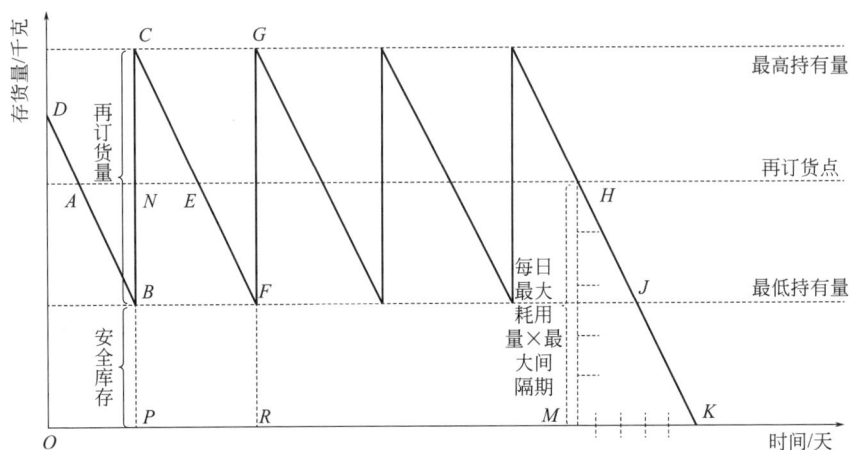

图 3.3　再订货特殊情形

企业库存消耗到 H 点处时，采购部门向供应商下达采购订单。正常来讲，库存消耗到 J 点会到货。但此次供应商供货不及时，企业正常生产必须耗用最低持有量的库存，采购部门催货无效，直到库存全部被消耗掉，也就是库存降到 K 点，这时已经没有库存。

从 H 点向横坐标轴作垂线 HM，则 HM 是库存从 H 点消耗到 K 点的消耗量，也就是再订货点，MK 是库存从 H 点消耗到 K 点的消耗时间。正是消耗时间与消耗量双重作用影响，企业库存被消耗殆尽的坐标轨迹走出了从 H 点到 K 点的一条斜线。

如果从 H 点消耗到 K 点的消耗时间为 5 天，这 5 天时间称为最大间隔时间，每天最大耗用量为 80 千克，则 $HM = 5 \times 80 = 400$（千克）。所以再订货点的公式如下。

再订货点 = 存货每天最高耗用量 × 收到存货的最大间隔天数

以上关于再订货点的计算公式，是订货量模型存在特殊情况下的公式。

如果从正常到货情况来看，在 A 点订货，到了 B 点正常到货，每天均匀耗用情况下，从 A 点到 B 点的消耗量 NB = 存货每天平均耗用量 × 收到存货的平均间隔天数，

则 *NP* 再订货点的公式如下。

再订货点 = *NB* + B*P*

= 存货每天平均耗用量 × 收到存货的平均间隔天数 + 最低持有量

当在 *B* 点收到了材料，库存立刻增加再订货量 *CB* 数量的材料，材料的库存就达到了最高点 *C*，公式表示如下。

$$CP = CB + BP$$

最高持有量 = 再订货量 + 最低持有量

从 *C* 点到 *F* 点的消耗量，就是当初在 *A* 点下的采购订单，并于 *B* 点处到货的再订货量 *CB*，在 *BF* 这段时间内被企业均匀消耗掉了的消耗量。假设 *BF* 这段时间是没有考虑最低持有量情况的时间，这段时间期初库存是再订货量，期末库存是 0，则这段时间平均库存的公式如下。

$$CF 平均库存量 = \frac{期初库存 + 期末库存}{2} = \frac{再订货量 + 0}{2} = \frac{再订货量}{2}$$

BF 这段时间与 *PR* 的时间天数是相同的，计算平均库存是需要考虑最低持有量的，但如上所示讨论的是不考虑最低持有量的平均库存公式，对探讨经济订货量模型是有好处的。

考虑最低持有量的平均库存公式如下。

$$CR 平均库存量 = CF 平均库存量 + 最低持有量 = \frac{再订货量}{2} + 最低持有量$$

上面的平均库存思考角度，是将平均库存分解成两部分来对待的。

换一个思考角度，直接看 *PR* 这段时间。期初库存是最高持有量，期末库存是最低持有量，则平均库存的公式推导如下。

$$CR 平均库存量 = \frac{最高持有量 + 最低持有量}{2}$$

$$= \frac{再订货量 + 最低持有量 + 最低持有量}{2}$$

$$= \frac{再订货量}{2} + 最低持有量$$

换了一个思考角度，问题变得更简单。成本管理会计需要培养多角度看问题的思维模式，灵活对待管理会计问题。

有了订货量基本模型的基础，再来学习经济订货量模型，如图 3.4 所示。

关于经济订货量模型的假设条件，在订货量基本模型的基础上来考虑，是指无缺货成本以及无最低持有量（安全库存）的订货模型。

如图 3.4 所示，持有成本曲线上的持有成本随着订货量的增大成正比例增大，这是由平均库存与再订货量成正比例关系，而持有成本与平均库存成正比例关系而推导得出的。

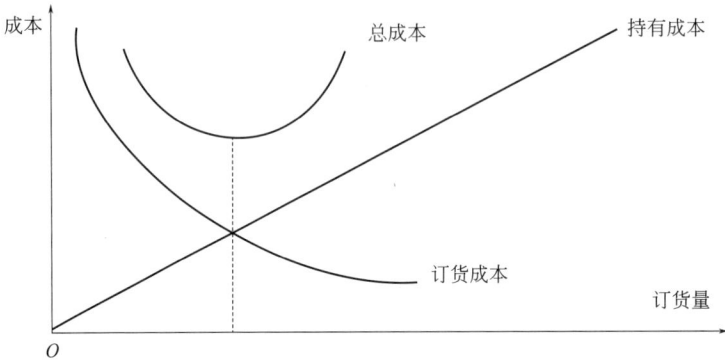

图 3.4　经济订货量模型

持有成本曲线所反映的订货量与持有成本的关系也可通过如下公式推导看出。

持有成本 = 平均库存量 × 单位存货持有成本

= 无最低持有量情况下的平均库存量 × 单位存货持有成本

$$= \frac{再订货量}{2} \times 单位存货持有成本$$

$$= \frac{经济订货量}{2} \times 单位存货持有成本$$

订货成本曲线上的成本与订货次数成正比，订货次数与订货量成反比，因而订货成本与订货量也成反比。这种传导式的推导逻辑，也可以通过如下推导公式看出。

订货成本 = 订货次数 × 每次订货成本

$$= \frac{期间存货需求量}{经济订货量} \times 每次订货成本$$

持有成本曲线与订货成本曲线的交点，位于总成本曲线最低点的正下方，也就是交点是使总成本最低的点，因此，交点处的订货量就是经济订货量。

持有成本曲线与订货成本曲线的交点，说明此处的持有成本等于订货成本，可以利用这个特征求解经济订货量，公式推导如下。

$$持有成本 = 订货成本$$

$$\frac{经济订货量}{2} \times 单位存货持有成本 = \frac{期间存货需求量}{经济订货量} \times 每次订货成本$$

$$经济订货量^2 = \frac{2 \times 期间存货需求量 \times 每次订货成本}{单位存货持有成本}$$

$$经济订货量 = \sqrt{\frac{2 \times 期间存货需求量 \times 每次订货成本}{单位存货持有成本}}$$

经济订货量模型的意义，在于对实践的指导，而不是照抄照搬。形成模型的过程，展现了一些思想、一些方法、一些原理、一些对概念的理解与认识，对指导如何去摸索实践、总结实践有重要意义。因此，整理模型，重要的是展现思考的整个过程，这有利于锻炼系统思考的思维，在实务中去总结一些类似的模型或案例。

3.1.3　确认成本准确与否的利器——材料发出计价方法

为什么说材料发出计价方法是确认成本准确与否的利器？

在成本分类的讲述中，主要材料是作为直接材料成本计入成本核算对象的，一提到直接两个字，感性的第一印象是准确，因为不像间接成本是分配计入成本核算对象，它给人的感觉是不准确的。

在这里需要澄清的是，直接材料成本相对间接成本计入产品成本的准确性，主要是体现在耗用的数量方面，耗用数量是通过限额领料单对应计入产品成本的。

但成本的准确与否，不仅包含数量的准确与否，还应包括耗用单价的准确与否。

如果领用材料的耗用单价与实际情况对应不起来，是会影响产品成本的准确性的。以下主要从耗用单价角度来讲述材料发出计价方法，及其如何影响产品成本。

材料发出计价方法包括先进先出法、移动加权平均法、全月一次加权平均法、个别计价法。这四种方法的主要区别在于假定的发货顺序不同。不同计价方法与实物发出顺序对照如图 3.5 所示。

以上四种材料发出计价方法中，个别计价法的耗用单价与直接领用的实物数量是有对应关系的，是最准确的计价方法。先进先出法虽然计价方法与实物发出逻辑思维相同，但因未建立单价与领用数量的对应关系，仅能说大致相同，而无法说一定准确。全月一次加权平均法、移动加权平均法，因计价方法与发出顺序都不同，则产品成本的计算不可能准确。

但在实务中，最不准确的两种计价方法全月一次加权平均法、移动加权平均法，在企业中使用可能是最多的，故说计价方法是确认成本准确与否的利器，并不为过。

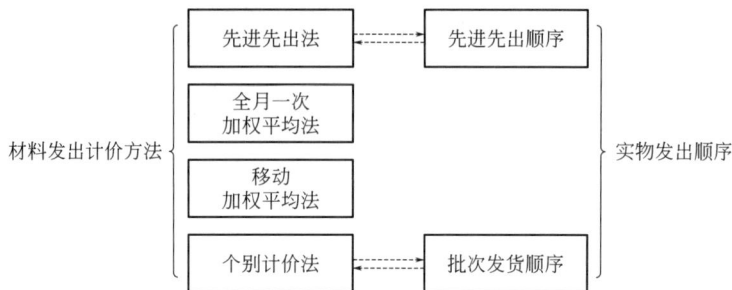

图 3.5　材料发出计价方法与实物发出顺序对照

实践中，企业明知核算产品成本的准确性结论如此，却仍这样处理，与成本效益原则有很大关系。个别计价法虽然准确，但核算复杂，其成本代价最高；全月一次加权平均法、移动加权平均法虽然准确性不高，但核算简单，其成本代价较低，其中全月一次加权平均法是最为简单的核算方法，其成本代价也最低。

除了与成本效益原则有关外，实务中这样处理，包括企业会计准则规定允许使用全月一次加权平均法、移动加权平均法，还在于对经营业绩的反映。在企业持续经营的各个年度之间，只要一贯地使用这种计价方法，那么各个年度的经营业绩是可以比较的，也是可以据此预测未来发展的。

既然有了初衷，也就有了一贯性原则的应用。材料发出计价方法是为了计价而假定材料的发出顺序，无合理或特殊情况要保持假定顺序的一贯性，以防止人为调节发出材料单价而调节利润。

一贯性原则的强调，除了本节多次提及的对利润产生影响之外，还在于对利润产生的延伸影响。例如，利润不同，企业向国家缴纳的所得税费用不同；利润不同，企业向投资者分配的红利不同；利润不同，企业员工工资的涨幅不同。

下面，详细介绍这四种方法。

1. 先进先出法

先进先出法假设所有发出的存货都是按照最先购买最先发出的顺序来计价的。

【例 3-1】假设企业材料发出采用先进先出法计价，请完成表 3.1 的计算。

表 3.1　材料发出计价表

日期	购进数量（件）	单价（元）	发出数量（件）	发出成本（元）	结存成本（元）
5月1日	300	1.50			450
7日	100	1.50			

续表

日期	购进数量（件）	单价（元）	发出数量（件）	发出成本（元）	结存成本（元）
10 日			300		
12 日	300	1.80			
17 日			200		
21 日	400	1.90			
24 日			500		
27 日	250	2.00			
30 日			300		

关于材料发出计价方法，重要的是按假定的发出规则来识别发出材料的单价，以便核算发出成本和结存成本。先进先出法计价如表 3.2 所示。

表 3.2　先进先出法下发出材料成本计算

日期	购进数量（件）	单价（元）	发出数量（件）	发出成本（元）	结存成本（元）
5 月 1 日	300	1.50			450
7 日	100	1.50			600
10 日			300	450	150
12 日	300	1.80			690
17 日			200	330	360
21 日	400	1.90			1120
24 日			500	930	190
27 日	250	2.00			690
30 日			300	590	100

在通货膨胀或通货紧缩时期，先进先出法对发出的材料成本及期末材料价值有一定的影响，如图 3.6 所示。

如图 3.6 所示，在通货膨胀时期，假定先购进的材料先发出，说明发出的材料单价是先购进的低成本材料，发出成本低，产品成本低，结转到本期利润表上的营业成本也低，则本期利润高。同时，期末材料是后购进的高成本材料，则期末资产负债表上的存货价值高。于是出现了本期利润与期末材料成本双高的局面，期末材料成本比较接近于当前的市场价格。

在通货紧缩时期，正好相反，会出现本期利润与期末材料成本双低的局面。

以前发出材料还有一种后进先出法的计价方法，是假设材料按最近购入的价格最先发出的顺序来计价的。目前，国际会计准则和中国会计准则均取消了这项会计政策，不允许采用后进先出法进行计价核算。但分析后进先出法的计价顺序对资产负债表、利润表的影响的思维方法还是可以借鉴的，并可以同先进先出法对照。通货膨胀时期后进先出法对材料成本及期末材料价值的影响如图 3.7 所示。

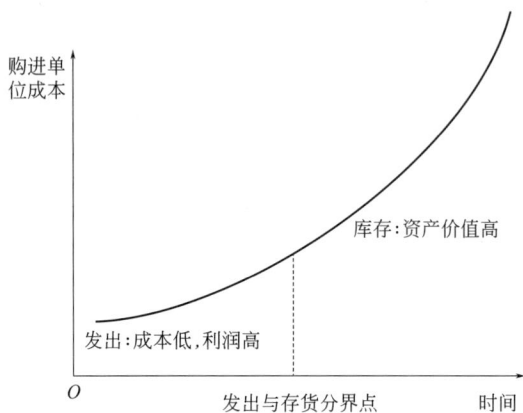

图 3.6　通货膨胀时期先进先出法对材料成本及期末材料价值的影响

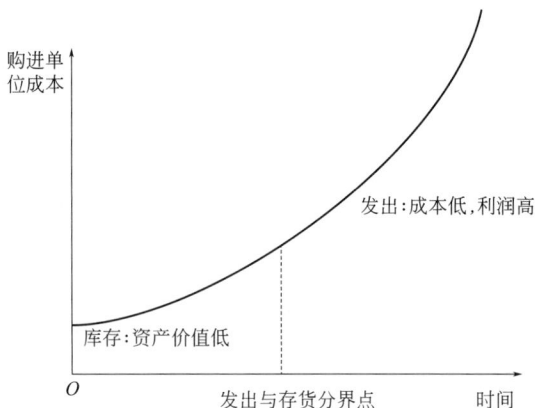

图 3.7　通货膨胀时期后进先出法对材料成本及期末材料价值的影响

　　如图 3.7 所示，在通货膨胀时期，假定后购进的材料先发出，说明发出的材料单价是后购进的高成本材料，发出成本高，产品成本高，结转到本期利润表上的营业成本也高，则本期利润低，同时，期末材料是先购进的低成本材料，则期末资产负债表上的存货价值低，出现了本期利润与期末材料成本双低的局面。

　　在通货紧缩时期，正好相反，会出现本期利润与期末材料成本双高的局面。

　　如果从通货紧缩的角度来看先进先出法和后进先法，如图 3.8 所示。

2. 移动加权平均法

　　移动加权平均法下，假定将移动加权平均单价作为发出材料单价，每当收到新

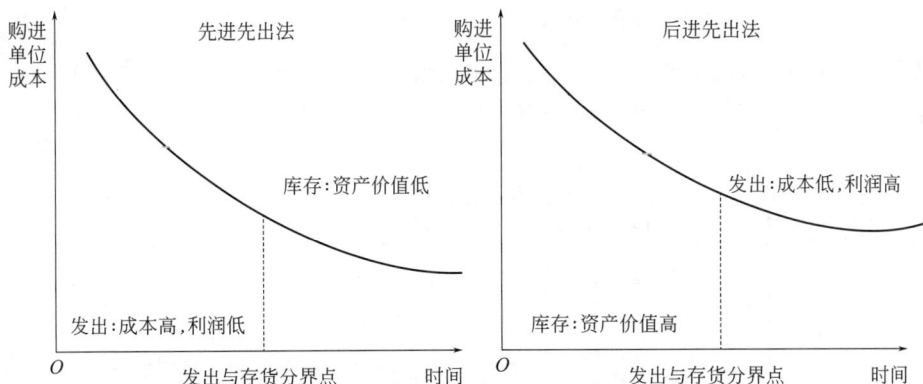

图 3.8　通货紧缩时期先进先出法及后进先出法对材料成本及期末材料价值的影响

的材料，就需要重新计算一次平均单价，作为发出材料和结存材料的计价标准。这种计价方法的关键是计算移动加权平均单价。

$$移动加权平均单价 = \frac{上次结存材料成本 + 本次购入材料成本}{上次结存材料数量 + 本次购入材料数量}$$

【例 3-2】假设企业材料发出采用移动加权平均法计价，请完成表 3.1 的计算。移动加权平均法计价如表 3.3 所示。

表 3.3　移动加权平均法下发出材料成本计算

日期	购进数量（件）	单价（元）	发出数量（件）	发出成本（元）	结存成本（元）
5月1日	300	1.50			450
7 日	100	1.50			600
10 日			300	450	150
12 日	300	1.80			690=400×1.725
17 日			200	345	345
21 日	400	1.90			1 105=600×1.841 7
24 日			500	920.85	184.15
27 日	250	2.00			684.15=350×1.954 7
30 日			300	586.41	97.74

3. 全月一次加权平均法

全月一次加权平均法下，假定全月在月末计算一次加权平均单价，作为本月发出材料和期末结存材料的计价标准。这种计价方法的关键也是计算全月一次加权平均单价。

$$全月一次加权平均单价 = \frac{期初结存材料成本 + 本期购入材料成本}{期初结存材料数量 + 本期购入材料数量}$$

【例3-3】假设企业材料发出采用全月一次加权平均法计价，完成表3.1的计算。

按照全月一次加权平均法进行计价。为了反映全月一次加权平均单价的计算过程，计算表中增加了购进金额和购进均价两列数据，并增加了合计数据行，如表3.4所示。

表 3.4　全月一次加权平均法下发出材料成本计算

日期	购进数量（件）	单价（元）	购进均价（元）	发出数量（件）	发出成本（元）	结存成本（元）
5月1日	300	1.50				
7日	100	1.50				
10日				300	533.34	
12日	300	1.80				
17日				200	355.56	
21日	400	1.90				
24日				500	888.90	
27日	250	2.00				
30日				300	533.34	
合计	1 350		1.7778		2 311.14	88.86

全月一次加权平均法的关键是计算全月一次加权平均单价，表3.4中平均单价、结存成本的计算过程如下。

$$全月一次加权平均单价 = \frac{期初结存材料成本 + 本期购入材料成本}{期初结存材料数量 + 本期购入材料数量}$$

$$全月一次加权平均单价 = \frac{2\ 400}{1\ 350} = 1.7778（元）$$

$$发出成本 = (300 + 200 + 500 + 300) \times 1.7778 = 2\ 311.14（元）$$

$$结存成本 = 2400 - 2311.14 = 88.86（元）$$

表3.4中的期末结存成本，如果按照结存数量50件×1.7778元=88.89元，与上面计算相差0.03元，属于计算尾差造成的。

上述3种材料发出计价方法下，期末存货和销售成本对比如表3.5所示。

表 3.5　三种材料发出方法对比　　　　　　　　　　单位：元

方法	先进先出法	移动加权平均法	全月一次加权平均法	备注对报表影响
期末存货	100	97.74	88.86	影响资产
销售成本	2 300	2 302.26	2 311.14	影响利润
合计	2 400	2 400	2 400	
利润	最高	居中	最低	

4. 个别计价法

个别计价法下，假设存货的成本流转与实物流转相一致。此方法准确性高，适用单位价值比较高的存货，如珠宝、首饰等贵重物品；也适合按批次生产的产品，如具有个性化需求的机器生产等。

【例3-4】假定企业材料发出按个别计价法核算，将表3.1转化为批次购进发出表，如表3.6所示。

表 3.6　批次购进发出表

日期	购进			发出		发出成本（元）	结存成本（元）
	数量（件）	单价（元）	批次	数量（件）	批次		
5月1日	300	1.50	A				
7日	100	1.50	C	100	C		
10日				300	A		
12日	300	1.80	B				
17日				300	B		
21日	400	1.90	F				
24日				400	F		
27日	250	2.00	G				
30日				200	G		

按表3.6所示的批次购进及发出的对应关系，进行发出成本及结存成本的计算，如表3.7所示。

表 3.7　个别计价法下发出材料成本计算

日期	购进			发出		发出成本（元）	结存成本（元）
	数量（件）	单价（元）	批次	数量（件）	批次		
5月1日	300	1.50	A				450
7日	100	1.50	C	100	C	150	450
10日				300	A	450	0
12日	300	1.80	B				540
17日				300	B	540	0
21日	400	1.90	F				760
24日				400	F	760	0
27日	250	2.00	G				500
30日				200	G	400	100

3.1.4 材料发出的表单控制

材料成本的核算除了与材料发出计价有关外，还与材料发出数量有关。

对材料发出数量的控制，在企业中通常是依据表单进行的。表单是企业材料成本控制制度的重要组成部分，也是企业进行成本控制的一种手段。

现代企业的成本核算一般通过 ERP 系统的成本模块进行，减少了手工核算的工作量。成本核算系统的优点在于如果输入的信息准确，成本核算输出的信息也准确；但如果输入的是垃圾信息，输出的也是垃圾信息。所以成本会计的工作职能更侧重于如何监督、稽核，保证业务部门输入信息的准确性。

保证业务部门输入准确的信息的一个重要方法是通过表单进行控制，表单控制包括表单设计、表单申请审批、表单传递、表单输入统计、表单稽核等。其中，表单设计是首要控制环节，如果企业控制思想不能通过表单设计体现出来，则无法实现控制目的。

不同的材料有不同的控制方法，因此需要通过不同的表单进行控制。

下面讲述主要材料的表单控制。主要材料构成产品实体，可以通过限额领料单进行控制。核算是对管理要求的反映，会计核算时要做细化核算，计入产品的直接材料成本。

限额领料单是多次使用的领料凭证，适用于有消耗定额的材料。采用限额领料单领用材料，材料在消耗限额之内，可按流程领用；如果超限额领料，必须申报超限额原因，经过技术部门及供应部门的审批，可增加领用。

材料领用限额是根据产品计划投产量和有关材料消耗定额确定的，只要累计实发数量尚未超过领用限额，就可连续使用。例如，产品计划投产量为 10 台机器，每台机器需要 4 个支脚，那么限额领料单的限额为 40 个支脚。

限额领料单体现了对主要材料的重点控制，一般是一料一单。限额领料单属于累计凭证，其格式如表 3.8 所示。

表 3.8　限额领料单

领料部门：						凭证编号：		
产品名称：						消耗定额：		
计划产量：						领用日期：		

领用序号	材料编号	材料名称	规格	计量单位	请领数量	领料限额	实发数量	限额结余
1								
2								
3								

续表

领用序号	材料编号	材料名称	规格	计量单位	请领数量	领料限额	实发数量	限额结余
4								
5								
6								
7								
8								
9								
10								

供应部门负责人：　　生产部门负责人：　　领料人：　　发料人：

领料单是一次性使用的领料凭证，属于一次凭证，其格式如表 3.9 所示。

表 3.9　领料单

领料部门：

用　　途：　　　　　　日期：　　　　　　　　　　凭证编号：

材料编号	材料名称	规格型号	计量单位	请领数量	实领数量	备注

供应部门负责人：　　生产部门负责人：　　领料人：　　发料人：

　　关于领料单适用的企业类型、每种类型的企业适合领用的材料类型，以及它们之间的适用关系，如图 3.9 所示。

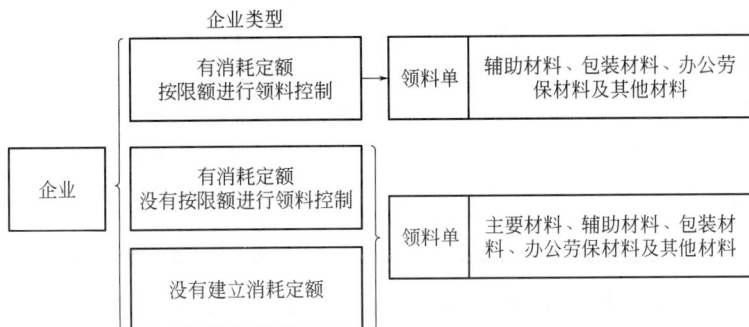

图 3.9　领料单适用的企业类型及材料类型

图 3.9 中，对于有消耗定额、按限额对领料进行控制的企业，适用的材料类型中没有主要材料，因为对于这种类型的企业是利用限额领料单领用主要材料的。

领料单因无限额领用控制，故审批控制很重要，企业需要强化审核批准相应岗位的职责。领料单不适用于进行废品损失核算管理的企业。

对于辅助材料、办公劳保材料，不同企业可能有不同的控制手段，有些企业为了节省控制成本，可能简化控制手段，利用领料登记表进行简化登记。简化控制时核算也表现为简化核算，例如，耗用时先计入制造费用的机物料消耗，之后再分配计入产品成本。

领料登记表还常对经常性使用的损耗性材料进行简化登记。

领料登记表是多次使用的领料凭证，因核算周期的需要通常在 1 个月内连续使用，适用于经常领用的损耗性材料，如滤纸、砂纸、抹布等；有些企业也用于辅助性材料、办公劳保材料。

限额领料单与领料登记表的重要区别在于领料登记表针对领用的物料是经常领用的损耗性材料。这种经常领用的损耗性材料单位价值较低，不在物料清单中体现，故管理上采用只需要登记而不需要审批的简化登记的领用方式。领料登记表平时留在仓库，领料部门领料时由收料人签收，仓库根据领用数额登账；月终，仓库汇总领用金额后，除本部门留存外，还要交给会计部门记账，以便成本核算。领料登记表的格式如表 3.10 所示。

表 3.10 领料登记表

年　　　　　月

序号	物料名称	领料时间	领料人	领料数量	备注

以上是关于不同材料领用的控制表单。下面介绍材料领用之后，如果发生退料，如何利用退料单进行表单控制。

　　领用到生产现场上的物料，不一定均已应用到产品生产。如果月末对生产已领未用的物料不做退料处理，会虚增企业的生产成本；如果利用退料单进行退料处理，会真实地反映企业的生产成本。

　　生产过程中有两种退料情形。

　　第一种是"假退料"，即月末将已领未用但下月继续使用的材料办理"假退料"手续。"假退料"是指手续上办理了退料，以便真实地核算成本，否则会高估成本，但实物并未退回仓库，待下月初再做领料手续。

　　第二种是"真退料"，即月末将已领未用的材料退回仓库。例如，对于按批次生产领用的材料，如果这批产品月末已经完工，将剩余材料实物退回仓库，手续上也已经开具退料单，才能准确地核算成本；否则，会高估该批次产品的生产成本。

　　这两种退料情形，均需要开具退料单。退料单的格式如表 3.11 所示。

表 3.11　退料单

年　　月　　日

退料部门：　　　　　　材料领用用途：　　　　　仓库编号：

退料原因：

供应部门负责人：　生产部门负责人：　　收料人：　　退料人：

材料编号	材料名称	规格型号	计量单位	数量		备注
				退回数量	实收数量	

　　表 3.11 中，"材料领用用途"是退料单中比较重要的项目，关系到按原领用用途冲减成本。例如，材料领用用途为生产甲产品，则退料单的退回数量应冲减甲产品此材料的领用数量，以便用冲减后的净领用量反映甲产品的材料成本。

　　生产退料会影响产品成本，退料管理对生产部门的现场物料管理要求较高。月末督促生产现场用料部门及时清理已领未用的材料，与生产部门管理人员沟通，通过盘点等形式营造清理氛围，让生产部门员工养成习惯，形成素养，这也是成本管理会计工作的目标。

月末，正常处理领料单和退料单后，接下来有必要编制发出材料汇总表，以汇总反映当月材料的耗用情况。

月末财会部门依据领、退料单据，按照发、退材料的类别和用途编制发出材料汇总表。发出材料汇总表的格式如表 3.12 所示。

表 3.12　发出材料汇总表

年　　　月　　　　　单位：元

会计科目			×材料	×材料	×材料	……	合计
生产成本	基本生产成本	××产品					
		××产品					
		××产品					
		××产品					
		小计					
		供电车间					
		供水车间					
		维修车间					
生产成本	基本生产成本	供气车间					
		小计					
制造费用							
销售费用							
管理费用							
合计							

审核人：　　　　　　　　　　制单人：

无论是采用手工核算成本的企业，还是利用 Excel 进行成本核算的企业，发出材料汇总表对成本核算的准确性影响较大。作为汇总此表的财会部门，需要与领料部门和发料部门进行核对，也就是与生产部门和仓储部门（或供应部门）进行核对，这种核对的原理可从以上的领、退料表单的交接签收及审核批准的人员中看出。

对于利用 ERP 系统成本模块进行成本核算的企业，汇总工作比较简单，相关数据可由系统自动生成。

3.1.5　材料盘存稽核制度

从企业材料日常管理来看，所有材料总体经历了四个阶段，如图 3.10 所示。

在材料采购阶段，已经讲述了材料采购相关成本以及经济订货量模型；在材料领用阶段，已经讲述了材料发出计价方法以及材料领用表单控制。在材料结存阶段，主要是仓储部门进行日常管理，并办理收发手续，以便管理库存，在此阶段，职责分离原则的应用要求库存接受财会部门的监督，形成盘点核对机制。

```
┌──────────┐   ┌──────────┐   ┌──────────┐   ┌──────────┐
│ 期初材料结存 │──▶│ 本期材料采购 │──▶│ 本期材料领用 │──▶│ 期末材料结存 │
└──────────┘   └──────────┘   └──────────┘   └──────────┘
```

图 3.10　材料日常管理

在材料结存阶段，材料的日常管理涉及盘存制度、盘点制度以及日常稽核制度。

1. 盘存制度

盘存制度是对库存材料收发的增减变动如何进行记录管理，进而管理库存的制度。盘存制度有永续盘存制和实地盘存制两种。

永续盘存制是对各种材料每一次收货和出库均要及时记录，以便能随时知道结存数据的一种库存管理制度。

记录的结存数据分为实物数量、金额、实物数量与金额 3 种不同的方式。仓储部门采用实物数量永续记录方式，因为仓储部门仅对数量负责；财会部门采用实物数量与金额永续记录方式，因为财会部门要稽核仓储部门管理的实物数量，也要稽核采购部门管理的供应商供货金额。

永续盘存制下，对各种材料的增减变动都要做永续记录，让财务人员能够从账面上随时掌握材料的结存数量和金额，并结合实物盘点，利用账面结存数和盘点结果进行对照，重点对盘盈盘亏情况进行分析总结，揭露财产管理存在的问题。采用永续盘存制，可以在企业内部形成一种牵制关系，能够促使仓储保管人员尽职尽责，提高库存管理水平。

可以说，永续盘存制是收发存全方位的表单控制方法。采用表单控制法重要的一点是要做到记录有理有据，如按消耗定额计算的发出限额是有理的表现，发出经审核的领出证据是有据的表现。

实地盘存制并不是全方位的表单控制方法，只是对材料领用数量的控制。

实地盘存制对材料领用数量的控制应用了非表单控制原则，即对材料的领用发出不做记录，这是同永续盘存制相比最大的区别。

由于实地盘存制记录收货而不记录发货，财务人员自然无法从账面上及时获取结存数据。实地盘存制下，企业通过盘点获取结存数据，而企业无法做到随时盘点，这是这种方法应用的一种缺陷。

企业月末需要知道材料的发货数据，否则，无法进行产品成本的核算。那么，实地盘存制下材料发出成本如何核算呢？制度设计者是按如下原理设计的，如图3.11 所示。

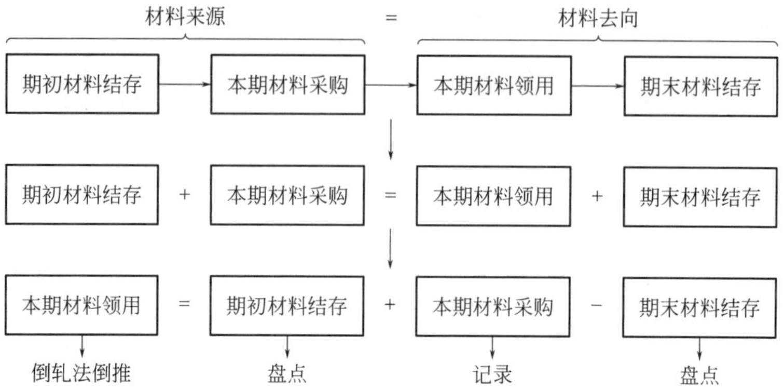

图 3.11　以存计耗倒推原理

以上倒轧法倒推材料发出成本的原理，是需要掌握的一种以材料结存倒轧材料耗用成本的方法。这种方法原理不但适用于材料发出成本的计算，也适用于以结存倒轧销售成本的计算，称为以存计销，如图 3.12 所示。

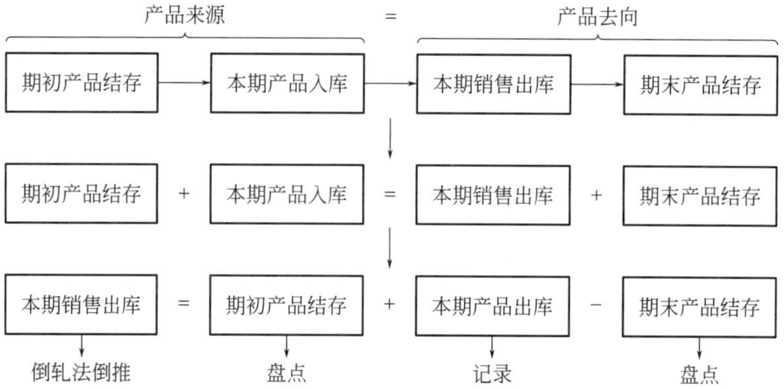

图 3.12　以存计销倒推原理

实地盘存制利用这样的原理进行粗放管理，是因为有些材料不方便记录发出数据，如矿砂、煤炭、黄沙、石子等；同时，有些材料虽然方便记录发出数据，但企业限于人力和核算水平，为提升成本效益也采用实地盘存制，如小工厂的物料管理，或偏远山村零售商店的商品管理。

与永续盘存制相比，实地盘存制采用粗放管理方式倒轧核算材料发出成本，容易掩盖一些管理问题。实地盘存制下，不管是人为损坏、偷盗、管理不善等原因造成材料短缺，都计入发出材料成本，而无法通过盘点进行账实核对，分析发现管理漏洞。

2. 盘点制度

盘点制度是指通过对企业的资产实施定期盘点清查，并将盘点结果与会计记录进行比较以确定两者是否相符，进而发挥控制作用的一种控制方式。

盘点制度能否发挥作用，重要的是盘点小组人员能否准确地盘点实物的数量。

盘点小组可由仓储保管人员、会计人员、内部审计人员、供应或生产部门的负责人员共同组成。盘点小组负责策划盘点程序，衔接相关部门的工作，营造静态盘点环境，分析盘点差异原因，以及盘盈、盘亏的申请审批及调账等工作。

盘点的目的是防止并及时揭示出现的差错或舞弊行为，保证账实相符。"实"指通过盘点获取的材料实物资料，"账"要如何表现，才能账实核对？下面看一下库存账的问题。

关于库存明细账，需要分清业务部门的"可调库存"、仓储部门的"保管库存"和财会部门的"会计库存"，在分清的情况下才知道应使用哪个库存数据与盘点结果核对。库存明细账分类对照如图 3.13 所示。

会计库存是财会部门的库存明细账。会计库存与保管库存不同，保管库存是指仓储部门保管员管理的在库库存，在库库存量与实物在库数量相对应。

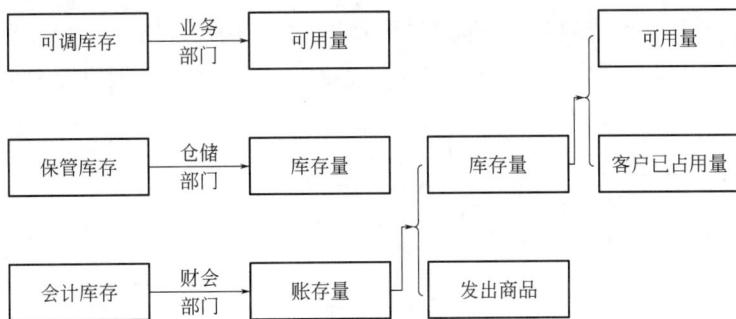

图 3.13　库存明细账分类对照

例如，商品已经发给客户，但可能因安装或验收等原因，尚不具备收入的确认条件，会计账方面还不能作为营业成本将产品成本转账，所以发出商品仍属于会计库存；但因为发出商品代表商品已经从仓储保管员管理的仓库中发出，实物已经不在仓库，所以发出商品不属于保管库存。

对于保管库存与会计库存要区分清楚，特别在库存盘点账实核对时，对于会计库存与保管库存的差异要区分。

图 3.13 中，可调库存是指业务部门可以调用的库存数量。在 ERP 系统中，可调库存可理解为可用量。这点要与保管库存相区分，以便在处理信息时，通过批次管理来提高库存管理水平。保管库存可分为两部分。

一部分为已被锁定的保管库存。已被锁定的保管库存是指在 ERP 系统的批次管理中已经锁定给已知的客户，其他客户再下订单时不能被调用的库存。这部分库存对于其他客户来说相当于没有可用量，不属于可调库存，但这部分库存的实物仍在仓库，所以属于保管库存。

另一部分为未被锁定的保管库存。未被锁定的保管库存是指库存实物尚未指定给任何客户，只要有客户需要就可以使用的库存。这部分库存对于任何客户都属于可用量，属于可调库存，当然也属于保管库存。

关于保管库存与可调库存要区分清楚，可调库存不是核对账实的依据，保管库存才是核对账实的依据。

3. 日常稽核管理

除了盘点要考虑账实相符的控制之外，在日常存货管理中，还需要各个部门进行存货的日常稽核管理，以便及时发现问题，从而改善企业的存货管理。

建立存货日常稽核管理制度，其具体内容包括仓库保管员负责稽核所保管的存货数量和材料吊卡是否相符；供应部门负责稽核存货账、卡和实物数量是否相符；财会部门负责稽核存货的总分类账和明细分类账的金额是否相符，并定期或不定期抽查供应部门的账、卡和实物数量，看其是否相符。存货日常稽管理如图 3.14 所示。

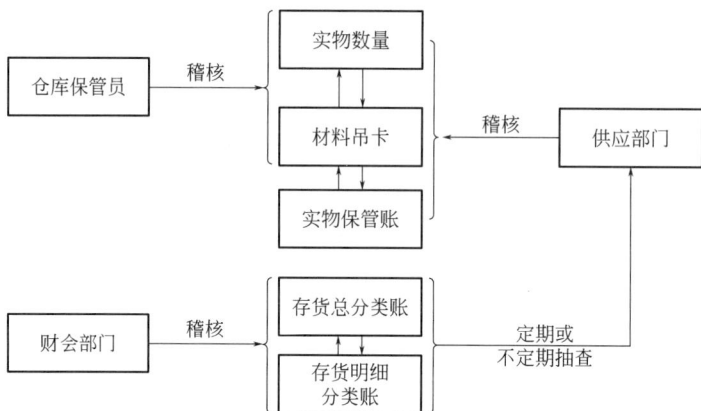

图 3.14　存货日常稽核管理

3.2　人 工 成 本

人才是第一资源，人才对国家战略发展至关重要，企业更应视人才为可持续发展的宝贵资源。

仅有材料，难以形成产品，除非是购进就出售的商贸企业；有材料，工人付出劳动，才能使材料转换成有市场价值的产品。

工人付出劳动的形式具有多样性，企业亦可按不同标准，制定不同的付酬方式，如计时工资、计件工资、质量奖惩的计件工资、有最低基础保障的计件工资等。

3.2.1 识别职工薪酬方式

按照计算工资基础标准的不同，可将工资划分为计时工资和计件工资。

计时工资的计算公式如下。

$$计时工资=正常工时×正常工资率+超正常工时×超正常工资率$$

其中，正常工时是指工作日 8 小时之内的工作时间；超正常工时是指工作日 8 小时之外的工作时间，或节假日的工作时间。

【例 3-5】一周时间内，小李完成标准的正常工作量，没有超时。小王完成标准的正常工作量后又按 1.5 倍的工资率多工作 4 小时。小马比正常工作时间多工作 6 小时，其中 4 小时按 1.5 倍工资率计算，2 小时按双倍工资率计算。假设正常计时工资是每小时 10 元。标准工作周工时为 40 小时。则计时工资计算如下。

小李的计时工资 = 40 × 10 = 400（元）。

小王的计时工资 = 40 × 10 + 4 × 10 × 1.5 = 460（元）。

小马的计时工资 = 40 × 10 + 4 × 10 × 1.5 + 2 × 10 × 2 = 500（元）。

计件工资的计算公式如下。

$$计件工资 = 生产数量 × 每件工资$$

【例 3-6】诚文办公用品有限公司的标准正常工作时间是每周 40 小时，标准正常工资是每件 0.85 元。

以下是三位员工的工作情况。

小李一周工作 40 小时，生产 700 件商品。

小王一周工作 40 小时，生产 800 件商品。

小马一周工作 40 小时，生产 900 件商品。

则计件工资计算如下。

小李的计件工资 = 700 × 0.85 = 595（元）。

小王的计件工资 = 800 × 0.85 = 680（元）。

小马的计件工资 = 900 × 0.85 = 765（元）。

两种计酬方式各有千秋，企业可按适合自己的方式选择，或创新计酬方式。

计时工资：使用简便，员工也更愿意接受，因为工资比较稳定，员工不会匆忙完成工作，有利于保证工作质量。但如果员工素质不高，容易出现工作拖延，也就是出工不出力，生产出的产品产量就会减少。

计件工资：在一定时间内生产产品越多的员工，将按计件工资单价获得越多的工资。采用计件工资，劳动效率与工资挂钩，体现多劳多得，有利于激发员工的积极性，可避免计时工资工作拖延的缺点；但员工加快工作速度，会导致质量降低，同时，可能因员工与员工之间工作效率能力不同而引发嫉妒。

采用计时工资最大的缺点是员工生产效率低；而采用计件工资最大的缺点是有可能导致产品质量降低。

那么如何在计时工资与计件工资中进行选择呢？采用图 3.15 所示的方法。

图 3.15 所示的方法，有利于引导员工在生产合格产品的基础上追求高效率的计件工资。

【例 3-7】诚文办公用品有限公司的标准正常工作时间是每周 40 小时；奖励标准：如果符合质量标准，则每件奖励 0.15 元，如果存在瑕疵或不合格，则每件扣减工资 0.5 元。

图 3.15　质量奖惩计件工资制度

诚文办公用品有限公司的标准正常工资是每件 0.85 元。

以下是三位员工的工作情况。

小李一周工作 40 小时，生产 700 件商品，没有瑕疵品。

小王一周工作 40 小时，生产 800 件商品，其中 20 件瑕疵品。

小马一周工作 40 小时，生产 900 件商品，其中 60 件瑕疵品。

则计件工资计算如下。

小李的计件工资 $= 700 \times (0.85 + 0.15) = 700$（元）。

小王的计件工资 $= (800 - 20) \times (0.85 + 0.15) - 20 \times 0.5 = 770$（元）。

小马的计件工资 $= (900 - 60) \times (0.85 + 0.15) - 60 \times 0.5 = 810$（元）。

小马的效率比小王高出 $(900 - 800)/800 = 12.5\%$，但因为生产的瑕疵品更多，所以工资仅比小王高了 $810 - 770 = 40$（元），仅高出 5.19%；因此，这种计算方式有利于在提高效率的情况下，引导小马注重工作质量。

质量奖惩计件工资制度，是对计件工资制度的一种改善。但无论是计件工资还是质量奖惩计件工资，员工均会感受到没有基础保障。计时工资往往有基础保障，但完全的计时工资方式又不利于激发工作效率。如果将一部分计时工资转换成计件工资的基础，超出基础标准的部分再按计件工资核算，就可以形成有最低基础保障的计件工资方式，如图 3.16 所示。

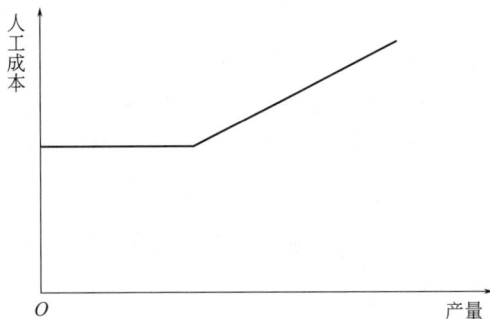

图 3.16　有最低基础保障的计件工资

有最低基础保障的计件工资可使员工有一定安全感，同时，员工也会追求效率，以便超过规定产量，拿到更多的计件工资。

【例 3-8】诚文办公用品有限公司的标准正常工作时间是每周 40 小时，预计正常情况下每小时生产 20 件产品，工资制度设计为：对每周生产超过 600 件的产品进行计件奖励，每周生产不超过 600 件产品，获得固定工资 510（600×0.85）元。生产超过 600 件的部分奖励标准为：如果存在瑕疵或不合格产品一周小于 30 件，则每件奖励 0.25 元；如果存在瑕疵或不合格产品一周超过 30 件，每件扣减工资 0.5 元。

诚文办公用品有限公司的标准正常工资是每件 0.85 元。

以下是三位员工的工作情况。

小李一周工作 40 小时，因有个人事情，工作有些分心，为保证产品质量放慢了工作节奏，本周仅生产 300 件商品，没有瑕疵品。

小王一周工作 40 小时，生产 800 件商品，其中 20 件瑕疵品。

小马一周工作 40 小时，生产 900 件商品，其中 60 件瑕疵品。

则计件工资计算如下。

小李的计件工资 = 510（元）。

小王的计件工资 = 510 +（800 − 600）×（0.85 + 0.25）= 730（元）。

小马的计件工资 = 510 +（900 − 600 − 30）×（0.85 + 0.25）− 30×0.5 = 792（元）。

设计适合激发员工积极性的工资制度，是提高企业效率的重要保证，企业效率的提高，不但关系到客户的满意度，还关系到企业的成本。企业在设计工资制度时，还要考虑到对产品质量的引导作用，因为减少产品质量瑕疵而减少返工，也会降低成本。

3.2.2 解读生产效率

提高生产效率，可以降低产品成本。那么，生产效率如何衡量，如何计算生产效率？生产效率可通过如下计算公式衡量

生产效率 = 生产实际产量的预计工时 / 生产实际产量的实际工时

生产效率体现了生产相同产量水平的劳动时间效率。上面公式的共同因素是相同产量，用相同产量下的用时不同来衡量生产效率。实际用时比预计用时越少，代表生产效率大于 1，生产效率越高。

换一个角度，生产效率也可体现相同生产时间的产量水平效率。用相同时间的产量来衡量生产效率的公式如下。

生产效率 = 实际工时下的实际产量 / 实际工时下的预计产量

上面公式中的共同因素是相同工时，用相同工时下的产量不同来衡量生产效率。所以，实际产量比预计产量越多，代表生产效率大于 1，生产效率越高。

生产效率涵盖了工人和机器的劳动效率，机器和工人等方面的产能利用程度有多大？可以将这一指标称为生产能力比率。

生产能力比率 = 生产实际产量的实际工时 / 生产预计产量的预计工时

上述公式中生产预计产量的预计工时，代表用工时表示的企业预计生产能力，而实际生产用时越高，代表着产能利用率越高，企业生产效果的发挥越有利。

企业最终的生产效果应体现在最终生产出的产成品数量的衡量上，也就是生产量比率。

生产量比率 = 生产实际产量的预计工时 / 生产预计产量的预计工时

最终生产出的产成品数量，既受生产效率的影响，又受生产能力利用率的影响。三者之间的关系可从如下公式看出。

$$生产量比率 = \frac{生产实际产量的预计工时}{生产预计产量的预计工时}$$

$$生产量比率 = \frac{生产实际产量的预计工时}{生产预计产量的预计工时} \times \frac{生产实际产量的实际工时}{生产实际产量的实际工时}$$

$$生产量比率 = \frac{生产实际产量的预计工时}{生产实际产量的实际工时} \times \frac{生产实际产量的实际工时}{生产预计产量的预计工时}$$

生产量比率 = 生产效率 × 生产能力比率

【例 3-9】诚文办公用品有限公司有 9 名工人，每人每周工作 20 小时，单位产品的标准工时为 20 分钟。公司由于生产中断，每位工人上周实际少工作 2 小时，产品的实际产量为 510 件。请计算生产效率、生产能力比率及生产量比率。

生产效率 = 生产实际产量的预计工时 / 生产实际产量的实际工时

$$= （510×20÷60）/ [9×（20-2）] = 104.94\%$$

生产能力比率 = 生产实际产量的实际工时 / 生产预计产量的预计工时

$$= [9×（20-2）] / （9×20）= 90\%$$

生产量比率 = 生产实际产量的预计工时 / 生产预计产量的预计工时

$$= （510×20÷60）/ （9×20）= 94.44\%$$

生产量比率也可利用三者之间的关系公式计算。

生产量比率 = 生产效率 × 生产能力比率 = 104.94% × 90% = 94.44%

以上计算是从时间角度来衡量的。那么，可不可以换一个思维角度，像生产效率一样，从产量角度来衡量生产能力比率及生产量比率呢？

生产效率利用相同时间的产量比较来确定，生产效率计算如下。

生产效率 = 实际工时下的实际产量 / 实际工时下的预计产量

$$= 510 / [9×（20-2）×60÷20] = 510/486 = 104.94\%$$

从产量角度来看生产能力比率以及生产量比率的公式计算如下。

生产能力比率 = 实际工时下的预计产量 / 预计工时下的预计产量

$$= [9×（20-2）×60÷20] / （9×20×60÷20）= 486/540 = 90\%$$

生产量比率 = 实际工时下的实际产量 / 预计工时下的预计产量

$$= 510 / （9×20×60÷20）= 510/540 = 94.44\%$$

生产能力比率以及生产量比率，从产量角度计算出来的结果与前面从工时角度计算出来的结果相同，可见，从产量角度来衡量的生产能力比率以及生产量比率公式是正确的，可以借鉴使用。

如果从产量角度来理解生产能力比率，从上面的计算举例进行理解，则公式如下。

生产能力比率 = 实际工时下的预计产量 / 预计工时下的预计产量

$$= [9×（20-2）×60÷20] / （9×20×60÷20）$$

$$= [9×（20-2）] / （9×20）= 162/180 = 90\%$$

上面的计算过程中，将计算式子中的分子、分母，约掉公因数（60÷20）后，实质上就是实际工时与预计工时的比较，也就是生产实际产量的实际工时与生产预计产量的预计工时的比较。

再从三者关系来推导生产量比率公式。

$$生产量比率 = 生产效率 \times 生产能力比率$$

$$生产量比率 = \frac{实际工时下的实际产量}{实际工时下的预计产量} \times \frac{实际工时下的预计产量}{预计工时下的预计产量}$$

$$生产量比率 = \frac{实际工时下的实际产量}{预计工时下的预计产量}$$

生产量比率公式更能清晰地说明两种情况下产量的对比：分母是预计工时下的预计产量，全部是预计情况；分子是实际工时下的实际产量，全部是实际情况。在分母预计情况下，分子实际完成产量越多，生产量比率越高，企业产量完成情况越好。

由此可见，生产量比率 = 生产效率 × 生产能力比率，这个公式反映了三者之间的关系：从最终结果看，想获得更高的生产量比率，应提高实际产量；从因素分析上看，需要从生产效率与生产能力比率两个因素来分析影响生产量比率的具体原因。

【例 3-9】中，生产量比率为 94.44%，小于 1，没有达到预算或预计，主要原因在于生产能力比率为 90%，开工不足，降低了最终的生产效果。

影响生产能力降低的原因是每个人实际工时少了 2 个小时，9 个人总计少了 18 个小时，正好是预计总工时 180 小时的 10%，而这一影响是因为生产中断造成的。

因此，是什么导致了生产中断，是机器，是事故，是人为因素，还是什么原因，都需要在今后的工作中预防或用制度来规范，这是精细化成本管理、持续改进的要求。

3.2.3　解读劳动力周转率

影响效率与成本的因素，还有员工的熟练程度。通常来讲，老员工比新员工生产要熟练。因此，以前不是这个行业的新员工进入公司后，首先要进行培训，随着时间积累，新员工才可能熟练起来，生产效率也才能得到提高。

新老员工的占比既代表企业员工的稳定性，又代表员工工作的熟练度。而衡量这一标准的指标，通常使用劳动力周转率。

$$劳动力周转率 = 员工更换的数量 / 这段时期的平均员工数量$$

【例 3-10】某公司期初员工 1 000 人，期末员工 500 人，期末员工 500 人中有 300 人是新员工，有 200 人是老员工。

劳动力周转率 = 员工更换的数量 / 这段时期的平均员工数量

$$= 300 / (1\,000/2 + 500/2) = 40\%$$

劳动力周转率越高，代表进入公司的新员工越多，新员工占比越高，员工稳定性越差，可能工作的熟练度越低，生产效率和生产成本会因此受到影响。

通过衡量这一指标，可以进行具体分析。如果确实因为员工离职过多造成了效率下降，那么如何留住认可企业文化的熟练老员工是企业的当务之急。针对这个问题，企业应思考是因为薪资，还是因为作息、劳动强度等原因造成老员工离职，分析原因后再进行针对性的改善。

3.2.4　人工成本记录控制

人工成本的详细记录，主要是通过生产通知单及派工单来控制的。

生产通知单相当于生产产品的指令，只有接到指令才能安排产品的生产。生产通知单由生产计划部门制单，不设置生产计划部门的企业由生产部门的计划人员制单。生产通知单的格式如表 3.13 所示。

表 3.13　生产通知单

生产车间		通知日期	
产品名称			
规格型号			
生产数量			
开始生产日期		计划完成日期	
注意事项			

审批人：　　　　　复核人：　　　　　制单人：

每家企业因生产的产品不同，经营特点不同，管理要求不同，因此，对于生产通知单的格式要求也不同。

生产通知单是生产产品的总体指令，但到底安排谁去生产、安排生产工人从事哪道工序，通常通过派工单来完成。

派工单是指生产计划人员向生产人员派发生产指令的单据，具有开始生产、检验生产等指令的作用，是从头到尾的一张跟踪单据。

派工单实质上是对工人分配生产任务，并记录其生产活动的原始记录。这些原始记录的信息搜集及汇总，如果没有信息系统支持，仅靠手工管理是难以实现的。利用派工单进行人工成本直接核算的企业，一般均是信息化较好，而且上线了生产管理模块和成本管理模块的企业。派工单的格式如表 3.14 所示。

表 3.14　派工单

产品名称		规格型号		计划生产数量	
加工人员		加工工序		实际生产数量	
计划加工开始时间		计划加工结束时间		计划工时	
实际加工开始时间		实际加工结束时间		实际工时	
检验合格情况					
不合格处理意见					
验收人员					
备注					

审批人：　　　　　　复核人：　　　　　　制单人：

　　派工单在成本核算中的重要作用在于搜集加工产品对应的人工信息，如产品的哪道工序是由哪个工人制作完成、耗时情况如何，以便依据实际耗时情况，即小时工资率计算工资，并对应到产品或工序上去，以核算产品或工序成本。有些采用计件工资的企业，依据生产产品数量以及计件工资率来核算人工成本。

　　企业对派工单的管理水平直接关系到产品成本计算的准确性。生产工人的生产记录是否准确，生产的投入与产出是否匹配，均是在生产场管理中需要班、组长管控的，所以强化生产班、组长的责任感，强化制度奖惩等约束很重要。

　　对于会计控制来说，通常是事后发现问题，而且通常是通过数据之间的勾稽关系发现的。除非某张单据明显不合理，能看出成本管理问题，进而进行追踪，否则，一般是通过对产品总体成本的合理性，或通过产品总体投入与产出结果的勾稽关系等来判断企业成本管理是否有问题。

　　生产成本的管控重在对生产过程的管控，在生产过程中重在对返工产品、废品等质量进行管控，以及对闲暇时间等生产效率进行管控。

　　有了派工与完工方面的原始记录，就可以依据原始数据结算工资，并将工资对应到产品成本中去。生产工人工资结算单如表 3.15 所示。

表 3.15　生产工人工资结算单

加工人员			加工月份		
加工统计	基本生产车间		辅助生产车间		制造费用
	××产品	××产品	××车间	××车间	
加工工时（小时）					
小时工资率（元）					
计时工资额（元）					

续表

加工统计	基本生产车间		辅助生产车间		制造费用
	××产品	××产品	××车间	××车间	
奖金（元）					
应扣项目及合计（元）					
实发工资（元）					
备注					

审批人：　　　　　　复核人：　　　　　　制单人：

表 3.15 中，生产工人工资是依据计时工资进行核算的，采用计件工资时，可对表格格式稍做改动。

每个生产工人的工资结算单生成后，又可依据每张工资结算单汇总编制企业的生产工人工资薪酬分配表。生产工人工资薪酬分配表的格式如表 3.16 所示。

表 3.16　生产工人工资薪酬分配表　　　　　　　单位：元

会计科目			×工人	×工人	×工人	……	合计
生产成本	基本生产成本	××产品					
		××产品					
		××产品					
		××产品					
		小计					
生产成本	辅助生产成本	××车间					
		××车间					
		××车间					
		××车间					
		小计					
制造费用							
合计							

关于生产工人薪酬结算单或生产工人工资薪酬分配表，有些企业可以通过 ERP 系统实现。小时工资率或单件工资是需要维护的数据接口，因为其他数据，如产品生产时间或产量统计数据可以来源于派工单。如果是这种实现方式，小时工资率或单件工资的数据维护需要及时更新以及专人核对，这是对关键数据的接口进行重点管理与控制的手段。

生产通知单、派工单、工资结算单、生产工人工资薪酬分配表是相互联系的。

在实务中，也存在着整个生产小组集体工资作弊的现象，这更需要成本管理会计与生产高层管理人员共同出谋划策，相互核对投入、产出、工资之间的对应关系，并通过营造氛围，相互检举揭发等多种方式或手段来达到控制成本的目的。

3.3 制造费用

制造费用是指构成产品成本的间接成本，是多种成本核算对象所共同发生的间接费用。

发生制造费用时，需要先在制造费用明细分类账户中进行归集，然后再按一定的标准分配给各个成本核算对象。

3.3.1 初识制造费用归集分配方法

车间主任是企业生产管理人员，管理多种成本核算对象，那么按照谁受益谁承担的原则，车间主任的工资就应由对应的多种成本核算对象共同承担。

谁受益谁承担的原则，是通过制造费的归集分配方法来实现的，如图 3.17 及图 3.18 所示。

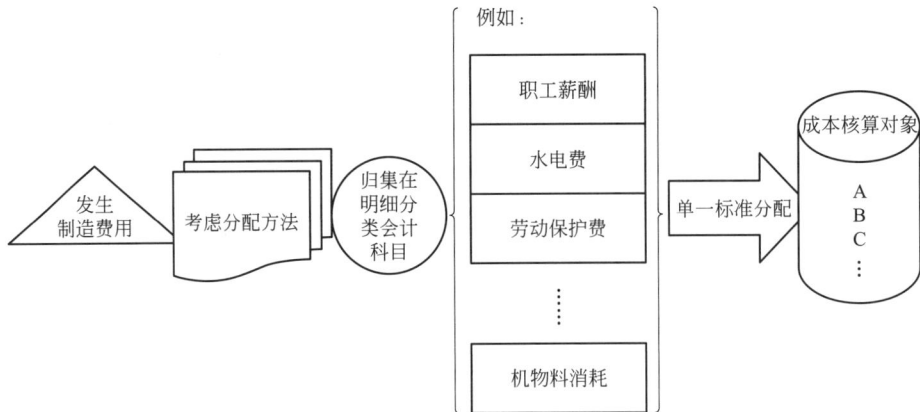

图 3.17 单一标准分配方法

企业在归集制造费用之前，就要设计好分配方法，并针对分配方法设计相应的明细分类会计科目，以便后期进行分配。

单一标准分配方法是传统的制造费用分配方法，分配工作简单，但分配的准确性相对不高。

多标准分配方法又称为作业成本法，分配标准多，工作量较大，分配的准确性相对较高。

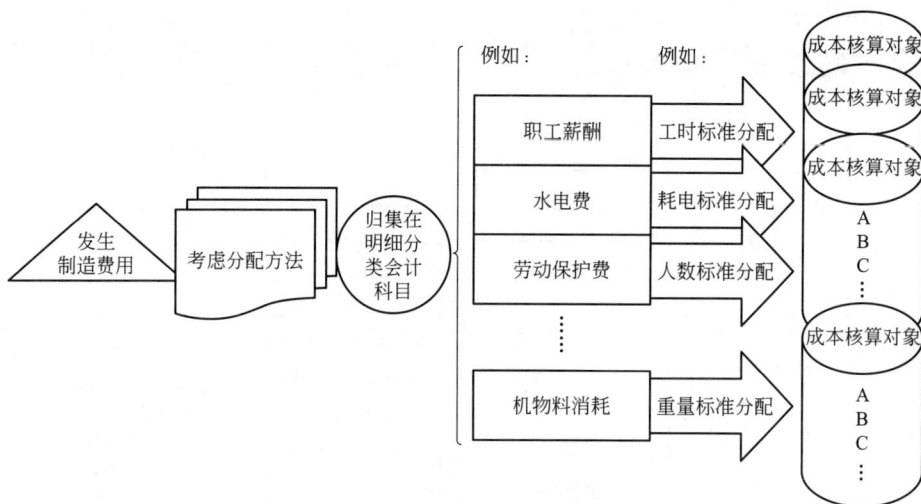

图 3.18 多标准分配方法

以上两种方法的主要差异在于采用的分配标准不同，分配标准是归集的制造费用与分配给成本核算对象的制造费用之间的桥梁和纽带，通过分配标准可以体现出两者之间的相关性。

很显然，多标准分配方法更好地体现了两者的相关性，相关性越强，分配的制造费用越准确。而单一标准分配方法仅是对最主要的制造费用采用了最相关的唯一分配标准，而其他制造费用虽然相关性不强，但顺从了这唯一的分配标准，也就是从重要性原则上进行了制造费用的简化核算。

3.3.2 难以准确分配——单一标准分配方法

单一标准分配方法下，为了按明细项目归集制造费用，会设置二、三、四级明细分类会计科目。制造费用会计科目设置如图 3.19 所示。

但无论制造费用的明细分类会计科目如何设置，该方法仅将制造费用总额进行分配。表 3.17 是制造费用分配表举例。

表 3.17 制造费用分配表

成本项目		丁产品	戊产品
直接成本	直接材料（元）	120 000	100 000
	直接人工（元）	80 000	50 000
	直接费用（元）	40 000	10 000
	合计（元）	240 000	160 000
间接成本	制造费用（元）	31 250	
	生产工时（小时）	700	300

一级 会计科目	二级 会计科目	三级 会计科目	四级 会计科目

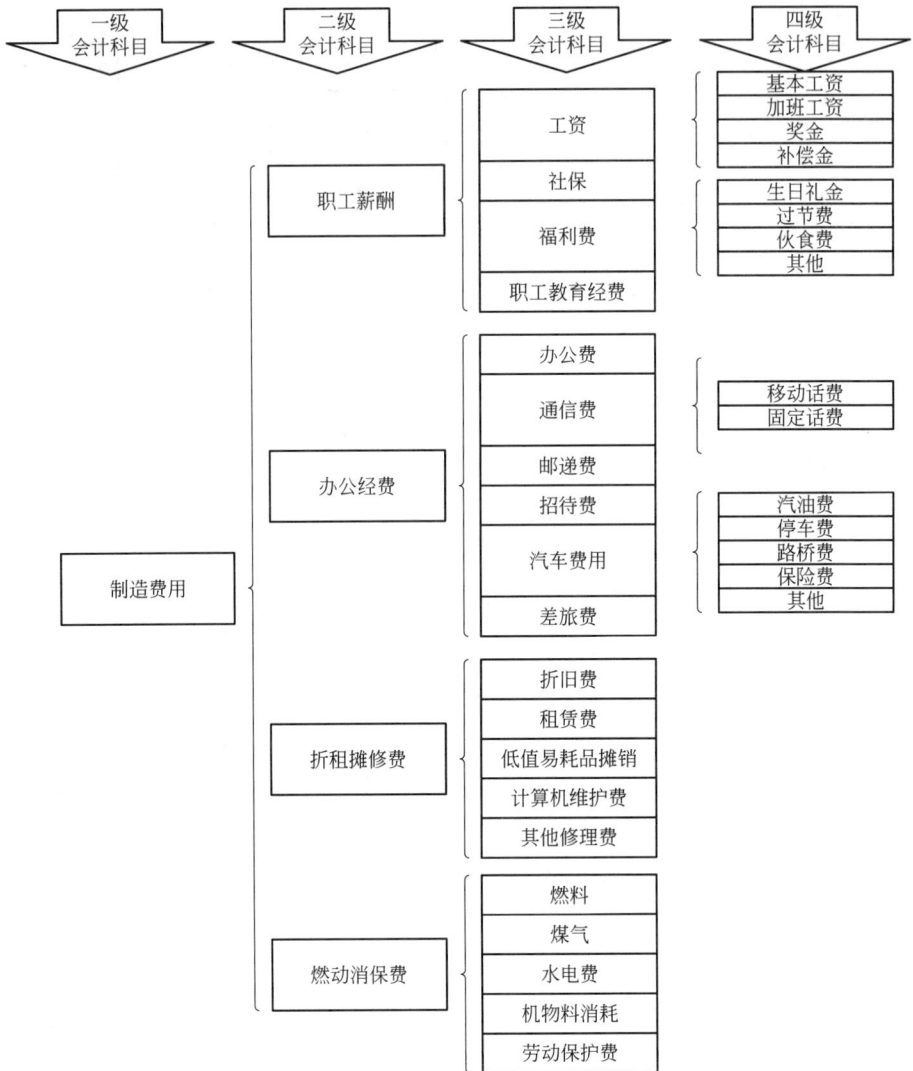

图 3.19　制造费用会计科目设置

表 3.17 中，如果制造费用按照生产工时进行分配，那么分配率计算如下。

$$分配率 = 制造费用总额 / 分配标准之和$$

$$= 31\,250 / (700 + 300)$$

$$= 31.25（元 / 小时）$$

丁产品分配的制造费用 = 分配率 × 该产品的分配标准

$$= 31.25 × 700$$

$$= 21\,875（元）$$

戊产品分配的制造费用 = 分配率 × 该产品的分配标准

$$= 31.25 \times 300$$

$$= 9\,375（元）$$

关于丁产品、戊产品分配制造费用，也可采用如下方法核算。

丁产品生产工时比例 = 700 / (700 + 300) = 70%

戊产品生产工时比例 = 300 / (700 + 300) = 30%

丁产品分配的制造费用 = 制造费用总额 × 丁产品生产工时比例

$$= 31\,250 \times 70\% = 21\,875（元）$$

戊产品分配的制造费用 = 制造费用总额 × 戊产品生产工时比例

$$= 31\,250 \times 30\% = 9\,375（元）$$

如果丁产品的产量为 4 157 个，戊产品的产量为 3 550 个，两种产品均无在产品，总成本及单位产品成本的计算如表 3.18 所示。

表 3.18　产品成本计算

成本项目		丁产品	戊产品
直接成本	直接材料（元）	120 000	100 000
	直接人工（元）	80 000	50 000
	直接费用（元）	40 000	10 000
	合计（元）	240 000	160 000
间接成本	制造费用（元）	31 250	
	生产工时（小时）	700	300
	分配率（元 / 小时）	31.25	
	分配制造费用（元）	21 875	9 375
成本总额（元）		261 875	169 375
产量（个）		4 157	3 550
单位产品成本（元）		63.00	47.71

表 3.18 中，直接成本是以直接方式计入丁产品、戊产品成本的。但如果企业对于直接人工的日常管理和核算采用了简化方式，仅有发生的直接人工成本总额，而没有与成本计算相对应的记录，则直接人工成本须采用类似制造费用的分配方式计入。

如果直接人工成本总额为 130 000 元，也按生产工时标准分配，则相关计算如下。

分配率 = 直接人工成本总额 / 分配标准之和

$$= 130\,000 / (700 + 300)$$

$$= 130（元 / 小时）$$

$$丁产品分配的直接人工成本 = 分配率 \times 该产品的分配标准$$

$$= 130 \times 700$$

$$= 91\ 000（元）$$

$$戊产品分配的直接人工成本 = 分配率 \times 该产品的分配标准$$

$$= 130 \times 300$$

$$= 39\ 000（元）$$

那么，直接人工成本按分配方式核入成本核算对象的成本计算如表 3.19 所示。

表 3.19　直接人工成本分配计算

成本项目		丁产品	戊产品
直接成本	直接材料（元）	120 000	100 000
	直接人工（元）	130 000	
	其中：分配率（元 / 小时）	130	
	分配的直接人工（元）	91 000	39 000
	直接费用（元）	40 000	10 000
	合计（元）	251 000	149 000
间接成本	制造费用（元）	31 250	
	生产工时（小时）	700	300
	分配率（元 / 小时）	31.25	
	分配制造费用（元）	21 875	9 375
成本总额（元）		272 875	158 375
产量（个）		4 157	3 550
单位产品成本（元）		65.64	44.61

表 3.19 中，直接人工成本按标准分配计入成本核算对象，与直接计入方式相比，丁产品、戊产品各自的成本总额不同，单位产品成本也不同。丁产品的单位成本由 63.00 元上升到 65.64 元，戊产品的单位成本由 47.71 元降到 44.61 元。

可见，直接人工成本计入成本核算对象的方式不同，会影响成本核算的准确性，准确性的差异主要与生产工时是否准确反映了企业的生产时间情况有关。但有些企业为了节省管理成本，会使用分配的方式将直接人工成本计入产品成本。

不但直接人工成本会使用分配方式，有些企业连直接材料成本也采用分配方式计入产品成本。例如，未采用限额领料，不将材料领用直接指定到成本核算对象的企业就采用分配方式将直接材料成本计入产品成本。

假设表 3.19 中的丁产品和戊产品均使用 A、B 两种原材料，消耗定额及发出材料单价情况以及分配情况如表 3.20 所示。

表 3.20　直接材料成本的分配计算

成本项目		丁产品	戊产品	合计
A 材料分配	A 材料实际耗用量（千克）	7 049		7 049
	消耗定额（千克）	1.00	0.80	
	产量（千克）	4 157	3 550	
	消耗定额总量（千克）	4 157	2 840	6 997
	A 材料分配率	1.007 4		
	A 材料分配量（千克）	4 188	2 861	7 049
	A 材料发出单价（元）	14.98		
	A 材料发出成本（元）	62 272	42 858	105 594
B 材料分配	B 材料实际耗用量（千克）	14 500		14 500
	消耗定额（千克）	2.00	1.50	
	产量（千克）	4 157	3 550	
	消耗定额总量（千克）	8 314	5 325	13 639
	B 材料分配率	1.063 1		
	B 材料分配量（千克）	8 839	5 661	14 500
	B 材料发出单价（元）	7.89		
	B 材料发出成本（元）	69 740	44 666[①]	114 406
合计		132 476	87 524	220 000

注：①为倒挤得出。

表 3.20 中，A 材料分配率的计算与制造费用分配率的计算相似，只不过材料分配标准通常采用消耗定额分配。关于丁产品耗用 A 材料的成本计算如下。

$$A \text{ 材料分配率} = A \text{ 材料实际耗用总量} / \text{消耗定额总量}$$

$$= 7\,049 / (1 \times 4\,157 + 0.8 \times 3\,550)$$

$$= 1.007\,4$$

$$A \text{ 材料分配量} = A \text{ 材料分配率} \times A \text{ 材料消耗定额}$$

$$= 1.007\,4 \times 4\,157$$

$$= 4\,188 \text{（千克）}$$

$$A \text{ 材料发出成本} = A \text{ 材料分配量} \times A \text{ 材料发出单价}$$

$$= 4\,188 \times 14.98$$

$$= 62\,736 \text{（元）}$$

戊产品耗用 A 材料的成本计算与此类似，丁产品、戊产品耗用 B 材料的成本计算也类似。

此分配方法计算结果与直接分配方式下计算的结果之间有差异，丁产品的材料成本上涨了 12 476 元，戊产品的材料成本下降了 12 476 元。总材料成本相同，但产品之间分配的成本不同。一方面是因为采用分配方法对于材料超定额耗用的部分采用了加权平均分配的方式，而不是按产品实际耗用材料情况核算成本。另一方面与消耗定额本身是否准确有关。假设表 3.19 中的丁产品和戊产品按消耗定额核算耗用的 A、B 材料，则直接材料成本计算如表 3.21 所示。

表 3.21 直接材料成本按消耗定额计算

成本项目		丁产品	戊产品	合计
A 材料成本	消耗定额（千克）	1.00	0.80	
	产量（千克）	4 157	3 550	
	消耗定额总量（千克）	4 157	2 840	6 997
	A 材料发出单价（元）	14.98		
	A 材料发出成本（元）	62 272	42 543	104 815
B 材料成本	消耗定额（千克）	2.00	1.50	
	产量（千克）	4 157	3 550	
	消耗定额总量（千克）	8 314	5 325	13 639
	B 材料发出单价（元）	7.89		
	B 材料发出成本（元）	65 597	42 015[①]	107 612
合计		127 869	84 558	212 427

注：①为倒挤得出。

表 3.21 中，按消耗定额来计算直接材料成本，丁产品的材料成本上涨了 7 869 元。但表 3.20 中丁产品总材料成本上涨了 12 476 元，所以材料消耗定额造成的丁产品材料成本上涨了，反映了一部分原因；而另一方面，造成丁产品材料成本上涨是由于采用了分配方法对材料成本进行核算，此部分影响金额 =12 476 - 7 869 = 4 607（元）。

根据表 3.20，A 材料超定额耗用 52 千克，B 材料超定额耗用 861 千克，两种材料超额耗用总金额 = 52 × 14.98 + 861 × 7.89 = 7 572（元）。由此，说明戊产品可能因采用分配方法分摊到了超额材料耗用 7 572 - 4 607 = 2 965(元)。相较于表 3.19，戊产品总成本下降了 15 442 元，其余金额［15 442 + 2 965=18 407（元）］可能为消耗定额不准确造成的。

以上分析均是根据数据的勾稽关系进行推算的。解决超额差异时，还需要技术部门和生产部门的分析认可。

关于直接费用，其发生是为特定的某一产品服务的，直接计入该产品成本比较容易，一般不存在采用分配方式计入产品成本的情况。

3.3.3 准确性能提高——作业成本法

作业成本法与单一标准分配方法相比，是多标准的分配方法。

与单一标准分配方法不同，采用作业成本法归集制造费用的明细科目要与成本分配动因相关联，以便归集之后按成本分配动因分配给成本核算对象。作业成本法下，制造费用会计科目与分配动因对照如图 3.20 所示。

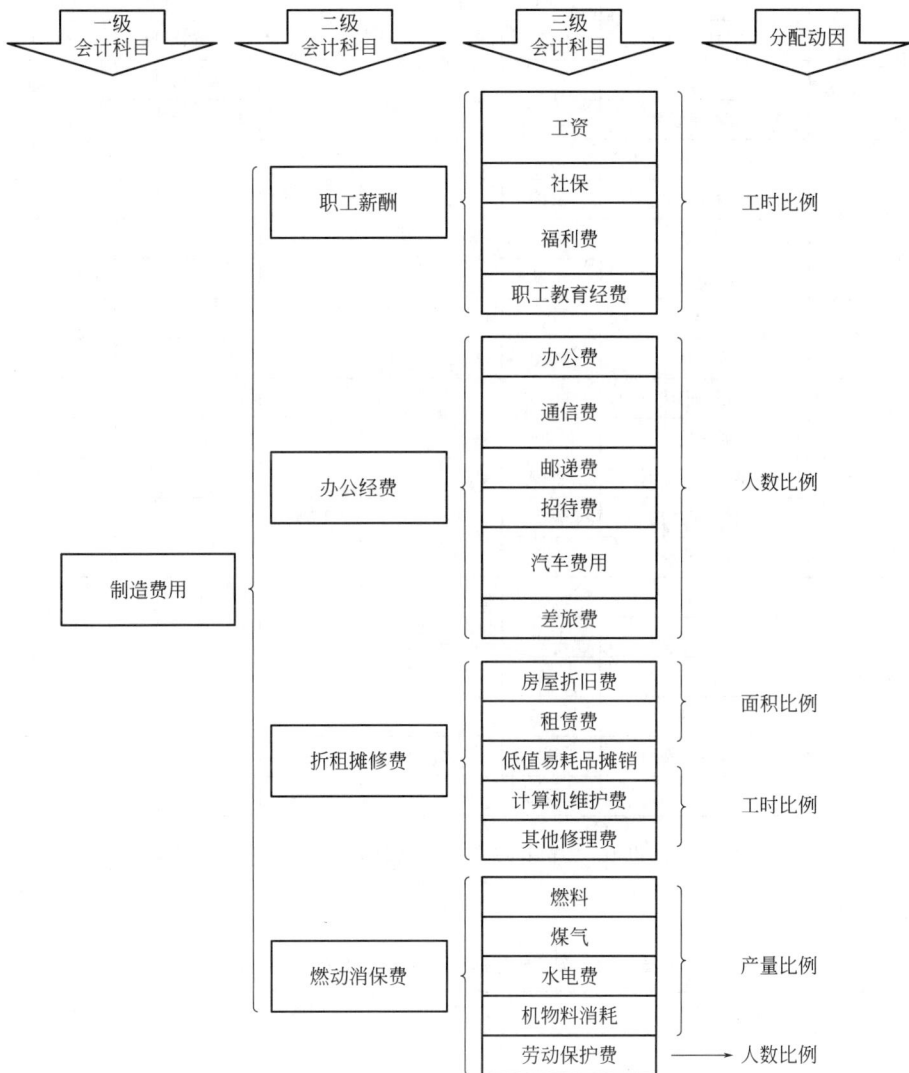

图 3.20 制造费用会计科目与分配动因对照

成本分配动因可理解为因什么而发生的成本，那么这个"什么"就是成本分配动因。例如，因房屋的建筑面积支付租赁费用或计提折旧费用，那么，建筑面积就是租赁费用及折旧费用的成本分配动因，按建筑面积分配这两种费用会更准确。

按图 3.20 所示的分配标准对制造费用进行分配的举例如表 3.22 所示。

表 3.22　制造费用的分配

二级会计科目	三级会计科目	金额（元）	分配标准	金额（元）	分配标准汇总	汇总金额（元）
职工薪酬	工资	7 350	工时比例	8 470	工时比例	10 250
	社保	1 120			人数比例	3 500
	福利费				面积比例	13 600
	职工教育经费				产量比例	3 900
办公经费	办公费	210	人数比例	2 710		
	通信费	300				
	邮递费	200				
	招待费	500				
	汽车费用	500				
	差旅费	1 000				
折租摊修费	房屋折旧费	3 600	面积比例	13 600		
	租赁费	10 000				
	低值易耗品摊销	980	工时比例	1 780		
	计算机维护费	780				
	其他修理费	20				
燃动消保费	燃料		产量比例	3 900		
	煤气	150				
	水电费	750				
	机物料消耗	3 000				
	劳动保护费	790	人数比例	790		
合计		31 250		31 250		31 250

关于当期发生的制造费用，丁产品、戊产品按多分配标准进行分配的结果如表 3.23 所示。

表 3.23　按多分配标准对制造费用进行分配

分配标准		丁产品	戊产品	合计
工时	工时比例分配金额（元）	10 250		10 250
	生产工时（小时）	700	300	1 000
	分配率（元／小时）	10.25		10.25
	分配制造费用（元）	7 175	3 075	10 250

续表

分配标准		丁产品	戊产品	合计
人数	人数比例分配金额（元）	3 500		3 500
	生产人数（人）	60	30	90
	分配率（元/小时）	38.89		38.89
	分配制造费用（元）	2 333	1 167	3 500
面积	面积比例分配金额（元）	13 600		13 600
	面积（平方米）	650	350	1 000
	分配率（元/平方米）	13.6		13.6
	分配制造费用（元）	8 840	4 760	13 600
产量	产量比例分配金额（元）	3 900		3 900
	产量（个）	4 157	3 550	7 707
	分配率（元/个）	0.506 03		0.506 03
	分配制造费用（元）	2 104	1 796	3 900
制造费用合计		20 452	10 798	31 250

丁产品、戊产品按多分配标准进行分配后，整体的产品成本计算如表 3.24 所示。

表 3.24　多分配标准下产品成本的计算

成本项目		丁产品	戊产品
直接成本	直接材料（元）	120 000	100 000
	直接人工（元）	80 000	50 000
	直接费用（元）	40 000	10 000
	合计（元）	240 000	160 000
间接成本	制造费用（元）	31 250	
	多标准分配制造费用（元）	20 452	10 798
成本总额（元）		260 452	170 798
产量（个）		4 157	3 550
单位产品成本（元）		62.65	48.11

表 3.24 与表 3.18 相比，丁产品、戊产品的成本总额分别相差 −1 423 元、1 423 元，差异率分别为 −0.54%、0.84%；单位产品成本分别相差 −0.35 元、0.40 元，差异率分别为 −0.56%、0.84%。从差异率来看，说明多分配标准，对这家企业的影响不大。

但多分配标准的每个分配标准将成本分配给成本核算对象比唯一标准下分配的成本更相关，计算成本的准确性更高，所以，这也是成本管理会计更倾向于实施的方法，有利于在相对准确的成本数据资料的基础上进行分析。

同时，上述举例是针对制造性企业，制造费用占产品成本的比例相对较低。如果是服务性行业，或制造费用较高的其他行业，采用多标准分配制造费用的优势比唯一标准分配会更明显。

3.3.4　具有季节性波动的制造费用的分配

以上关于制造费用的分配方法，主要是从实际制造费用的分配角度来讲述的，也就是每月将实际发生的制造费用全部按标准分配给成本核算对象，月末制造费用账户无余额，如图 3.21 所示。

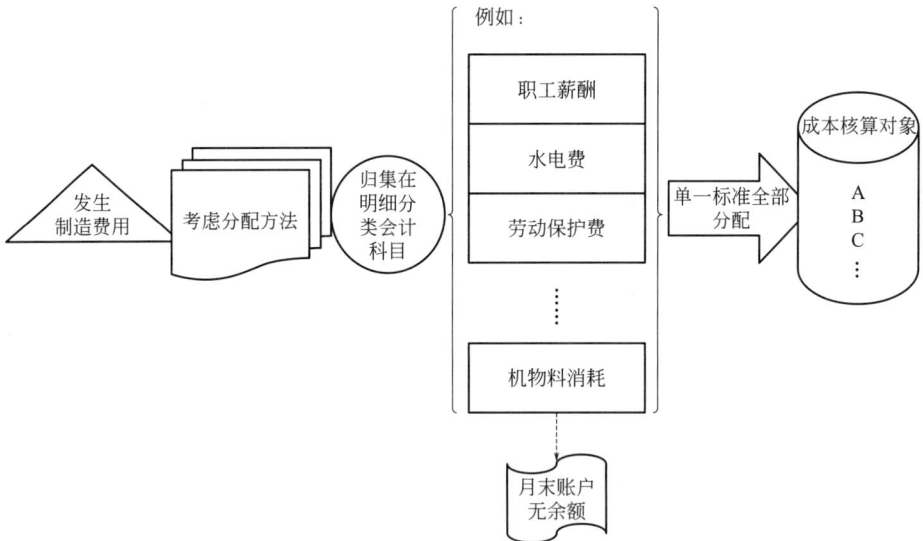

图 3.21　单一标准的实际制造费用分配

如图 3.21 所示，每月实际制造费用按单一标准分配，会计核算比较简单。对于存在季节性波动的企业，如果采用上述方法分配制造费用，会存在成本核算对象淡季分配的固定性制造费用较多而旺季正好相反的现象，不能准确反映月度成本构成情况。

例如，一家企业每年的 2 ~ 4 月都是销售淡季，这 3 个月的生产量低，但每月的固定性制造费用（如折旧费和租赁费等）金额相同，该企业由于淡季和旺季的产量相差 3 倍，那么单位产品固定制造费用分配额，淡季和旺季的也相差 3 倍。

在生产工艺和物料清单配方均无改变的情况下，仅因为每月实际制造费用全部分配给成本核算对象，造成了月份之间成本的忽高忽低，对企业定价决策和经营分析会有很大影响。

如果同一年度之中，每个月采用按全年预算的预计制造费用分配率进行分配，就可以平滑掉因季节性差异对固定性制造费用的波动分配，每月的产品成本不会因为产量的高低造成影响，如图 3.22 所示。

年度预计制造费用分配率的计算公式如下。

$$年度预计制造费用分配率 = \frac{年度制造费用预算总额}{年度预计分配标准总额}$$

1 ～ 11 月分配制造费用给某成本核算对象时的公式如下。

某成本核算对象分配的制造费用 = 年度预计制造费用分配率 × 实际分配标准

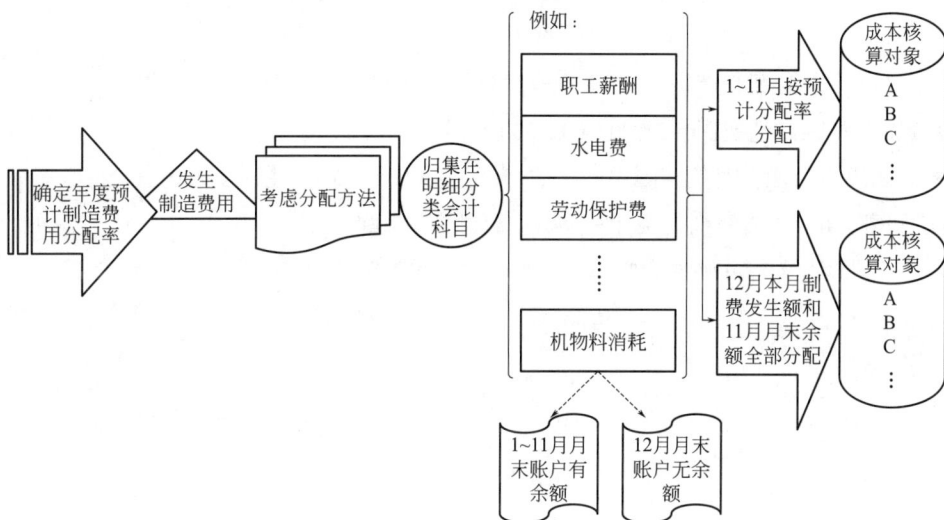

图 3.22　单一标准的预计制造费用分配

1 ～ 11 月分配制造费用给全部成本核算对象的公式如下。

全部成本核算对象分配的制造费用 = 年度预计制造费用分配率 × 本月实际分配标准总额

因为分配率是预计的分配率，而不是实际的分配率，所以 1 ～ 11 月按实际分配标准进行分配，分配给成本核算对象的制造费用与本月实际发生的制造费用就会存在差异；1 ～ 11 月月末制造费用会有余额，余额可能为正数，也可能为负数。

【例 3-11】一家企业全年预计制造费用总额为 336 000 元，按生产工时标准进行制造费用分配，全年预计生产工时总额为 12 000 小时，则年度预计制造费用分配率计算如下。

$$年度预计制造费用分配率 = \frac{年度制造费用预算总额}{年度预计分配标准总额} = \frac{336\ 000}{12\ 000} = 28（元/小时）$$

如果该企业 2 月的实际生产工时情况为：丁产品实际用时 350 小时、戊产品实际用时 100 小时，当月实际制造费用总额为 28 000 元。

丁产品分配的制造费用 = 年度预计制造费用分配率 × 实际分配标准

$$= 28 \times 350$$

$$= 9\ 800（元）$$

戊产品分配的制造费用 = 年度预计制造费用分配率 × 实际分配标准

$$= 28 \times 100$$

$$= 2\ 800（元）$$

2 月合计分配制造费用 = 9 800 + 2 800 = 12 600（元）。

2 月结余制造费用 = 28 000 - 12 600 = 15 400（元）。

如果该企业 7 月的实际生产工时情况为：丁产品实际用时 1 200 小时、戊产品实际用时 400 小时，当月实际制造费用总额为 35 000 元。

丁产品分配的制造费用 = 年度预计制造费用分配率 × 实际分配标准

$$= 28 \times 1\ 200$$

$$= 33\ 600（元）$$

戊产品分配的制造费用 = 年度预计制造费用分配率 × 实际分配标准

$$= 28 \times 400$$

$$= 11\ 200（元）$$

7 月合计分配制造费用 = 33 600 + 11 200 = 44 800（元）。

7 月超额分配制造费用 = 44 800 - 35 000 = 9 800（元）。

以上举例，对于淡季 2 月，实际发生的制造费用比分配的制造费用多，月末实际制造费用有结余；对于旺季 7 月，实际发生的制造费用比分配的制造费用少，月末实际制造费用为负数。

接下来，考虑一个问题：在 1 ~ 11 月，从管理会计的角度采用年度预计制造费用分配方法，解决了月度制度费用分配不合理的问题，但对于财务会计来说，要考虑对外报送的年度报告。

对外报告年度成本是从整体上报告企业总体成本规模，故年度实际发生的制造费用均应在本年度全部分配给成本核算对象，年末制造费用账户应无余额。按财务会计的这种要求，对于 12 月的成本核算，应将 12 月的制造费用发生额和 11 月月末的制造费用余额全部分配给成本核算对象，这样，12 月月末制造费用账户应无余额。

如果该企业 12 月的实际生产工时情况为：丁产品实际用时 700 小时、戊产品实际用时 300 小时，当月实际制造费用总额为 29 000 元，11 月结余的实际制造费用金额为 2 150 元。

因为 12 月月末实际制造费用应无余额，所以 12 月发生的制造费用以及 11 月结余的制造费用，均应分配给 12 月生产的产品，所以 12 月的分配率计算如下。

12 月分配率 =（12 月发生的制造费用 + 11 月结余的制造费用）/12 月实际生产工时

$$=（29 000 + 2 150）/（700 + 300）$$

$$= 31.15（元 / 小时）$$

$$丁产品分配的制造费用 = 分配率 × 该产品的分配标准$$

$$= 31.15 × 700$$

$$= 21 805（元）$$

$$戊产品分配的制造费用 = 分配率 × 该产品的分配标准$$

$$= 31.15 × 300$$

$$= 9 345（元）$$

12 月合计分配制造费用 = 21 805 + 9 345= 31 150（元）。

以上是从单一标准分配方法来看待预计年度制造费用分配方法的。如果企业采用多标准的作业成本法，同时采用预计年度制造费用分配方法，就要按多标准分别预计明细的制造费用分配率。多标准的作业成本法下，对制造费用预算的要求更高，不仅要求制造费用总额预算准确性高，而且对于制造费用明细账户的预算要求也高。

预计制造费用分配方法的应用，对于年度预算准确性相对较高的企业，每月的成本核算可能较为准确。如果企业年度预算的制造费用总额与实际发生额相差大，年度预计分配标准总额与实际分配标准相差也大，那么应用这种方法解决成本分配准确性问题效果显然会大打折扣。

第 4 章

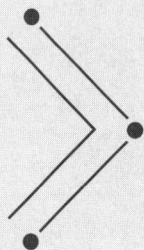

成本核算管理系统

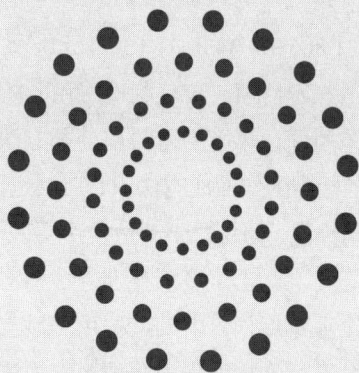

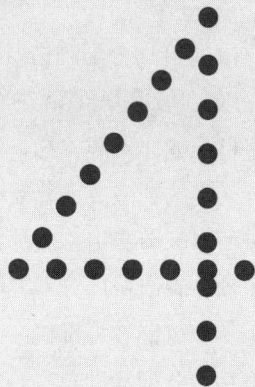

　　成本管理的基础是成本核算。在前面已讲述的成本分类及成本要素内容的基础上，接下来学习如何核算企业成本核算对象的成本，以便于成本分析、控制及考核。

4.1　万事俱备只欠东风——成本核算方法

　　利用成本核算系统进行企业产品成本的核算，首先需要根据企业生产经营特点及成本管理的要求，选择适用的成本核算方法，及时、准确、完整地核算企业成本。

4.1.1　从生产特点入手看待成本核算对象

　　设计成本核算对象就是确定成本核算过程中以什么为中心来归集生产费用，成本核算对象是归集和分配生产费用的具体对象，是生产费用的承担者。例如，针对笔记本计算机进行成本核算，将笔记本计算机在生产过程中耗费的材料费、人工费及其他生产费用计入笔记本计算机成本。那么，笔记本计算机就是成本核算对象。

　　成本核算对象的确定取决于企业生产经营特点和成本管理要求。

　　生产经营特点包括生产工艺特点和生产组织特点。企业的生产按生产工艺特点分类，可分为单步骤生产和多步骤生产；按生产组织特点分类，可分为大量生产、成批生产、单件生产。

　　成本管理要求是指对成本指标的要求。成本指标有产成品成本指标和半成品成本指标。产成品成本是指完工入库的产成品的成本，半成品成本是指已经完成了某个生产步骤并且阶段性入库但尚未完成全部生产步骤的产品的成本，半成品成本核算与多步骤的生产工艺特点相关。

　　成本核算对象的确定与对生产经营特点、成本管理要求的考虑如图 4.1 所示。

　　将图 4.1 中的生产工艺特点、生产组织特点、成本管理要求，按照不同的特点和要求进行组合，如图 4.2 所示。

　　图 4.2 中，将影响成本核算对象的因素进行组合，可以形成以下几类成本核算对象：大量大批单步骤生产，大量大批多步骤生产、管理上要求计算半成品的成本，大量大批多步骤生产、管理上不要求计算半成品的成本，单件小批单步骤生产，单件小批多步骤生产、管理上不要求计算半成品成本。

　　看完这些组合后，读者也许会有疑问，为什么没有单件小批多步骤生产、管理上要求计算半成品成本这个组合。单件小批一般是针对飞机、轮船等产品进行的生产，而大量大批一般是针对桌、椅等产品进行的生产。大量大批重复生产研究其生产步骤的成本意义，对于今后产品生产的借鉴意义更大；而对于单件小批生产的产品，每个批次都有所不同，可能有个性化要求，对于今后重复生产的借鉴意义小。因此，成本管理一般仅研究单件小批多步骤生产、管理上不要求计算半成品成本这种生产类型。

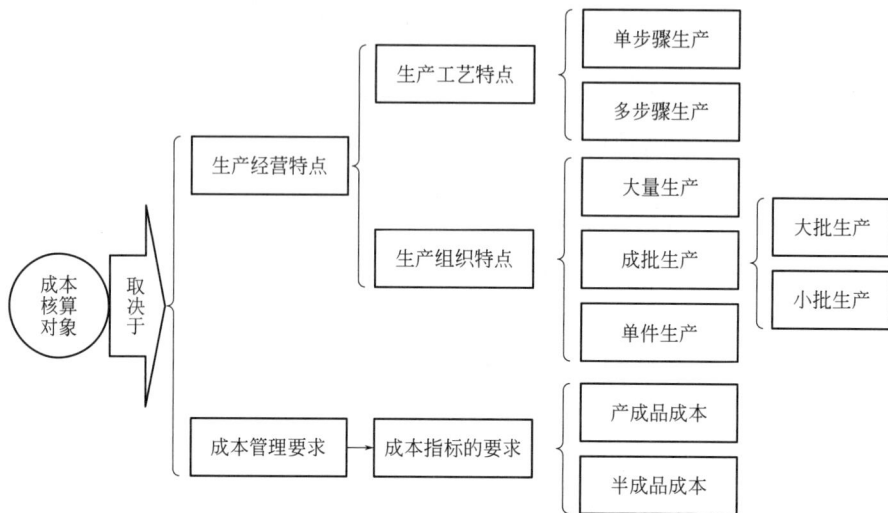

图 4.1　成本核算对象与生产经营特点、成本修理要求的关系

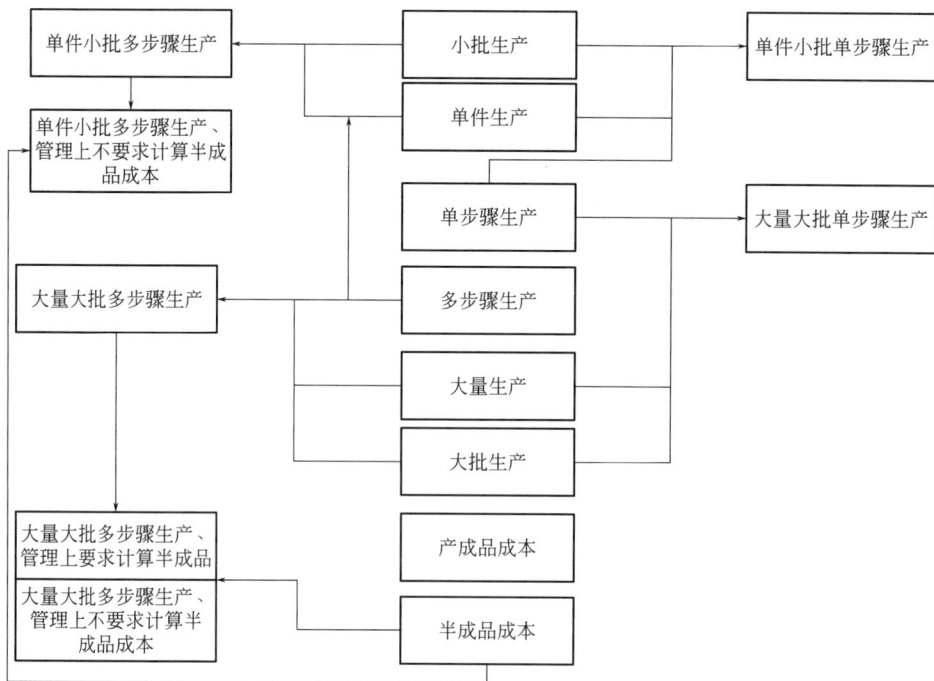

图 4.2　生产经营特点和管理要求组合

在了解了生产经营特点和管理要求组合后，下面再看一下不同组合与成本核算对象之间的对应关系，如图 4.3 所示。

对于大量大批多步骤生产管理上要求计算半成品成本的企业，既要核算出完工入库的产成品成本，又要核算出半成品成本。因此，其成本核算对象也有两个，一个是要求核算出完工入库的产成品成本，以产品品种为成本核算对象；另一个是要求核算出半成品成本，以生产步骤为成本核算对象。

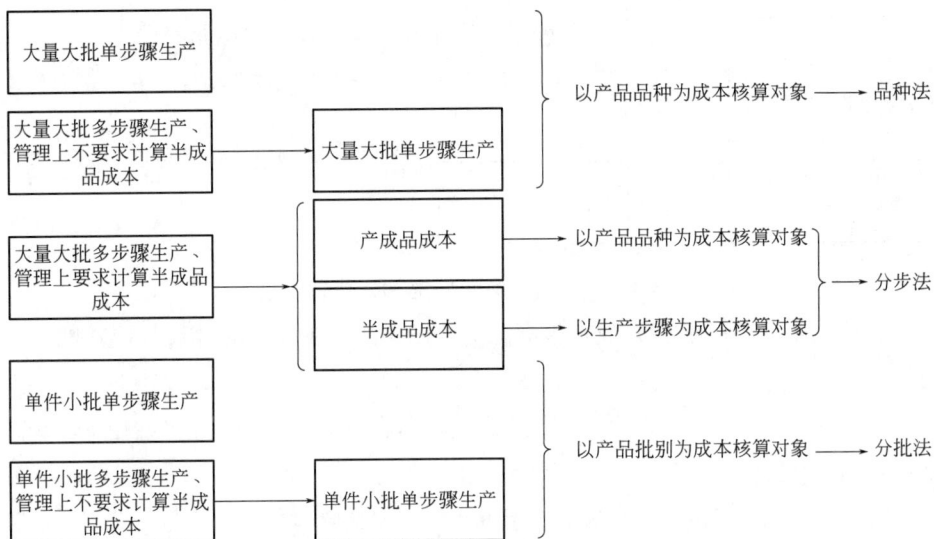

图 4.3　不同组合对应的成本核算对象

对于大量大批多步骤生产、管理上不要求计算半成品成本的产品，因为不要求计算半成品成本，也就是不要求计算每个生产步骤产品的成本，故可以从管理要求上将多步骤生产视为一个生产步骤的单步骤生产，也就是将其看成大量大批单步骤生产。

单件小批多步骤生产、管理上不要求计算半成品成本的产品，也可类似地将其视为单件小批单步骤生产的产品。

4.1.2　结合管理要求确定成本核算方法

确定成本核算对象的目的，就是要将成本核算对象的成本核算出来，那么，用什么方法核算不同成本核算对象的成本？成本核算方法与成本核算对象之间的对应关系如图 4.4 所示。

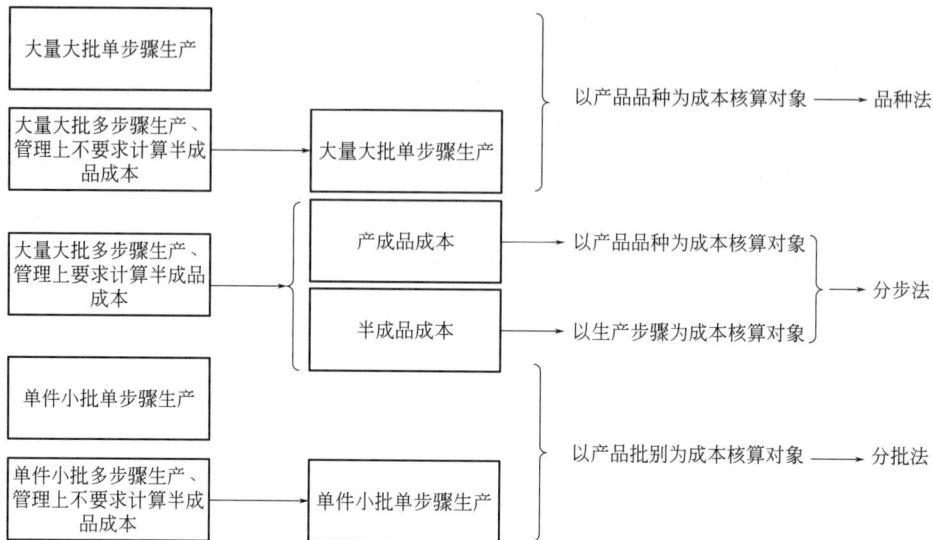

图4.4　不同成本核算对象对应的成本核算方法

品种法是以产品品种为成本核算对象，归集生产费用，计算产品成本的一种方法。

分批法是以所生产的产品批别或件别为成本核算对象，归集生产费用，计算产品成本的一种方法。

分步法是以产品的生产步骤和产品品种为成本核算对象，归集生产费用，计算产品成本的一种方法。

关于品种法下的成本核算，在前面均有讲述，如第2章成本分类中的直接成本与间接成本，第3章成本要素中的制造费用。

第3章中介绍了有关直接材料、直接人工分配计入成本核算对象的方法，下面介绍如何将直接材料、直接人工直接计入成本核算对象。

【例4-1】某企业技术部门对丁产品、戊产品的物料清单用料改善如表4.1所示。该企业生产部门按照消耗定额进行限额领料，对于超限额领料由生产部门提出后，经过技术部门及供应部门审批，仓库才给予发料。无论限额领料还是超限额领料，领料时均指定领料用途（是用于生产丁产品还是生产戊产品），所以材料按直接方式计入丁产品、戊产品成本。

表4.1　材料按直接方式计入产品成本的核算

成本项目		丁产品	戊产品	合计
A材料 直接耗用	消耗定额（千克）	0.90	0.86	
	产量（千克）	4 157	3 550	

续表

成本项目		丁产品	戊产品	合计
A 材料 直接耗用	按定额限额领料量（千克）	3 741.30	3 052.25	6 793.55
	超限额领料量（千克）	66.00	202.00	268.00
	领料合计（千克）	3 807.30	3 254.25	7 061.55
	A 材料发出单价（元）	14.98		
	A 材料发出成本（元）	57 033	48 749	105 782
B 材料 直接耗用	消耗定额（千克）	1.90	1.69	
	产量（千克）	4 157	3 550	
	按定额限额领料量（千克）	7 898.30	5 981.75	13 880.05
	超限额领料量（千克）	82.31	513.94	596.25
	领料合计（千克）	7 980.61	6 495.69	14 476.30
	B 材料发出单价（元）	7.89		
	B 材料发出成本（元）	62 967	51 251	114 218
合计（元）		120 000	100 000	220 000

企业按生产通知单、派工单安排生产工人生产丁产品、戊产品。经统计，生产工人的实际用时如表 4.2 所示。因派工单记录了工人的实际用时是对应生产了丁产品还是生产了戊产品，所以人工成本按直接方式计入丁产品、戊产品。

表 4.2　人工成本直接方式计入成本核算对象

项目		丁产品	戊产品	合计
熟练工人	A 工人生产工时（小时）	64	70	134
	B 工人生产工时（小时）	160		160
	C 工人生产工时（小时）		160	160
	D 工人生产工时（小时）	126		126
	工时小计（小时）	350	230	580
	小时工资率（元）	120.3	170.5	
	工资小计（元）	42 105	39 215	81 320
半熟练工人	E 工人生产工时（小时）	128	15	143
	F 工人生产工时（小时）	160		160
	工时小计（小时）	288	15	303
	小时工资率（元）	110.5	162	
	工资小计（元）	31 824	2 430	34 254
非熟练工人	G 工人生产工时（小时）	62		62
	H 工人生产工时（小时）		55	55
	工时小计（小时）	62	55	117
	小时工资率（元）	97.93	151.91	
	工资小计（元）	6 071	8 355	14 426

项目	丁产品	戊产品	合计
工时合计（小时）	700	300	1 000
工资合计（元）	80 000	50 000	130 000

了解了表 4.1 及表 4.2 之后，就应该知道表 4.3 中的直接材料、直接人工是如何核算出来的了。

表 4.3　产品成本计算

成本项目		丁产品	戊产品
直接成本	直接材料（元）	120 000	100 000
	直接人工（元）	80 000	50 000
	直接费用（元）	40 000	10 000
	合计（元）	240 000	160 000
间接成本	制造费用（元）	31 250	
	生产工时（小时）	700	300
	分配率（元 / 小时）	31.25	
	分配制造费用（元）	21 875	9 375
成本总额（元）		261 875	169 375
产量（个）		4 157	3 550
单位产品成本（元）		63.00	47.71

表 4.3 中，直接材料、直接人工成本就是采用表 4.1、表 4.2 的方式核算出来的，并将汇总数计入了表 4.3。因直接费用具有专属性，对应费用直接计入丁产品或戊产品成本。例如，丁产品租赁了专用设备，那么租赁费 40 000 元计入丁产品成本；戊产品使用了自有的专用设备，那么折旧费 10 000 元计入戊产品成本。

品种法就是这样核算出产品品种（丁产品或戊产品）成本的。

分批法的成本核算思路与品种法类似，即将每批次看作一个品种类别，然后以每批次产品作为成本核算对象，计算产品成本。例如，企业生产抽式纸巾，分为不同的批次，每批次的生产要求不同，此时就可将不同批次作为一类"品种"，以此核算产品成本。

关于分步法的成本核算思路，下面以图解的形式进行讲解。

分步法分为逐步结转分步法和平行结转分步法。

逐步结转分步法又称为计算半成品成本法，是按照产品加工步骤，将上一步骤的半成品成本随同半成品实物的转移而结转到下一生产步骤的相同产品的成本之中，以逐步计算半成品成本和最后一个步骤的完工产品成本，如图 4.5 所示。

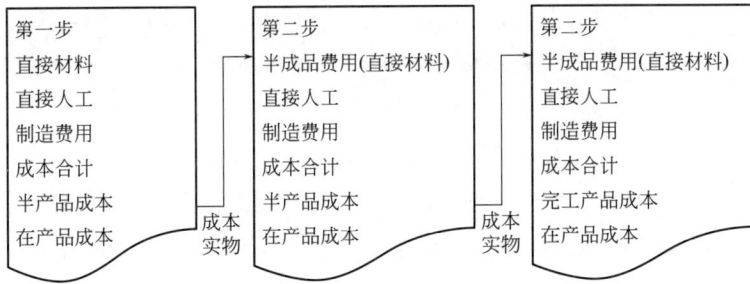

图 4.5 逐步结转分步法

图 4.5 中，每一步骤的成本要承接以前步骤的半成品成本，每个步骤的成本均为累计成本，累计到最后一个步骤就形成了完工产品成本。

平行结转分步法又称为不计算半成品成本法，是先计算各步骤发生的生产费用中应计入完工产品成本的"份额"，然后进行平行汇总，形成最终产品成本的一种成本计算方法，如图 4.6 所示。

图 4.6 中，每一步骤的成本不需要承接以前步骤的半成品成本，每个步骤的成本仅为本步骤的成本，所以最后一个步骤记录的成本不能称为完工产品成本，而仅能称为本步骤的半成品成本。平行结转分步法下，转到下一个生产步骤的仅是实物，而不存在成本转移。

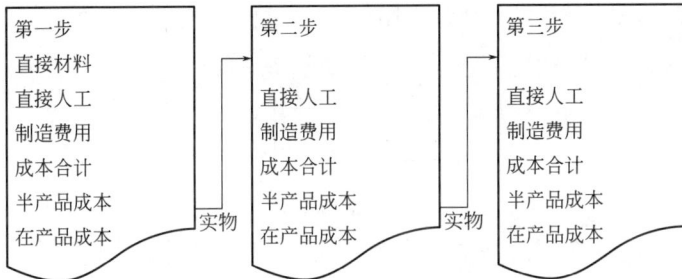

图 4.6 平行结转分步法

两种分步法的共同点为实物均要由一个生产步骤转到下一个生产步骤，否则，下一个生产步骤是无法生产的。当然，这是针对步骤之间是连续生产的企业。

4.1.3 根据生产组织方式合理安排成本计算期

成本计算有定期计算和不定期计算两种方式，这两种方式与生产组织特点有关。

定期计算成本是指每个月均进行成本计算，这种成本计算方式是针对大量大批组织生产的企业。

例如，对于大量大批生产桌、椅的企业，桌子的生产周期可能仅需要 5 天，椅子的生产周期可能仅需要 3 天，那么，一个月可能会生产几批桌椅，但企业的成本会计不会在每一批桌子或椅子生产完工之后，单独针对这批桌子或椅子进行成本核算，而是集中在月底针对本月全部完工入库的几批桌椅进行成本核算。

因为大量大批生产企业会计期间内的批次多，每批投产的产量比较大，月末集中进行成本核算可以简化工作量；同时，也会让每个月的会计工作有序可循，不至于被大量大批的生产情况弄得手忙脚乱。

大量大批生产的企业，其成本计算期与会计报告期一致，与产品的生产周期不一致。

不定期计算成本是指企业不是每个月均进行成本计算，而是等生产完工入库后再进行成本核算。这种成本计算方式是针对单件小批组织生产的企业。

例如，生产飞机或轮船的企业，飞机或轮船的生产周期很长，往往是跨年度的。如果每个月均进行成本核算，会发现很多月份没有完工入库的产成品，记录的只有在产品成本。对于在产品成本，在物料领用、工资发生的时候已经计入在产品成本，做了及时的核算反映。这种情况下，如果每个月均进行成本核算，是没有现实意义的，故这类企业只需在飞机或轮船完工的月份核算成本。

不定期成本核算既反映了业务状况，又简化了成本核算工作，何乐而不为呢？

对于小批单件生产的企业，将投入生产的月份开始到产品完工月份终止，作为成本计算期，其成本计算期与生产周期一致，与会计报告期不一致。

成本计算期与生产组织方式、生产周期的关系如图 4.7 所示。

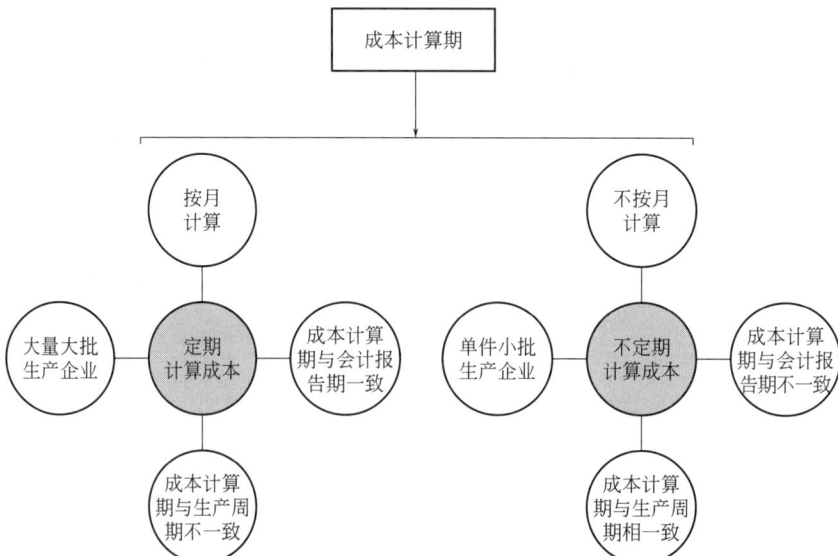

图 4.7　成本计算期与生产组织方式、生产周期的关系

4.1.4 剖析成本核算方法与成本计算期的对应关系

品种法是针对大量大批单步骤生产的企业，或大量大批多步骤生产但管理上不要求计算半成品成本的企业。总之，品种法针对的是大量大批组织生产的企业，选用品种法的企业，其成本计算期是固定的。

分步法与品种法类似，分步法针对的是大量大批组织生产的企业，故选用分步法的企业，其成本计算期也是固定的。

分批法针对的是单件小批组织生产的企业，故选用分批法的企业，其成本计算期不是固定的。

成本核算方法与成本计算期之间的对应关系如图 4.8 所示。

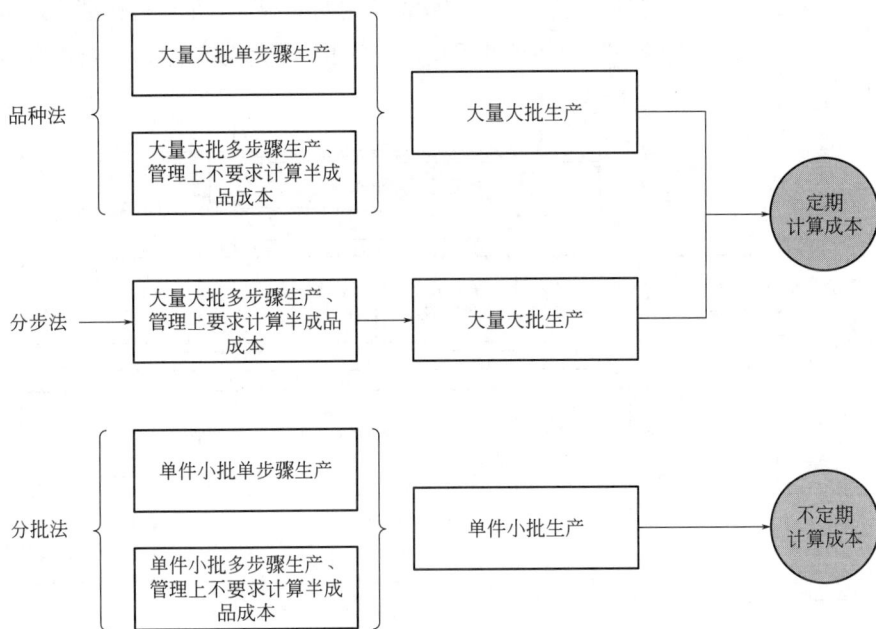

图 4.8 成本核算方法与成本计算期的对应关系

4.2 爱江山又爱美人——成本结果与过程管理

品种法、分步法和分批法为成本核算的基本方法，如果深究哪种是最基本的成本核算方法，品种法当之无愧。

分步法、分批法均要以核算出产品品种的成本为终结点。所以，品种法下核算产品成本的基本原理对于其他成本核算方法具有指导和借鉴意义。

4.2.1 多维度探讨成本核算流程

品种法下计算产品成本的一般流程如图4.9所示。

（1）编制各种要素费用分配表，包括材料费用分配表、职工薪酬分配表、煤水气费分配表、电费分配表、折旧计算表和其他支出分配表。这些费用按照用途直接计入或分配计入各个使用部门，由基本生产车间、辅助生产车间、行政管理部门或销售部门承担。

（2）对各个使用部门承担的成本费用进行细分，形成相应的明细账。基本生产车间发生的、用于产品生产、有对应成本项目的费用记入"基本生产成本明细账"，否则记入"制造费用明细账"；辅助生产车间发生的费用记入"辅助生产成本明细账"。

企业行政管理部门发生的费用记入"管理费用明细账"。企业销售部门发生的费用记入"销售费用明细账"。因管理费用及销售费用均不属于产品成本的构成内容，无须在成本计算流程中继续列示。

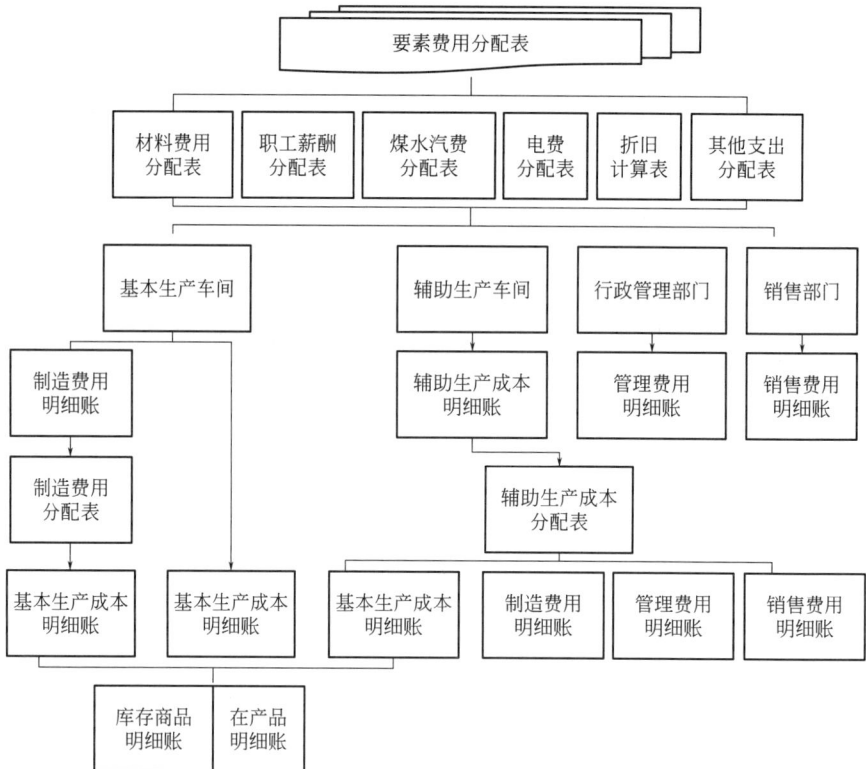

图4.9　品种法下计算产品成本的一般流程

（3）根据月中归集在"辅助生产成本明细账"中的费用编制辅助生产成本分

配表。月末将归集的辅助生产成本按适合的分配方法记入"基本生产成本明细账""制造费用明细账""管理费用明细账""销售费用明细账"等，按受益原则由最终的使用者承担辅助生产费用。

（4）根据月中归集在"制造费用明细账"的费用编制制造费用分配表。月末将归集的制造费用按分配标准分配记入"基本生产成本明细账"，由各个成本核算对象承担生产过程相关的制造费用。

（5）将归集在"基本生产成本明细账"的费用在完工产品与在产品之间选择适合的方法进行分配：分配给完工产品的记入"库存商品明细账"，分配给在产品的记入"在产品明细账"。

以上流程中，没有考虑企业进行废品损失的核算，因为废品损失的核算是管理会计的范畴，财务会计并没有硬性规定必须核算废品损失。故下面从成本管理会计的角度，来看一下包含废品损失的核算流程。

品种法下，包含废品损失的成本核算的一般流程如图 4.10 所示。

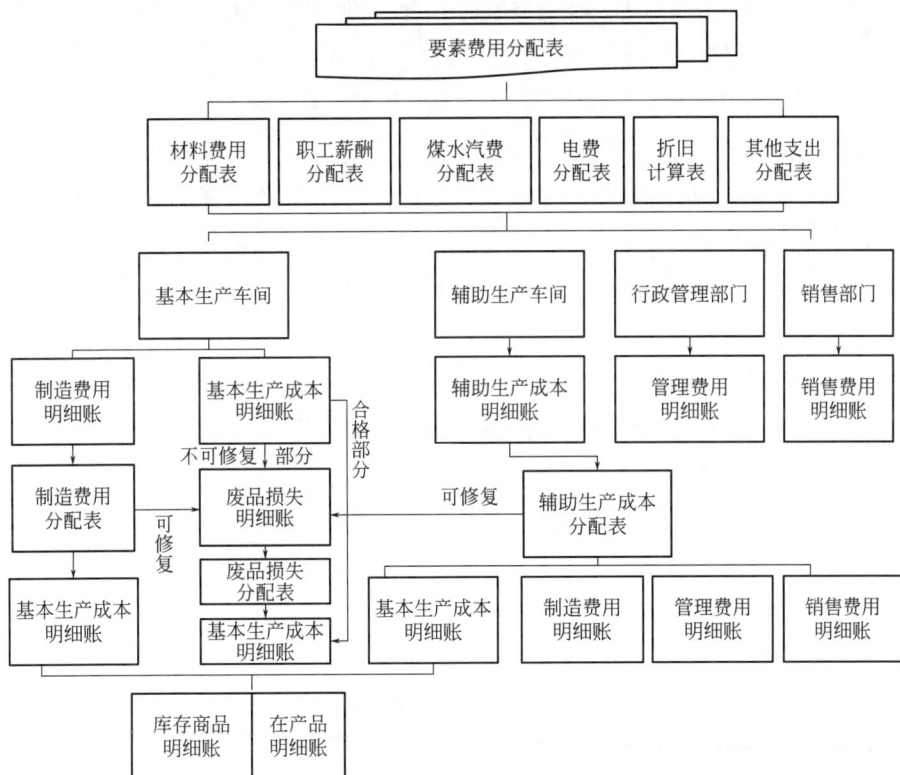

图 4.10　品种法下，包含废品损失的成本核发算的一般流程

（1）编制各种要素费用分配表，包括材料费用分配表、职工薪酬分配表、煤水气费分配表、电费分配表、折旧计算表和其他支出分配表。这些费用按照用途直接计入或分配计入各个使用部门，由基本生产车间、辅助生产车间、行政管理部门或销售部门承担。

（2）对各个使用部门承担的成本费用进行细分，形成相应的明细分类账。基本生产车间发生的、用于产品生产、有对应成本项目的费用记入"基本生产成本明细账"，否则记入"制造费用明细账""废品损失明细账"；辅助生产车间发生的费用记入"辅助生产成本明细账"。企业行政管理部门发生的费用记入"管理费用明细账"。企业销售部门发生的费用记入"销售费用明细账"。因管理费用及销售费用均不属于产品成本的构成内容，无须在成本计算流程中继续列示。

（3）根据月中归集在"辅助生产成本明细账"的费用编制辅助生产费用分配表。月末将归集的辅助生产成本按适合的分配方法分配记入"基本生产成本明细账""制造费用明细账""废品损失（追加的修复费用）明细账""管理费用明细账""销售费用明细账"等，按受益原则由最终的使用者承担辅助生产费用。

（4）根据月中归集在"制造费用明细账"的费用编制制造费用分配表。月末将归集的制造费用按分配标准分配记入"基本生产成本明细账""废品损失（追加的修复费用）明细账"。

（5）对于不可修复废品，其成本需要进行结转，将不可修复废品成本由基本生产成本账户转至废品损失账户，继而对废品损失进行下一步处理。

（6）编制废品损失分配表，将废品净损失分配记入"基本生产成本明细账"，由各个成本核算对象承担生产过程中发生的废品净损失。

（7）将归集在"基本生产成本明细账"的费用在完工产品与在产品之间选择适合的方法进行分配：分配给完工产品的记入"库存商品明细账"，分配给在产品的记入"在产品明细账"。

关于成本核算，也可以从会计分录的角度来理解。会计分录可以体现成本核算的过程，相关举例如下。

（1）采购原材料入库，未收到发票。

借：原材料　7 5000 000

　　贷：应付账款——暂估应付款　7 5000 000

（2）生产领用原材料。

借：生产成本——基本生产成本　7 5000 000

　　贷：原材料　7 5000 000

（3）收到原材料的采购发票，先冲销原会计分录，再根据采购发票编制会计分录。

借：原材料　-7 5000 000

　　贷：应付账款——暂估应付款　-7 5000 000

借：原材料　-7 5000 000

　　应交税费——应交增值税（进项税额）975 000

　　贷：应付账款　8 475 000

（4）支付原材料货款。

借：应付账款　8 475 000

　　　贷：银行存款　8 475 000

（5）发生生产工人工资。

借：生产成本——基本生产成本　1 500 000

　　贷：应付职工薪酬　1 500 000

（6）支付生产工人工资。

借：应付职工薪酬　1 500 000

　　贷：银行存款　1 100 000

　　　　其他应付款　350 000

　　　　应交税费——应交个人所得税　50 000

（7）通过制造费用明细账归集制造费用。

借：制造费用——办公费　70 000

　　制造费用——差旅费　30 000

　　制造费用——租赁费　100 000

　　制造费用——机物料消耗　800 000

　　贷：银行存款　1 000 000

（8）通过制造费用分配表，分配制造费用给成本核算对象。

借：生产成本——基本生产成本　980 000

　　废品损失　20 000

　　贷：制造费用——办公费　70 000

　　　　制造费用——差旅费　30 000

　　　　制造费用——租赁费　100 000

　　　　制造费用——机物料消耗　800 000

（9）通过辅助生产成本明细账归集辅助生产成本。

借：生产成本——辅助生产成本　450 000

    贷：银行存款　450 000

（10）通过辅助生产成本分配表，分配辅助生产成本。

借：生产成本——基本生产成本　350 000

    废品损失　10 000

    管理费用　70 000

    销售费用　20 000

    贷：生产成本——辅助生产成本　450 000

（11）通过废品报告单获知，发生了除辅助生产成本、制造费用之外的可修复废品的修复费用。

借：废品损失　40 000

    贷：原材料　30 000

        应付职工薪酬　10 000

（12）将不可修复废品成本由基本生产成本账户转至废品损失账户。

借：废品损失　20 000

    贷：生产成本——基本生产成本　20 000

（13）废品回收残料、应收责任人赔款。

借：原材料　7 000

    其他应收款　3 000

    贷：废品损失　10 000

（14）编制废品损失分配表，将废品净损失结转至基本生产成本账户，由合格产品承担。

借：生产成本——基本生产成本　80 000

    贷：废品损失　80 000

（15）将归集在"基本生产成本明细账"的费用在完工产品与在产品之间进行分配后，将产成品成本转入库存商品账户。

借：库存商品　9 000 000

    贷：生产成本——基本生产成本　9 000 000

（16）产成品销售出库，确认收入，同时，结转产品销售成本。

借：应收账款　13 560 000

    贷：主营业务收入　12 000 000

        应交税费——应交增值税（销项税额）　1 560 000

借：主营业务成本　9 000 000

　　贷：库存商品　9 000 000

（17）收回销售货款。

借：银行存款　13 560 000

　　贷：应收账款　13 560 000

以上会计分录涉及从采购原材料、生产产成品，直到销售产成品，并收回货款的完整营业周期，体现了对采购成本、生产成本及销售成本的核算。下面将以上会计分录需要说明之处做如下说明。

（7）、（8）是归集与分配制造费用的会计分录，（9）、（10）是归集和分配辅助生产成本的会计分录，两者的编写原理相同。

（11）、（12）、（13）、（14）是对废品损失的核算，主要体现了管理会计的过程管理思想。通过废品损失账户过渡，将正常生产成本与废品损失区分开来，以便通过核算掌握废品损失情况，并进行针对性的改善。如果管理上不体现废品损失的核算过程，则可以将废品损失账户替换成生产成本——基本生产成本账户，直接由合格产品来承担废品损失，仅反映成本的总体耗费情况。

（15）中，结转完工产品成本后，无须对在产品成本进行结转。例如，归集在生产成本——基本生产成本账户的总金额为 1 039 万元，本月完工入库产成品成本900 万元，则月末在产品成本为 139 万元；在产品成本无须做会计分录进行结转，生产成本——基本生产成本账户结转 900 万元之后，该账户本月月末余额 139 万元就是在产品成本。

4.2.2　解析流程重要节点分配方法

以上流程中，体现了制造费用分配方法、辅助生产成本分配方法、生产费用在完工产品和在产品之间的分配方法。由于制造费用分配方法在第 3 章成本要素中已经讲述，故在此仅讲述其余两种分配方法。先来看一下辅助生产成本分配方法。

辅助生产成本主要是指对生产起辅助作用的车间所发生的成本，如供水车间、供电车间、供气车间、修理车间等发生的成本。

辅助生产成本的分配方法包括直接分配法、顺序分配法、交互分配法、代数分配法、计划成本分配法。

1. 直接分配法

直接分配法是将各辅助生产车间发生的成本费用，直接分配给除辅助生产车间以外的各个受益对象的一种分配方法，如图 4.11 所示。

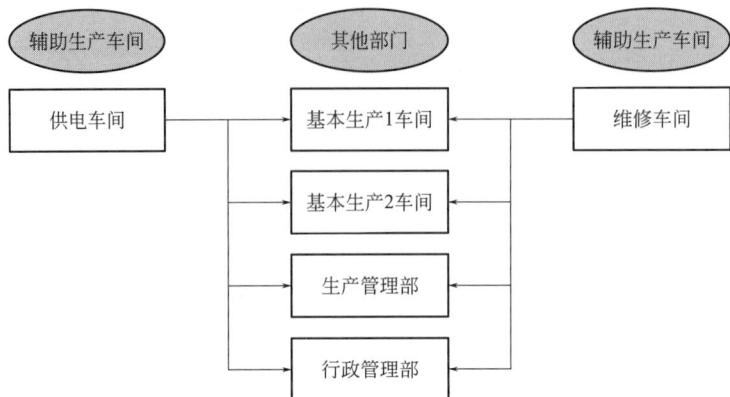

图 4.11　直接分配法

2. 顺序分配法

顺序分配法是按辅助生产车间相互之间提供成本费用多少为顺序，先分配受益少的辅助生产车间的成本费用，再分配受益多的辅助生产车间的成本费用的一种分配方法。

辅助生产车间之间受益多少的排序，需要测算后确定。如图 4.12 所示，某企业有供电车间和维修车间两个辅助生产车间，经测算，供电车间较维修车间受益少，所以应先将供电车间的成本费用在维修车间和其他受益部门中分配，然后再将维修车间的成本费用分配给其他受益部门。

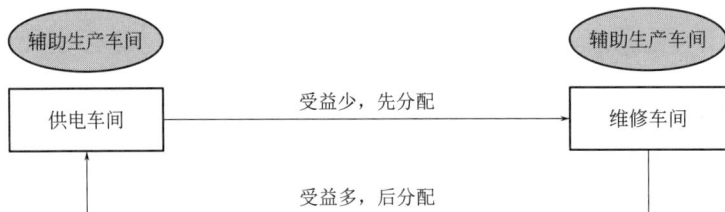

图 4.12　分配顺序测算

供电车间分配辅助生产成本后，维修车间在自身辅助生产成本的基础上，加上供电车间分配来的部分，将合计数分配给其他受益部门，如图 4.13 所示。

如果某企业有 3 个辅助生产车间，也要先测算分配顺序。以某企业 3 个辅助车间中的第 3 个辅助车间为例，待分配金额的计算如下。

待分配金额 = 未受益之前的辅助生产成本 + 第 1 个辅助车间分配的部分 + 第 2 个辅助车间分配的部分

因此，顺序分配下第 n 个辅助生产车间的待分配金额计算如下。

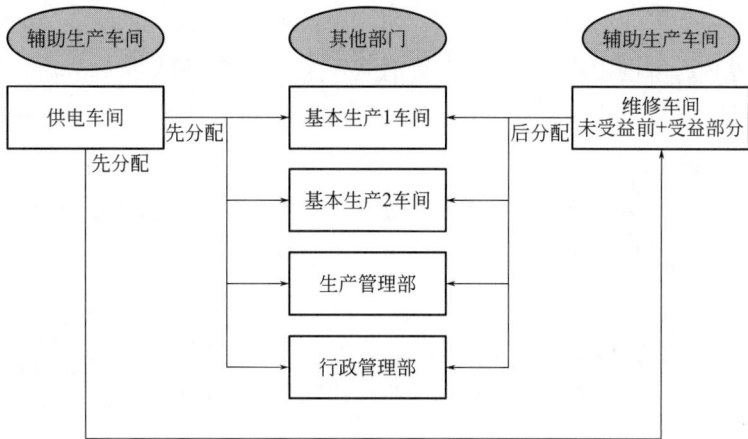

图 4.13　顺序分配法

待分配金额 = 未受益之前的辅助生产成本 + 第 1 个辅助车间分配的部分 +……+ 第 n-1 个辅助车间分配的部分

3. 交互分配法

交互分配法是首先将各辅助生产车间发生的成本费用在各个辅助生产车间之间进行交互分配，然后将各个辅助生产车间经交互分配后的成本费用总额分配给辅助生产车间以外的受益对象的一种分配方法。

交互分配法实质上是先在各辅助生产车间之间进行交互分配，再按直接分配法进行分配，如图 4.14 所示。

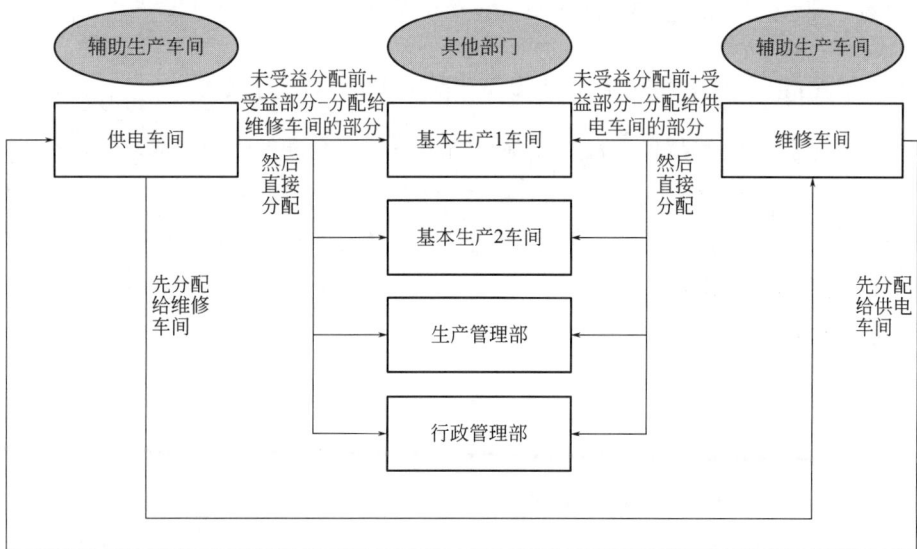

图 4.14　交互分配法

如果某企业有 3 个辅助生产车间，如何计算辅助生产车间的待分配金额？运用交互分配法时，辅助生产车间之间分配时无须区分顺序，只是将每个辅助生产车间的待分配金额计算出来再按直接分配法分配给其他部门。例如，无须区分顺序的第 3 个分配的辅助生产车间的待分配金额计算如下。

待分配金额 = 未受益分配之前的辅助生产成本 + 第 1 个辅助车间分配的部分 + 第 2 个辅助车间分配的部分 − 分配给第 1 个辅助车间的部分 − 分配给第 2 个辅助车间部分

因此，无须区分顺序，第 *n* 个辅助生产车间的待分配金额计算如下。

待分配金额 = 未受益分配前的辅助生产成本 + 其他辅助车间分配的部分 − 分配给其他辅助车间的部分

4. 代数分配法

代数分配法是应用代数联立方程的原理，先计算出辅助生产车间提供劳务、产品的单位成本，再根据受益对象耗用的数量，分配辅助生产费用的一种分配方法。

5. 计划成本分配法

计划成本分配法是按辅助生产车间提供劳务、产品的计划单位成本和实际耗用劳务的数量，分配辅助生产费用的一种分配方法。

无论是制造费用的分配，还是辅助生产成本的分配，以及直接成本的归集，均将成本分配或归集在生产成本——基本生产成本账户之中。

4.2.3 解析生产费用在完工产品和在产品之间的分配方法

如果企业需要定期计算成本，应在月末对归集或分配的生产成本，在完工产品和在产品之间进行分配。分配方法主要有不计算在产品成本法、按年初数固定计算在产品成本法、按所耗原材料费用计算在产品成本法、约当产量比例分配法、定额比例法、在产品按定额成本计价法、在产品成本按完工产品成本计算法。

1. 不计算在产品成本法

该方法适用于各月月末在产品数量很少的产品。月末在产品数量很少，从成本效益角度出发，按简化方式处理在产品成本。计算在产品成本时，将这部分成本忽略不计，对成本核算的准确性影响不大。

月初在产品成本 + 本月投入的生产费用 = 月末在产品成本 + 完工产品成本

上面公式反映了"来源与去向"的关系，公式左边代表生产产品的资金来源，公式右边代表投入的资金去向在哪方面，是留存于月末在产品，还是转到本月完工的产成品中去。

不计算在产品成本法，是假设月初、月末的在产品成本均为 0，那么上面的等式演变如下。

月初在产品成本 + 本月投入的生产费用 = 月末在产品成本 + 完工产品成本

0 + 本月投入的生产费用 = 0 + 完工产品成本

本月投入的生产费用 = 完工产品成本

因此，不计算在产品成本法的特点是：某种产品某月投入的生产费用全部由该月的完工产品承担。

2. 按年初数固定计算在产品成本法

该方法适用于期末在产品数量较少或者期末在产品数量虽然较多，但各月之间在产品数量变化不大的产品。

期末在产品数量较少，但在产品数量不能忽略不计，否则，会影响成本核算的准确性。

无论期末在产品数量较少还是期末在产品数量较多，只要各月月末在产品数量变化均不大，各月月末在产品数量同年初在产品数量相比，变化也不大，就可以简化处理，月末在产品成本按年初成本数固定计算。

月初在产品成本 + 本月投入的生产费用 = 月末在产品成本 + 完工产品成本

年初在产品成本 + 本月投入的生产费用 = 年初在产品成本 + 完工产品成本

本月投入的生产费用 = 完工产品成本

从上述个公式可见，按年初数固定计算在产品成本法下，某种产品某月投入的生产费用全部由该月完工产品承担。

与不计算在产品成本法不同的是，按年初数固定计算在产品成本法是假设每月月末在产品数量均与年初数相同，但实际上会有差异。这种差异对于按年度对外报送的财务会计报表，不可以忽略不计。因此，为了完整反映全年的实际成本水平，可采用如下处理方法。

按年初数固定计算在产品成本法的 1 月至 11 月，每月月末在产品的成本按年初在产品成本计算。年末时，再根据在产品实际盘存量予以调整，将差异调整计入 12 月成本，以便全年成本计算准确。涉及的相关计算公式如下。

月初在产品成本＋本月投入的生产费用＝月末在产品成本＋完工产品成本

12月初在产品成本＋12月投入的生产费用＝12月末在产品成本＋12月完工产品成本

年初在产品成本＋12月投入的生产费用＝（12月末在产品实际盘存量

×完工程度＋12月完工产品数量）×12月完工产品单价

上面的公式有利于计算12月完工产品单价，并将其作为分配单价。计算公式如下。

$$12月完工产品单价 = \frac{年初在产品成本 + 12月投入的生产费用}{12月末在产品实际盘存量 \times 完工程度 + 12月完工产品数量}$$

如果计算12月完工产品成本，利用分配单价进行计算的公式如下。

12月完工产品成本＝12月完工产品数量×12月完工产品单价

3. 按所耗原材料费用计算在产品成本法

该方法适用于各月在产品的数量较大、各月月末在产品数量变化也较大、直接材料成本在产品成本中所占比重较高的产品。

因直接材料成本在产品成本中所占比重较高，那么直接人工成本和分配的制造费用在产品成本中所占比重就较低。按简化方式处理在产品成本，不将直接人工成本和分配的制造费用计入在产品成本，而直接将其计入完工产成品成本，这对于成本核算的准确性影响不大。

因为直接材料成本在产品成本中所占比重较高，需要在完工产品与在产品之间进行分配，所以这种方法的特点是：直接材料成本需在完工产品与在产品之间进行分配，其他费用全部由完工产品负担。

直接材料成本需在完工产品与在产品之间进行分配，分配方法与材料投料特点有关。如果材料是在生产开始时一次性投料，那么计算公式如下。

月初在产品成本＋本月投入的生产费用＝月末在产品成本＋完工产品成本

因为月初、月末在产品成本仅包含直接材料成本，所以上面的公式可以写成如下公式。

月初在产品直接材料成本＋本月投入的生产费用＝月末在产品直接材料成本＋
完工产品成本

如果将投入的生产费用和完工产品成本均分解成直接材料成本、直接人工成本和制造费用两部分，那么，计算公式演变如下。

月初在产品直接材料成本＋本月投入的直接材料成本＋本月投入的直接人工成本和

制造费用=月末在产品直接材料成本+完工产品直接材料成本+

完工产品直接人工成本和制造费用

上面公式可拆分成两个公式，分拆如下。

月初在产品直接材料成本+本月投入的直接材料成本=

月末在产品直接材料成本+完工产品直接材料成本

本月投入的直接人工成本和制造费用=完工产品直接人工成本和制造费用

分拆后的两个公式体现了此方法的特点，即直接材料成本需在完工产品与在产品之间进行分配，直接人工成本和制造费用全部由完工产品负担。

因为材料是生产开始时一次性投料，在产品与产成品的投料程度无差别，所以关于直接材料成本的分配单价，计算公式推导如下。

月初在产品直接材料成本+本月投入的直接材料成本=月末在产品盘存数量×

单位直接材料成本+完工产品数量×单位直接材料成本=（月末在产品盘存数量+

完工产品数量）×单位直接材料成本

单位直接材料成本=（月初在产品直接材料成本+本月投入直接材料成

本）/（月末在产品盘存数量+完工产品数量）

如果材料在生产过程中均匀投料，直接材料成本的计算公式如下。

月初在产品直接材料成本+本月投入的直接材料成本=月末在产品直接材料成本+

完工产品直接材料成本=月末在产品盘存数量×投料程度×单位直接材料成本+

完工产品数量×单位直接材料成本=（月末在产品盘存数量×投料程度+

完工产品数量）×单位直接材料成本

单位直接材料成本＝（月初在产品直接材料成本＋本月投入的直接材料成

本）/（月末在产品盘存数量 × 投料程度＋完工产品数量）

4. 约当产量比例分配法

该方法适用于各月末在产品数量较大、各月末在产品数量变化也较大、产品成本中各个成本项目所占比重相差不大的产品。

因产品成本中各个成本项目所占比重相差不大，所以在产品的各个成本项目都不能忽略不计。约当产量比例分配法的特点是：先根据月末在产品的盘存数量，按其完工程度或投料程度折合为约当产量，再按完工产品产量和在产品约当产量的比例来分配各个成本项目的费用。

在产品约当产量是指在产品相当于完工产品的产量。如果材料是在生产开始时一次性投料，直接人工成本和制造费用是在生产过程中均匀投入的情况下，也将基本公式分成两部分，公式推导如下。

月初在产品成本+本月投入的生产费用=月末在产品成本+完工产品成本

月初在产品直接材料成本+月初在产品直接人工成本和制造费用+本月投入的直接材料成本+本月投入的直接人工成本和制造费用=月末在产品直接材料成本+月末在产品直接人工成本和制造费用成本+完工产品直接材料成本+完工产品直接人工成本和制造费用成本

上述公式可从直接材料成本、直接人工成本和制造费用两个角度拆分成两个公式，拆分公式如下。

月初在产品直接材料成本+本月投入的直接材料成本=月末在产品直接材料成本+完工产品直接材料成本

月初在产品直接人工成本和制造费用+本月投入的直接人工成本和制造费用=月末在产品直接人工成本和制造费用+完工产品直接人工成本和制造费用

直接材料是在生产开始时一次性投料，因此，直接材料成本的分配公式如下。

月初在产品直接材料成本+本月投入的直接材料成本=月末在产品盘存数量×单位直接材料成本+完工产品数量×单位直接材料成本

单位直接材料成本=（月初在产品直接材料成本+本月投入的直接材料成本）/（月末在产品盘存数量+完工产品数量）

直接人工成本和制造费用是在生产过程中均匀投入，因此，直接人工成本和制造费用的分配公式如下。

月初在产品直接人工成本和制造费用 + 本月投入的直接人工成本和制造费用 = 月末在产品盘存数量 × 完工程度 × 单位直接人工成本和制造费用 + 完工入库产品数量 × 单位直接人工成本和制造费用

单位直接人工成本和制造费用 = （月初在产品直接人工成本和制造费用 + 本月投入的直接人工成本和制造费用）/（月末在产品盘存数量 × 完工程度 + 完工产品数量）

如果材料是在生产过程中均匀投入，直接人工成本和制造费用也是在生产过程中均匀投入的，那么，直接材料成本的分配公式如下。

月初在产品直接材料成本 + 本月投入的直接材料成本 = 月末在产品盘存数量 × 投料程度 × 单位直接材料成本 + 完工产品数量 × 单位直接材料成本

单位直接材料成本 = （月初在产品直接材料成本 + 本月投入的直接材料成本）/（月末在产品盘存数量 × 投料程度 + 完工产品数量）

如果材料是在生产过程中均匀投入，直接人工成本和制造费用也是在生产过程中均匀投入的,那么,直接人工成本和制造费用的分配公式与材料是一次性投料、直接人工成本和制造费用是在生产过程中均匀投入的情况下的公式相同。

如果材料的投料程度与直接人工成本和制造费用完工程度相同,那么,公式可以综合如下。

$$月初在产品成本 + 本月投入的生产费用 = 月末在产品盘存数量 \times$$

$$完工程度 \times 单位产品成本 + 完工产品数量 \times 单位产品成本$$

$$单位产品成本 = \frac{月初在产品成本 + 本月投入的生产费用}{月末在产品盘存数量 \times 完工程度 + 完工产品数量}$$

$$月末在产品成本 = 月末在产品盘存数量 \times 完工程度 \times 单位产品成本$$

$$月末在产品成本 = 月末在产品盘存数量 \times$$

$$完工程度 \times \frac{月初在产品成本 + 本月投入的生产费用}{月末在产品盘存数量 \times 完工程度 + 完工产品数量}$$

$$完工产品成本 = 完工产品数量 \times 单位产品成本$$

$$完工产品成本 = 完工产品数量 \times$$

$$\frac{月初在产品成本 + 本月投入的生产费用}{月末在产品盘存数量 \times 完工程度 + 完工产品数量}$$

完工程度可理解为将在产品折算成完工产品的折算率。在产品经过折算后,在数量上就同完工产成品一样了,在产品经过折算后的数量可称之为约当产量。

以上关于按所耗原材料费用计算在产品成本法以及约当产量比例分配法,在适用条件以及按比例分配方面有相似及不同之处,可以对照学习应用这两种方法。

关于在产品或产成品成本,除了采用数量乘以单位成本的方法来计算之外,还可以按数量比例分配。类似的分配方法与第 3 章成本要素中的制造费用采用比例分配方法类似,不再多述。

5. 定额比例法

该方法适用于消耗定额准确、稳定,各月末在产品数量变化较大的产品。这类产品因消耗定额准确稳定,可按定额比例分配。定额比例法的特点是:先求出完工产品和月末在产品的定额费用(或耗用量),然后按两者定额费用(或耗用量)的比例,将各成本项目的费用在完工产成品与在产品之间进行分配。

定额比例法下的计算公式如下。

完工产品定额耗用量＝完工产品数量 × 消耗定额

月末在产品定额耗用量＝月末在产品盘存数量 × 完工程度 × 消耗定额

总的定额耗用量＝完工产品数量 × 消耗定额

＋月末在产品盘存数量 × 完工程度 × 消耗定额

完工产品定额耗用比例＝（完工产品数量 × 消耗定额）/总的定额耗用量

完工产品成本＝（月初在产品成本＋本月投入的生产费用）×

完工产品定额耗用比例

月末在产品定额耗用比例＝（月末在产品盘存数量 ×

完工程度 × 消耗定额）/总的定额耗用量

月末在产品成本＝（月初在产品成本＋本月投入的生产费用）×

月末在产品定额耗用比例

从上面的计算可见，定额比例法是按照定额耗用量的比例来分配的，是比例分配法的应用。

6. 在产品按定额成本计价法

该方法适用于消耗定额准确、稳定，各月末在产品数量变化较小的产品。在产品按定额成本计价法的特点是：先确定月末在产品的定额成本，然后用生产费用总额扣减月末在产品成本即为该产品的完工成本。

产品完工成本＝月初在产品成本＋本月投入的生产费用－月末在产品的定额成本

从以上叙述以及计算公式来看，在产品按定额成本计价法是从总成本来源中扣减掉在产品成本，从而得到完工产成品成本的一种方法。因此，此方法属于扣减法的应用。

在产品按定额成本计价法与定额比例法，可以在一起对照学习应用。这两种方法的适用条件中，要求消耗定额准确稳定。但在产品按定额成本计价法适用于各月月末在产品数量变化较小的情况。在产品数量变化较小，月末在产品的定额成本变化也较小，采用从成本来源中扣减掉在产品定额成本，从而计算出完工产品成本的方法，影响也小。

7. 在产品成本按完工产品成本计算法

该方法适用于月末在产品已近完工，只是尚未包装或尚未验收入库的产品。这种方法的特点是：将在产品视同 100% 完工的产品，按在产品和完工产品的数量比例分配各成本项目的费用。可见，此方法也是按比例分配成本的方法。

上述方法中，不计算在产品成本法，既不按比例分配成本，也不从成本来源中扣减，仅是将本月投入的生产费用由完工产品承担。按年初数固定计算在产品成本法，即 1～11 月的成本计算方法与不计算在产品成本法类似，仅是将本月投入的生产费用由完工产品承担，12 月因处理差异需要计算分配。但这种方法的主流仍是既不按比例分配成本，也不从成本来源中扣减。

以上方法与比例分配法、扣减法，以及既不属于按比例分配法又不属于扣减法的对应关系，如图 4.15 所示。

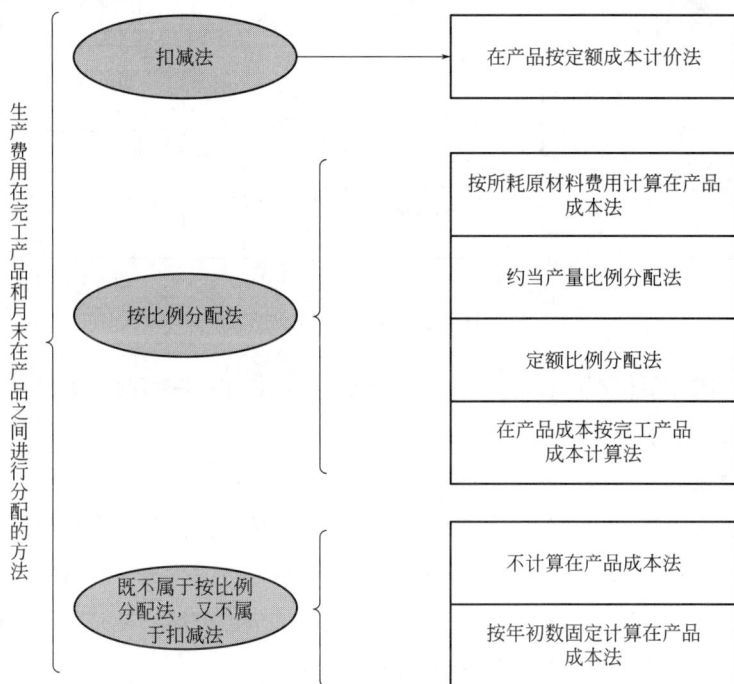

图 4.15　生产费用在完工产品与月末在产品之间进行分配的方法

4.2.4　管理会计重点领域——废品损失核算与管理

废品通常是指不符合规定的合格标准，不能按原来用途使用或者需要经过修理才能使用的在产品、半产品和产成品。

废品核算通常有两种方法，一种是不单独反映废品情况，废品成本直接由合格产品承担，由合格品反映包含废品的总体成本的耗费情况；另一种是单独反映废品情况。第二种方法通过专门科目核算废品损失，体现了管理会计的过程管理思想，将正常生产成本与废品损失区分开来，以便掌握废品损失情况，并针对性地进行改善。

当然，管理会计与财务会计是共用一个财务账套进行核算的。财务会计要求对外报送总体成本的耗费情况，故反映废品形成过程的管理会计最终也要将废品净损失分配给合格产品承担，也就是管理会计最终要过渡到财务会计。废品核算方法如图 4.16 所示。

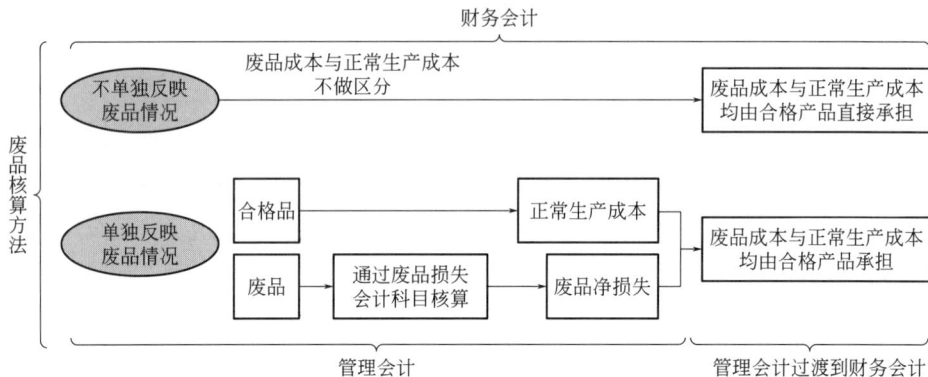

图 4.16　废品核算方法

单独反映废品情况的核算方法中，通过废品报告单，将废品分为可修复废品和不可修复废品分别进行核算。

可修复废品的最终成本可看成由两部分构成：一部分是合格品所发生的正常生产成本，通过生产成本会计科目核算；另一部分是将废品修复成合格品所发生的修复费。这部分修复费用是高于正常生产成本的，通过废品损失会计科目核算。同时，成本计算时要注意收回残料、责任人赔款对废品损失的冲减，冲减后的净损失最终由合格品承担。可修复废品成本核算如图 4.17 所示。

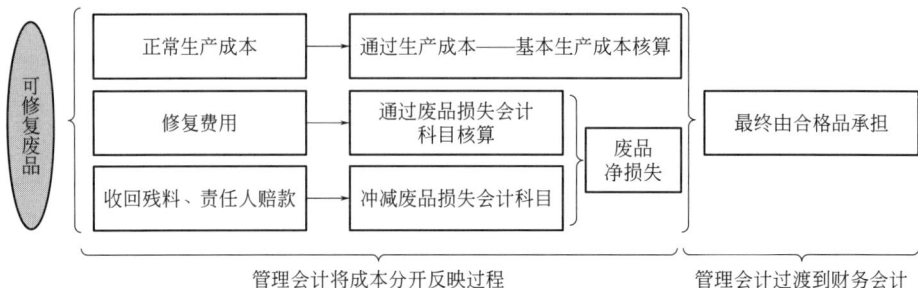

图 4.17　可修复废品成本核算

图 4.17 中，可修复废品的会计核算涉及的会计分录如下。

（1）生产产品领用原材料。

借：生产成本——基本生产成本

　　贷：原材料

（2）生产产品发生生产工人工资。

借：生产成本——基本生产成本

　　贷：应付职工薪酬

（3）通过制造费用明细账归集制造费用。

借：制造费用

　　贷：银行存款

（4）通过制造费用分配表，分配制造费用给成本核算对象。

借：生产成本——基本生产成本

　　贷：制造费用

（5）生产的产成品经检验发现不合格，但可修复成合格品，需要追加修复费用，先领用原材料。

借：废品损失

　　贷：原材料

（6）可修复废品，需要追加人工成本进行修复。

借：废品损失

　　贷：应付职工薪酬

（7）领用的原材料替换掉不合格的材料部件，按收回替换掉残料的价值，冲减废品损失。

借：原材料

　　贷：废品损失

（8）可修复废品，根据由员工个人承担赔偿损失部分，或应由保险公司赔偿部分，冲减废品损失。

借：其他应收款

　　贷：废品损失

（9）废品净损失，最终由合格产品承担，转入生产成本——基本生产成本。

借：生产成本——基本生产成本

　　贷：废品损失

不可修复废品是指经检测后确定不可修复成合格品，或虽可修复但修复代价太高，经济上无修复必要的废品。总体来说，不可修复废品最终不会转变为合格品。

因为不可修复废品最终不会转变为合格品，所以从管理会计角度来看，不可修复废品已经发生的成本不是正常的生产成本，应属于废品损失。不可修复废品成本核算如图 4.18 所示。

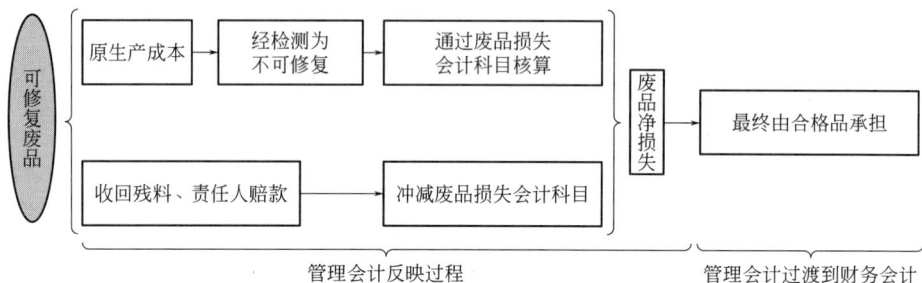

图 4.18　不可修复废品成本核算

图 4.18 中，不可修复废品的会计核算涉及的会计分录如下。

（1）生产产品领用原材料。

借：生产成本——基本生产成本

　　贷：原材料

（2）生产产品发生生产工人工资。

借：生产成本——基本生产成本

　　贷：应付职工薪酬

（3）通过制造费用明细账归集制造费用。

借：制造费用

　　贷：银行存款

（4）通过制造费用分配表，分配制造费用给成本核算对象。

借：生产成本——基本生产成本

　　贷：制造费用

（5）生产的产成品经检验发现为不合格，而且不可修复，需要将以上生产过程中归集在生产成本——基本生产成本账户中的金额全部转入废品损失。

借：废品损失

　　贷：生产成本——基本生产成本

（6）不可修复废品、回收的废品，后期可以通过变卖处理等方式变现，按可变现价值冲减废品损失。

　　借：原材料

　　　　贷：废品损失

　　（7）不可修复废品，应由员工个人承担赔偿部分损失，或应由保险公司赔偿，冲减废品损失。

　　借：其他应收款

　　　　贷：废品损失

　　（8）废品净损失，最终由合格产品承担，转入生产成本——基本生产成本。

　　借：生产成本——基本生产成本

　　　　贷：废品损失

　　对于可修复废品与不可修复废品，管理会计将正常成本与废品成本分开核算，而财务会计将正常成本与废品成本统一核算，如图 4.19 所示。

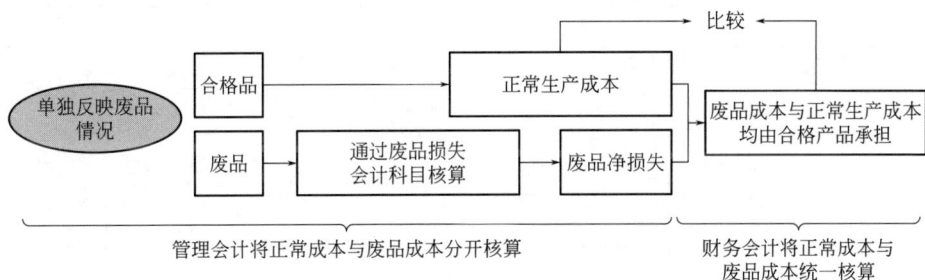

图 4.19　管理会计与财务会计对废品核算的比较

　　如图 4.19 所示，财务会计统一核算的产品成本大于管理会计核算的产品成本，两者差额部分为废品损失。

　　管理会计核算废品损失的好处在于，管理者可以掌握废品损失情况，包括废品损失金额多少，可修复与不可修复的废品损失各为多少，有没有在管理上认定责任并进行处罚，处罚力度多大。通过这些资料，企业可以要求生产部门对废品损失情况进行原因分析，以便针对原因进行改善，降低成本。

　　管理会计将正常成本与废品成本分开核算，目的在于监控源头：废品产生于生产现场，应在生产现场进行废品管理。只有从生产源头上对废品与合格品进行区分，会计才能针对结果分别核算，实现财务业务一体化的效果。

　　将生产现场管理与管理会计核算相互衔接的重要工具是废品报告单，如表 4.4 所示。

表 4.4 废品报告单（1）

生产日期：

车间：　　　　　　　　　　　班组：　　　　　　　　　　　　　编号：

产品名称	产品类别	规格型号	计量单位	废品数量	可修复废品数量	不可修复废品数量	备注	

废品产生原因：

现存放地点：

	可修复废品的修复费用				不可修复废品的生产成本			
	其中：				其中：			
	领用直接材料				原生产成本			
材料名称	规格型号	数量	单价	金额	名称	金额	备注	
					直接材料			
					直接人工			
					制造费用			
					小计			
	发生直接人工				减：			
工人姓名	工种	工时	小时工资率	金额	回收残料价值	责任人赔款	单位赔款	
	制造费用							
费用名称		金额		备注				
					不可修复废品净损失：			
减：	残料价值	责任人赔款		单位赔款				
可修复废品净损失								

车间责任人：　　　　　　　　检验员：　　　　　　　　车间核算员：

废品报告单是精细化管理与核算的手段与工具，对生产现场管理的要求较高。例如，超限额领料要求出具申请超限额请领的理由，如为可修复废品需要超额领料，需要进行审批，超领的原材料要计入废品损失会计科目。

对于生产现场管理没有精细化到以上程度的企业，是不是对于废品损失的管理与核算无计可施呢？有没有其他方法可供借鉴呢？

先来看一张简化的废品报告单，如表 4.5 所示。

表 4.5　废品报告单（2）

生产日期：

车间：　　　　　　　　　　　　　　　　班组：　　　　　　　　编号：

产品名称	产品类别	规格型号	计量单位	投产数量	废品数量	合格品数量	备注

车间责任人：　　　　　　　　　　检验员：　　　　　　　　　车间核算员：

如表 4.5 所示，简化的废品报告单仅报告了投入与产出的结果，如果依据这个废品报告单进行废品管理，又该如何进行废品核算呢？

如果仅依据投入与产出的结果来考虑核算方法，废品的核算有以下 3 种方法。

第 1 种方法是按照生产产品的产出量核算废品损失；第 2 种方法是按照投产量核算废品损失；第 3 种方法是区别正常、非正常损益核算废品损失。

第 1 种方法是按照生产产品的产出量核算废品损失，实际上这种方法不单独计算废品损失，这可以通过如下公式理解。

$$单位产品成本 = \frac{总成本}{产量}$$

【例 4-2】某产品总成本为 180 000 元，合格产品的产量为 95 个，则单位产品的成本计算如下。

$$单位产品成本 = \frac{总成本}{产量} = \frac{180\ 000}{95} = 1\ 894.74\,(元)$$

从这个计算公式可以看出，包含废品的总成本全部由合格产品承担了，也就是合格产品的成本 = 1 894.74 × 95 = 180 000（元）。

这种不单独核算废品损失的方法，类似于之前提到的采用财务会计统一核算的方法。

第 2 种方法是按照投产量核算废品损失。先看一下这种核算方法下单位产品成本如何核算。

$$单位产品成本 = \frac{总成本}{投产量}$$

从这个公式来看，总成本全部由投产量承担。从表 4.5 简化废品报告单来看，投产量由废品数量和合格品数量两个部分构成。这也说明由投产量承担的总成本，可分解到废品及合格品上。因此，这种方法是需要单独核算废品损失的。成本核算的公式如下。

$$废品损失 = 单位产品成本 \times 废品数量$$

$$合格品成本 = 单位产品成本 \times 合格品数量 = 单位产品成本 \times 产量$$

【例 4-3】某产品总成本为 180 000 元，投产量为 100 个，理论上应该生产出 100 个产品，但合格产品的产量为 95 个，则单位产品成本计算如下。

$$单位产品成本 = \frac{总成本}{投产量} = \frac{180\ 000}{100} = 1\ 800\,(元)$$

$$废品损失 = 单位产品成本 \times 废品数量 = 1\ 800 \times (100 - 95) = 9\ 000\,(元)$$

$$合格品成本 = 单位产品成本 \times 产量 = 1\ 800 \times 95 = 171\ 000\,(元)$$

$$总成本 = 废品损失 + 合格品成本 = 9\ 000 + 171\ 000 = 180\ 000\,(元)$$

从会计分录角度来考虑，核算废品损失涉及的会计分录如下。

（1）发生 180 000 万元生产成本时。

借：生产成本——基本生产成本　　180 000

　　贷：原材料　　　　　　　　　135 000

　　　　应付职工薪酬　　　　　　 27 000

　　　　制造费用　　　　　　　　 18 000

（2）检验出 5 个废品时。

借：废品损失　9 000

贷：生产成本——基本生产成本   9 000

如果无残料及应收赔款，最终废品成本由合格产品承担时。

借：生产成本——基本生产成本   9 000

    贷：废品损失   9 000

（3）如果残料回收价值为 300 元，应收责任员工赔款 200 元。

借：原材料   300

    其他应收款   200

    贷：废品损失   500

废品净损失，最终应由合格产品承担时。

借：生产成本——基本生产成本   8 500

    贷：废品损失   8 500

第 3 种方法是区别正常、非正常损益核算废品损失，先来认识一下正常损失、非正常损失、非正常收益的含义。

正常损失是可预见的、正常的、自然的、无须人为努力改善的损失。例如，酒精的挥发是自然现象，由此造成的损失是正常损失。

非正常损失或废品损失是实际损失超过预期的损失。

非正常收益是实际损失低于预期损失，表现为负的成本损失。

【例 4-4】某产品总成本为 180 000 元，投产量为 100 个，理论上应该生产出 100 个产品，但合格产品的产量为 90 个，假设正常损失为 5%，则正常损失量 = $100 \times 5\% = 5$（个），实际损失 = $100 - 90 = 10$（个），非正常损失量 = 废品损失 = $10 - 5 = 5$（个）。

此种方法下单位产品成本的计算公式如下。

$$单位产品成本 = \frac{总成本}{扣除正常损失后的产量}$$

从这个公式来看，总成本全部由扣除正常损失后的产量承担，此时，合格品的单位产品成本的计算公式如下。

单位产品成本 = $180\,000/100 \times (1 - 5\%) = 1\,894.74$（元）

废品损失 = 废品数量 × 单位产品成本 = $5 \times 1\,894.74 = 9\,473.7$（元）

合格品成本 = 产量 × 单位产品成本 = $90 \times 1\,894.74 = 170\,526.6$（元）

总成本 = 废品损失 + 合格品成本 = $9\,473.7 + 170\,526.6 = 180\,000.3$（元）

以上关于总成本与废品损失成本及合格品成本的验算是正确的（总成本金额之

间相差 0.3 元，主要是由四舍五入计算的误差造成的），也说明总成本由两部分构成，一部分是废品损失，另一部分是合格品成本。

第 3 种方法下，正常损失量的成本不单独核算，从单位产品成本的计算公式可以看出，正常损失成本已经分摊在废品损失和合格品产量的成本之中了。

【例 4-3】如果【例 4-4】中合格品的产量不是 90 个，而是 97 个，则相关计算如下。

$$非正常收益数量 = 实际废品数量 - 预期正常损失数量$$

$$= (100 - 97) - 100 \times 5\% = 3 - 5 = -2（个）$$

非正常收益 = 非正常收益数量 × 单位产品成本 = (-2) × 1 894.74 = -3 789.48（元）

合格品成本 = 产量 × 单位产品成本 = 97 × 1 894.74 = 183 789.78（元）

总成本 = 合格品成本 + 非正常收益 = 183 789.78 - 3 789.48 = 180 000.3（元）

以上关于总成本与非正常收益及合格品成本的验算是正确的（总成本金额之间相差 0.3 元，主要是由四舍五入计算的误差造成的）。

与非正常收益相关的会计分录如下。

（1）如果考虑四舍五入尾差 0.3 元，发生 180 000.3 万元的生产成本时。

借：生产成本——基本生产成本　　180 000.03

　　贷：原材料　　　　　　　　　　135 000.03

　　　　应付职工薪酬　　　　　　　27 000

　　　　制造费用　　　　　　　　　18 000

（2）从检验结果，区分出非正常收益时。

借：废品损失　　　　　　　　　　 -3 789.48

　　贷：生产成本——基本生产成本　 -3 789.48

（3）如果没有残料及应收赔款，废品净损失最终由合格产品承担时。

借：生产成本——基本生产成本　 -3 789.48

　　贷：废品损失　　　　　　　　 -3 789.48

以上第（2）笔会计分录做完时，就已经反映出了正常生产成本 = 180 000.3 - (-3 789.48) = 183 789.78（元）。也就是说，第（2）笔会计分录做完时，就已经从管理会计角度区分出了正常生产成本与废品损失。编制第（3）笔会计分录，是为了将管理会计核算转化为财务会计核算。

第 3 种方法下的废品报告单与第 2 种方法下的废品报告单相比，从格式上来讲，增加了正常损失数量、非正常收益数量，如表 4.6 所示。

表 4.6 废品报告单（3）

生产日期：

车间：　　　　　　　　　　　　　班组：　　　　　　　　编号：

产品名称	产品类别	规格型号	计量单位	投产数量	正常损失数量	废品数量	非正常收益数量	合格品数量	备注

车间责任人：　　　　　　　　　检验员：　　　　　　　　车间核算员：

以上废品报告单主要是针对单步骤生产产品的废品报告单。如果产品的生产需要多个生产步骤才能完成，就需要针对每个生产步骤或工序的投入与产出结果分别进行工序核算，填制工序废品报告单，以便管理人员针对每个工序进行原因分析，改善管理。工序废品报告单的格式如表 4.7 所示。

表 4.7 工序废品报告单

生产日期：

车间：　　　　　　　　　　　　　班组：　　　　　　　　　编号：

半成品名称	规格型号	工序名称	计量单位	投产数量	正常损失数量	废品损失数量	非正常收益数量	合格数量

续表

半成品名称	规格型号	工序名称	计量单位	投产数量	正常损失数量	废品损失数量	非正常收益数量	合格数量

车间责任人：　　　　　　　　检验员：　　　　　　　　车间核算员：

停工损失是在生产的过程管理中，通过停工损失会计科目进行管理会计核算，最终由合格产品承担的一种生产报告。

停工损失的核算与废品损失的核算类似。通过停工损失会计科目将正常生产成本与停工损失区分开来，有助于管理人员掌握停工损失情况，并针对性地进行改善。

与废品损失相比，停工损失的不同之处在于自然原因造成的非正常停工损失计入营业外支出，最终不计入产品成本，或直接不计入停工损失。这样做的原因在于非管理因素造成的停工损失不应由管理来承担责任，同时，分析这部分停工损失也没有意义。

4.2.5　精细化管理——残料收入也是钱

核算废品损失的方法中，区分正常损失、废品损失以及非正常收益时，没有考虑残料回收价值的问题。如果考虑残料回收价值，应该如何结合废品损失进行核算，会计分录应如何编制？

残料回收有两种基本的核算方法，介绍如下。

第 1 种方法是将残料出售收入作为当期收入，而残料的成本在合格产品成本中不做扣减，所以出售时仅有残料收入，不结转残料成本。这是许多中小企业进行简化核算的一种方法。当出售残料时，核算收入的会计分录如下。

借：库存现金

　　贷：其他业务收入

　　　　应交税费——应交增值税（销项税额）

第 2 种方法是将残料收入从当期生产成本和非正常损失或废品损失中扣除。这是本节主要讲述的方法。这种方法下，相关计算公式如下。

$$单位产品成本 = \frac{总成本 - 正常损失假设下的残值收入}{正常损失假设下的产出量}$$

$$合格品成本 = 单位产品成本 \times 产量$$

$$废品损失 = 非正常损失数量 \times 单位产品成本$$

$$废品净损失 = 非正常损失数量 \times 单位产品成本 - 非正常损失的残料收入$$

【例4-5】某企业生产一种产品，单位成本为 2 740 元，预计发生 10% 正常损失，企业投产 200 件产品，实际产量为 170 件，所有残料可按每件 4 元出售。

$$单位产品成本 = (2\ 740 - 200 \times 10\% \times 4)/(200 \times 90\%) = 14.78（元）$$

$$废品损失 = (200 \times 90\% - 170) \times 14.78 = 147.8（元）$$

$$废品净损失 = (200 \times 90\% - 170) \times 14.78 - (200 \times 90\% - 170) \times 4 = 107.8（元）$$

$$合格品成本 = 170 \times 14.78 = 2\ 512.6（元）$$

$$总成本 = 2\ 740 - (200 - 170) \times 4 = 2\ 620（元）$$

$$总成本 = 合格品成本 + 废品净损失 = 2\ 512.6 + 107.8 = 2\ 620.4（元）$$

两种方式计算的总成本金额之间相差 0.4 元，主要是由四舍五入计算的误差造成的，总体平衡关系是正确的，两者实际上也是相等的。

从成本管理会计核算角度来看，本例涉及的会计分录如下。

（1）确认生产成本时。

借：生产成本——基本生产成本　　2 740

　　贷：原材料　　　　　　　　　2 055

　　　　应付职工薪酬　　　　　　411

　　　　制造费用　　　　　　　　274

（2）依据检验结果，区分出废品损失时。

借：废品损失　　147.8

　　贷：生产成本——基本生产成本　　147.8

（3）残料回收价值 = (200 × 90% - 170) × 4 = 40（元），需要冲减废品损失；正常损失的残料回收价值 = 200 × 10% × 4 = 80（元），需要扣减基本生产成本。会计分录如下。

借：原材料　　120

　　贷：生产成本——基本生产成本　　80

　　　　废品损失　　　　　　　　　40

（4）废品净损失，最终由合格产品承担时。

借：生产成本——基本生产成本　　107.8

　　贷：废品损失　　　　　　　　107.8

以上会计分录中，生产成本——基本生产成本的最终账户余额 = 2 740 - 147.8 - 80 + 107.8 = 2 620（元），这个账户余额等于上面计算的总成本。

以上会计分录体现了总成本由两部分构成，一部分是废品净损失 107.8 元，另一部分是正常生产成本 = 总成本 - 废品净损失成本 = 2 620 - 107.8 = 2 512.2 元。

【例 4-6】接【例 4-5】，如果企业下一个会计期间将残料出售，而两个相邻会计期间的残料售价没变，那么出售残料会计分录如下。

借：库存现金　　　　　　　　　　　　　　　　　120

　　贷：其他业务收入　　　　　　　　　　　　　106.19

　　　　应交税费——应交增值税（销项税额）　　13.81

注意：此处的增值税税率是按税法最新税率 13% 计算的。

同时，结转从基本生产成本及非正常损失或废品损失中扣减的成本，会计分录如下。

借：其他业务成本　　120

　　贷：原材料　　　　120

细看【例 4-5】与【例 4-6】中的其他业务收入与其他成本可发现，其他业务收入小于其他业务成本，这主要是由于当初计算每种残料回收价值时是按不含增值税价值入账的，而现在出售价格 4 元是含税价格，两者相差了增值税。

这可以提醒我们，确定其他业务收入时可按不含税价格入账，以便当价格没有变化时，其他业务收入等于其他业务成本。

【例 4-7】如果【例 4-6】中出售价格 4 元是指不含税价格，那么，出售价格没有变化的情况下，现在的售价是每单位 4.52 元。按这个价格出售时的会计分录如下。

借：库存现金　　　　　　　　　　　　　　　　　135.6

　　贷：其他业务收入　　　　　　　　　　　　　120

　　　　应交税费——应交增值税（销项税额）　　15.6

同时，结转从基本生产成本及非正常损失或废品损失中扣减的成本，会计分录如下。

借：其他业务成本　　120

　　贷：原材料　　　　120

如果企业下一个会计期间将残料出售，而这两个相邻的会计期间的残料售价有变化，那么，出售时按售价记录收入，结转残料的成本不变。

【例 4-8】接【例 4-7】，企业下一个会计期间出售残料时，单价上升到了 5 元，收款 150 元入账。会计分录如下。

借：库存现金　　　　　　　　　　　　　　150
　　贷：其他业务收入　　　　　　　　　　　132.74
　　　　应交税费——应交增值税（销项税额）　17.26

同时,结转从基本生产成本及非正常损失或废品损失中扣减的成本,会计分录如下。

借：其他业务成本　　　120
　　贷：原材料　　　120

这个举例是售价上升，使其他业务收入大于其他业务成本。如果售价下降，则其他业务收入小于其他业务成本。

4.2.6　不容忽视的环保安全——处置成本核算与管理

一个地球，一片蓝天，一方水土，养育了一代代勤劳的人们。企业需要勤劳，也需要和谐，因此需要保护和净化地球环境，以实现可持续发展。谁污染，谁治理，谁开发，谁保护，这可能是政府的倡导责任。那么，成本管理会计呢？在企业治理污染、整治环境、处置废品时，应该如何为落实这些环保举措而核算？

如果企业废品残料回收并不能带来价值，而是需要处置之后才能丢弃；需处置的残料不能随意丢弃，而是需要送给专门的处置公司，而专门的处置公司需要收取处置费用。可见，有些有害的废料需要花费处置成本，如废品农药。

前面讲述残料回收价值时，回收价值从当期生产成本和非正常损失或废品损失中扣除；那么，处置废品花费的成本可以看成是残料回收价值的逆运算，应增加当期生产成本和非正常损失或废品损失。

$$单位产品成本 = \frac{总成本 + 正常损失假设下的处置成本}{正常损失假设下的产出量}$$

$$废品净损失 = 非正常损失数量 \times 单位产品成本 + 非正常损失的处置成本$$

$$合格品成本 = 产量 \times 单位产品成本$$

【例 4-9】企业生产一种产品，单位成本为 2 740 元，预计发生 10% 正常损失，企业投产 200 件产品，实际产量为 170 件，不合格产品每件需要增加处置成本 4 元。

$$单位产品成本 = （2\,740 + 200 \times 10\% \times 4）/（200 \times 90\%）= 15.67（元）$$

$$废品损失 = （200 \times 90\% - 170）\times 15.67 = 156.7（元）$$

废品净损失 =（200×90% - 170）×15.67 +（200×90% - 170）×4 = 196.7（元）

$$合格品成本 = 170×15.67 = 2\,663.9（元）$$

$$总成本 = 2\,740 +（200 - 170）×4 = 2\,740 + 120 = 2\,860（元）$$

$$总成本 = 合格品成本 + 废品净损失成本 = 2\,663.9 + 196.7 = 2\,860.6（元）$$

两种方式计算的总成本金额之间相差 0.6 元，主要是由四舍五入计算的误差造成的，平衡关系是正确的，两者是相等的。

从成本管理会计核算角度来看，本例涉及的会计分录如下。

（1）发生 2 740 元的工序生产成本时。

借：生产成本——基本生产成本　　2 740

　　贷：原材料　　　　　　　　　　2 055

　　　　应付职工薪酬　　　　　　　411

　　　　制造费用　　　　　　　　　274

（2）从检验结果，区分出废品损失时。

借：废品损失　　　　　　　　　　156.7

　　贷：生产成本——基本生产成本　156.7

（3）预计废品的处置成本 =（200×90% - 170）×4 = 40（元），需要增加废品损失成本；非预计废品的处置成本 = 200×10%×4 = 80（元），需要增加基本生产成本。

借：生产成本——基本生产成本　　80

　　废品损失　　　　　　　　　　40

　　贷：应付账款　　　　　　　　　120

（4）废品净损失，最终由合格产品承担时。

借：生产成本——基本生产成本　　196.7

　　贷：废品损失　　　　　　　　　196.7

以上会计分录中，生产成本——基本生产成本的最终账户余额 = 2 740 - 156.7 + 80 + 196.7 = 2 860（元），这个账户余额与上面计算的总成本相等。

以上的会计分录也体现了总成本由两部分构成，一部分是废品净损失成本 196.7 元，另一部分是正常生产成本 = 总成本 - 废品净损失成本 = 2 860 - 196.7 = 2 663.3（元）。

4.2.7　生产效果的评判师——出品率管理

表 4.5 至表 4.7 中的投产数量与合格品数量体现了企业的生产效果，将合格品

数量与投产数量相比，得到一个比率，企业一般将这个比率称为出品率。

出品率通常通过产成品的产量与投产量进行衡量。衡量公式如下。

$$出品率 = \frac{产成品的产量}{投产量}$$

【例 4-10】某产品的总成本为 180 000 元，投产量为 100 件，合格产品的产量为 90 件，则出品率 = 产成品的产量 / 投产量 = 90/100 = 90%。

以上的公式及其举例，是指本期投产的产品到期末均已生产完工，没有期初、期末在产品的情况。

如果存在期初、期末在产品，需要将在产品折算成产成品再进行计算，公式如下。

$$出品率 = \frac{本期产成品的产量 + 期末在产品的约当产量}{期初未完工投产量 + 本期投产量}$$

表 4.5 至表 4.7 中，如果每一行填报的是每个产品品种或每道工序的投入与产出情况，则可以依据每一行的数据计算每个产品品种或每道工序的出品率；如果将所有行的数据进行汇总，依据企业总体投入与产出情况的汇总数据，则可以计算企业整体的出品率。

出品率的值与废品损失、边角料等有关。废品损失越少、边角料利用率越高，出品率也越高，说明一定量的投入带来的产出量越高，企业的成本耗用越少，效益越高。同时，出品率与一次性产出合格率也有关。一次性产出合格率越高，说明返工等废品损失越少，对企业越有利。

出品率的值也与生产工艺有关，设计良好的工艺路线，改进切割技术等工艺，能减少边角料等材料的浪费，也会提高出品率。

出品率的控制主要还是生产部门的职责。因此，在绩效考核方案中，经常见到将出品率作为生产部门的主要绩效考核指标。

4.2.8　成本费用分配表的设计

成本费用分配表主要包括材料费用分配表、职工薪酬分配表、折旧费用分配表、制造费用分配表等。这些表单的应用，主要是解决日常归集发生的成本费用如何分配给成本核算对象的问题。

如何将成本费用分配给成本核算对象，应视企业成本管理要求与水平、成本核算水平以及信息化应用水平而定。

如果企业要求精细化成本管理，在企业信息化建设如 ERP 系统以及 ERP 系统中的生产管理模块及成本模块应用得较好的情况下，企业对成本分配表的要求会弱化。因为 ERP 系统在收集成本费用信息时会将成本费用按系统规则直接指定或间接分配给成本核算对象，无须手工核算并管理成本费用分配表。

例如，系统中已经设置好规则将直接材料、直接工人或间接费用指定分配到特定成本核算对象，就无须再对成本费用分配表进行手工核算，如图 4.20 所示。

图 4.20　精细化成本管理与核算示意

在信息化环境下，公司对成本分配表的要求在弱化，但并不等于在弱化成本管理会计的作用，而是提高了对成本管理会计的要求。

一方面，要求成本管理会计向前端业务进行规范和管理，尤其是与仓库保管员、生产计划及统计人员的沟通更为紧密；也会向后端进行高要求，进行成本分析与建议。这些核算与管理因公司规模不同、人员配备不同而不同，如大型企业车间会设置成本核算员或材料核算员，行使前端及事中控制的一些职能。

另一方面，要求成本管理会计在理解成本费用分配表原理的情况下，能够对信息化建设提出设计性建议。精细化成本管理效果如何，与管理层的设计思想有很大关系，而顶层设计需要成本管理会计或总会计师、财务总监的参与。

如果企业要求精细化成本管理，但信息化建设并没有匹配上，如 ERP 系统并没有应用，则主要利用 Excel 手工统计信息资料。此时会强化对成本分配表的要求，如对直接材料和直接人工核算资料的收集与管理，需要采用单据传递方式，由员工通过 Excel 对单据资料进行汇总。利用 Excel 进行精细化成本管理与核算示意，如图 4.21 所示。

如果企业成本管理比较粗放，信息化建设并没有匹配上，如 ERP 系统并没有应用，则主要利用 Excel 手工统计信息资料。但直接材料及直接人工并不是直接指定到成本核算对象，而是通过一定标准分配给成本核算对象。

这种粗放式管理与核算方式，通常在中小型企业应用，以便企业简化人工核算及成本管理，如图 4.22 所示。

图 4.21 利用 Excel 进行精细化成本管理与核算示意

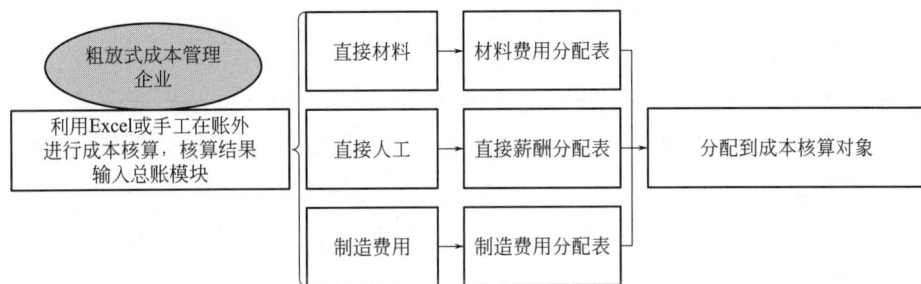

图 4.22 粗放式成本管理与核算示意

图 4.22 中所指的账外成本核算，是指在成本核算过程中在总账模块之外进行核算，仅将成本核算结果，也就是成本核算对象分配的料、工、费结果输入到总账模块。

1. 材料费用分配表

材料费用分配表中的材料是广义的"材料"，既包括直接材料，又包括间接材料。统计计入成本核算对象的方法包括两种，一种是直接计入成本核算对象，利用的表单可称为直接材料分配表，如表 4.8 所示；另一种是分配计入成本核算对象，利用的表单可称为直接材料间接分配表，如表 4.9 所示。

表 4.8 直接材料分配表

材料名称	规格型号	总耗用量（千克）	全月一次加权平均单价（元）	总金额（元）	基本生产成本							
					×产品		×产品		×产品		合计	
					数量（千克）	金额（元）	数量（千克）	金额（元）	数量（千克）	金额（元）	数量（千克）	金额（元）
A	B	C	D	E	F	G	H	I	J	K	L	M

续表

材料名称	规格型号	总耗用量（千克）	全月一次加权平均单价（元）	总金额（元）	基本生产成本							
					×产品		×产品		×产品		合计	
					数量（千克）	金额（元）	数量（千克）	金额（元）	数量（千克）	金额（元）	数量（千克）	金额（元）
A	B	C	D	E	F	G	H	I	J	K	L	M
合计												

直接材料分配表是通过领料单或限额领料单上的领料数量以及对应产品品种信息进行汇总填写的。

采用直接计入成本核算对象的方法，对核算要求较高，手工统计工作量较大，需要按单逐笔统计。

表 4.9　直接材料间接分配表

材料名称	规格型号	总耗用量(千克)	全月一次加权平均单价(元)	总金额（元）	基本生产成本							
					×产品				×产品			
					消耗定额（千克）	产量（件）	总消耗定额（千克）	金额（元）	消耗定额（千克）	产量（件）	总消耗定额（千克）	金额（元）
A	B	C	D	E	F	G	H	I	J	K	L	M
合计												

直接材料间接分配表是通过分配标准将某种材料的全月实际总耗用金额分配给各个产品的报表，这是采用配方消耗定额为标准的分配表。

因为实际耗用量与配方的标准耗用量之间存在差异（如因为废品影响等），实际耗用量会大于配方标准耗用量。但因为采用标准分配，相当于将废品等因素的影响差异加权平均分配给各个产品，故不能准确地反映产品成本的耗用情况。

按消耗定额标准进行材料分配，表 4.9 中各列之间的勾稽关系如下。

$$总消耗定额 = 消耗定额 \times 产量$$

$$金额 = 总金额 \times 总消耗定额 \times 1/（总消耗定额 + 总消耗定额）$$

表 4.9 仅举例了两个产品，更多产品的道理也相同。计算出产品总消耗定额占全部产品总消耗定额的比例，再乘以实际消耗的总金额，即可求出该产品的材料耗用金额。

间接计入成本核算对象的方法，是一些企业利用配方或物料清单的消耗定额标准进行材料成本分配的一种方法。这种方法简化了领用物料的手续。

对于领用频繁、计量相对困难的原材料（如饲料企业的玉米），可以在月末结合实地盘点倒轧出材料的实际耗用量，再采用上述标准分配给成本核算对象。

2. 职工薪酬分配表

直接人工（如生产工人工资）也存在是直接计入成本核算对象还是按标准分配计入成本核算对象的情况；间接人工（如车间主任或生产经理工资）先归集计入制造费用，再分配计入成本核算对象。

直接薪酬分配表如表 4.10 所示。

表 4.10　直接薪酬分配表

工人姓名	工种	总工时（小时）	小时工资率（元）	总金额（元）	基本生产成本							
					×产品		×产品		×产品		合计	
					工时（小时）	金额（元）	工时（小时）	金额（元）	工时（小时）	金额（元）	工时（小时）	金额（元）
A	B	C	D	E	F	G	H	I	J	K	L	M

续表

工人姓名	工种	总工时（小时）	小时工资率（元）	总金额（元）	基本生产成本							
					×产品		×产品		×产品		合计	
					工时（小时）	金额（元）	工时（小时）	金额（元）	工时（小时）	金额（元）	工时（小时）	金额（元）
A	B	C	D	E	F	G	H	I	J	K	L	M
合计												

直接薪酬分配表是通过将派工单的工时数量与对应生产的产品品种信息进行汇总填写的。

直接薪酬间接分配表是通过分配标准将全月实际生产工人工资金额分配给各个产品的表单，这是采用工时定额为标准的分配表单，如表 4.11 所示。

表 4.11　直接薪酬间接分配表

实际总工时（小时）	实际总工资（元）	基本生产成本									
		×产品				×产品				合计	
		单位工时定额（小时）	产量（件）	工时定额（小时）	金额（元）	单位工时定额（小时）	产量（件）	工时定额（小时）	金额（元）	总工时定额（小时）	总金额（元）
A	B	C	D	E	F	G	H	I	J	K	L

按工时定额标准进行人工成本分配，表 4.11 各列之间的勾稽关系如下。

工时定额 ＝ 单位工时定额 × 产量

金额 ＝ 实际总工资 × 工时定额 / 总工时定额

表 4.11 仅举例了两个产品，更多产品的计算方法也相同。

因为实际耗用工时与标准工时定额之间存在差异（如因为废品影响、停工影响等），实际耗用工时会大于标准工时定额。对人工成本采用一定标准进行分配，相当于将废品、停工等因素的影响差异加权平均分配给各个产品，故不能准确地反映产品成本的耗用情况。

表 4.11 所示的直接薪酬间接分配表，只有一行是需要填写核算数据的，这种核算比较简单，只要具备工时定额及实际总工资资料就可以核算产品的人工成本。

3. 制造费用分配表

制造费用有两种分配方法，一种是全月按单一标准进行分配，另一种是按多标准进行分配。

全月按单一标准对制造费用进行分配，与直接薪酬间接分配方法类似。这种方法核算比较简单，只要具备单一的分配标准及制造费用总额资料就可以核算产品的制造费用。制造费用单一标准分配表如表 4.12 所示。

表 4.12　制造费用单一标准分配表

序号	制造费用总额（元）	基本生产成本									
		×产品				×产品				合计	
		单位工时定额（小时）	产量（件）	工时定额（小时）	金额（元）	单位工时定额（小时）	产量（元）	工时定额（小时）	金额（元）	总工时定额（小时）	总金额（元）
A	B	C	D	E	F	G	H	I	J	K	L

表 4.12 中各列之间的勾稽关系如下。

$$工时定额 = 单位工时定额 × 产量$$

$$金额 = 制造费用总额 × 工时定额 / 总工时定额$$

表 4.13 所示为制造费用多标准分配表，公司制造费用中的生产准备费、厂房租赁费、职工薪酬，分别按机器调整次数、占地面积、工时定额分配给各个产品，可采用此种分配表。表 4.13 中的交叉代表此项制造费用不采用这种分配标准。

表 4.13　制造费用多标准分配表

制造费用		基本生产成本												
		总标准					×产品				×产品			
		标准1			标准2	标准3								
项目名称	金额（元）	单位工时定额（小时）	产量（件）	总工时定额（小时）	机器调整次数	占地面积（平方米）	单位标准	产量（件）	标准合计	分配金额（元）	单位标准	产量（件）	标准合计	分配金额（元）
A	B	C	D	E	F	G	H	I	J	K	L	M	N	O
生产准备费		✕	✕	✕		✕			✕				✕	
厂房租赁费		✕	✕	✕	✕				✕				✕	
职工薪酬					✕	✕								

续表

制造费用		基本生产成本													
		总标准						× 产品				× 产品			
		标准 1			标准 2	标准 3									
项目名称	金额（元）	单位工时定额（小时）	产量（件）	总工时定额（小时）	机器调整次数	占地面积（平方米）	单位标准	产量（件）	标准合计	分配金额（元）	单位标准	产量（件）	标准合计	分配金额（元）
A	B	C	D	E	F	G	H	I	J	K	L	M	N	O

表 4.13 中各列之间的勾稽关系如下。

$$分配金额 = 金额 × 标准合计 / 机器调整次数$$

表 4.13 是按两个产品三项作业来举例的，多个产品多项作业的分配方法类似。

按多标准进行分配的方法又称为作业成本法，其优点在于能够依据归集的制造费用与成本核算对象之间的相关标准来分配，分配的准确性比单一标准分配方法的准确性高，但对前期费用的分类归集及数据的搜集要求较高，运用起来相对复杂。

虽然在电算化程度较高、信息化水平较高的企业可能无须设计这些表单，但会计人员可通过掌握以上表单的分配原理，提高核算及管理水平。

第 5 章

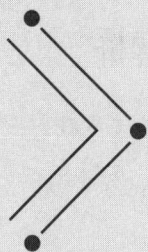

完全成本法与变动成本法

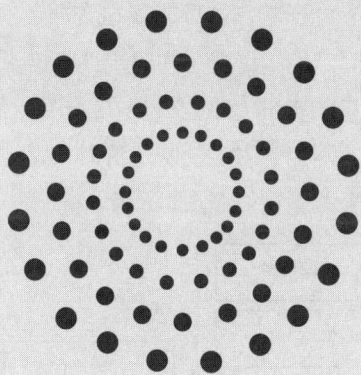

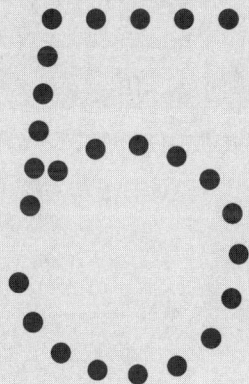

按成本性态，可将成本划分为固定成本与变动成本。如果企业的产品成本仅反映变动生产成本，而将固定生产成本视为期间成本计入利润表，这种成本核算方法是对传统成本核算方法的一种挑战。

传统成本核算方法称为完全成本法，"完全"两个字，代表了产品成本既包含变动生产成本又包含固定生产成本。

变动成本法下，产品成本仅包含变动生产成本。有些国家也将变动成本法称为边际成本法。

5.1 变动成本法与完全成本法下的报表解析

完全成本法与变动成本法，从运用两种方法的影响来看，主要体现在对报表的影响不同。

5.1.1 资产负债表的影响解析

完全成本法下，产品成本的核算是从完全的生产成本角度来核算的；变动成本法下，产品成本的核算是从变动的生产成本角度来核算的。

由于两种方法核算的内容不同，产品成本的构成内容也不同；产品成本体现在资产负债表的存货上，则资产负债表中体现的存货金额也会不同。

完全成本法对资产负债表的影响，主要表现在资产负债表存货项目中的产成品成本包含固定生产成本，即固定性制造费用和固定性直接费用。

变动成本法对资产负债表的影响，主要表现在资产负债表在货项目中的产成品成本中仅包含变动生产成本，不包含固定性制造费用和固定性直接费用。

这两种方法对资产负债表的影响如图 5.1 所示。

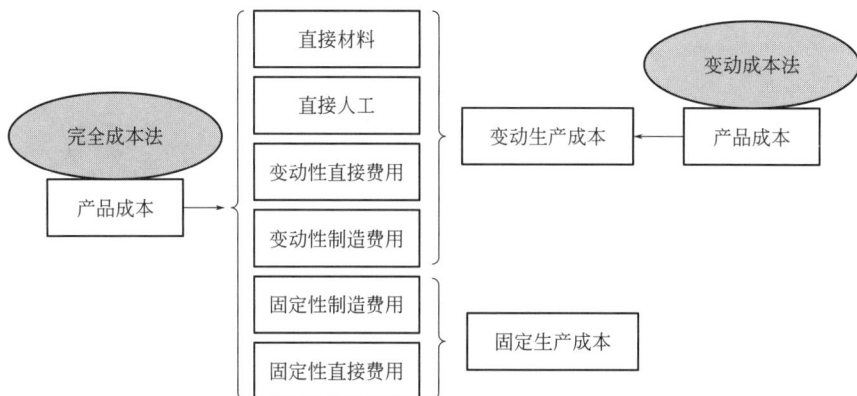

图 5.1 完全成本法与变动成本法对资产负债表的影响

如图 5.1 所示，完全成本法下与变动成本法下，产品成本的构成内容不同，主要区别在于是否包含固定性制造费用和固定性直接费用。

从这个差异来看，如果企业期末有产成品存货，完全成本法下期末存货成本比变动成本法下期末存货成本高，高出的部分就是产品成本中包含的固定性制造费用和固定性直接费用。

5.1.2 利润表的影响解析

当产品销售出去，产品成本会转化为利润表中的销售成本。固定性制造费用及固定性直接费用是包含在销售成本之中还是包含在期间成本中，会造成成本费用的差异，进而造成利润的差异。

完全成本法下，固定性制造费用及固定性直接费用包含在销售成本中，不包含在期间成本中，如图 5.2 所示。

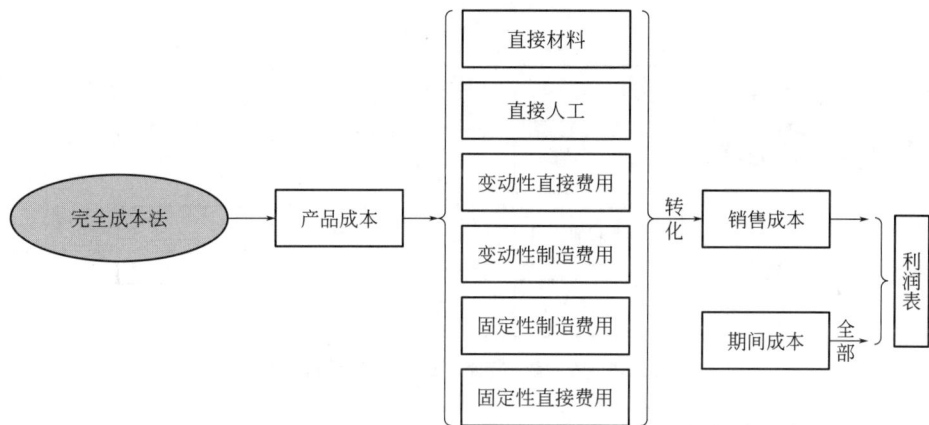

图 5.2 完全成本法下固定生产成本在利润表中的体现

变动成本法下，固定性制造费用及固定性直接费用包含在期间成本中，不包含在销售成本中，如图 5.3 所示。

完全成本法下，利润表中的销售成本是由产品成本转化的，转化前后均包含固定性制造费用及固定性直接费用。但转化后会因产品成本转化成销售成本的金额不同，造成转化到销售成本中的固定生产成本与当期发生的固定生产成本存在差异。正是这个差异，造成了完全成本法与变动成本法下核算的当期利润不同。

在完全成本法下，企业期初、期末没有在产品，当期的产量大于销量时，说明当期生产的产品在期末有结存。那么，当期发生的固定生产成本会有部分留在结存的库存内，不能全部进入利润表，故当期发生的固定生产成本会大于销售成本中的固定生产成本，如图 5.4 所示。

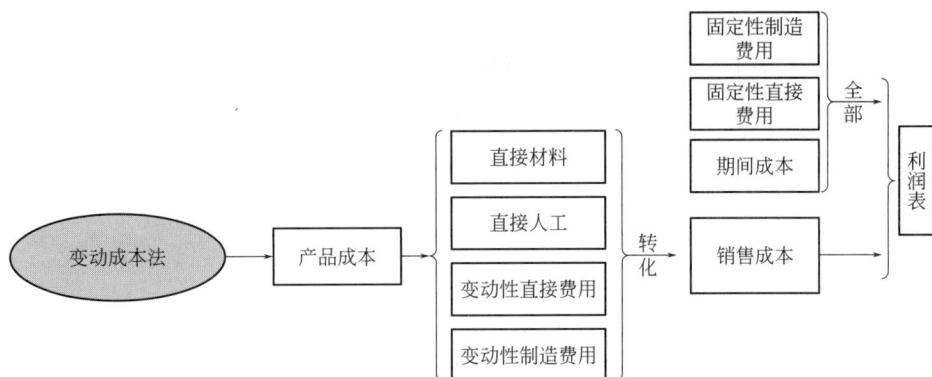

图 5.3　变动成本法下固定生产成本在利润表中的体现

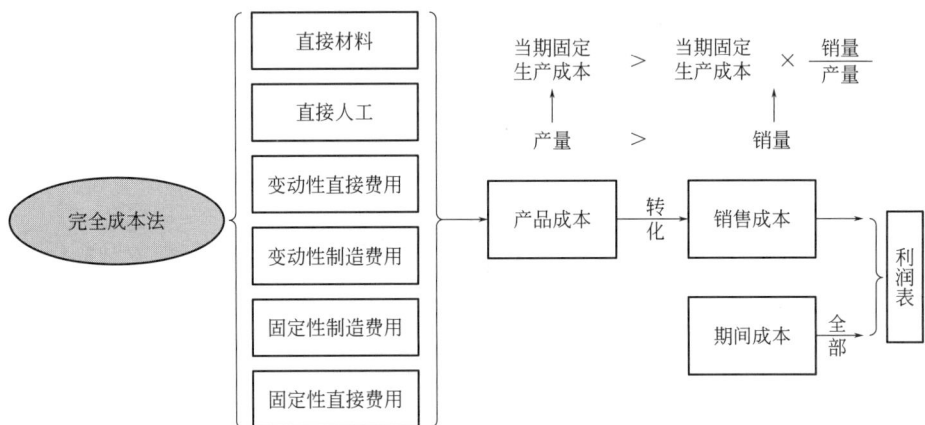

图 5.4　完全成本法下产量大于销量的情况

图 5.4 中，当期发生的固定性制造费用及固定性直接费用由当期的产量承担，而销量是由产量转化到利润表的，那么销量对应多少固定性制造费用及固定性直接费用呢？我们来看一下公式。

$$单位产品固定生产成本 = \frac{当期发生的固定生产成本}{产量}$$

销售成本是由产品成本转化的，是按单位产品成本乘以销量转化到利润表的。单位产品成本中包含了单位固定生产成本，所以转化到利润表中的销售成本包含的固定生产成本是按单位固定生产成本乘以销量转化的。

$$销售成本包含的固定生产成本 = 单位产品固定生产成本 \times 销量$$

$$销售成本包含的固定生产成本 = \frac{当期发生的固定生产成本}{产量} \times 销量$$

$$销售成本包含的固定生产成本 = 当期发生的固定生产成本 \times \frac{销量}{产量}$$

因为：产量 > 销量，所以：$\frac{销量}{产量} < 1$。

当期发生的固定生产成本 > 销售成本包含的固定生产成本

变动成本法下利润表中的销售成本是由产品成本转化的，转化前后均不包含固定生产成本，固定生产成本在变动成本法中属于期间成本，当期发生的期间成本全部计入利润表。当然，变动成本法中当期固定生产成本要全部计入利润表。这说明下面的公式也是正确的。

完全成本法下当期发生的固定生产成本 = 变动成本法下当期计入利润的固定生产成本

以上公式可以得出图 5.5 所示的推理。

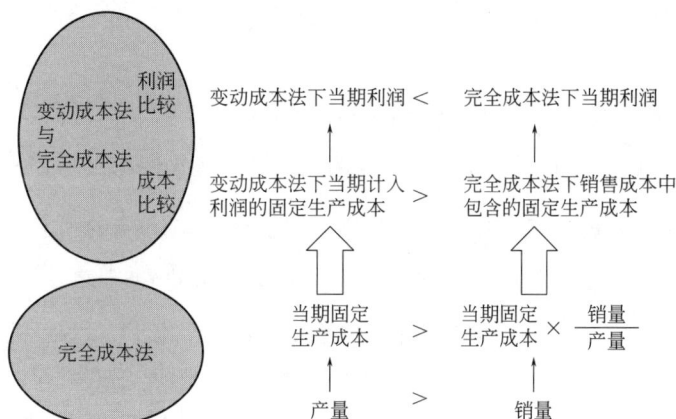

图 5.5　两种方法下利润表中固定生产成本比较

图 5.5 中，由下往上推理，由之前的完全成本法推导出两种方法下利润表中的固定生产成本比较，最后推导出两种方法下当期利润的比较。最后的结论为：当产量大于销量时，变动成本法下当期利润小于完全成本法下当期利润。

两种方法下的变动生产成本均计入产品成本，均由产品成本转化成销售成本，两种方法对变动生产成本的处理相同，不会影响两种方法下当期利润的比较。

在完全成本法下，企业期初和期末没有在产品，当期的产量小于销量时，说明当期生产的产品在期末没有结存，不仅当期生产的产品全部销售出去，还销售了期初的库存产品。当期生产的产品对应当期的固定生产成本，期初的库存产品对应以前期间的固定生产成本，所以，当期发生的固定生产成本会小于销售成本中的固定生产成本，如图 5.6 所示。

$$销售成本中包含的固定生产成本 = 当期发生的固定生产成本 \times \frac{销量}{产量}$$

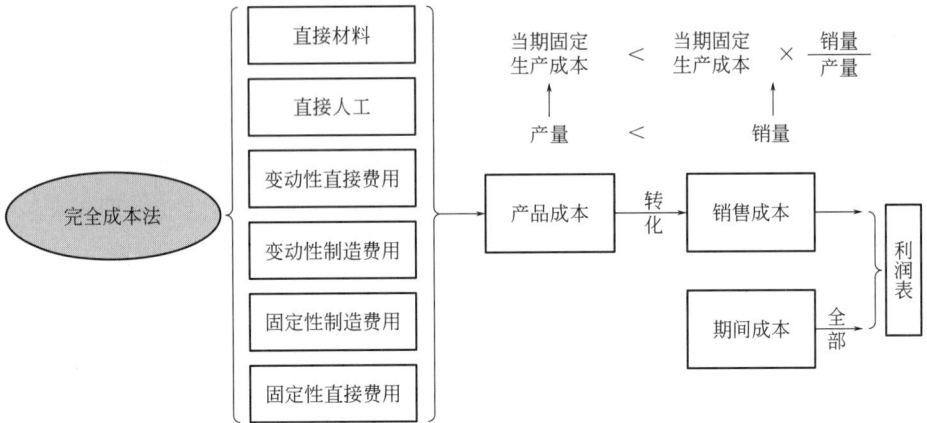

图 5.6　完全成本法下产量小于销量的情况

因为：产量＜销量，所以：$\frac{销量}{产量} > 1$。

当期发生的固定生产成本＜销售成本中包含的固定生产成本

当期发生的固定生产成本＜完全成本法下销售成本中包含的固定生产成本

变动成本法下当期利润＞完全成本法下当期利润

在完全成本法下，企业期初和期末没有在产品，当期的产量等于销量时，说明当期生产的产品在期末没有结存，正好全部销售出去，当期生产的产品和当期销售的产品均对应当期的固定生产成本。所以，当期发生的固定生产成本等于产品成本中的固定生产成本，也等于销售成本中的固定生产成本，如图 5.7 所示。

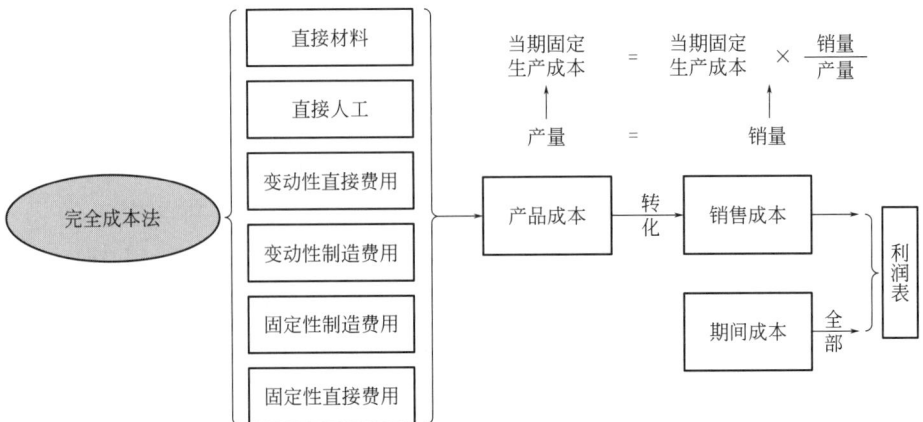

图 5.7　完全成本法下产量等于销量的情况

销售成本中包含的固定生产成本 = 当期发生的固定生产成本 $\times \dfrac{\text{销量}}{\text{产量}}$

因为：产量 = 销量，所以：$\dfrac{\text{销量}}{\text{产量}} = 1$。

当期发生的固定生产成本 = 销售成本中包含的固定生产成本

变动成本法下计入利润的固定生产成本 = 当期发生的固定生产成本 = 变动成本法下销售成本中包含的固定生产成本

变动成本法下当期利润 = 完全成本法下当期利润

5.1.3　利润表的格式解析

完全成本法下，利润表格式是按照产品成本与期间成本的成本分类形成的，完全成本法下利润表的基本格式如表 5.1 所示。

表 5.1　完全成本法下的利润表

序号	项目	本期数	本年累计数
1	销售收入		
2	减：销售成本		
3	销售毛利		
4	减：期间费用		
5	利润总额		

如表 5.1 所示，利润表项目中，如果按照企业会计准则的标准应该用"营业收入"代替"销售收入"，用"营业成本"代替"销售成本"。同时，关于税金及附加，以及投资收益等项目也会放到完全成本法下的利润表中。

但为了同变动成本法下的利润表进行对照理解，同时，仅针对企业经营活动重点进行列示，故采用如上的格式表示。

变动成本法下的利润表格式是按照变动成本与固定成本的成本分类形成的，变动成本法下利润表的基本格式如表 5.2 所示。

表 5.2　变动成本法下的利润表

序号	项目	本期数	本年累计数
1	销售收入		
2	减：变动成本		
3	边际贡献		
4	减：固定成本		
5	利润总额		

如表 5.2 所示，变动成本法下的利润表将成本费用分为两类，一类是变动成本，一类是固定成本。但变动成本法下的利润表仅按此格式反映，不利于理解产品成本与销售成本的转化，以及与完全成本法相比固定生产成本对利润表的影响。所以，可以对表 5.2 的报表格式进行调整，如表 5.3 所示。

表 5.3　变动成本法下利润表的变形

序号	项目	本期数	本年累计数
1	销售收入		
2	减：变动性销售成本		
3	变动性期间费用		
4	边际贡献		
5	减：固定性生产成本		
6	固定性期间费用		
7	利润总额		

表 5.3 所示的利润表反映了产品生产成本转化成变动性销售成本；而固定性生产成本类似于期间费用，全部在发生当期计入利润从而影响损益。

从变形利润表的角度也有利于理解，完全成本法与变动成本法对利润表影响较大，这是由对固定性生产成本的处理不同造成的。

完全成本法下，产品生产成本中包含固定生产成本，通过产品销售而转化到为销售成本。所以，当产量与销量之间存在差异时，当期发生的固定生产成本就会与销售成本包含的固定生产成本不同。

变动成本法下，产品成本中不包含固定生产成本，不存在因产量与销量之间存在差异而影响利润的问题，但固定生产成本在发生当期会全部计入利润表，如图 5.8 所示。

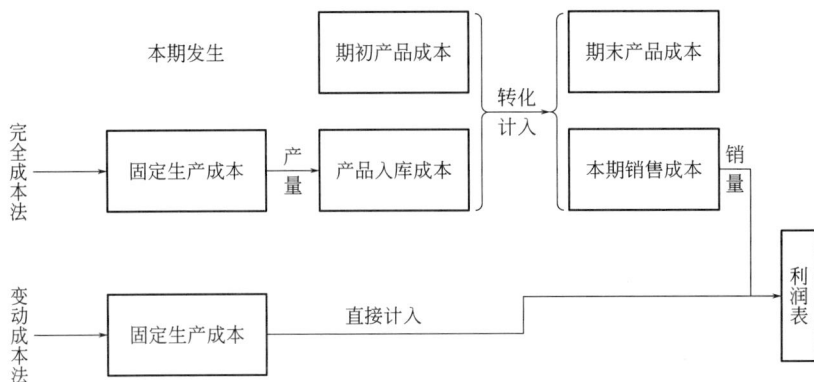

图 5.8　固定生产成本对利润的影响

如图 5.8 所示，在没有期初、期末在产品的情况下，如果本期产量大于销量，说明完全成本法下本期发生的固定生产成本全部进入产量，但仅有部分转化到销售成本中去，期末库存产品成本中截留了部分固定生产成本。而变动成本法下本期发生的固定生产成本全部直接计入利润表，说明变动成本法下计入利润表的固定生产成本比完全成本法下计入利润表的固定生产成本高，故变动成本法下核算的利润低。

在没有期初、期末在产品的情况下，如果本期产量小于销量，在完全成本法下不但销售了本期全部的产量，而且还销售了期初的产品库存。由于期初库存也包含固定生产成本，故完全成本法下转化到销售成本中的固定生产成本比当期发生的固定生产成本要高，也就是比变动成本法下直接计入利润表中的固定生产成本高，故变动成本法下核算的利润高。

当没有期初、期末在产品的情况下，如果本期产量等于销量，两种方法计入利润表中的都是本期发生的固定生产成本，故两种方法核算的本期利润相等。

5.1.4 利润表的影响举例

完全成本法下的利润表与成本分类相结合后的综合表如表 5.4 所示。

表 5.4 完全成本法下的利润表与成本分类相结合后的综合表

完全成本法				
完全成本法报表		成本要素		
销售收入				
减:	销售成本	生产成本	主要成本（直接成本）	直接材料
				直接人工
				变动性直接费用
				固定性直接费用
			制造费用（间接成本）	变动性制造费用
				固定性制造费用
=	销售毛利			
减:	期间费用	非生产成本（间接费用）		变动性期间费用
				固定性期间费用
=	利润总额	按生产与非生产成本分类		

变动成本法下的利润表与成本分类相结合后的综合表如表 5.5 所示。

表 5.5　变动成本法下的利润表与成本分类相结合后的综合表

变动成本法				
成本要素			变动成本法报表	
			销售收入	
直接材料	变动成本	产品成本	减：	变动销售成本
直接人工				
变动性直接费用				
变动性制造费用				
变动性期间费用		期间成本	减：	变动性期间费用
			＝	边际贡献
固定性期间费用	固定成本			固定性期间费用
固定性直接费用			减：	固定性生产成本
固定性制造费用				
按成本性态分类			＝	利润总额

【例 5-1】一家期初、期末没有在产品的企业，本期发生直接材料 100 万元、直接人工 50 万元，变动性直接费用 20 万元，变动性制造费用 30 万元，固定性制造费用 20 万元，变动性期间费用 10 万元，固定性期间费用 25 万元，当本期产量 10 件，销量 6 件。该企业在单位产品销售价格为 50 万元的情况下，分别采用完全成本法和变动成本法核算的利润分别为多少万元？

（1）完全成本法下核算的企业利润。

$$本期销售收入 = 6 \times 50 = 300（万元）$$

$$本期生产成本 = 100 + 50 + 20 + 30 + 20 = 220（万元）$$

$$单位产品生产成本 = 220/10 = 22（万元）$$

$$本期销售成本 = 6 \times 22 = 132（万元）$$

$$本期销售毛利 = 300-132 = 168（万元）$$

$$本期期间费用 = 10 + 25 = 35（万元）$$

$$本期利润 = 168-35 = 133（万元）$$

（2）变动成本法下核算的企业利润。

$$本期销售收入 = 6 \times 50 = 300（万元）$$

$$本期产品成本 = 100 + 50 + 20 + 30 = 200（万元）$$

$$单位产品成本 = 200/10 = 20（万元）$$

$$本期变动销售成本 = 6 \times 20 = 120（万元）$$

$$本期变动期间费用 = 10（万元）$$

$$边际贡献 = 300 - 120 - 10 = 170（万元）$$

$$本期固定性期间费用 = 25（万元）$$

$$本期固定性制造费用 = 20（万元）$$

$$利润总额 = 170 - 25 - 20 = 125（万元）$$

如果将上述数据放入两张报表中加以比较，则如表 5.6 所示。

表 5.6　完全成本法与变动成本法核算对比表　　　单位：万元

完全成本法				变动成本法			
完全成本法报表	成本要素			成本要素			边际成本法报表
销售收入（300）							销售收入 300
减：销售成本（132 = 6×22）	生产成本（220 = 10×22）	主要成本（170）	直接材料（100）	直接材料（100）	变动成本（210）	产品成本（200 = 10×20）	减：变动销售成本（120 = 6×20）
			直接人工（50）	直接人工（50）			
			变动性直接费用（20）	变动性直接费用（20）			
		制造费用（50）	变动性制造费用（30）	变动性制造费用（30）			
			固定性制造费用（20）	变动性期间费用 10			变动性期间费用（10）
= 销售毛利（168）					期间成本（55）		= 边际贡献（170）
减：期间费用（35）	期间费用（35）		变动性期间费用（10）	固定性期间费用（25）	固定成本（45）		固定性期间费用（25）
			固定性期间费用（25）	固定性制造费用（20）			固定性制造费用（20）
= 利润总额（133）	按生产与非生产成本分类			按成本性态分类			= 利润总额（125）

如表 5.6 所示，完全成本法下的利润总额为 133 万元，比变动成本法下的利润总额 125 万元高 8 万元。

下面看一下这 8 万元的利润差异是怎么形成的。

从两种方法的差异原因来看，是由于两种方法对固定生产成本的处理不同，本例为了简化仅列举了固定性制造费用，并没有列举固定性直接费用。

当没有期初、期末在产品的情况下，如果本期产量大于销量，说明完全成本法下本期发生的固定生产成本全部进入产量，但仅有部分转化到销售成本中，期末产品成本中截留了部分固定生产成本。而变动成本法下本期发生的固定生产成本全部直接计入利润表，说明变动成本法下计入利润表的固定生产成本比完全成本法下计入利润表的固定成本高，故变动成本法核算的利润低。

上面有一句重要的话，说明了两者差异的原因，完全成本法下期末产品成本中截留了部分固定生产成本。下面看截留了多少固定性制造费用。

$$本期发生的固定性制造费用 = 20（万元）$$

$$单位产品的固定性制造费用 = 20/10 = 2（万元）$$

本期生产 10 件产品，销售 6 件产品，期末结存 4 件产品，截留的固定性制造费用 $= 4 \times 2 = 8$（万元）。

完全成本法下期末存货截留的固定性制造费用 $= 4 \times 2 = 8$（万元）未计入利润表，而变动成本法下这 8 万元已经全部计入利润表作为期间成本抵减利润，所以两种方法计算出的利润相差 8 万元。

【例 5-2】承接上例，一家期初、期末没有在产品的企业，期初有产成品 4 件，前面已经计算出 4 件产品在完全成本法下包含的固定性制造费用为 8 万元。企业本期又发生直接材料 100 万元，直接人工 50 万元，变动性直接费用 20 万元，变动性制造费用 30 万元，固定性制造费用 20 万元，变动性期间费用 10 万元，固定性期间费用 25 万元，本期产量 10 件，销量 12 件。该企业在单位产品销售价格为 50 万元的情况下，分别采用完全成本法和变动成本法核算的利润为多少万元？

（1）完全成本法下核算的企业利润。

$$本期销售收入 = 12 \times 50 = 600（万元）$$

$$本期生产成本 = 100 + 50 + 20 + 30 + 20 = 220（万元）$$

$$单位产品生产成本 = 220/10 = 22（万元），本期单位产品生产成本与上期相同。$$

$$本期销售成本 = 12 \times 22 = 264（万元）$$

$$本期销售毛利 = 600 - 264 = 336（万元）$$

$$本期期间费用 = 10 + 25 = 35（万元）$$

$$本期利润 = 336 - 35 = 301（万元）$$

（2）变动成本法下核算的企业利润。

$$本期销售收入 = 12 \times 50 = 600（万元）$$

$$本期产品成本 = 100 + 50 + 20 + 30 = 200（万元）$$

单位产品成本 = 200/10 = 20（万元），本期单位产品成本与上期相同。

本期变动销售成本 = 12 × 20 = 240（万元）

本期变动期间费用 = 10（万元）

边际贡献 = 600 – 240 – 10 = 350（万元）

本期固定性期间费用 = 25（万元）

本期固定性制造费用 = 20（万元）

利润总额 = 350 – 25 – 20 = 305（万元）

如果将上述数据放入两张报表中加以比较，如表 5.7 所示。

表 5.7 完全成本法与变动成本法核算对比表 单位：万元

完全成本法				变动成本法			
完全成本法报表	成本要素			成本要素			变动成本法报表
销售收入（600）							销售收入（600）
减：销售成本（264 = 12×22）	生产成本（220 = 10×22）	主要成本（170）	直接材料（100）	直接材料（100）	变动成本（210）	产品成本（200 = 10×20）	减：变动销售成本（240 = 12×20）
			直接人工（50）	直接人工（50）			
			变动性直接费用（20）	变动性直接费用（20）			
		制造费用（50）	变动性制造费用（30）	变动性制造费用（30）			
			固定性制造费用（20）	变动性期间费用（10）			变动性期间费用（10）
＝销售毛利（336）					期间成本（55）		＝边际贡献（350）
减：期间费用（35）	期间费用（35）		变动性期间费用（10）	固定性期间费用（25）	固定成本（45）		减：固定性期间费用（25）
			固定性期间费用（25）	固定性制造费用（20）			固定性制造费用（20）
＝利润总额（301）		按生产与非生产成本分类		按成本性态分类			＝利润总额（305）

如表 5.7 所示，完全成本法下的利润总额为 301 万元，比变动成本法下的利润总额 305 万元低 4 万元。

完全成本法下销售本期生产的产成品所包含的固定性制造费用与变动成本法下

当期发生的固定性制造费用是相等的，且均计入利润表。但完全成本法下本期销售期初库存产成品所包含的固定性制造费用，是比变动成本法下多计入利润表中的成本，所以两种方法下的利润差异是由本期销售期初库存产成品造成的。表 5.7 中所表现的利润差异如图 5.9 所示。

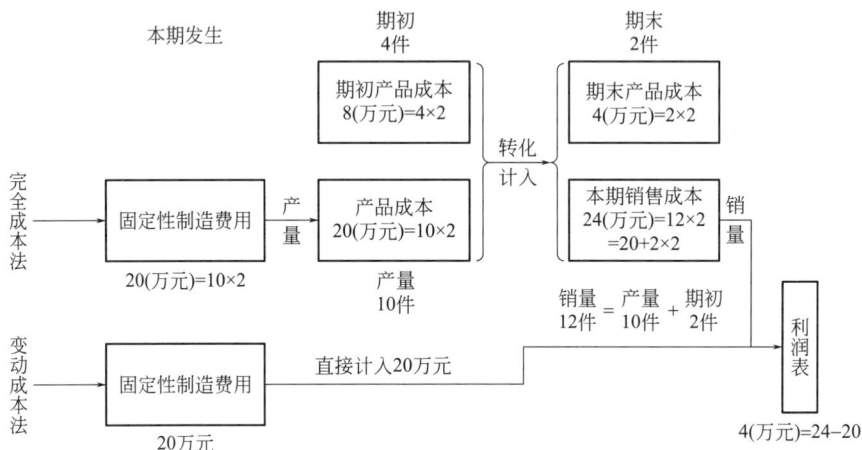

图 5.9　利润差异计算表

如图 5.9 所示，完全成本法下的本期销售成本中包含 24 万元固定性制造费用，由两部分构成。一部分是本期发生的固定性制造费用 20 万元，通过产量转化到销售成本，这部分与变动成本法下的本期直接计入利润表的固定性制造费用 20 万元并无差异；另一部分是本期销售 2 件期初库存所包含的固定性制造费用 4 万元依据，完全成本法这 4 万元要计入利润表，与变动成本法相比总体多计了 4 万元，故完全成本法下核算的的本期利润低 4 万元。

当产量等于销量时，两种方法计算的利润相等，比较简单，不再举例。

另外，上面的举例中无固定性直接费用，如果有，与固定性制造费用同等对待，计算原理是相同的。

同时，上面的举例中没有列举期初、期末有在产品的情况，是为了简化计算及理解，即使存在在产品，两种方法对利润的影响同没有在产品的结果是相同的。

5.2　完全成本法与变动成本法的应用意义

完全成本法与变动成本法是用两个不同产品成本标准进行成本核算的方法，并进一步影响了利润表和资产负债表。

这两种方法的应用有其重要的现实意义，各自应用于不同的领域。

5.2.1　完全成本法与财务会计的关系

完全成本法将固定生产成本定义为产品成本的组成部分。完全成本法下的成本还包括变动生产成本,计算的是生产过程中所发生的所有成本。

这种将生产过程中发生的所有成本,包括前面章节讲述的废品损失、停工损失,都包含在产品成本中的方法,是对外统一规范的要求,是企业会计准则的规范要求,是为了满足对外各家企业相互比较的要求。而这些要求的提出,正是财务会计对外报送的规范要求。

完全成本法是与财务会计联系在一起的,也是总体生产成本对外报送的一致性要求,能增强企业与企业之间的横向可比性,有利于会计报表的阅读者进行投资判断和决策。

前面讲过财务会计的特点,这些特点也体现了对完全成本的规范要求。例如,财务会计属于历史性的报账会计,受会计准则及会计制度的统一约束,需要公认会计师的外部审计,采取整体原则对外报送。

5.2.2　变动成本法与管理会计的关系

变动成本法将固定生产成本定义为期间费用的组成部分,直接将其计入利润表,作为利润的抵减项目;而变动成本法下的产品成本仅包括在生产过程中所发生的变动成本。

变动成本法中的产品成本仅包含变动成本,因而产品销售出去时转化成的销售成本中也仅包含变动成本,称之为变动销售成本。销量增减会直接引起变动销售成本成正向增减变化,进而企业利润随之变化,体现出多销多盈、少销少盈的效果,有利于对经营者业绩进行预测、衡量、评价、考核,这正是管理会计所追求的效果。

变动成本法是与管理会计联系在一起的,重在体现企业内部经营管理的效果,有利于企业自身会计数据的纵向可比,以区分经营者不同时期的经营业绩。

前面讲述了管理会计的特点,管理会计侧重于面向未来,侧重于预测、决策、规划、评价和控制,不受会计准则及会计制度的约束,可反映企业内部机构、部门等的详细情况,这些特点也体现了变动成本法的生存环境。

5.2.3　利润与产量的关系

利润与销售成本相关,销售成本是由产品成本转化而来的。那么,产品成本是否能利用产量来调节,就决定了利润能否利用产量来调节。

在产品成本向销售成本转化的过程中，是通过单位产品成本来传导的，也就是说，单位产品成本乘以销量就得到了销售成本。因此，能否利用产量调节利润的问题，又演化成了产量能否调节单位产品成本的问题。

在变动成本法中，因产品成本由直接材料、直接人工、变动性直接费用、变动性制造费用构成，这些成本均是变动成本，故单位产品成本不随产量的变化而变化。

在变动成本法中，增加或减少产量并不会影响单位产品成本，也不会影响单位销售成本。所以，企业负责人和生产经理不会利用产量来提高企业或部门的业绩。因此，变动成本法更有利于预测、决策、评价、考核等。变动成本法下利润与产量的关系如图 5.10 所示。

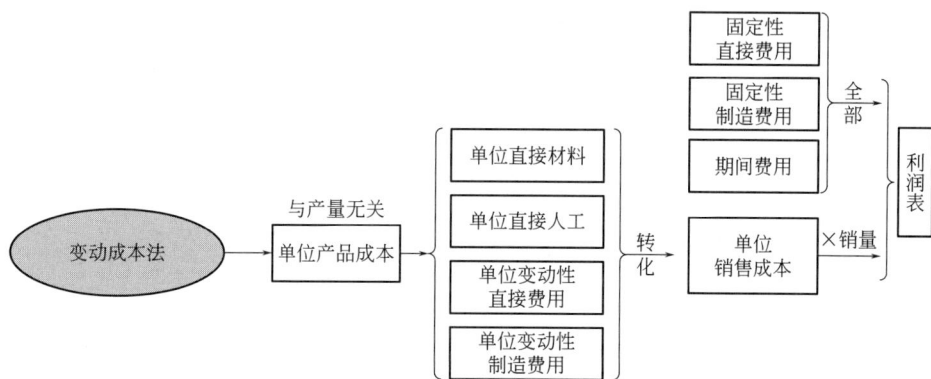

图 5.10　变动成本法下利润与产量的关系

完全成本法下，产品成本要素包含直接材料、直接人工、变动性直接费用、变动性制造费用、固定性直接费用、固定性制造费用。

直接材料、直接人工、变动性直接费用、变动性制造费用不会因产量增减而影响单位产品成本；但固定性直接费用、固定性制造费用在相关范围内，成本总额不变，单位固定生产成本会随着产量的增加而减小。所以，提高产量能降低单位固定生产成本，进而降低单位销售成本，提高企业的利润。

这正是有些企业负责人或生产经理乐于看到的效果，短期内，可以通过提高产量，来提高企业的业绩表现。但这不是业绩考核人愿意看到的，因为他想看到的应该是被考核者通过管理手段降低单位产品成本，而不是通过提前生产并有可能造成库存积压的手段来提高业绩。完全成本法下利润分产量的关系如图 5.11 所示。

5.2.4　变动成本法与本量利分析、生产决策分析的关系解析

变动成本法的关键意义在于对决策的支持作用，以上分析了变动成本法不能通

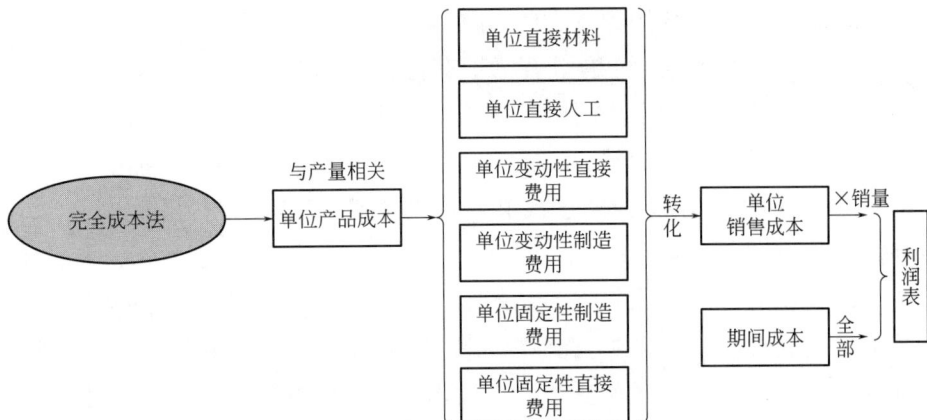

图 5.11　完全成本法下利润与产量的关系

过人为提高产量而调节企业或部门的经营业绩。企业或部门的共同努力方向应是在有效销售情况下，通过提高销量来提高企业的业绩，以利于管理层做出有效决策。

后面章节的决策分析与变动成本法相关，是建立在将成本分解成固定成本与变动成本的基础上，并通过相关收入减去变动成本来进行决策的。因为固定成本是无论有无业务量均会照常发生的成本，所以是与特定决策无关的成本。

例如，在有闲置产能的情况下，是否接受特殊订单的决策依据的是销售订单的相关收入能否高于变动成本。如果销售订单能提供高于变动成本的销售收入，就做出接单的决策；否则，不接受销售订单。

后面章节类似的决策很多，它们都是建立在成本性态分类的基础上的，决策人员应依赖变动成本法的报表信息做出决策。

5.3　完全成本法与变动成本法的比较分析

完全成本法与变动成本法从两个不同视角剖析了产品成本构成。这两个不同视角是不同的会计信息使用者站在不同的立场看问题的角度。

不同的会计信息使用者使用会计信息的目的不同，对信息的解读不同，两种方法对比的优缺点也不同。

5.3.1　解读完全成本法的优缺点

完全成本法的优点如下。

（1）完全成本法下的产品成本符合传统财务会计的成本概念，而变动成本法下的产品成本不符合传统财务会计的成本概念。

（2）完全成本法使人们更重视生产，有刺激生产的作用。

（3）完全成本法更符合配比原则中的"因果配比"。生产产品的成本，无论是直接人工、直接材料、直接费用还是制造费用，全部都要归集到产品中去，并在产品实现销售时，从销售收入中一次扣除。有了生产才有销售的因果配比。

完全成本法的缺点如下。

（1）计算的利润会受到存货变动的影响，存在通过产量调节利润的可能性。

（2）固定性制造费用的分配标准存在主观臆断性，过于依赖会计人员的职业判断，增大了分配工作的工作量。（注：固定性直接费用具有专属性，是直接计入成本核算对象的，无须分配）

5.3.2 解读变动成本法的优缺点

变动成本法的优点如下。

（1）变动成本法强调成本信息的有用性，有利于企业的短期决策。

（2）变动成本法更符合配比原则中的"期间配比"。例如，固定性制造费用是一种为取得收益而付出的代价，当然应全部列为期间成本而与当期的收入相配比，这样更符合期间配比原则。

（3）变动成本法为制定标准成本和费用预算、业绩评价提供了正确的思路和恰当的操作方法。例如，制定弹性预算有利于在可比基础上进行业绩评价，而弹性预算的基础就是将成本区分为变动成本与固定成本。

（4）变动成本法能够促使企业管理者重视销售，防止盲目生产。

（5）变动成本法可以简化成本计算工作，还可以避免固定性制造费用分配中的主观臆断性。

变动成本法的缺点如下。

（1）按变动成本法计算的产品成本存在不符合税法要求的情况，不符合财务会计对外报送的要求。

（2）变动成本法下成本性态的划分是一种假设的结果，本身不可避免地具有局限性，如变动成本假设线性相关，但实际上可能是相似性的线性相关。

（3）当面临长期决策的时候，变动成本法的作用会随着决策期的延长而削弱。例如，随着时间的延长，有些变动成本可能会变得不线性，有些固定成本又会变得不固定，这与第2章成本分类所说的相关范围有关。

第 6 章

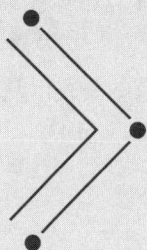

本量利分析决策

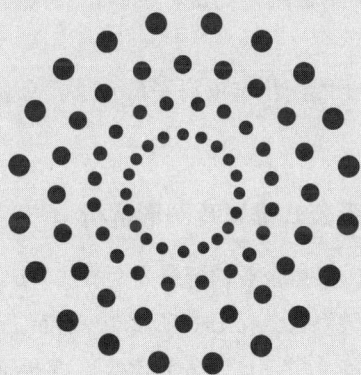

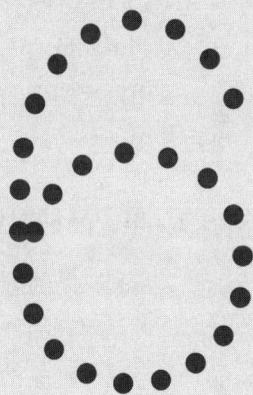

在了解了成本按照成本性态进行分类以及变动成本法后，可以依据企业经营情况生成变动成本法下的管理报表，并以此为基础进行扩展，进而进行本量利决策分析、生产决策分析、定价决策分析、经营收付款决策分析等。

企业在逐利的过程中需要考虑本量利关系。

6.1　解析本量利关系

本量利分析就是研究成本、业务量、利润之间的相互依存关系，并对其关系进行分析，为未来决策提供参考信息。

解析本量利关系，重点在于通过成本、业务量、利润之间关系的公式以及图形进行解析，为利用本量利关系进行决策打下基础。

6.1.1　本量利分析假定前提

本量利分析是以一定假设为基础的，一般有以下几个方面的假设。

（1）销售价格固定。

（2）成本是线性的。

（3）产销平衡。

（4）销售组合固定，即销售结构固定，也即企业销售各种产品的销售量占全部产品销售总量的比例固定不变。

采用以上假设的意义在于能简化本量利关系的分析模型，然后在此基础上为复杂决策提供参考。

6.1.2　单一品种本量利关系公式推导及图形解析

本量利关系的推导公式，根据企业情况分为两类。

一种是单一品种本量利关系公式推导。所谓单一品种，是指企业仅销售一种产品。只考虑一种品种是为了简化关系，这一简化假设更有利于入门认识，实际上现有企业仅销售一种产品是不现实的。另一种是多品种本量利关系公式推导。

$$息税前利润 = 净利润 + 所得税费用 + 利息费用$$

息税前利润是指不考虑利息费用及所得税费用的利润。本节中，若无特殊说明，均用"利润"指代"息税前利润"。

接下来，先进行单一品种本量利关系基本公式推导。

$$利润 = 收入 - 成本$$

$$利润 = 收入 - 变动成本 - 固定成本$$

$$利润 = 销量 \times 销售单价 - 销量 \times 单位变动成本 - 固定成本$$

$$利润 = 销量 \times (销售单价 - 单位变动成本) - 固定成本$$

我们认为，"利润 = 销量 × （销售单价 - 单位变动成本）- 固定成本"是本量利关系的基本公式。之后的一些公式，都是以此为基础进行推导的。

对基本公式进行变形，可以计算出销量。

$$销量 = \frac{利润 + 固定成本}{销售单价 - 单位变动成本}$$

由于"销售单价 - 单位变动成本 = 单位边际贡献"，将其代入上面公式后，得到如下公式。

$$销量 = \frac{利润 + 固定成本}{单位边际贡献}$$

这一公式的意义在于可以研究企业在想获得目标利润的情况下，销售量应该达到多少，也就是说销量为多少才能实现目标利润，公式表示为。

$$实现目标利润的销量 = \frac{目标利润 + 固定成本}{单位边际贡献}$$

可在此基础上，计算实现目标利润的销售额，公式推导如下。

$$实现目标利润的销量 \times 销售单价 = \frac{目标利润 + 固定成本}{单位边际贡献} \times 销售单价$$

$$实现目标利润的销售额 = \frac{\frac{目标利润 + 固定成本}{单位边际贡献}}{销售单价}$$

$$实现目标利润的销售额 = \frac{目标利润 + 固定成本}{边际贡献率}$$

再来研究一下基本公式。在盈亏平衡的情况下，销量应该达到多少才能够实现盈亏平衡？盈亏平衡的一个重要特点在于利润 = 0，所以，盈亏平衡状态下的销量公式如下。

$$盈亏平衡状态下的销量 = \frac{利润 + 固定成本}{销售单价 - 单位变动成本}$$

$$盈亏平衡状态下的销量 = \frac{0 + 固定成本}{单位边际贡献}$$

$$盈亏平衡状态下的销量 = \frac{固定成本}{单位边际贡献}$$

知道盈亏平衡状态下的销量，可以计算盈亏平衡状态下的销售额。

已知销量后计算销售额，单一产品的企业只需要在销量基础上乘以销售单价。

在前面讲述假设条件时销售单价是固定的，所以在盈亏平衡状态下销量公式两边同时乘以销售单价这个常数，公式推导如下。

$$盈亏平衡状态下的销量 = \frac{固定成本}{单位边际贡献}$$

$$盈亏平衡状态的下销量 \times 销售单价 = \frac{固定成本}{单位边际贡献} \times 销售单价$$

$$盈亏平衡状态下的销售额 = \frac{固定成本 \times 销售单价}{单位边际贡献}$$

$$盈亏平衡状态下的销售额 = \frac{\dfrac{固定成本 \times 销售单价}{销售单价}}{\dfrac{单位边际贡献}{销售单价}}$$

$$盈亏平衡状态下的销售额 = \frac{固定成本}{边际贡献率}$$

上述公式推导可结合图形进行理解，如图 6.1 所示。

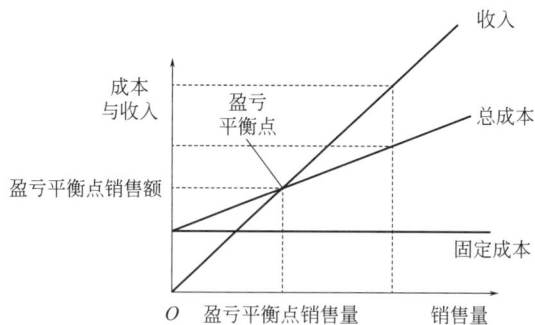

图 6.1　基本盈亏平衡

图 6.1 中，收入曲线与总成本曲线的交点，就是总收入等于总成本时的盈亏平衡点，从盈亏平衡点向横轴作垂线得到的截距就是盈亏平衡点销售量，从盈亏平衡

点向纵轴作垂线得到的截距就是盈亏平衡点销售额。

当收入曲线处于总成本曲线的下方时，说明收入小于成本，企业处于亏损状态，图 6.2 所示左边的划线区域为亏损区。当收入曲线处于总成本曲线的上方时，说明收入大于成本，企业处于盈利状态，图 6.2 所示右边的划线区域为盈利区。

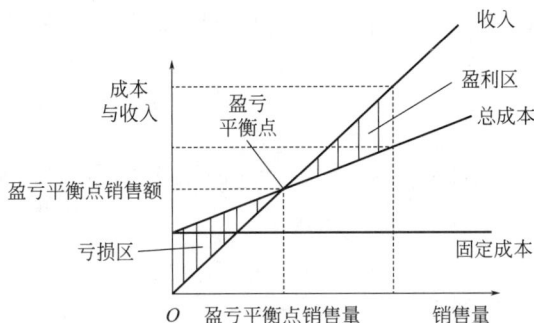

图 6.2　盈亏区域识别

如图 6.3 所示，收入曲线上的 A 点是预计销售收入点，从 A 点向横轴作垂线得到的截距称为预计销售量，从 A 点向纵轴作垂线得到的截距则称为预计销售额。总成本曲线上的 B 点是预计成本点，从 B 点向纵轴作垂线得到的截距称为预计总成本；预计总成本 BD 由固定成本 CD 和变动成本 BC 两部分组成的。

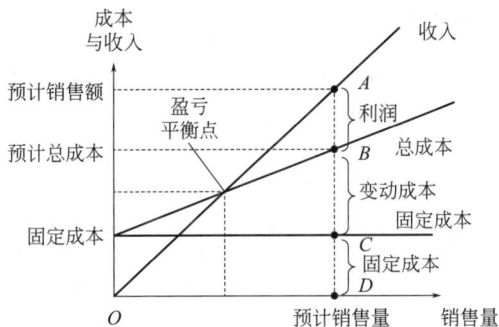

图 6.3　预计收入成本利润区分

可见，预计销售额 AD 高出预计总成本 BD 的部分 AB 就是企业实现的利润。

图 6.3 中，如果将 AB 视为企业的目标利润，那么，原点 O 到 D 点的销量 OD 就是要实现目标利润所需达成的销量。

下面，再来从另外一个角度进行公式的推导。

$$利润 = 收入 - 成本$$

$$利润 = 收入 - 变动成本 - 固定成本$$

因为"边际贡献＝收入－变动成本"，所以将其代入上面公式，得到如下公式。

$$利润＝边际贡献－固定成本$$

再对这一公式进行变形，推导出边际贡献的公式如下。

$$边际贡献＝利润＋固定成本$$

有了这个公式之后，我们来看一下边际贡献式盈亏平衡图，如图 6.4 所示。

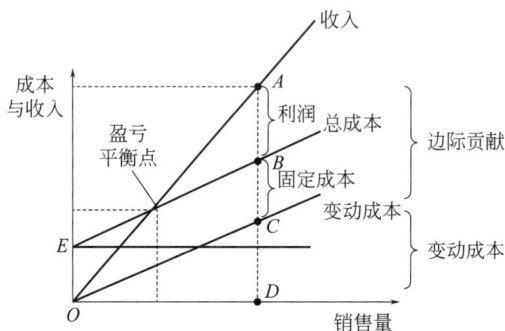

图 6.4　边际贡献式盈亏平衡

图 6.4 中，直线 OC 代表变动成本曲线，直线 EB 是与直线 OC 平行且间距为固定成本的总成本曲线，直线 OA 代表收入曲线。如果从收入曲线上的 A 点向横轴作垂线，AD 代表预计销售额，BD 代表预计总成本额，AB 代表预计利润，CD 代表预计变动成本额，BC 代表固定成本额。

$AC = AD - CD$，用公式叙述如下。

$$边际贡献＝收入－变动成本$$

从另一个角度来看，$AC = AB + BC$，用公式叙述如下。

$$边际贡献＝利润＋固定成本$$

由此可见，图形与公式是需要结合起来进行理解与掌握的。

将"边际贡献＝收入－变动成本"公式进行变形，推导公式如下。

$$边际贡献 ＝ 收入－变动成本$$

$$\frac{边际贡献}{销量} = \frac{收入－变动成本}{销量}$$

$$单位边际贡献 = \frac{收入}{销量} - \frac{变动成本}{销量}$$

$$单位边际贡献 ＝ 销售单价－单位变动成本$$

接下来，再看一下单位边际贡献是如何在图形上利用销售单价以及单位变动成本计算得出的。如图6.5所示，tan $\angle COD$ 是变动成本曲线的斜率，代表单位变动成本；tan $\angle AOD$ 是收入曲线的斜率，代表销售单价。那么，这两个角差值的夹角的正切值就是单位边际贡献，用公式表示如下。

$$\angle AOC = \angle AOD - \angle COD$$

单位边际贡献 = 销售单价 - 单位变动成本

图 6.5 中，从 O 点出发的每个角对应着什么，这个角的斜率就是什么。例如，$\angle AOC$ 对应着 AC，而 AC 是边际贡献，那么 $\angle AOC$ 的斜率就是单位边际贡献。

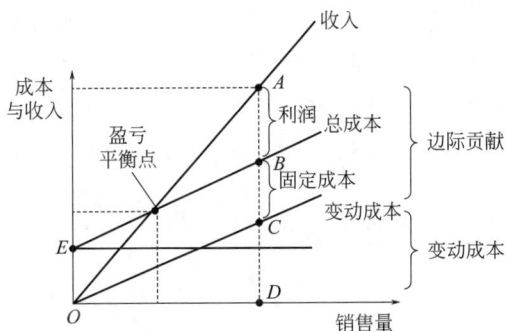

图 6.5 单价—单位变动成本—单位边际贡献的关系

承接上面的公式，再对公式进行推导如下。

单位边际贡献 = 销售单价 - 单位变动成本

$$\frac{单位边际贡献}{销售单价} = \frac{销售单价 - 单位变动成本}{销售单价}$$

$$边际贡献率 = \frac{销售单价}{销售单价} - \frac{单位变动成本}{销售单价}$$

边际贡献率 = 1 - 变动成本率

边际贡献率 + 变动成本率 = 1

关于边际贡献率在图形中的位置如何展示，需要学习利量式盈亏平衡图。图 6.6 是横轴为销售量的利量式盈亏平衡图。

图 6.6 中，由直线 AD 与横轴的交点 E 向纵轴作垂线得到的截距为 0，说明利润为 0，则 E 点为盈亏平衡点。直线 AD 与横轴的交点为 D，说明 D 点的销售量为 0，而此时企业亏损 OD，表示亏损的是固定成本，OD 代表固定成本。

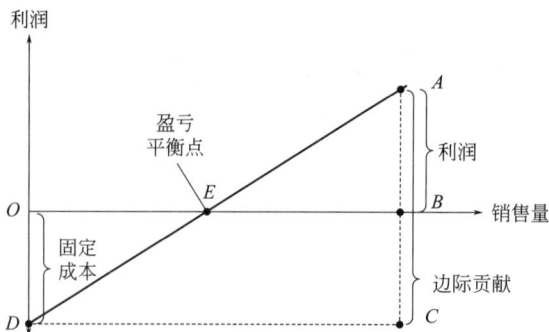

图 6.6　横轴为销售量的利量式盈亏平衡

图 6.6 中，由直线 AD 上的 A 点向横轴作垂线，与横轴相交于 B 点，AB 代表利润；BC 与 OD 平行且相等，说明 BC 等于固定成本；由 $AC = AB + BC$，说明 $AC =$ 利润 $+$ 固定成本，则说明 AC 代表边际贡献。

如图 6.7 所示，$\tan \angle ADC$ 代表直线 AD 的斜率，直线 AD 的斜率 $= AC/DC$，则说明直线 AD 的斜率 $=$ 边际贡献 / 销售量 $=$ 单位边际贡献。

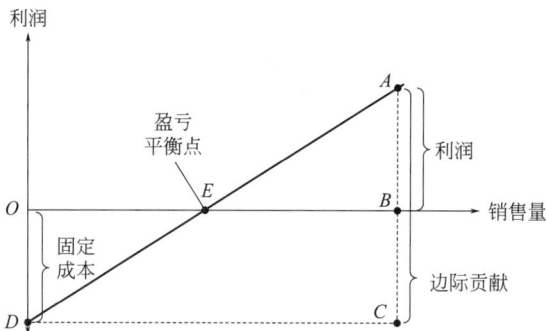

图 6.7　单位边际贡献利量式盈亏平衡

如果将图 6.7 中横轴的销售量替换成销售额，则得到横轴为销售额的利量式盈亏平衡图，如图 6.8 所示。

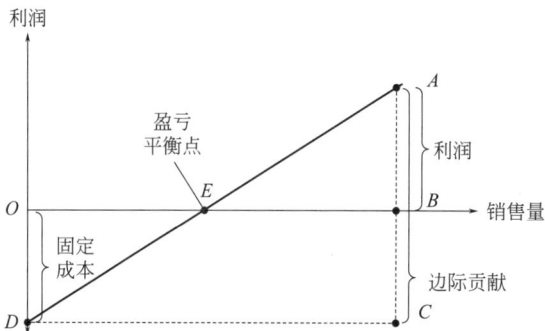

图 6.8　横轴为销售额的利量式盈亏平衡

图 6.8 中，直线 AD 的斜率 $=AC/DC$，则说明直线 AD 的斜率 = 边际贡献 / 销售额 = 边际贡献率。

6.1.3　多品种本量利关系公式推导及图形解析

解决多品种本量利关系，重点在于将简化的单一品种公式扩展到多品种中来。单一品种本量利关系基本公式如下。

$$利润 = 销量 \times （销售单价 - 单位变动成本）- 固定成本$$

$$利润 = 销量 \times 单位边际贡献 - 固定成本$$

上述公式中的利润可拆分成两部分：一部分是每一个品种所产生的边际贡献相加之和，另一部分是企业总体的固定成本。多品种本量利关系公式推导如下。

$$利润 = \sum_{i=1}^{n} 第 i 个品种的 销量 \times 第 i 个品种的单位边际贡献 - 固定成本$$

这个公式可以提供如何由单一品种公式解决多品种问题的思路。但如何计算多品种实现目标利润的销售额或销售量，以及多品种盈亏平衡点销售额或销售量呢？

先以实现目标利润的销售额为例来看多品种公式的推导，推导思路如图 6.9 所示。

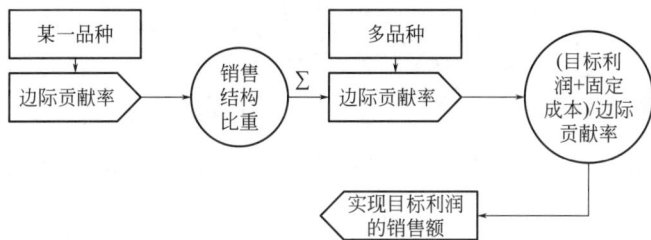

图 6.9　实现目标利润的销售额的公式推导思路

图 6.9 所示的原理为：先计算某一品种的边际贡献率与这一品种的销售收入比重的乘积；然后将所有品种的乘积相加，计算出多品种综合的边际贡献率；再利用"（目标利润 + 固定成本）/ 边际贡献率"计算出企业总体实现目标利润的销售额。

可见，多品种企业实现目标利润销售额的计算公式如下。

$$多品种企业实现目标利润的销售额 = \frac{目标利润 + 固定成本}{\sum_{i=1}^{n} 第 i 个品种边际贡献率 \times 第 i 个品种销售收入比重}$$

如果需要计算多品种情况下实现目标利润的某一品种的销售额及销售量，计算思路如图 6.10 所示。

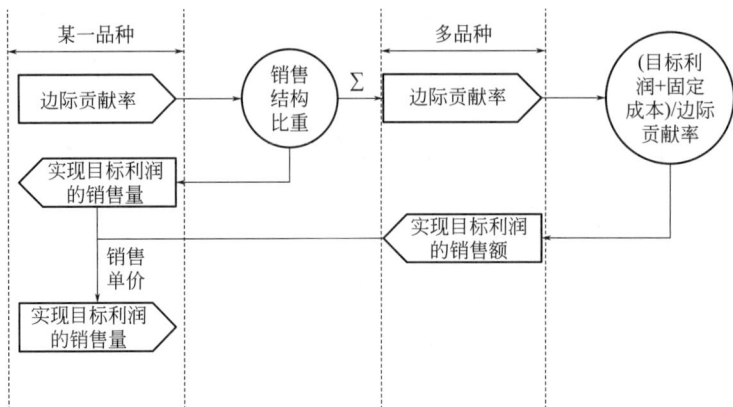

图 6.10　实现目标利润的销售额（某一品种）的公式推导思路

如图 6.10 所示，用企业总体实现目标利润的销售额乘以某一品种的销售收入比重，可计算出这一品种实现目标利润的销售额；再根据这一品种实现目标利润的销售额除以这一品种的销售单价，可计算得出这一品种实现目标利润的销售量。

多品种企业实现目标利润的某一品种销售额计算公式如下。

$$某一品种销售额 = \frac{目标利润 + 固定成本}{\sum\limits_{i=1}^{n}第i个品种边际贡献率 \times 第i个品种销售收入比重} \times 某品种销售收入比重$$

$$某一品种销售量 = \frac{\dfrac{目标利润 + 固定成本}{\sum\limits_{i=1}^{n}第i个品种边际贡献率 \times 第i个品种销售收入比重} \times 某品种销售收入比重}{某品种销售单价}$$

以上计算思路同样适用于多品种企业盈亏平衡点的公式推导，如图 6.11 所示。

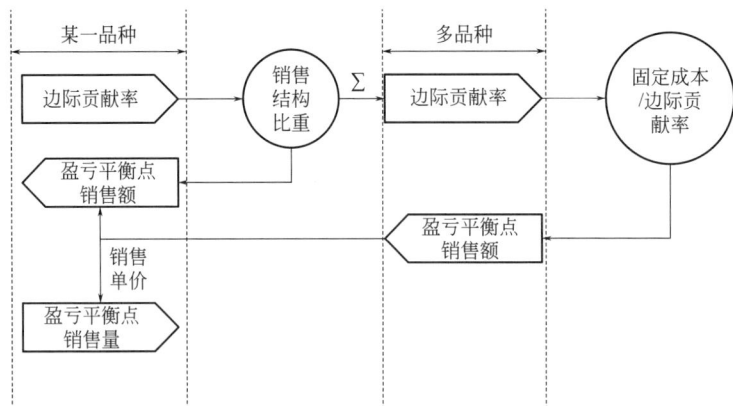

图 6.11　多品种企业盈亏平衡状态下销售额公式推导思路

多品种企业盈亏平衡状态下销售额计算公式如下。

$$\text{多品种企业盈亏平衡状态下销售额} = \frac{\text{固定成本}}{\sum\limits_{i=1}^{n} \text{第}i\text{个品种边际贡献率} \times \text{第}i\text{个品种销售收入比重}}$$

多品种企业盈亏平衡状态下某一品种销售额计算公式如下。

$$\text{某一品种销售额} = \frac{\text{固定成本}}{\sum\limits_{i=1}^{n} \text{第}i\text{个品种边际贡献率} \times \text{第}i\text{个品种销售收入比重}} \times \text{某品种销售收入比重}$$

$$\text{某一品种销售量} = \frac{\dfrac{\text{固定成本}}{\sum\limits_{i=1}^{n} \text{第}i\text{个品种边际贡献率} \times \text{第}i\text{个品种销售收入比重}} \times \text{某品种销售收入比重}}{\text{某品种销售单价}}$$

多品种利量图如图 6.12 所示。

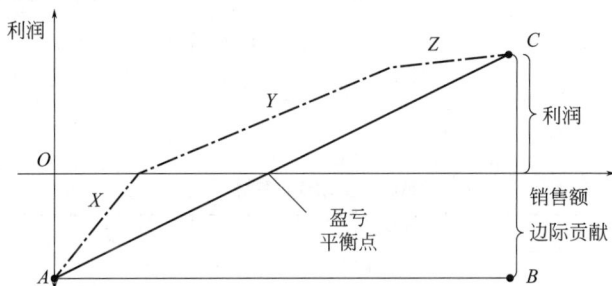

图 6.12　多品种企业利量

图 6.12 中，$\angle CAB$ 的斜率代表企业综合边际贡献率。直线 AC 越陡，说明企业综合的边际贡献率越大，则企业实现的目标利润越高，盈亏平衡点越低。

图 6.12 中，企业综合边际贡献率是企业 3 个产品综合作用的结果，其中：X 产品边际贡献率最大，Y 产品边际贡献率居中，Z 产品边际贡献率最小。如果提高 X 产品的销售收入比重，可使直线 AC 斜率变陡，可降低盈亏平衡点，实现较高的利润。

6.1.4　盈亏平衡点举例分析

一家企业的固定成本主要由两部分构成，一部分是期间费用中的固定成本，另一部分是制造费用中的固定成本。

【例 6-1】某企业固定成本数据资料表如表 6.1 所示。

表 6.1　固定成本数据资料　　　　　　　　单位：万元

固定成本	2××8年			2××7年		
	期间费用	制造费用	小计	期间费用	制造费用	小计
基本工资	915.58	55.18	970.76	867.85	60.83	928.68

续表

固定成本	2××8年			2××7年		
	期间费用	制造费用	小计	期间费用	制造费用	小计
福利费	39.78	76.72	116.51	46.49	88.73	135.22
社保	181.68	198.81	380.49	154.42	230.66	385.08
租赁费	48.01	120.46	168.47	51.93	133.32	185.25
折旧	65.00	503.63	568.62	64.40	495.56	559.95
房产税	45.17		45.17	46.87		46.87
审计咨询费	21.93		21.93	8.20		8.20
保安服务费	38.43		38.43	38.10		38.10
其他	11.00	9.88	20.88	5.82	18.28	24.11
合计	1 366.58	964.68	2 331.26	1 284.08	1 027.38	2 311.46

该企业的变动成本主要由三部分组成：一部分是变动性期间费用与制造费用，一部分是人工、材料及运费，还有一部分是税金及附加。该企业的变动成本数据资料如表 6.2 所示。

表 6.2　变动成本数据资料

项目	2××8年		2××7年	
	金额（万元）	占收入比重	金额（万元）	占收入比重
变动期间费用与制造费用	2 511.54	7.89%	1 900.98	7.66%
人工、材料及运费	22 615.59	71.03%	17 782.95	71.64%
税金及附加	145.87	0.46%	109.11	0.44%
合计	25 273.00	79.38%	19 793.04	79.73%

如表 6.2 所示，2××8 年变动成本为 25 273.00 万元，占收入比重为 79.38%，则销售收入 = 25 273.00/79.38% = 31 837.99（万元）；2××7 年变动成本为 19 793.04 万元，占收入比重为 79.73%，则销售收入 = 19 793.04/79.73% = 24 825.08（万元）。

该公司成本管理会计根据以上数据资料整理出一份盈亏平衡及安全边际资料，如表 6.3 所示。

表 6.3　盈亏平衡及安全边际资料

项目	2××8年		2××7年	
	金额（万元）	占收入比重	金额（万元）	占收入比重
销售收入	31 837.99	100%	24 825.08	100%
变动成本	25 273.00	79%	19 793.04	80%
边际贡献	6 564.99	21%	5 032.04	20%
边际贡献率	20.62%		20.27%	
固定成本	2 331.26	7%	2 311.46	9%

续表

项目	2××8 年		2××7 年	
	金额（万元）	占收入比重	金额（万元）	占收入比重
盈亏平衡点销售额	11 305.83	36%	11 403.36	46%
安全边际额	20 532.16	64%	13 421.72	54%
安全边际率	64%		54%	

如表 6.3 所示，2××8 年盈亏平衡点销售额为 11 305.83 万元，与 2××7 年盈亏平衡点销售额 11 403.36 万元大致相同，仅相差 97.54 万元，相差 0.86%，说明该企业经营环境变化不大，经营比较稳健。两年的固定成本都在相关范围内，固定成本总额相差不多；但利用固定成本实现的销售收入 2××8 年较 2××7 年增加 28.25%，企业的安全边际率由 54% 提高到 64%，说明企业经营越来越安全。

6.2 安全程度测试器——安全边际解析

企业必须实现盈利，才能保证持续经营。

实现目标盈利的销量与盈亏平衡点的销量之间的距离，是创造企业目标利润的来源，这个来源称为安全边际。

6.2.1 安全边际量、安全边际额、安全边际率的含义及意义解析

安全边际从表述方式来讲有 3 种形式，如图 6.13 所示。

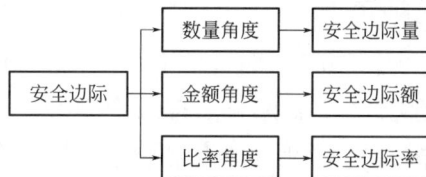

图 6.13 安全边际表述方式

图 6.14 直观地反映了安全边际量、安全边际额的含义。

安全边际量是指预计销量超过盈亏平衡点销量的差额。安全边际额是指预计销售额超过盈亏平衡点销售额的差额。用公式表示如下。

安全边际量 = 预计销量 - 盈亏平衡点销量

安全边际额 = 预计销售额 - 盈亏平衡点销售额

预计销售量（额）超过盈亏平衡点销售量（额）的差距越大，说明企业的安全程度越高，企业发生亏损的可能性越小。

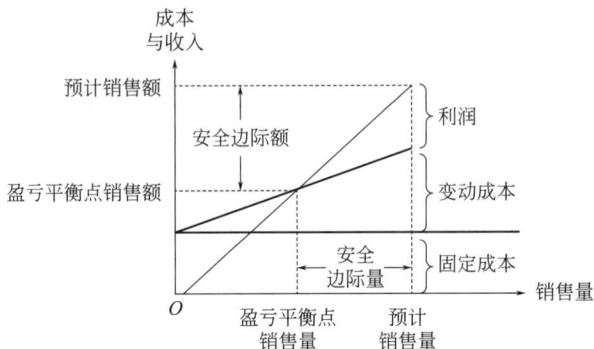

图 6.14　安全边际量与安全边际额的含义

安全边际量（额）是衡量企业经营安全程度的绝对指标，安全边际率是衡量企业经营安全程度的相对指标。公式表示如下。

$$安全边际率 = \frac{安全边际量}{预计销售量} = \frac{安全边际额}{预计销售额}$$

安全边际率代表企业在发生亏损之前，企业销售量（额）允许下降的最大幅度。如果允许下降的最大幅度越大，说明企业发生亏损的可能性越小，企业经营的安全程度越高。

关于以上公式中的预计销售量或预计销售额，因管理会计重在面对未来，故表述上使用了"预计"，在实务中对于安全边际的测算，也会使用实际销售量或实际销售额来代替预计销售量或预计销售额进行测算。

6.2.2　安全边际的公式推导

在本节的开篇提到，实现目标盈利的销量与盈亏平衡点的销量之间的距离，是创造企业目标利润的来源。那么，这个来源如何体现，如何利用安全边际来获取企业利润？

接下来通过公式探讨一下，企业安全边际与获取利润之间的关系。先来看一下如何用安全边际表示企业的利润，如图 6.15 所示。

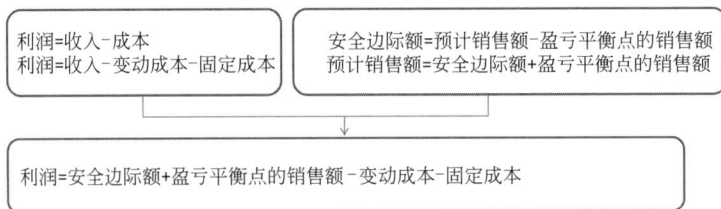

图 6.15　利润由安全边际产生的引入推导

沿着图 6.15 的思路，推导公式如下。

利润 = 安全边际额 + 盈亏平衡点的销售额 - 变动成本 - 固定成本

利润 = 安全边际额 + 盈亏平衡点的销售额 - （盈亏平衡点对应的变动成本 + 安全边际对应的变动成本） - 固定成本

利润 = 安全边际额 + 盈亏平衡点的销量 × 销售单价 - （盈亏平衡点的销量 × 单位变动成本 + 安全边际量 × 单位变动成本） - 固定成本

利润 = （安全边际额 - 安全边际量 × 单位变动成本） + （盈亏平衡点的销量 × 销售单价 - 盈亏平衡点的销量 × 单位变动成本 - 固定成本）

利润 = （安全边际额 - 安全边际量 × 单位变动成本） + （盈亏平衡点的销量 × 单位边际贡献 - 固定成本）

利润 = （安全边际额 - 安全边际量 × 单位变动成本） + 0

利润 = 安全边际额 - 安全边际量 × 单位变动成本

利润 = 安全边际量 × 销售单价 - 安全边际量 × 单位变动成本

利润 = 安全边际量 × （销售单价 - 单位变动成本）

利润 = 安全边际量 × 单位边际贡献

以上是从安全边际量角度推导企业安全边际与利润之间的关系。接下来，从安全边际额角度推导企业安全边际与利润之间的关系。

利润 = 安全边际量 × 单位边际贡献

利润 = 安全边际量 × 单位边际贡献 × 销售单价 / 销售单价

利润 = （安全边际量 × 销售单价） × （单位边际贡献 / 销售单价）

利润 = 安全边际额 × 边际贡献率

上式表示安全边际产生的边际贡献就是利润。

由于盈亏平衡点的销售额所提供的边际贡献恰好补偿了全部固定成本，所以，超过盈亏平衡点的安全边际销售额就无须再补偿固定成本，在补偿本身相应的变动成本后，即可获得利润，也就是说，超过盈亏平衡点的安全边际所提供的边际贡献就是利润。

如果知道了这一点，那么以上从安全边际量和安全边际额两个角度推导的企业安全边际与利润之间的关系结果公式，就能一步到位地写出来。这就是在深刻掌握原理的基础上，可以看出实质，并立刻能理解性地写出最后的结果公式。

接下来推导保本率与安全边际率之间的关系。

安全边际额 = 预计销售额 - 盈亏平衡点的销售额

安全边际额 + 盈亏平衡点的销售额 = 预计销售额

$$\frac{安全边际额}{预计销售额} + \frac{盈亏平衡点的销售额}{预计销售额} = \frac{预计销售额}{预计销售额}$$

安全边际率 + 保本率 = 1

从这个公式也可以看出，在销售额一定的情况下，盈亏平衡点越低，保本率越小，安全边际率越大，企业就越安全。

6.3　盈亏平衡点与相关因素变动分析

$$盈亏平衡点的销量 = \frac{固定成本}{单位边际贡献} = \frac{固定成本}{销售单价 - 单位变动成本}$$

$$盈亏平衡点的销售额 = \frac{固定成本}{边际贡献率} = \frac{固定成本}{\dfrac{销售单价 - 单位变动成本}{销售单价}}$$

从这两个公式来看，销售单价、单位变动成本、固定成本均是盈亏平衡点的影响因素，以下力求从计算公式和图形两个角度分析盈亏平衡点的影响因素。

6.3.1　销售单价变动对盈亏平衡点的影响分析

从盈亏平衡点的销量计算公式来看，销售单价上升，分母增大，其他因素不变的情况下，分数值减小，故销售单价与盈亏平衡点的销量成反向变化关系。从盈亏平衡点的销售额计算公式来看，销售单价上升，变动成本率减小，边际贡献率增大，其他因素不变的情况下，盈亏平衡点的销售额减小，故销售单价与盈亏平衡点的销售额成反向变化关系。

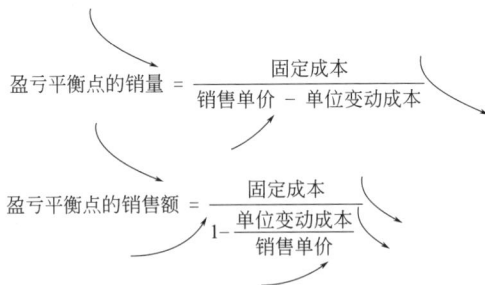

图 6.16　公式角度销售单价上升对盈亏平衡点的影响

从盈亏平衡点的销量计算公式来看，销售单价下降，分母减小，其他因素不变的情况下，分数值增大，故销售单价与盈亏平衡点销售量成反向变化关系。从盈亏平衡点的销售额计算公式来看，销售单价下降，分母增大，变动成本率增大，边际贡献率减小，其他因素不变的情况下，盈亏平衡点的销售额增大，故销售单价与盈亏平衡点销售额成反向变化关系。

这一变化如图 6.17 所示。

$$盈亏平衡点的销量 = \frac{固定成本}{销售单价 - 单位变动成本}$$

$$盈亏平衡点的销售额 = \frac{固定成本}{1 - \dfrac{单位变动成本}{销售单价}}$$

图 6.17 公式角度销售单价下降对盈亏平衡点的影响

如图 6.18 所示，销售单价上升，说明收入曲线与横轴夹角的斜率在变大，变动后收入曲线与总成本曲线相交的盈亏平衡点与原盈亏平衡点相比位置在下降，故销售单价与盈亏平衡点的销售量及销售额成反向变化关系。

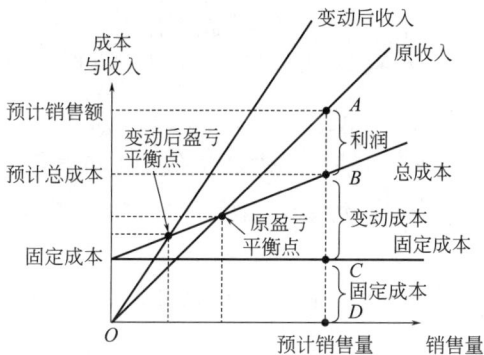

图 6.18 图形角度销售单价上升对盈亏平衡点的影响

如图 6.19 所示，销售单价下降，说明收入曲线与横轴夹角的斜率在变小，也就

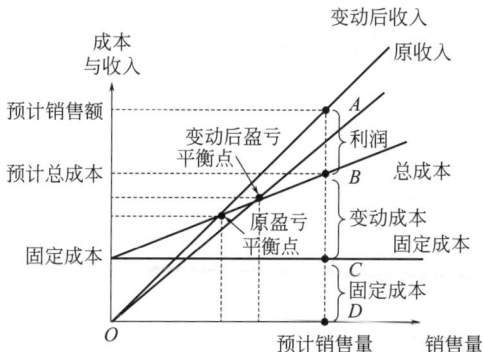

图 6.19 图形角度销售单价下降对盈亏平衡点的影响

是说坡度在变缓，变动后收入曲线与总成本曲线相交的盈亏平衡点与原盈亏平衡点相比位置在上升，故销售单价与盈亏平衡点的销售量及销售额成反向变化关系。

6.3.2 单位变动成本变动对盈亏平衡点的影响分析

从盈亏平衡点的销量公式来看，单位变动成本上升，分母减小，其他因素不变的情况下，分数值增大，故单位变动成本与盈亏平衡点的销售量成正向变化关系。从盈亏平衡点的销售额来看，单位变动成本上升，变动成本率增大，边际贡献率减小，其他因素不变的情况下，盈亏平衡点的销售额增大，故单位变动成本与盈亏平衡点的销售额成正向变化关系。这一变化如图 6.20 所示。

$$\text{盈亏平衡点的销量} = \frac{\text{固定成本}}{\text{销售单价} - \text{单位变动成本}}$$

$$\text{盈亏平衡点的销售额} = \frac{\text{固定成本}}{1 - \dfrac{\text{单位变动成本}}{\text{销售单价}}}$$

图 6.20　公式角度单位变动成本上升对盈亏平衡点的影响

如图 6.21 所示，单位变动成本上升，说明总成本曲线与固定成本曲线夹角的斜率在变大，变动后总成本曲线与收入曲线相交的盈亏平衡点与原盈亏平衡点相比位置在上升，故单位变动成本与盈亏平衡点的销售量及销售额成正向变化关系。

关于单位变动成本下降的情形是类似的思维转换模式，在此不再说明。

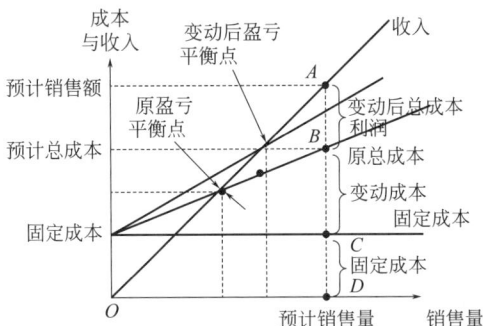

图 6.21　图形角度单位变动成本上升对盈亏平衡点的影响

6.3.3 固定成本变动对盈亏平衡点的影响分析

从盈亏平衡点的销量公式来看，固定成本上升，分子增大，其他因素不变的情况下，分数值向增大，故固定成本与盈亏平衡点的销售量成正向变化关系。从盈亏平衡点的销售额来看，固定成本上升，分子增大，其他因素不变的情况下，分数值增大，故固定成本与盈亏平衡点的销售额成正向变化关系。

这一变化如图 6.22 所示。

$$\text{盈亏平衡点的销量} = \frac{\text{固定成本}}{\text{销售单价} - \text{单位变动成本}}$$

$$\text{盈亏平衡点的销售额} = \frac{\text{固定成本}}{1 - \dfrac{\text{单位变动成本}}{\text{销售单价}}}$$

图 6.22　公式角度固定成本上升对盈亏平衡点的影响

如图 6.23 所示，固定成本上升，固定成本曲线要向上平移，总成本曲线也要同步向上平移，平移后总成本曲线与固定成本曲线夹角的斜率不变，变动后总成本曲线与收入曲线相交的盈亏平衡点与原盈亏平衡点相比位置在上升，故固定成本与盈亏平衡点的销售量及销售额成正向变化关系。

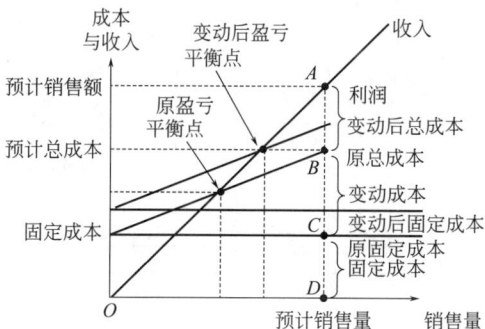

图 6.23　图形角度固定成本上升对盈亏平衡点的影响

6.3.4　多因素同时变动对盈亏平衡点的影响分析

从盈亏平衡点的销量公式来看，销售单价下降，单位变动成本上升，这两个因素变动均会造成分母减小，分数值增大；同时，固定成本上升，分子增大，分数值增大；故销售单价下降、单位变动成本上升、固定成本上升，会造成盈亏平衡点的销售量增大。

从盈亏平衡点的销售额来看，销售单价下降，单位变动成本上升，这两个因素变动均会造成变动成本率增大，进而造成边际贡献率减小，也就是分母减小，分数值增大；固定成本上升，分子增大，分数值增大；故销售单价下降、单位变动成本上升、固定成本上升，会造成盈亏平衡点的销售额上升。

这一变化如图 6.24 所示。

$$盈亏平衡点的销量 = \frac{固定成本}{销售单价 - 单位变动成本}$$

$$盈亏平衡点的销售额 = \frac{固定成本}{1 - \dfrac{单位变动成本}{销售单价}}$$

图 6.24　公式角度多因素同时变动对盈亏平移点的影响

如图 6.25 所示，销售单价下降，变动后的收入曲线与横轴夹角斜率在变小；固定成本上升，固定成本曲线向上平移，单位变动成本上升，变动后总成本曲线与变动后固定成本曲线夹角的斜率变大；则变动后总成本曲线与变动后收入曲线相交的盈亏平衡点与原盈亏平衡点相比位置在上升，故销售单价下降、单位变动成本上升、固定成本上升时，会造成盈亏平衡点的销售量及销售额增大。

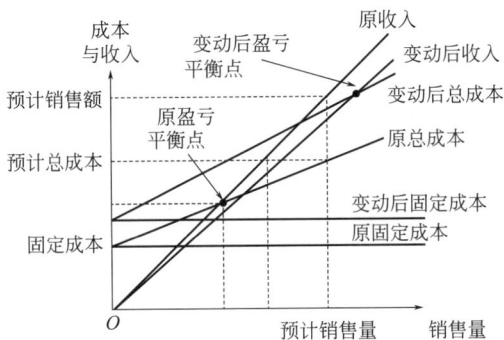

图 6.25　图形角度多因素同时变动对盈亏平移点的影响

上面所探讨的情形有一个特点，即各个影响因素对盈亏平移点的影响方向均是使盈亏平衡点的销售量及销售额增大。

因各个影响因素对盈亏平移点的影响方向相同，故可以判断出最终影响方向。

但如果销售单价、单位变动成本、固定成本对盈亏平衡点的销售量及销售额的影响方向不同，同时，在不能确定谁的影响更大或更小的情况下，不容易区分出最终影响方向。只有细化核算出具体数值，才能比较影响方向；或者在图形上画出影响因素变化后的具体位置，才能比较影响方向。

6.4　敏感性分析

在企业中，管理者除了关心影响利润的各个因素之外，还非常关心各个因素对利润的影响程度如何。

6.4.1　敏感性分析概述

敏感性分析是指研究有关因素发生变化对关键指标影响程度的一种分析技术或手段。

利润的敏感性分析是指研究利润的有关因素发生变化时，对利润产生影响程度的一种敏感性的分析技术或手段。

利润的敏感性分析包括单因素敏感性分析法和多因素敏感性分析法。

单因素敏感性分析法是指假定其他因素均不发生变化时，研究某一个因素的变动对利润指标的影响程度。例如，其他因素不变时，研究销售单价对利润的影响程度。

多因素敏感性分析法是指在假定其他因素不变的条件下，研究两种或两种以上因素同时发生变动对利润指标的影响程度。例如，其他因素不变时，研究销售单价、单位变动成本同时变动对利润的影响程度。

进行利润敏感性分析的目的在于通过了解各因素对利润的敏感程度，来关注影响利润的主要影响因素，从而改善企业的利润状况。通过了解每个单一因素变动对利润的影响程度，可以指导在诸多影响因素中对每个因素的重视程度，因此，下面仅探讨简化的单因素敏感性分析。

$$利润 = 销量 \times (单价 - 单位变动成本) - 固定成本$$

由上面的基本公式可知，影响利润的因素有销量、单价、单位变动成本、固定成本。利润敏感性分析的计算原理公式如下。

$$某因素敏感系数 = \frac{利润变化率}{某因素指标变化率}$$

$$某因素敏感系数 = \frac{\dfrac{变化后利润 - 变化前利润}{变化前利润}}{\dfrac{因素变化后指标值 - 因素变化前指标值}{因素变化前指标值}}$$

6.4.2　敏感系数测算

掌握了以上原理公式之后，再来测算敏感系数就比较容易了。

【例6-2】某企业生产书桌的单位变动成本为300元，固定成本总额为500 000元，销售单价为500元，产销量为10 000张书桌，利润＝（500-300）×10 000-500 000＝1 500 000（元）。

利用敏感系数的原理公式，结合变化条件，计算每个因素的敏感系数测算资料如表6.4及表6.5所示。

表6.4　单价及单位变动成本敏感系数测算资料

项目	变动前数据	销售单价变动		单位变动成本变动	
		变动后数据	变动率	变动后数据	变动率
销售单价（元）	500	550	10%	500	0%
单位变动成本（元）	300	300	0%	330	10%
销量（张）	10 000	10 000	0%	10 000	0%
固定成本（元）	500 000	500 000	0%	500 000	0%
利润（元）	1 500 000	2 000 000	33%	1 200 000	-20%
敏感系数		33%/10% = 3.3		-20%/10% = -2	

如表6.4所示，销售单价的敏感系数为3.3，代表利润变动幅度是销售单价变动幅度的3.3倍；当销售单价增长20%时，利润增长20%×3.3＝66%。单位变动成本的敏感系数为-2，代表单位变动成本变动会引起利润反向变动2倍；当单位变动成本增长20%时，利润减少20%×2＝40%。

表6.5　销量及固定成本敏感系数测算资料

项目	变动前数据	销量变动		固定成本变动	
		变动后数据	变动率	变动后数据	变动率
销售单价（元）	500	500	0%	500	0%
单位变动成本（元）	300	300	0%	300	0%
销量（张）	10 000	11 000	10%	10 000	0%
固定成本（元）	500 000	500 000	0%	550 000	10%
利润（元）	1 500 000	1 700 000	13%	1 450 000	-3%
敏感系数		13%/10% = 1.3		-3%/10% = -0.3	

如表6.5所示，销量的敏感系数为1.3，代表的含义同销售单价的敏感系数，这说明销量、销售单价对利润的影响都是同向变化；固定成本的敏感系数为-0.3，代表的含义同单位变动成本的敏感系数，这说明固定成本、单位变动成本对利润的影响都是反向变化。

结合表6.4与表6.5数据，可将各因素对利润的敏感程度进行排序，如表6.6所示。

表 6.6 敏感程度排序

项目	销售单价	单位变动成本	销量	固定成本
敏感系数	33%/10% = 3.3	−20%/10% = −2	13%/10% = 1.3	−3%/10% = −0.3
敏感系数绝对值	3.3	2	1.3	0.3
敏感程度大小排序	1	2	3	4

如表 6.6 所示，敏感系数的绝对值更能代表敏感程度。无论某因素对利润变动的影响是同向还是反向，绝对值越大代表该因素对利润变动的影响越大。由此可见，对利润敏感程度影响最大的是销售单价，其次是单位变动成本，再次是销量，最后是固定成本。

企业对利润敏感程度的影响因素进行顺序之后，在进行决策的时候，就可以考虑影响程度来进行决策，指导实践。

6.4.3 经营杠杆在利润预测中的应用

前面已经探讨了销量对利润的敏感程度，销量的敏感系数公式如下。

$$销量敏感系数 = \frac{利润变化率}{销量变化率}$$

$$销量敏感系数 = \frac{\dfrac{变化后利润 - 变化前利润}{变化前利润}}{\dfrac{销量变化后指标值 - 销量变化前指标值}{销量变化前指标值}}$$

销量的敏感系数，实际上是经营杠杆系数。经营杠杆系数公式如下。

$$经营杠杆系数 = \frac{利润变化率}{销量变化率}$$

如果用 $EBIT$ 代表息税前利润，Q 代表销量，P 代表销售单价，VC 代表单位变动成本，F 代表固定成本。用字母脚根带 0 代表变化前数值，用字母脚根带 1 代表变化后数值，由上面经营杠杆系数的基本公式，可以演化公式如下。

$$经营杠杆系数 = \frac{利润变化率}{销量变化率}$$

$$经营杠杆系数 = \frac{\dfrac{\Delta EBIT}{EBIT_0}}{\dfrac{\Delta Q}{Q_0}}$$

$$经营杠杆系数 = \dfrac{\dfrac{Q_1 \times (P_0 - VC_0) - F_0 - \left[Q_0 \times (P_0 - VC_0) - F_0\right]}{Q_0 \times (P_0 - VC_0) - F_0}}{\dfrac{\Delta Q}{Q_0}}$$

$$经营杠杆系数 = \dfrac{\dfrac{(Q_1 - Q_0) \times (P_0 - VC_0)}{Q_0 \times (P_0 - VC_0) - F_0}}{\dfrac{\Delta Q}{Q_0}}$$

$$经营杠杆系数 = \dfrac{\dfrac{\Delta Q \times (P_0 - VC_0)}{Q_0 \times (P_0 - VC_0) - F_0}}{\dfrac{\Delta Q}{Q_0}}$$

$$经营杠杆系数 = \dfrac{Q_0 \times (P_0 - VC_0)}{Q_0 \times (P_0 - VC_0) - F_0}$$

$$经营杠杆系数 = \dfrac{基期边际贡献}{基期息税前利润}$$

$$经营杠杆系数 = \dfrac{Q_0 \times (P_0 - VC_0) - F_0 + F_0}{EBIT_0}$$

$$经营杠杆系数 = \dfrac{EBIT_0 + F_0}{EBIT_0}$$

$$经营杠杆系数 = 1 + \dfrac{F_0}{EBIT_0}$$

$$经营杠杆系数 = 1 + \dfrac{基期固定成本}{基期息税前利润}$$

前述字母公式代表了推导过程，文字公式代表了经营杠杆系数公式的推导结果。不同的公式表达有利于对公式的理解和运用。

基期数据是经营杠杆系数的基础，在实务中，上年数据可以作为基期，预算数据也可以作为基期。

如果将预算数据作为基期数据，可以利用测算出的经营杠杆系数指导评价未来，这就是成本管理会计的魅力。

【例 6-3】企业当年预算生产书桌的单位变动成本为 350 元，固定成本总额为

550 000 元，销售单价为 500 元，产销量为 12 000 张书桌，预算息税前利润 =（500 -
350）×12 000 - 550 000 = 1 250 000（元）。

$$经营杠杆系数 = 1 + \frac{基期固定成本}{基期息税前利润} = 1 + \frac{550\,000}{1\,250\,000} = 1.44$$

　　如果企业当年实际销量为 11 040 张书桌，当年实际息税前利润为 1 203 000 元，
如何评价企业的经营业绩？

　　企业当年实际销量相比预算下降了 8%，按经营杠杆系数，息税前利润预
计下降 = 8%×1.44 = 11.52%，则预算息税前利润的可比预算应调整为 1 250 000×
（1 - 11.52%）= 1 106 000（元）。企业当年实际息税前利润为 1 203 000 元，说明企
业经营业绩达成了预算，考核时利润达成率 = 1 203 000/1 106 000 = 108.77%。通过上
述计算获得的考核及比较的效果要比利用原预算息税前利润 1 250 000 元的效果好。

　　当实际销量发生变化时，应重新预计销量变化后的利润额，从而在销量相同的
情况下进行经营业绩比较，这种方法具有弹性预算的思想。

　　当然，对于以上评价方法，企业要因时、因地、因人地评价。如果将【例 6-3】
的考核结果用来评价销售部门的业绩，很显然销量业绩在下滑。如果将【例 6-3】
的考核结果用来评价企业负责人的业绩，说明在销量下滑的情况下，企业的利润完
成较好，内部经营管理较好，取得了较好的业绩；但对外销量方面略显不足，具体
是什么原因造成，要在进一步分析后再进行评价。

第 7 章

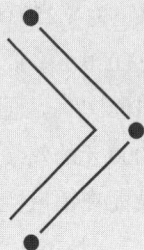

生产决策分析

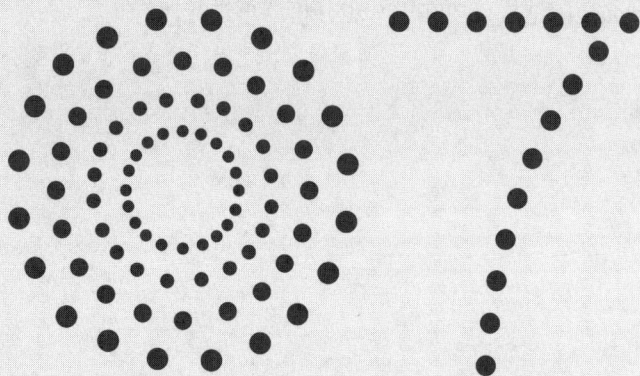

成本性态分类及变动成本法是成本管理会计应用的基础，本量利分析是成本管理会计的重要应用，生产决策分析也是成本管理会计的重要应用。

生产的过程就是成本发生的过程。产品生产出来后，原来零散的成本花费就有了统一附着物。企业愿意花费成本进行生产的动力在于预计未来取得的收入除了弥补成本花费外，还能为企业带来经营利润。

决策的道理是简单的，但决策时往往充斥着众多信息，哪些是有用的，哪些是无用的，哪些有用信息在已知的众多信息中是不存在的？要回答这些问题，既需要考虑相关成本，还需要考虑采用什么样的有效决策分析方法，这些问题的交织，使决策变得复杂。但决策者总得厘清思路，使复杂的问题简单化。

7.1 分析方法

是否进行生产的决策分析，需要方法论的指导。

决策分析方法有差量分析法、边际贡献分析法、相关损益分析法、单位资源消耗产出效果分析法、本量利分析法以及目标成本分析法。

在具体的决策场景中，需要成本管理会计选用适当的分析手法，为决策献计献策，提供恰如其分的参考信息，起到决策参谋的作用。

7.1.1 差量分析法

差量分析法是指针对两个互斥方案，计算两个决策方案的相关收入之差与相关成本之差，最终通过比较两个方案的差量损益，对互斥方案进行选择的一种方法。

如果有 A、B 两个方案，用公式来描述差量分析法，公式如下。

$$相关收入之差 = A 方案相关收入 - B 方案相关收入$$

$$相关成本之差 = A 方案相关成本 - B 方案相关成本$$

$$差量损益 = 相关收入之差 - 相关成本之差$$

如果差量损益为正数，代表 A 方案优于 B 方案；如果差量损益为负数，代表 A 方案劣于 B 方案。

相关成本之差，也可称为差量成本，这个概念在第 2 章成本分类中介绍过。

【例 7-1】某企业面对两个订单在犯愁，一个订单是生产桌子，另一个订单是生产档案柜，这两个订单企业均可安排生产，在只接受一个订单的情况下，企业无须新增机器设备等固定成本。目前，企业只能接受其中一个订单，因为两个订单的交期均很急，均需在当月生产完成。企业的管理者第一次面对这种情形，拿不出决策的思路来。

该企业的成本管理会计张升是一个经验丰富的老会计，从管理者那里得到订单信息后，就与技术及生产部门沟通成本情况，获得的成本信息如下。

生产一张桌子的直接材料成本为 300 元，直接人工成本为 80 元，变动性制造费用为 20 元，折旧等固定性制造费用全月总计 50 000 元。

生产一个档案柜的直接材料成本为 700 元，直接人工成本为 150 元，变动性制造费用为 50 元，折旧等固定制造费用全月总计 50 000 元。

同时，张升又将客户的订单信息整理如下。

生产桌子的订单的订购数量为 1 000 张桌子，客户愿意提供的不含增值税价格为每张桌子 500 元。

生产档案柜的订单的订购数量为 900 个档案柜，客户愿意提供的不含增值税价格为每个档案柜 1 000 元。

张升将信息资料收集好之后，决定采用差量分析法分析两个方案的优劣。

相关收入之差 = 桌子方案相关收入 - 档案柜方案相关收入

= 1 000×500-900×1 000 = -400 000（元）

相关成本之差 = 桌子方案相关成本 - 档案柜方案相关成本

桌子方案相关成本 = 1 000×（300＋80＋20）= 400 000（元）

档案柜方案相关成本 = 900×（700＋150＋50）= 810 000（元）

相关成本之差 = 400 000-810 000 = -410 000（元）

差量损益 = 相关收入之差 - 相关成本之差 = -400 000 -（-410 000）= 10 000（元）

差量损益的结果为正数 10 000 元，从订单效益角度考虑，接受生产桌子的订单更为划算。

在计算相关成本过程中，张升并没有考虑折旧等固定性制造费用 50 000 元。因为无论生产桌子还是生产档案柜，或者两者都不生产，这些固定性制造费用均会发生，所以这部分成本是与决策的无关成本，决策时无须考虑。而变动成本是只要生产就会发生的成本，是决策时必须考虑的相关成本。

张升将计算的差量损益结果提供给管理者后，管理者马上表示公司接受生产桌子的订单，况且该订单的客户是公司的老客户。

差量分析法提供了决策的辅助信息，可以从众多决策因素中，为决策者最终选择提供帮助。

7.1.2　边际贡献分析法

边际贡献分析法是针对一个方案分析其边际贡献情况，评价该方案是否会增加企业整体损益，再据此做出决策的方法。

在应用边际贡献分析方法之前，先来看一下边际贡献的公式。

边际贡献 = 销量 ×（销售单价 – 单位变动成本）

这个公式反映出边际贡献与固定成本不相关，而与变动成本相关，这是该方法应用的前提条件。

那么，在什么情况下无须考虑固定成本，可以利用边际贡献分析法进行分析决策呢？

我们先来看一下整体情况，再做进一步分析。外来订单分析思路如图 7.1 所示。

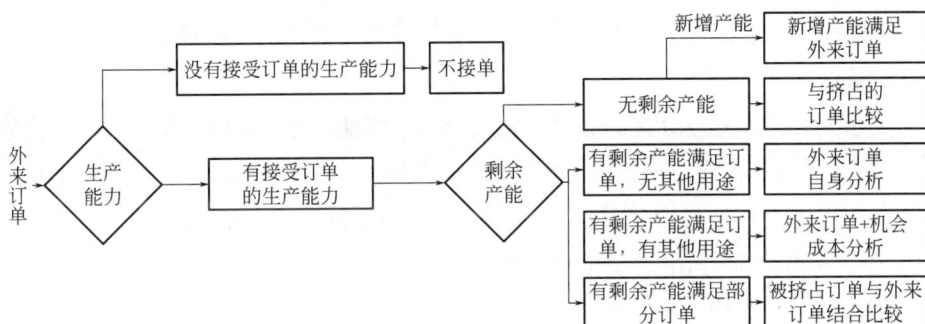

图 7.1　外来订单分析思路

如图 7.1 所示，在以上整体情形中，可逐步进行分析。

企业如果没有生产能力，根本接不了单，会做出不接单的决策。

企业如果无剩余产能，需要将外来订单与被挤占订单进行比较，这可以利用差量分析法进行分析。例如，【例 7-1】中的企业如果已经接了生产 1 000 张桌子的订单，但之后来了一份生产 900 个档案柜的订单，需要考虑是否接单。企业在不新增产能的情况下，无法同时接受两个订单，因此认为这是两个互斥方案，进行差量分析比较损益后，认为还是生产桌子多赚 1 万元有利，决定不接档案柜订单。

但如果管理层决策认为生产桌子的老订单要保留，同时，认为档案柜这个订单对于企业的长远发展也有利，于是决定测算在新增设备或产能的情况下是否接单。这种情况的决策就与老订单无关，是一个方案的决策，应看新订单的获利状况。同时，要考虑因接新订单增加的固定成本。此时，就可以采用相关损益分析法。

企业有剩余产能，剩余产能无其他用途。这种情况下，固定性制造费用与是否接受新订单无关，是决策的无关成本，企业仅需要测算外来订单本身是否能为增加利润提供贡献。这类决策本身自成一个方案的决策，可以采用边际贡献分析法。

企业有剩余产能，剩余产能有其他用途。这种情况下，固定性制造费用与接受新订单无关，但要考虑剩余产能的其他用途。例如，将设备或场地出租，那么租金就是接受新订单生产方案的机会成本，也就是在计算外来订单边际贡献的基础上要减去相关的机会成本后再来考虑是否接单。此时，可以采用相差损益分析法。

企业有剩余产能，但仅能满足部分订单生产。这种情况下，如果考虑部分接受订单，相当于部分订单是针对有剩余产能而无其他用途的情况，可以采用边际贡献分析法；如果仅能整体接单，那么整体接单方案要与部分被挤占的订单进行差量分析法比较。

总体来说，上面提到了三种决策分析方法：第一种是差量分析法，前面已讲；第二种是边际贡献分析法，是本节探讨的方法；第三种是相关损益分析法，是下节将探讨的方法。

差量分析法与边际贡献分析法、相关损益分析法相比，是针对两个方案的决策分析方法，而边际贡献分析法、相关损益分析法是针对一个方案的决策分析方法。

相关损益分析法是边际贡献分析法的延伸，在分析边际贡献的基础上还要考虑机会成本、相关固定成本等其他相关成本。

接下来，探讨边际贡献分析法。

边际贡献分析法通常是针对有剩余产能的情况，无须考虑固定成本，可通过计算外来订单本身是否能提供边际贡献进行分析决策的方法。

【例 7-2】沿用【例 7-1】中企业基本资料，如果企业已经接受了生产 1 000 张桌子的订单，企业还有剩余产能，而且能在剩余产能内满足 900 个档案柜的生产需要，同时，剩余产能没有其他用途。客户提供的不含增值税价格为每个档案柜 950 元，该企业是否接受这个订单呢？

利用边际贡献分析法进行分析如下。

$$边际贡献 = 销量 \times (销售单价 - 单位变动成本)$$

$$= 900 \times (950 - 700 - 150 - 50) = 45\,000（元）$$

计算结果显示，生产接受 900 个档案柜的订单后，因接受订单会增加企业的边际贡献 45 000 元，那么在无须增加固定成本的情况下，企业的息税前利润也会增加 45 000 万元，企业应该决定接受这个订单。

再来看一下另外一种部分接单的情况，与整体接单分析类似。

【例 7-3】沿用【例 7-1】中企业基本资料，如果企业已经接受了生产 1 000 张桌子的订单，企业尚有剩余产能可以满足生产 300 个档案柜的生产。客户提供的不含增值税价格为每个档案柜 950 元，该企业是否部分接受这个订单呢？

利用边际贡献分析法进行分析如下。

$$边际贡献 = 销量 \times (销售单价 - 单位变动成本)$$

$$= 300 \times (950 - 700 - 150 - 50) = 15\ 000（元）$$

接受生产 300 个档案柜的订单不会使固定成本发生变化，边际贡献会增加 15 000 元，企业息税前利润也会增加 15 000 元，企业应该接受这部分订单。

【例 7-4】沿用【例 7-1】中企业基本资料，如果企业已经接受了生产 1 000 张桌子的订单，企业尚有剩余产能可以满足 300 个档案柜的生产。客户提供的不含增值税价格为每个档案柜仅 850 元，该企业是否部分接受这个订单呢？

$$边际贡献 = 销量 \times (销售单价 - 单位变动成本)$$

$$= 300 \times (850 - 700 - 150 - 50) = -15\ 000（元）$$

如果接受生产 300 个档案柜的订单，企业会因此减少边际贡献及利润 15 000 元，企业不应该接受这部分订单。

以上的例题说明企业在有剩余产能而无其他用途的情况下，也就是在有闲置产能的情况下，只要接单能增加企业的边际贡献，就会增大企业的息税前利润，就应该接单；否则，不应该接单。

在有闲置产能的前提条件下，接单的条件如下。

$$边际贡献 > 0$$

$$销量 \times (销售单价 - 单位变动成本) > 0$$

$$销售单价 - 单位变动成本 > 0$$

$$销售单价 > 单位变动成本$$

所以，这种前提条件下，是否接单主要看销售单价是否大于单位变动成本，销售单价大于单位变动成本就可以考虑接单。

7.1.3　相关损益分析法

边际贡献分析法应用的前提条件是相关成本仅为变动成本的情形，但这种情况应用有限，实际情况有时要比这种情况复杂。

图 7.1 中，企业在没有剩余产能的情况下，如果管理层决策认为新订单对于企

业的长远发展有利，决定测算在新增设备或产能的情况下是否接单。

如果新增设备或产能会增加固定成本，新增固定成本是因为接单才发生的，那么这属于接单决策的相关成本。这时，决策的公式会在边际贡献的基础上再减去相关固定成本，得到的结果是相关损益。公式演变如下。

$$边际贡献 = 销量 \times (销售单价 - 单位变动成本)$$

$$相关损益 = 边际贡献 - 相关固定成本$$

$$= 销量 \times (销售单价 - 单位变动成本) - 相关固定成本$$

【例7-5】沿用【例7-1】中企业基本资料，如果企业接受了生产1 000张桌子的订单，企业已经没有剩余产能了。但企业还想接受生产900个档案柜的订单，如果接单，因为企业有空置的场地，只需要再增加一台12万元的机器设备。新增机器按5年计提折旧。这台机器后期也可以用来提升桌子的产能，桌子订单有逐渐增加的趋势。客户提供的不含增值税价格为每个档案柜1 000元，该企业是否接受这个订单呢？

利用相关损益分析法进行分析如下。

$$相关损益 = 销量 \times (销售单价 - 单位变动成本) - 相关固定成本$$

$$= 900 \times (1\,000 - 700 - 150 - 50) - 120\,000/5/12$$

$$= 90\,000 - 2\,000$$

$$= 88\,000（元）$$

相关损益为正值，企业可以购买机器并接受订单。

如果增加的机器是生产档案柜的专属设备，企业生产的其他产品都使用不上，而且企业接受生产档案柜的订单是一次性订单，后期再接档案柜订单的机会不大。那么，专属机器的成本也就变成了一次性的固定成本，应全部由这个订单承担。这种情况是否考虑接单呢？

利用相关损益分析法进行分析如下。

$$相关损益 = 销量 \times (销售单价 - 单位变动成本) - 相关固定成本$$

$$= 900 \times (1\,000 - 700 - 150 - 50) - 120\,000$$

$$= 90\,000 - 120\,000$$

$$= -30\,000（元）$$

相关损益为负值，不应接单。

如果增加一台12万元的机器设备，这台机器后期也可以用来增加桌子的产能，桌子订单有逐渐增加的趋势，机器按5年计提折旧。但企业没有空地，需要临时租用其他企业的空地一个月，那么租金超过多少就不能接单？

这种极值的考虑，是在与其他企业谈判租金之前就要确定的，也就是要有底限思维。

相关损益 = 销量 ×（销售单价 − 单位变动成本）− 相关固定成本

　　　　= 销量 ×（销售单价 − 单位变动成本）− 相关机器折旧 − 相关场地租金

　　　　= 900 ×（1 000 − 700 − 150 − 50）−120 000/5/12 − 相关场地租金

　　　　= 90 000 − 2 000 − 相关场地租金

　　　　= 88 000 − 相关场地租金

相关损益 > 0

88 000 − 相关场地租金 > 0

相关场地租金 < 88 000

如果相关场地租金小于 88 000 元，企业可以考虑该方案，如果相关场地租金大于 88 000 元，就不接受订单。

以上举例中的固定成本是在边际贡献的基础上发生的。如果除了相关固定成本外，企业还会发生机会成本，那么相关损益计算公式如下。

相关损益 = 边际贡献 − 相关固定成本 − 机会成本

　　　　= 销量 ×（销售单价 − 单位变动成本）− 相关固定成本 − 机会成本

如果企业有剩余产能，但剩余产能有其他用途，如将设备或场地出租，那么租金就是满足新订单生产方案的机会成本。

【例 7-6】沿用【例 7-1】中企业基本资料，如果企业已经接受了生产 1 000 张桌子的订单，企业有剩余产能，但剩余产能的机器设备及场地可以出租，设备月租金为 5 000 元，场地月租金为 20 000 元。企业想接受生产 900 个档案柜的订单。如果接单，上述租金就得不到，租金成为了接单方案的机会成本。客户提供的不含增值税价格为每个档案柜 1 000 元，该企业是否接受这个订单呢？

利用相关损益分析法进行分析如下。

相关损益 = 销量 ×（销售单价 − 单位变动成本）− 机会成本

　　　　= 900 ×（1 000−700−150−50）−（5 000 + 20 000）

　　　　= 90 000−25 000

　　　　= 65 000（元）

相关损益为正值，可以考虑接受订单安排生产。

7.1.4　单位资源消耗产出效果分析法

前面的决策分析方法，较多是在企业资源使用没有瓶颈限制的情况下应用的。

对于企业来讲，资源是有限的。例如，现有的机器设备最大提供全年 17 820 小时的产能，如果想获得更大的产能，只有再增加机器设备、厂房等，但这种固定资产的投资金额较大，筹措资金的要求也较高。

如果企业不扩大产能，在现有机器小时能力水平下，只有在有限的产能资源中提高资源的利用效率及效果，企业才能获得更大的产出。

那么，在资源有限的情况下，如何能获得最大的产出效果呢？

无论是边际贡献分析法，还是相关损益分析法，从企业效益最大化角度来说，均是从使企业的边际贡献总额或相关损益总额最大化的角度去选择方案。

例如，前面提到的企业最多提供的机器小时为 17 820 小时，那么，如何使总产出最大化呢？

$$总产出额 = 17\ 820 \times 每小时的产出额$$

这是大家通常会想到的思路，如果要让总产出额最大化，在 17 820 小时资源一定的情况下，唯一的方法是让每小时的产出额最大化。接下来，沿着这个思路考虑。

如果将产出效果看成是边际贡献，将小时的耗用看成是单位资源的耗用，则可以通过单位资源消耗产出的边际贡献来衡量每小时的产出额。

$$单位资源消耗产出的边际贡献 = 单位产品边际贡献 / 单位资源消耗标准$$

【例 7-7】沿用【例 7-1】中企业基本资料，生产桌子的单位边际贡献 = 500 - 300 - 80 - 20 = 100（元），生产档案柜的单位边际贡献 = 1 000 - 700 - 150 - 50 = 100（元），这两个产品的单位边际贡献是相同的。但两种单位产品消耗的资源是不同的；生产一张桌子需要 8 个机器小时，生产一个档案柜需要 12 个机器小时，企业能提供的机器小时仅有 17 820 小时。计划生产 1 000 张桌子、900 个档案柜。

首先，判断如果桌子和档案柜均全部生产，机器小时是否够用，是否有足够资源。

生产桌子和档案柜总小时数 = 8 × 1 000 + 12 × 900 = 18 800（小时）> 17 820 小时

这说明机器小时是有限资源，那么在有限资源内，如果平均每小时的产出最大，那么总产出额也会最大。而要使平均每小时的产出最大，应该优先安排每小时产出高的产品。

桌子单位资源消耗产出的边际贡献 = 单位产品边际贡献 / 单位资源消耗标准

　　　　= 每张桌子边际贡献 / 生产每张桌子需要的机器小时

　　　　= 100/8

= 12.5（元 / 小时）

档案柜单位资源消耗产出的边际贡献 = 100/12 = 8.33（元 / 小时）

由于桌子单位资源消耗产出的边际贡献＞档案柜单位资源消耗产出的边际贡献，所以在安排桌子和档案柜的生产时，优先安排桌子的生产，这样可以使企业总体的产出效益最大化。

安排桌子生产需要的机器小时 = 8 × 1 000 = 8 000（小时）

剩余的机器小时 = 17 820 - 8 000 = 9 820（小时）

剩余机器小时安排生产档案柜的产量 = 9 820/12 = 818（个）

综上，安排生产 1 000 张桌子和 818 个档案柜时，总产出的边际贡献最大，总产出的利润也会最大：总产出边际贡献 = 1 000 × 100 + 818 × 100 = 18 1800（元）。

【例 7-8】沿用【例 7-7】中企业基本资料，如果企业安排桌子生产存在专属机器成本 35 000 元。

那么，关于总产出就不能比较边际贡献，而应比较相关损益。

单位资源消耗产出的相关损益 = 单位产品相关损益 / 单位资源消耗标准

桌子单位资源消耗产出的相关损益 = 每张桌子相关损益 / 生产每张桌子需要的机器小时 =（100-35 000/1 000）/8 = 8.125（元 / 小时）

由于桌子单位资源消耗产出的相关损益＜档案柜单位资源消耗产出的相关损益 = 档案柜单位资源消耗产出的边际贡献，所以应优先安排档案柜的生产。

安排档案柜生产需要的机器小时 = 12 × 900 = 10 800（小时）

剩余的机器小时 = 17 820 - 10 800 = 7 020（小时）

剩余机器小时安排生产桌子的产量 = 7 020/8 = 877（张）

安排生产 900 个档案柜和 877 张桌子的总产出的相关损益：总产出相关损益 = 900 × 100 + 877 × 100-35 000 = 142 700（元）。

以上讨论的是针对有限资源的条件下，两个产品均能生产，其中一个产品只能部分生产的情况，所以会涉及优先安排生产哪个产品的问题，如图 7.2 所示。

图 7.2 中，相当于总资源 17 820 小时分配给桌子和档案柜，如果桌子和档案柜全部按需要量生产，会有 8 000 + 10 800 - 17 820 = 980（小时）的资源缺口，由此应考虑 980 小时的资源缺口到底减少谁的产量。从以上分析来看，应该减少每小时产出少的产品产量。

再来看一下其他情况：如果桌子和档案柜的销售需求是只要能生产出来就能销售出去，或者两个产品的订单需求量都无限大，那么应如何安排？

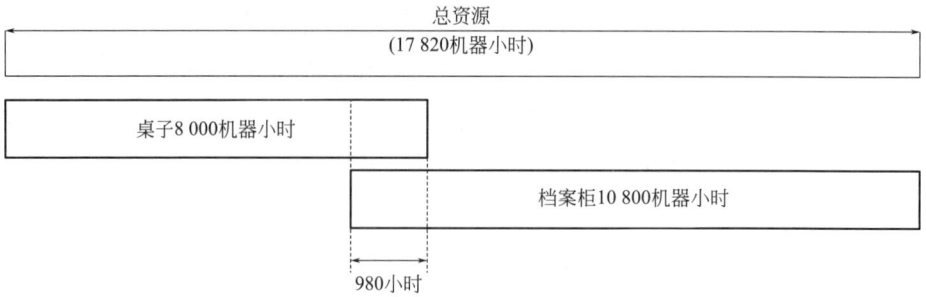

图 7.2　有限资源的分配（1）

这时应该选择单位资源消耗产出的相关损益或边际贡献最大的产品进行生产，如图 7.3 所示。

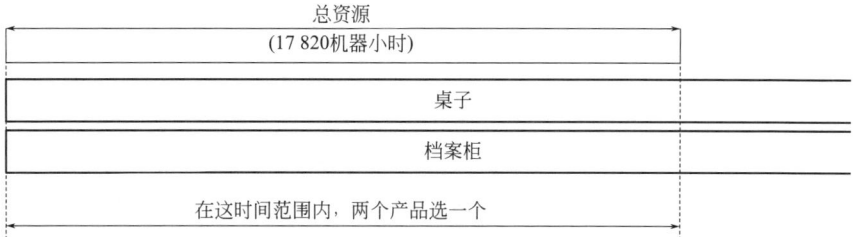

图 7.3　有限资源的分配（2）

还有一种情况是两种产品的需求量都不大，两种产品需要的机器小时加在一起也没有超过 17 820 个机器小时，如图 7.4 所示。当然，这种情况不属于有限资源限制的情况，也不需要进行选择的决策，均生产就可以了。

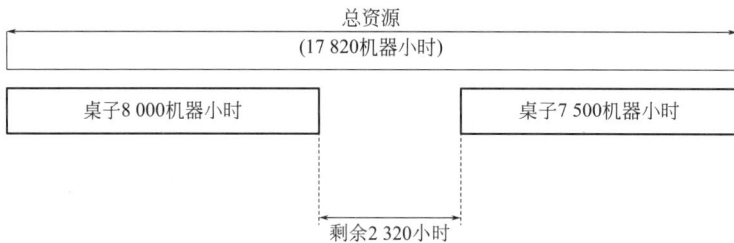

图 7.4　资源有剩余情况

7.1.5　目标成本法

对于是否接受订单，还有一种情况值得探讨。

按照前面的思路，企业可能接不到外部订单，因为经衡量之后，相关订单不是没有边际贡献，就是没有相关损益，如果应用之前的分析方法，会否定外部订单。

是否可以转换一下思路：是否因为企业的成本高于市场而造成不能接单？造成成本过高的原因是设计的材料成本要求高，还是工艺设计得过于繁杂造成人工成本过高？

如果成本过高，高多少？成本降到多少，企业接单是可以接受的？成本降到多少，探讨的是目标成本。

如果企业有剩余产能，决策的相关成本仅是变动成本，则目标成本应设定为变动成本，探讨的公式如下。

$$边际贡献 = 销量 \times (销售单价 - 单位变动成本)$$

$$目标边际贡献 = 销量 \times (销售单价 - 目标单位变动成本)$$

$$目标单位变动成本 = 销售单价 - 目标边际贡献 / 销量$$

$$目标单位变动成本 = 销售单价 - 目标单位边际贡献$$

如果企业剩余产能不足，则目标成本不仅包括变动成本，还包括固定成本，探讨公式如下。

$$相关损益 = 销量 \times (销售单价 - 单位变动成本) - 相关固定成本$$

$$目标相关损益 = 销量 \times (销售单价 - 目标单位变动成本) - 目标相关固定成本$$

$$目标相关损益 / 销量 = 销售单价 - 目标单位变动成本 - 目标相关固定成本 / 销量$$

$$目标单位相关损益 = 销售单价 - 目标单位变动成本 - 目标单位相关固定成本$$

$$目标单位变动成本 + 目标单位相关固定成本 = 销售单价 - 目标单位相关损益$$

推导出目标成本的意义，在于接下来要求技术部门、生产部门、采购部门等相关部门进行目标成本的设计，即在满足目标损益或目标边际贡献的前提下，设计出满足客户需求的产品。

【例 7-9】沿用【例 7-1】企业基本资料，如果企业已经接受了生产 1 000 张桌子的订单，企业尚有剩余产能可以满足 900 个档案柜的生产。经与客户协商，客户提供的不含增值税价格为每个档案柜 850 元，该企业是否接受这个订单呢？

利用边际贡献分析法进行分析如下。

$$边际贡献 = 销量 \times (销售单价 - 单位变动成本)$$

$$= 900 \times (850 - 700 - 150 - 50) = 900 \times (-50) = -45\,000（元）$$

如果按照现有档案柜的设计思路以及制作工艺，企业接单生产会减少利润，所以企业不会接单。

但如果管理者提出要求,如果每个档案柜能有50元的单位边际贡献就可以接单。那么,技术、生产、采购等部门能不能合作生产出有50元单位边际贡献的产品来?这种情况下,这些部门又会要求成本管理会计核算出目标成本应是多少,以便各个部门合作按目标成本设计产品。

$$单位目标变动成本 = 销售单价 - 单位目标边际贡献$$

$$= 850 - 50 = 800(元)$$

如果目标单位变动成本由原来的900元降到800元,企业就可以接单。

如何从设计材料上改变?改变材料后,采购部门是否能按新标准采购进企业?生产部门能否随着工艺路线或制作方法的改进而减少人工成本?这都是降低成本的思路。

在降低成本的思路指导下,企业综合制定降低成本方案,如果依据降低成本方案而接单,那就严格地执行下去。

按目标成本法决策接单,对企业按接单方案执行的能力要求高。因为一旦方案执行有偏差,可能造成接单反而亏损的局面。所以,对于以目标成本接单、预计边际贡献率较低的企业,如果执行能力差,需要考虑是否应该采用目标成本法进行决策。

7.2 分析类型

以上分析方法针对的是企业接受的一次性或价格较低的订单,这类订单称为特殊订单。

企业经营是复杂多变的,未来会有更多的新情况需要应对。分析类型不可能穷尽,但只要掌握了必要的方法,根据不同情况选用适用的分析方法,就掌握了决策分析的精髓。

7.2.1 亏损产品是否停产的决策分析

对于亏损产品的分析类型,也采用类似于特殊订单决策的分析方法,分情况展开分析。亏损产品树状分析如图7.5所示。

图7.5中,亏损产品分析有几种情况,下面一一分析。

第1种情况,亏损产品挤占其他产品的产能。有些企业存在这种状况,销售部门往往认为只要有销量就应该满足客户的需求,但这样做可苦了生产部门——产品品种太多,产品品种更换频繁,生产效率受到了很大的影响。

这时,可清理整顿那些无盈利且销量较小的产品,解放产能用来生产盈利产品或边际贡献更高的产品，从而提高企业整体的盈利能力。

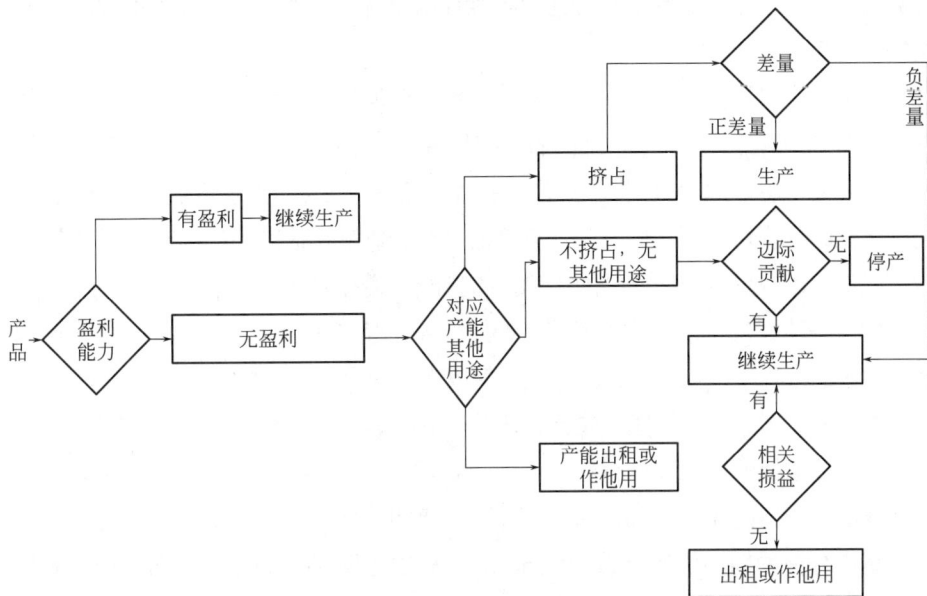

图 7.5　亏损产品树状分析

当然，是否停产亏损产品需要测算。如果亏损产品挤占了其他产品的产能，这时涉及两个方案的决策，可以采用差量分析法比较两个方案的优劣。

第 2 种情况，在亏损产品既不挤占盈利产品的产能，也无其他用途的情况下，可以采用边际贡献分析法，计算亏损产品是否能够提供边际贡献。如果亏损产品能提供边际贡献，就能为企业获取利润做出贡献；否则，则会削减企业的总体利润，企业应做出停产的决策。

第 3 种情况，生产亏损产品存在产能，如果停产亏损产品，则产能可以出租或作他用，那么，出租的租金或作他用的收益，则视为亏损产品的机会成本，企业可采用相关损益分析法进行分析决策。

【例 7-10】某企业专做木制产品，如桌子、椅子、衣柜，以及其他家具产品等，产品品种上百种。随着材料科学的发展，有些木制产品有被其他材料逐渐替代的趋势。

现在该企业就面临着还要不要生产木制档案柜的决策，因为随着铁质档案柜的大量面市，木制档案柜需求量逐渐减少，即使有订单，价格也压得很低。

生产档案柜到底划不划算，要不要停产，管理者也举旗不定。一方面销售人员认为档案柜的订单还是有的，为了销售额，就应当生产；另一方面生产人员认为品种太多，有必要砍掉一些品种，如档案柜这种产品销量不大，而且可能不赚钱。

管理者想到之前成本管理会计张升提供的决策信息很有帮助，认为决策还是要用数据说话。于是管理者请张升为此事献计献策，并极力支持张升收集数据，保证相关部门全力配合。

该企业应用了会计电算化，基本财务数据调取比较方便，张升随之将软件中数据导出到 Excel 表中，进行了全部品种的数据统计查看。

张升又与生产部门负责人沟通，并了解和查看了生产计划部门的排产计划，发现档案柜的订单均是零星的，每次排产时，均会影响其他产品的排产，而且有时因排产困难，还减少了一些产品的接单，如衣柜产品的接单。

数据整理好之后，张升就将资料提报给管理者，并建议大家开会讨论一下，以便在决策的过程中，让相关部门也能了解成本管理会计的分析方法。

相关人员到会后，管理者先让张升说一下搜集到的数据资料。张升介绍如下。

生产档案柜的单位直接材料成本为 700 元，单位直接人工成本为 150 元，单位变动性制造费用为 50 元，折旧等固定性制造费用全月总体为 1 000 000 元，最近每个档案柜分摊的固定性制造费用为 50 元，无直接费用；最近一个季度企业销售档案柜 200 个，不含增值税平均销售单价为 920 元。

档案柜的单位毛利 = 920 - (700 + 150 + 50) - 50 = -30 (元)

档案柜的单位边际贡献 = 920 - (700 + 150 + 50) = 20 (元)

经统计因排产档案柜而无法生产衣柜，导致最近一个季度有 200 个标准衣柜的零散订单没接。

衣柜的单位毛利 = -10 元。

衣柜的单位边际贡献 = 50 元。

管理者接着让大家发表看法。

生产负责人说，两个产品都没有单位毛利，都不应该接单吧?

销售部门负责人说，不应该只看单位毛利吧，现在的数据是否可以理解为生产衣柜的单位边际贡献更高，如果生产衣柜企业赚钱会更多。

张升说，无论安排哪种产品生产，以及生不生产，企业固定成本均会发生，所以单位固定制造费用是决策的无关成本，应该依据单位边际贡献来测算。衣柜的单位边际贡献比档案柜高 30 元 (50 - 20)，相同销量情况下，衣柜的边际贡献总额比档案柜高 6 000 元 (200 × 30)，生产衣柜对企业的利润贡献更大。

销售部门负责人说，既然零散而且个性化较强的档案柜影响了标准化衣柜的生产，而且生产衣柜企业利润会更高，那么，支持公司砍掉档案柜这个产品。

生产部门负责人说，看来档案柜是应该砍掉。最近有一家企业问过我，生产桌子的机器能否出租，他们企业愿意每个月提供 10 万元的租金，桌子的盈利状况，虽然我不清楚，但我们应该测算一下，如果砍掉桌子的生产，是不是企业的业绩会更好。

张升说这是一个新的决策，我们看一下桌子的数据资料。

桌子的单位毛利 = -25 元。

桌子的单位边际贡献 = 20 元。

客户购买桌子的批量比较大，排产比较集中。最近季度桌子的销量为 3 万张。

销售部负责人说，最近一个季度桌子的销量 3 万张，单位边际贡献 20 元，边际贡献总额为 60 万元。如果不生产桌子，企业的产能会有闲置，但固定成本还是会发生的，故停产桌子企业的利润会减少 60 万元。租金能抵补这 60 万元的损失吗？

张升说，每个月 10 万元的租金，一个季度是 30 万元租金收入，30 万元的租金收入抵补不了砍掉桌子 60 万元的损失，还是生产桌子企业的利润会更多。

最终，管理者做了最后的总结决策，决定停产档案柜，接单生产衣柜，并继续生产桌子。

7.2.2　亏损部门是否撤销的决策分析

有一些固定成本，会随着方案的改变而消失或出现，如管理人员的工资、场地租金、广告费等。例如，当某个部门或产品线撤销时，部门或产品线的管理人员工资或租金也就随之消失，这些成本属于可避免成本，是决策方案需要考虑的相关成本。

【例 7-11】某企业有 3 个零售商场，分别销售食品、服装、家具，因受电商的冲击以及人们购买习惯改变的影响，服装商场是亏损的。但关于是否需要撤销服装商场，管理者让成本管理会计搜集数据进行分析，搜集到的商场预计利润数据如表 7.1 所示。

表 7.1　商场预计利润数据　　　　　　　　　　单位：元

项目	食品商场	服装商场	家具商场	合计
销售收入	1 500 000	600 000	3 500 000	5 600 000
减：变动成本	1 050 000	400 000	2 100 000	3 550 000
边际贡献	450 000	200 000	1 400 000	2 050 000
减：固定成本	300 000	260 000	800 000	1 360 000
息税前利润	150 000	-60 000	600 000	690 000

3 个零售商场的固定成本包括管理人员工资、租金（退租或转租均可）、广告宣传费等，属于可以避免的固定成本；而空调、计算机等折旧属于不可避免的固定成本。如果对每个商场均进行固定成本分类，分类后商场的预计利润数据如表 7.2 所示。

表 7.2　商场成本分类后的预计利润数据　　　　　　单位：元

项目	食品商场	服装商场	家具商场	合计
销售收入	1 500 000	600 000	3 500 000	5 600 000
减：变动成本	1 050 000	400 000	2 100 000	3 550 000
边际贡献	450 000	200 000	1 400 000	2 050 000
减：可避免固定成本	200 000	160 000	600 000	960 000
相关损益	250 000	40 000	800 000	1 090 000
减：不可避免固定成本	100 000	100 000	200 000	400 000
息税前利润	150 000	−60 000	600 000	690 000

接下来，采用决策树的分析方式，对每种可能情况进行分析，如图 7.6 所示。

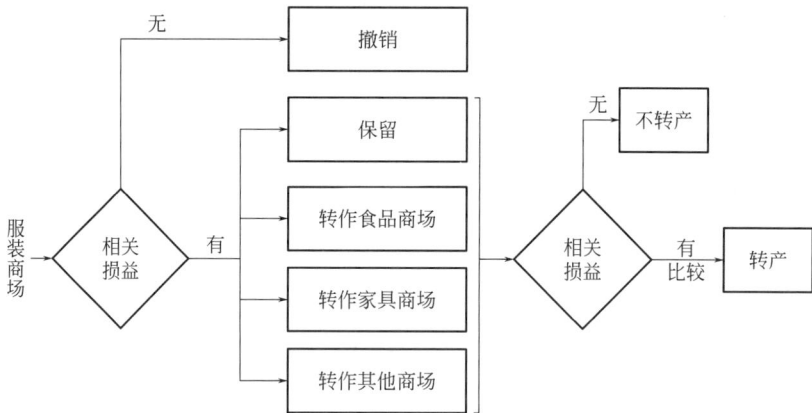

图 7.6　亏损部门撤销或转产树状分析图

首先，判断服装商场有无相关损益，无相关损益，会越做越亏，应该决策撤销。服装商场相关损益为 40 000 元，如果决定撤销服装商品，撤销后预计利润数据如表 7.3 所示。

表 7.3　服装商场撤销后预计利润数据　　　　　　单位：元

项目	食品商场	服装商场	家具商场	合计
销售收入	1 500 000		3 500 000	5 000 000
减：变动成本	1 050 000		2 100 000	3 150 000
边际贡献	450 000		1 400 000	1 850 000
减：可避免固定成本	200 000		600 000	800 000
相关损益	250 000		800 000	1 050 000
减：不可避免固定成本	100 000	100 000	200 000	400 000
息税前利润	150 000	−100 000	600 000	650 000

撤销服装商场后，该企业的息税前利润合计为 650 000 元，相比不撤销时的 690 000 元减少了 40 000 元，通过撤销与不撤销的差量比较分析，该企业应不撤销服装商场。

不撤销服装商场的情况下，该企业可以有 4 种方案可供选择，一是保留服装商场，二是转作食品商场，三是转作家具商场，四是转作其他商场。这 4 种方案相关利润数据比较如表 7.4 所示。

表 7.4　四种方案相关利润数据比较　　　　　　单位：元

项目		转作食品商场	保留服装商场	转作家具商场	转作书店
变动前	销售收入	1 500 000	600 000	3 500 000	
	减：变动成本	1 050 000	400 000	2 100 000	
	边际贡献	450 000	200 000	1 400 000	
	减：可避免固定成本	200 000	160 000	600 000	
	相关损益	250 000	40 000	800 000	
变动增加	增加销售收入	1 000 000		1 800 000	1 000 000
	增加边际贡献	300 000		720 000	250 000
	减：增加可避免相关固定成本	100 000		300 000	200 000
	相关损益	200 000		420 000	50 000
转产的机会成本		40 000		40 000	40 000
转产增加的相关损益		160 000		380 000	10 000

注：(1) 变动增加，是指将服装商场转作其他商场，其他商场所增加的销售收入、边际贡献等信息。
　　(2) 保留服装商场的相关损益 40 000 元是转产其他商场的机会成本。

经过比较相关损益后，服装商场转作家具商场将增加相关损益 380 000 元，比转产其他商场或书店使企业盈利更多，故企业可做出将服装商场转作家具商场的决策。

7.2.3　自制或外购的决策分析

自制与外购是获得产品的方式，无论采用哪一种获得产品方式，其共同点是销售价格无差别。但因获得产品的方式不同，产品成本也不同。

因此，自制与外购的决策，主要是比较两种方式的成本，选择成本最小的方式。

外购成本比较简单，就是从供应商处商谈的采购价格。对于自制成本，需要分情况核算。将自制分外购决策以决策树表示，如图 7.7 所示。

如果企业有剩余产能，而且剩余产能又没有其他用途，那么，对应产能部分的固定成本（如机器或厂房的折旧），无论自制与否，是均会发生的固定成本，是与决策无关的成本。因此，只需考虑自制产品的变动成本以及管理自制生产的可避免固定成本，然后将这些成本与外购的采购成本进行比较，选择成本最小的方案。

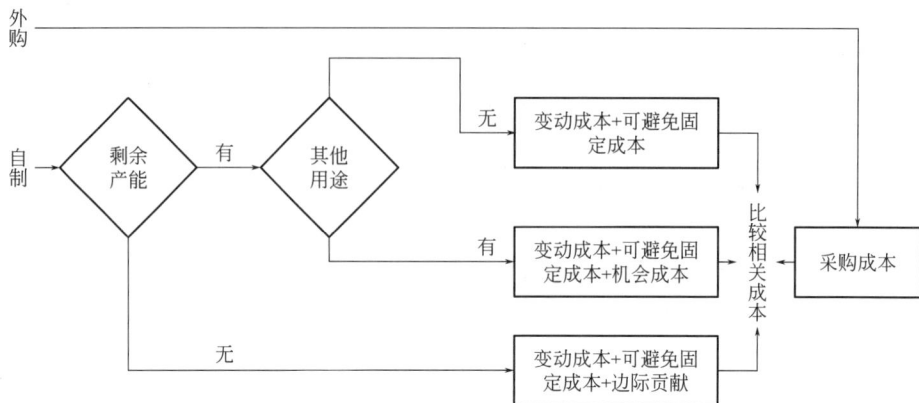

图 7.7　自制与外购决策分析

如果企业虽有剩余产能，但剩余产能有其他用途（如出租会有租金），其他用途的收益就是自制方案的机会成本。所以，在考虑自制的变动成本以及管理自制生产的可避免固定成本的基础上，还要考虑机会成本，将这些成本与外购的采购成本进行比较，选择成本最小的方案。

如果企业没有剩余产能，自制产品会挤占其他产品的产能，而自制的产品与挤占的产品不同，销售价格也不同。那么，挤占其他产品损失掉的收益，就是自制方案的机会成本。收益是指挤占产品的边际贡献，则边际贡献就是自制方案的机会成本；将机会成本加上自制的变动成本以及管理自制生产的可避免固定成本之后，与外购的采购成本进行比较，选择成本最小的方案。

类似的决策问题，只要思路明确，用类似方法进行判断的方式与上面举例相似，故不再举例。

在决策时需要注意，因为对于自制与外购的决策，决策者不仅会依据以上的数据来选择，还会考虑其他因素，如质量控制、核心技术因素等，有些因素可能会比成本因素重要。故自制与外购是综合因素决策的结果。

另外，选择自制或外购与需要的产品数量有关。一定数量下可能是自制成本低，而如果量太小，又可能是外购成本低，这要具体分析。这个分析决策模型与自制或外购的临界数量有关，临界量的计算应遵循以下原理，如图 7.8 所示。

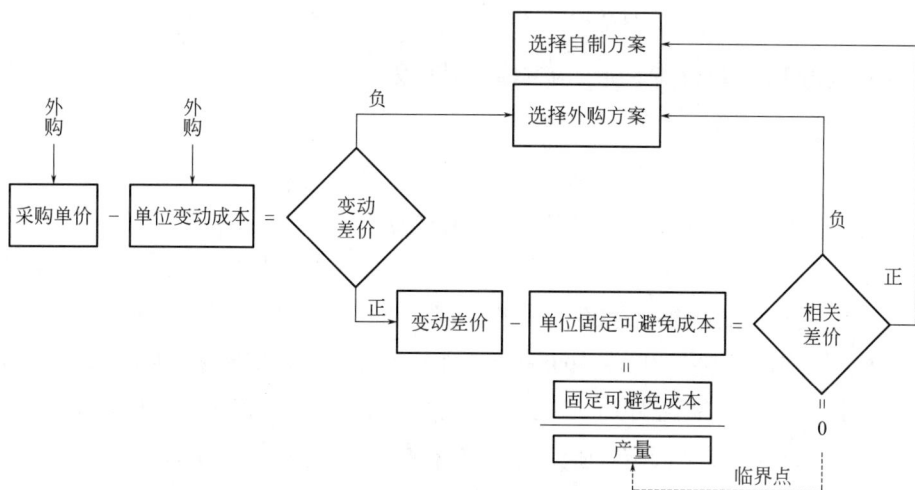

图 7.8　临界量的计算原理

如图 7.8 所示，相关差价为 0 时的产品数量，就是临界点产量。从树状分析原理图进行公式推导如下。

$$采购单价 - 单位变动成本 - 单位固定可避免成本 = 0$$

$$采购单价 - 单位变动成本 - 固定可避免成本 / 产量 = 0$$

$$固定可避免成本 / 产量 = 采购单价 - 单位变动成本$$

$$产量 = 固定可避免成本 / （采购单价 - 单位变动成本）$$

这时的产量便为临界点产量，所以实质上公式应表述为如下形式。

$$临界点产量 = 固定可避免成本 / （采购单价 - 单位变动成本）$$

临界点产量也可称为成本无差别的临界点产量，说明自制与外购方案的成本无差别。接着再来看原理，如何判断订单产量与临界点产量的大小关系？企业应选择自制还是外购？

先来推导成本无差别的临界点处，自制和外购的单价公式如下。

$$采购单价 - 单位变动成本 - 单位固定可避免成本 = 0$$

$$采购单价 = 单位变动成本 + 单位固定可避免成本$$

$$采购单价 = 单位变动成本 + 固定可避免成本 / 临界点产量$$

在成本无差别的临界点处，外购采购单价 = 自制成本单价 = 单位变动成本 + 固定可避免成本 / 临界点产量，故可以利用这个公式判断产量与临界点产量的大小关系，从而做出决策。

在这个公式中，订单产量如果大于临界点产量，上面的公式会变成如下公式。

采购单价＞单位变动成本＋固定可避免成本／订单产量

这时说明采购单价高，企业应选择自制方案。

订单产量如果小于临界点产量，前面的公式会变成如下公式。

采购单价＜单位变动成本＋固定可避免成本／订单产量

这时说明采购单价低，企业应选择自制方案。

【例 7-12】某企业自制生产一张桌子的直接材料成本为 300 元，直接人工成本为 80 元，变动性制造费用为 20 元，折旧等固定性制造费用全月总计 50 000 元。在 50 000 元固定性制造费用中有 30 000 元为如果不生产桌子就不会发生的管理人员工资等固定成本。如果企业外购同等材质和规格型号的桌子，每张价格为 450 元。

临界点产量 = 固定可避免成本／（采购单价 – 单位变动成本）

= 30 000/（450 – 300 – 80 – 20）

= 30 000/50

= 600（张）

如果用图形决策，会更为直观，如图 7.9 所示。

如果每个月桌子的订单量大于 600 张，采购成本曲线在自制成本曲线的上方，自制成本更低，企业可以选择自制方案；如果每个月桌子的订单量小于 600 张，采购成本曲线在自制成本曲线的下方，外购成本更低，企业可以选择外购方案。

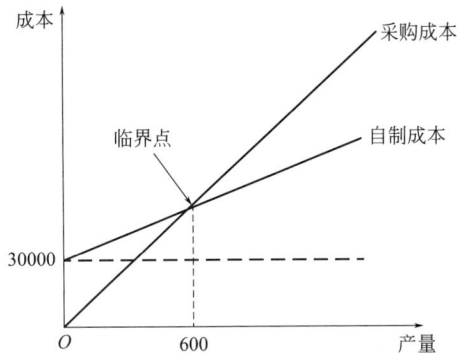

图 7.9　临界点分析

除了直观的图形可供判断外，还可以采用上面推导的公式进行判断。

采购单价 = 单位变动成本＋固定可避免成本／临界点产量

采购单价 = 450 = 300 + 80 + 20 + 30 000／临界点产量

采购单价 = 450 = 400 + 30 000／临界点产量

如果订单产量大于 600 张的临界点产量，说明公式的分母在增大，分数值在变小，采购单价会大于自制成本，公式表示如下。

$$采购单价 = 450 > 400 + 30\,000 / 订单产量$$

同理，当订单产量小 600 张时，采购单价与自制成本的比较公式如下。

$$采购单价 = 450 < 400 + 30\,000 / 订单产量$$

这时，采购单价小于自制成本，企业应选择外购方案。

其实，图形的直观效果是无须语言来解释如何选择方案的，但笔者又煞费苦心地用公式解释订单产量大于或小于临界点产量时应如何选择方案，主要还是出于多维度思考问题可以锻炼思维的考虑。成本管理会计具有灵活的特点就是面对企业内部管理而言的，需要灵活地掌握原理，多维度解决不同的成本管理问题。

分析类型还有资源有限利用的情形，在前面方法中已经讲述，在此不重述。

还有对于产品是否进一步加工的问题，可采用差量分析法，对于进一步加工方案与不加工方案进行比较便可以选择，这相对简单，也不再讲述。

第 8 章

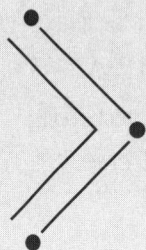

> 定价决策分析

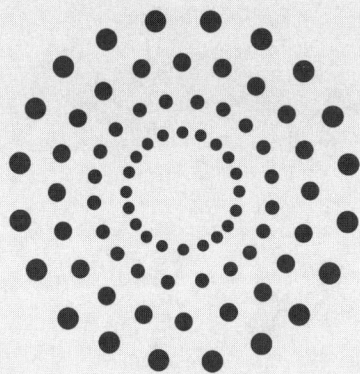

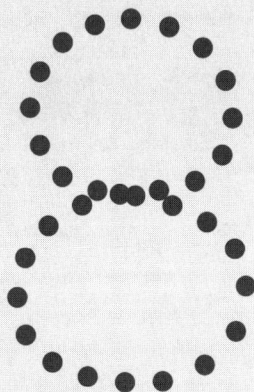

看到这章的名称,笔者就想起了李强演讲时的主题"定价定天下"。

关于"定价定天下"的说法,我的理解是这说明了定价的重要性,一方面突出定价在面对市场时的作用,另一方面突出定价在实现企业自身价值时的作用。

笔者认为定价是企业内外价值的界定点:面对市场,为客户提供质优价廉的产品,帮助客户获得成本优势;审视自身,企业要长期盈利,从客户处获取收入,才可能持续为客户服务,实现共赢。

8.1 定价概述

定价需要思考如何从客户处获取收入,与企业的产品市场定位有关,企业的产品定位于哪些客户群,决定了产品价格的区间范围。高端客户很难接受低端产品,高端产品的价格压力低端客户也很难承受,所以基于价格与客户的档次匹配性,也需要从产品定位客户群角度来考虑产品价格的定价策略。

除了产品市场定位会影响价格之外,价格还有其他的影响因素。

8.1.1 设身处地考虑定价影响因素

定价的影响因素会影响价格的制定。需考虑的影响因素,既有企业内部的影响因素,又有企业外部的影响因素。

企业内部的影响因素,包括成本、利润、资金等。

$$单位毛利 = 销售单价 - 单位销售成本$$

$$销售单价 = 单位毛利 + 单位销售成本$$

通过这个公式可以看出定价受成本和毛利润的影响。

同时,定价也受资金的影响,因为销售成本是由产品成本转化的,产品的生产要耗费材料、人工和制造费用,这些耗费均受资金的影响。迫于资金的压力,企业可能会调低销售价格。

企业外部的影响因素,包括供需关系、竞争对手的定价、市场定位、品牌形象等。

供需关系会影响企业产品的价格,这是毋庸置疑的。

竞争对手的价格情况会引起产品消费者的比较。企业的产品要在消费者比较的过程中占有优势,才能引起消费者购买该企业产品的欲望。在与竞争对手的比较中,价格是一个重要的比较方面。企业应该先于消费者进行价格比较,这是定价时要考虑的一个重要方面。

市场定位,即针对不同档次的客户群体,可能需要对产品制定不同的销售价格。

例如，有些产品的配方是相同或相似的，但针对不同的客户群体的外包装差别很大，因此制定的销售价格相差也较大。

对于品牌形象，如果企业专注于高端市场、提供高水平的产品，价格会定得高，如果降低价格，反而可能降低品牌形象，会影响产品销售。

定价定天下。企业要根据自己的情况，设身处地地考虑定价影响因素，慎重地、内外兼顾地制定产品的销售价格，实现企业的定价目标。

8.1.2 高瞻远瞩探寻定价目标

思维常有专注性思维和发散性思维之分，专注的场景经常让人想起埋头苦干，发散的场景会让人忆起旁观者清。有时需要跳出思维定式，用发散思维高瞻远瞩地看问题，这样更容易把控全局；有时需要静下心来，专注地谋划细节，这样更有利于全局思想的落地实施。

如果说考虑定价影响因素时，需要专注地考虑各种可能的影响因素，那么探寻定价目标时，需要高瞻远瞩地洞察影响价格的主要因素，而这种对全局观的把握，需要发散性思维的配合。

如果说财务会计更专注于细节，那么管理会计不但需要专注于细节，而且也需要跳出细节，发散性地把握全局方向，这也是成本管理会计之道。管理会计需要突破思维定式，发散性思考是突破的方法之一。

关于定价目标的探寻，让我们看一下如下公式，是否会有所启示。

销售收入 = 销量 × 销售单价 = 销量 × 单位销售成本 ×（1 + 成本毛利率）

把握这个公式，有利于企业在特定时期把握住定价的主要因素，从而确定定价目标。这个公式说明定价目标并非单纯地制定销售单价，而是在销售单价的基础上，还要考虑销量的实现。

企业以盈利为目标，定价是实现企业目标的重要方式，定价应体现企业盈利能力目标。

定价要考虑企业整体的盈利能力，企业整体的盈利与毛利额有关，毛利额与产品的毛利率相关，也与销量相关。

考虑盈利能力的定价目标时，需要高瞻远瞩地考虑低毛利率但销量大的产品，这样的产品仍能提供较高的毛利额；高毛利率产品虽销量小，但也能提供较高的毛利额。

企业以盈利能力为目标时，需要权衡毛利率与销量之间的关系，但最终的着眼点应是毛利总额最大化。毛利率或销量是实现毛利总额的手段。

虽然企业的最终目标是盈利，但有时阶段性定价策略可能会追求市场份额。例如，美团进入出租车市场，与滴滴之间的价格战，使乘出租车的价格降到了几乎等同乘坐公交车的价格，无非是为了市场份额的影响力考虑；再如，共享单车市场对投放单车的争夺，相关企业无非是想挤掉一部分竞争者，提高自己的市场份额。

企业争夺市场份额，一方面是为了后期寻求提价机会，再提高盈利能力；另一方面是为了通过市场的影响力，通过其他产品或附加产品来实现盈利能力，如报纸的广告效应（报纸本身价格很低，但通过广告效应能实现盈利）。

企业以盈利为终极目标，但在实现终极目标的过程中，可能会阶段性地运用市场份额目标或其他目标。

从长期来看，定价与市场的契合度要好，才可能有更长远的发展，但有时因为竞争等因素的存在，企业又可能会阶段性地采用短期定价目标。

8.2 定价策略

企业在经营过程中，应如何制定产品的销售价格？企业在产品价格的制定中处于优势地位，还是处于劣势地位？

8.2.1 成本加成定价法

销售收入 = 销量 × 销售单价 = 销量 × 单位销售成本 ×（1 + 成本毛利率）

成本加成定价法下，企业需要依据上面的公式原理，通过衡量企业产品在市场上的可销售量来制定销售价格。

对于产品周转较慢的企业，生产周期长，销量难以在市场上放大，如果不以较高的成本毛利率来定价，企业很难生存下去，因此，这种行业的企业往往会以较高的加成本利率定价。家具企业、房地产企业等属于此类企业。

对于产品周转较快的企业，生产周期短，产品在市场上供应充足，如果以较高的成本毛利率来定价，客户难以接受，客户选择余地大。因此，这种行业的企业，往往会以较低的成本毛利率定价，通过放大销量、薄利多销获取生存空间。食品企业、日用品企业等属于此类企业。

根据上述公式，企业为了实现总体销售收入，需要综合考虑销量以及销售单价。除了综合考虑之外，销售单价如何确定，也需要企业内部的成本支撑。销售单价的计算公式如下。

销售单价 = 单位销售成本 ×（1 + 成本毛利率）

在实务中，经常将上面公式中的成本毛利率称为成本加成率。例如，加成五成，代表销售单价在单位销售成本的基础上加成 50%，也就是加成后销售单价应是单位销售成本的 1.5 倍。

因此，成本加成法下销售单价的计算公式如下。

$$销售单价 = 单位销售成本 \times (1 + 成本加成率)$$

这个公式体现出的定价依据是单位销售成本。前面已经讲述过，单位销售成本的核算有两种方法，一种是完全成本法，另一种是变动成本法。

以完全成本法的单位销售成本为依据定价，称为完全成本加成定价法。

以变动成本法的单位销售成本为依据定价，称为变动成本加成定价法。

安全成本加成定价法下，当存在多品种时，精确地分摊固定成本比较困难，因而会影响定价决策。但这种定价策略可以保证弥补全部生产成本，防止价格定得过低，造成企业整体无利润。

变动成本加成定价法下，以单位变动销售成本为依据定价，比较适合企业有闲置产能的情况对特殊性订单的定价。成本加成定价法示意如图 8.1 所示。

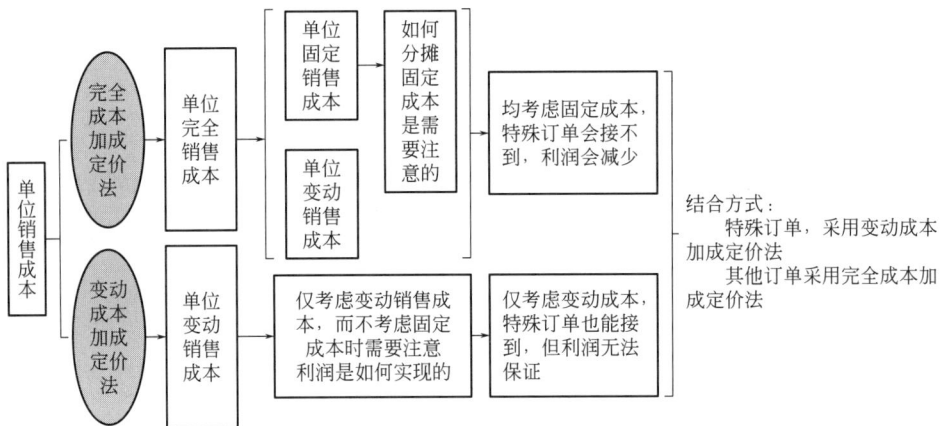

图 8.1　成本加成定价法示意

如图 8.1 所示，两种成本加成定价法各有其优缺点。将两种方法相结合进行定价实现企业的利润比较关键：特殊订单可考虑采用变动成本加成定价法，防止固定成本对定价的影响，以便在增加企业整体利润的前提下能接到特殊订单；其他订单也称为非特殊订单，此类订单可按完全成本加成法定价，解决特殊订单没有考虑固定成本的问题，以便企业实现整体盈利目标。

8.2.2　边际贡献定价法

在成本加成定价法中，提到了变动成本加成定价法，从另一个角度来看，这种方法又可以称为边际贡献定价法。

前文在提到变动成本加成定价法时，提到了特殊订单与固定成本，这两个因素也会影响边际贡献定价法。

特殊订单是一次性、销售价格较低的订单。因为价格较低，如果考虑分配给特殊订单的固定成本，则订单可能是亏损的。那么，在亏损情况下，企业是否接受特殊订单？

固定成本的产生与所属期间有关，如高管薪酬；固定成本的产生也与生产有关，如机器设备或厂房的折旧。当企业的产能大于产量时，企业有剩余生产能力。如果因接受特殊订单而新增的产量在剩余生产能力的允许范围内，那么接受特殊订单不会增加固定成本，不接受特殊订单固定成本也不会减少，这些固定成本与接受特殊订单的决策无关。

企业在有剩余生产能力而无其他用途时，无须考虑固定成本，但需要考虑接受特殊订单的变动成本。如果特殊订单的销售价格高于变动成本，说明特殊订单有边际贡献，总体上会增加企业的利润，应该接受特殊订单；如果特殊订单没有边际贡献，则会减少企业的利润，则不考虑接受特殊订单。

当企业的产能小于产量时，企业没有剩余生产能力。企业这时接受特殊订单有两种考虑。

一是接受特殊订单，因无产能安排生产，需要增加产能，需要购买机器设备或扩建厂房等。这种情况下，因增加产能而增加的机器设备或厂房的折旧，需要在决策接受特殊订单时考虑。

二是接受特殊订单，但不增加产能，而是削减其他销售订单。这种情况下，不需要考虑固定成本，但企业以盈利为目的，要考虑接受特殊订单挤占其他订单的收益，也就是要考虑机会成本。

可见，当企业没有闲置产能时，均不能以边际贡献来评判是否接单。所以，特殊订单运用边际贡献法定价决策的前提条件是企业有闲置产能。

如何做到特殊订单有边际贡献？看一下边际贡献的计算公式。

边际贡献 = 销量 × 单位边际贡献 = 销量 ×（销售单价 − 单位变动成本）

特殊订单有边际贡献的前提是特殊订单的销售单价高于单位变动成本。

企业如果期望总体获利，需要看一下如下公式。

利润 = 边际贡献 − 固定成本 = 销量 ×（销售单价 − 单位变动成本）− 固定成本

如果企业接受的全是特殊订单，那么，企业虽然有边际贡献，但有可能产生的边际贡献总额小于固定成本，企业总体上是亏损的，这会导致企业无法长久地持续经营。

8.2.3 市场定价法

成本加成法和边际贡献定价法主要是从成本角度进行定价的方法，市场定价法主要是从供需关系角度来进行的定价的方法。

供需关系下的供给与需求曲线如图 8.2 所示。

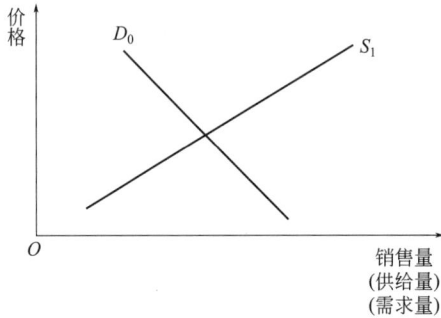

图 8.2　供给与需求曲线（直线形式）

如图 8.2 所示，横轴既可以反映供给量，又可以反映需求量，关键是针对哪一条曲线。曲线 D_0 的初始阶段价格高，销售量小；随着价格的降低，销售量增大；这是因为价格高会抑制需求，而价格降低刺激了需求，所以曲线 D_0 是需求曲线。曲线 S_1 的初始阶段价格低，销售量小；随着价格的提高，销售量增大；这是因为价格低会抑制供给，而价格提高刺激了供给，所以曲线 S_1 是供给曲线。

以上关于供给曲线与需求曲线，主要是依据价格高低是否会刺激供给或抑制需求的角度来区分的。

供给曲线与需求曲线相交的点，代表在市场交易中，买方愿意购买的价格正好等于卖方愿意出售的价格，这个交点被称为市场均衡点。市场均衡如图 8.3 所示。

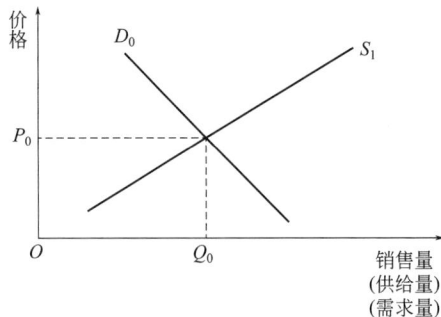

图 8.3　市场均衡

如图 8.3 所示，Q_0 是市场均衡状态下的供给与需求量，P_0 是市场均衡状态下的价格。市场均衡状态是市场供需的一种特殊状况,市场供需经常是变化的,也就是说,供给与需求经常是不均衡的。

需求上升对市场均衡的影响如图 8.4 所示。

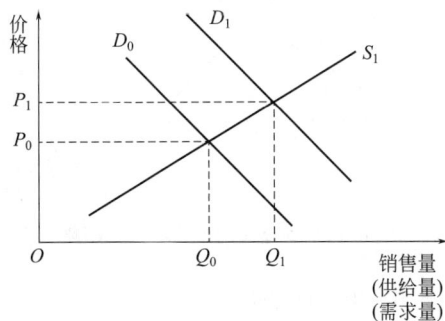

图 8.4　需求上升对市场均衡的影响

图 8.4 中, D_1 是在 D_0 的基础上,沿着横轴向右平移得到的,向右平移,需求量在上升,故此图为研究需求上升的图形。

当需求上升时, D_1 与 S_1 相交,由交点向横轴作垂线,相交于 Q_1 点,由交点向纵轴作垂线,相交于 P_1 点。由此可见, P_1 与 P_0 相比价格在上升, Q_1 与 Q_0 相比需求量在上升。因此,需求上升,导致了价格与销量上升。

需求下降对市场均衡的影响如图 8.5 所示。

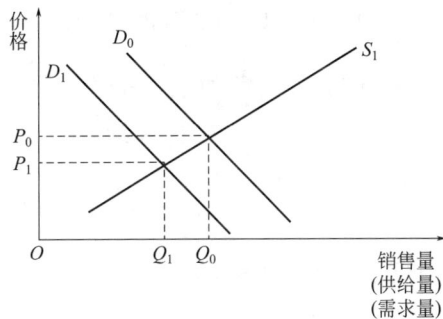

图 8.5　需求下降对市场均衡的影响

图 8.5 中, D_1 是在 D_0 的基础上,沿着横轴向左平移得到的。向左平移,需求量在下降,故此图为研究需求下降的图形。同样可以直观地看出,需求下降,导致了价格与销量下降。

供给下降对市场均衡的影响如图 8.6 所示。

图 8.6 中, S_2 是在 S_1 的基础上,沿着横轴向左平移得到的。向左平移,说明供给量在下降,故此图为研究供给下降的图形。图 8.6 说明供给下降,会导致价格上升,销量下降。

成本管理会计与企业决策分析

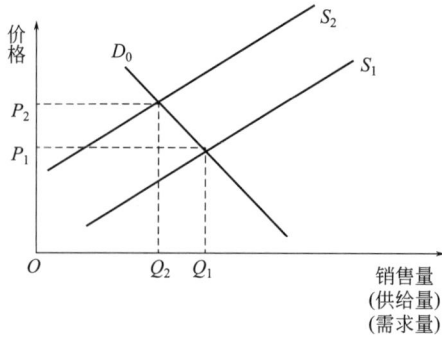

图 8.6　供给下降对市场均衡的影响

供给上升对市场均衡的影响如图 8.7 所示。

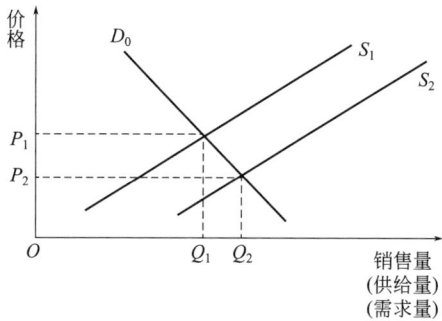

图 8.7　供给上升对市场均衡的影响

图 8.7 中，S_2 是在 S_1 的基础上，沿着横轴向右平移得到的。向右平移，说明供给量在上升，故此图为研究供给上升的图形。图 8.7 说明供给上升，导致价格下降，销量上升。

以上研究的是供给与需求曲线为直线的情形，但供给与需求在实务中并非按直线变化，可能是按曲线变化的。

供给与需求曲线为曲线时的形式如图 8.8 所示。

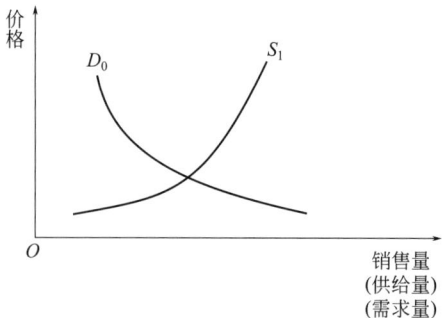

图 8.8　供给与需求曲线（曲线形式）

· 222 ·

图 8.8 所示的供给与需求曲线的形式与之前的直线形式相比，情况复杂。但曲线变化仍遵循直线变化原理。

8.2.4 新产品定价法

新产品定价法与以成本为基础的定价方法不同，不完全以成本为基础定价。在不同阶段，企业会结合新产品供需状况选用不同的定价策略。

通常新产品的定价策略有三种：撇脂定价法、渗透定价法、混合定价法。

撇脂定价法，主要采取"撇去油脂"，获取利润的方法。例如，对于研发能力强的企业，不断推出新产品，以便企业始终占领技术的制高点。这类企业产品的寿命周期短，投放市场的初期以高价销售，当市场上出现竞争产品时，降低价格，新产品又出现时便退出了市场，如图 8.9 所示。

采用撇脂定价法，通常意味着企业开发了一种需求量很大的创新性和时尚性产品，在投放市场的初期，能够以高价销售。CD、视频游戏、时装等产品适用于撇脂定价法。

渗透定价法，主要采取逐渐渗透市场的方法。渗透占领市场的手段主要是通过低价格吸引顾客，以薄利多销的方式获利，如图 8.10 所示。

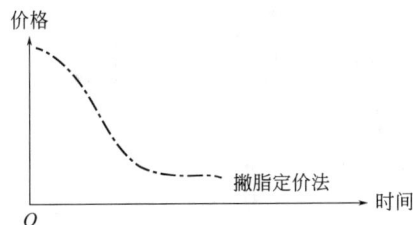

图 8.9 撇脂定价法

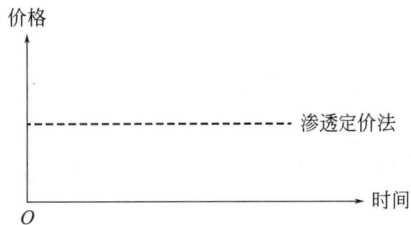

图 8.10 渗透定价法

一说到渗透，自然会让人联想到漫长的时间，所以这是周期短的产品所不适用的定价方法，而适合生命周期长的产品来渗透市场并获得利润。

混合定价法，是撇脂定价法和渗透定价法的混合。撇脂定价法的定价特点是价格先高后低，渗透定价法的定价特点是以低价格渗透市场。混合定价法的定价特点是价格先高后低，最低时的价格可能低于成本价，以渗透并驱逐竞争者；当市场上竞争者减少时，再逐步提升价格获利。

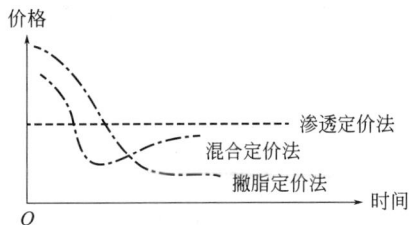

三种定价方法的对照如图 8.11 所示。

图 8.11 新产品三种定价方法的对照

第 9 章

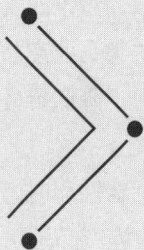

经营收付款决策分析

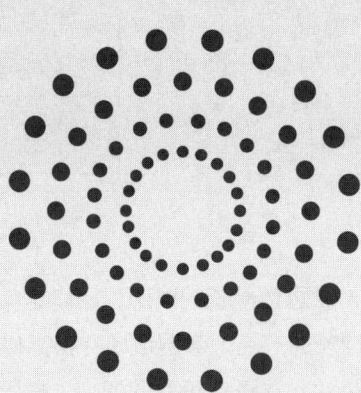

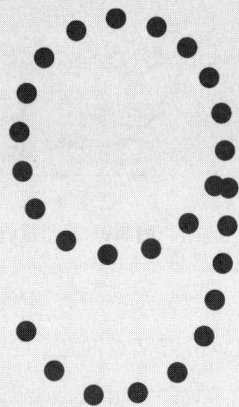

企业日常经营的信息流，反映了企业物流、资金流的变化以及相互转化情况。

资金流又称为现金流，是通过资金收付运动产生的。资金在收付运动的过程中，伴随着收付款决策，也伴随着现金流量。

9.1 现金流量分析

现金流量与收入、费用，是从不同的视角来看待企业经营情况的。现金流量是从收付实现制的角度来看待的，收入、费用是从权责发生制的角度来看待的。

9.1.1 解析权责发生制与收付实现制

权责发生制以收入和费用是否在当期发生为标准。凡属当期发生的收入，不论款项是否收到，都作为当期的收入；凡属当期发生的费用，不论款项是否付出，都作为当期的费用。

权责发生制又称为应计制，因为凡属于当期发生的收入，不论款项是否收到，均作为当期的收入，如果计入当期收入但并未收到款项，则应该计入应收款；凡属当期发生的费用，不论款项是否付出，都作为当期的费用，如果计入当期费用但并未支付款项，应该计入应付款。权责发生制示意如图 9.1 所示。

权责发生制下，当期发生的收入或费用，无论当期是否收付款，均计入当期。所以，企业发生相关收支在没有收付款项的时候，计入当期收入或费用的同时，还应确认应收款或应付款。因为计入了应收或应付等往来类会计科目，故权责发生制又称为应计制。其他应收款、其他应付款、预收账款、预付账款等会计科目的使用，均是权责发生制的一种表现。

收付实现制以是否收付现金作为收入和费用发生的标准。如果企业实行收付实现制，那么在当期没有收付款项时，不会计入当期收入或费用，也不会计入应收或应付会计科目。因为在收付实现制下，计入收入或费用的同时，对方会计科目应该是现金或银行存款。

收付实现制示意如图 9.2 所示。

收付实现制不存在应收、应付等往来类会计科目，无赊购赊销的概念。在市场经济环境中，现代企业经营过程不存在赊购赊销是不现实的，所以，收付实现制不适合以盈利为目标的企业。收付实现制主要适用于行政事业单位。

权责发生制适合于以盈利为目标的企业，以两条线来反映企业的经营活动。一条线是损益及财务状况线，在权责发生的当期核算当期的收入、费用，以及收入、费用对应的资产、负债，并形成利润表、资产负债表；另一条线是现金线，以实际收付的现金核算现金流量，并形成现金流量表。

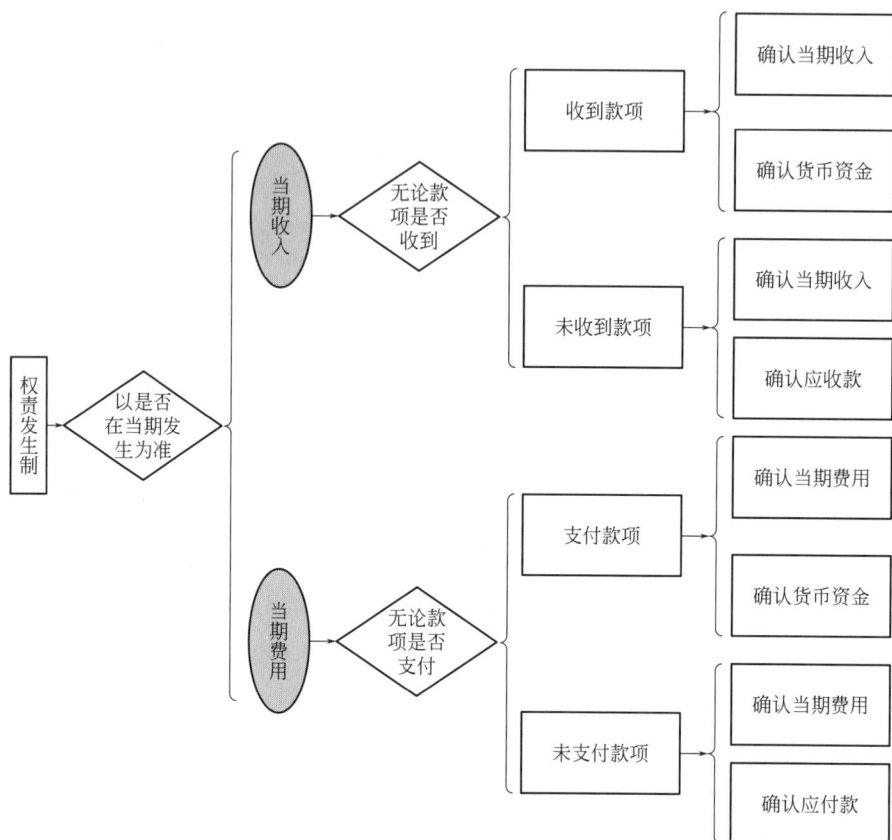

图 9.1　权责发生制示意

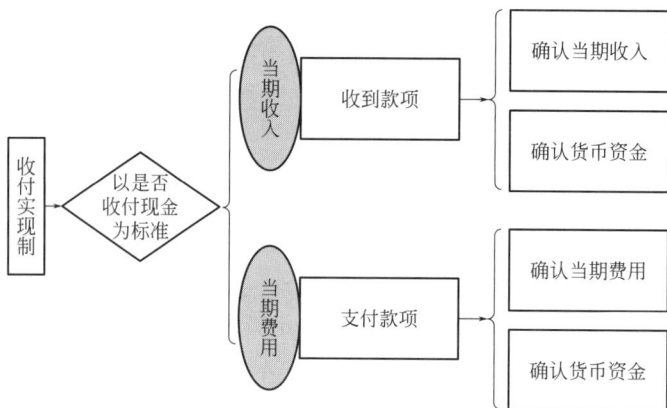

图 9.2　收付实现制示意

关于收付实现制与权责发生制适用的组织类型，如图 9.3 所示。

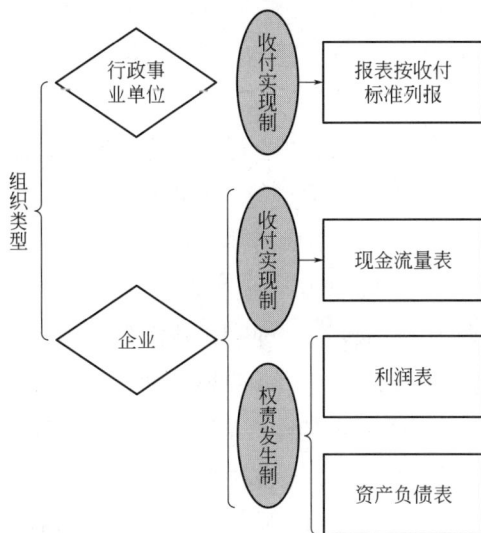

图 9.3　收付实现制与权责发生制适用的企业

9.1.2　解析经营现金流量

以盈利为目标的企业的现金流量表，体现了 3 种现金流量：经营活动现金流量、筹资活动现金流量、投资活动现金流量。

在现金流量表中，现金流量是对企业收付现金数量进行统计的结果，表现为企业过去一定期间实际现金流入与流出的情况。

现金流量表是财务会计对外必须报送的报表，是对历史现金流动的重述反映。管理会计面向的是未来，管理者面向未来决策时需要考虑现金流量信息，这些现金流量信息是与决策相关的现金流量信息，而不是过去已经收付的现金流量信息。

与决策相关的经营现金流量，是未来期间企业开展经营活动预计带来的与决策相关的现金流量。

如果假定未来决策期间企业的营业收入均为现金收入，经营成本费用需要区分付现或非付现的成本费用（折旧、摊销是非付现成本费用，税金是付现费用）。那么，为了预计与决策相关的经营现金流量，如何计算税金呢？

回想一下，企业计算所得税费用，是从损益的实现角度，也就是权责发生制角度来计算的。当期发生的所得税费用，当期期末没有支付时，计入应交税费会计科目，可见，应交税费也是权责发生制原则的表现。缴纳所得税费用时，就支付了现金。

虽然回想的是企业历史时期所得税的计算与缴纳，但这个计算与缴纳原理仍然适用于对未来的预计。

计算所得税费用以企业当期实现的会计利润为基础，需要对会计利润的核算口径与税法规定的纳税口径之间的差异进行纳税调整，将会计利润调整为应纳税所得额，最后按适用税率计算所得税。计算所得税公式如下。

会计利润 = 营业收入 - 营业成本 = 营业收入 - （付现成本 + 非付现成本）

= 营业收入 - 付现成本 - 非付现成本

应纳税所得额 = 会计利润 + 纳税调整增加额 - 纳税调整减少额

应交所得税 = 应纳税所得额 × 所得税税率

如果针对未来预期的经营情况，计算决策相关的经营现金流量，公式如下。

经营现金流量 = 营业收入 - 付现成本 - 所得税

以上是假定当期实现的营业收入均为现金收入，企业直接从收付现金的角度计算的决策相关的经营现金流量，这可称为直接计算法。

如果将净利润作为出发点，将权责发生制计算的净利润调整为收付实现制计算的现金流量，这种调整计算的方法称为间接计算法。间接计算法的公式如下。

经营现金流量 = 净利润 + 折旧或摊销等非付现成本

为了更好地理解这个计算公式，下面从收付现金的角度的计算公式进行推导。

经营现金流量 = 营业收入 - 付现成本 - 所得税

= 营业收入 -（营业成本 - 非付现成本）- 所得税

= 营业收入 - 营业成本 + 非付现成本 - 所得税

=（营业收入 - 营业成本 - 所得税）+ 非付现成本

= 净利润 + 非付现成本

= 净利润 + 折旧或摊销等非付现成本

这个公式推导也很好地说明了两个角度计算的决策相关经营现金流量是相等的。

9.2　资金时间价值

资金随着时间推移会形成增值。例如，将资金存放在银行，会获得银行存款利息；将资金存放在余额宝，会获得高于银行存款的利息收益。

将资金投资于生产经营也会带来增值；否则，投资者宁愿将资金存放于银行，而不会选择投资。

因此，时间价值是指资金随着时间推移而形成的增值，或资金在生产经营中带来的增值额。

9.2.1 单利终值与现值

现在的 1 万元与 1 年后的 1 万元，如果由您来选择，您会选择哪个时点的资金？

您一定会选择现在的 1 万元，因为与 1 年后的 1 万元相比，现在的 1 万元更值钱。但为什么更值钱呢？因为时间价值的存在——1 年时间，会使现在的 1 万元价值增加。例如，按 4% 的余额宝收益率计息，存放在余额宝里的 1 万元，按单利计息，1 年会产生利息 400 元，这 400 元就是 1 年时间带来的价值增加。

时间价值的表现形式主要是利息，而利息的实质也是收益或报酬。如果用相对指标表示时间价值，收益率或报酬率是时间价值的衡量指标。

单利的特点是利息在以后年度不再产生利息，但本金在每年均会产生利息，每年的利息率相等，则本金在每年产生的利息也相等。单利计息方式示意如图 9.4 所示。

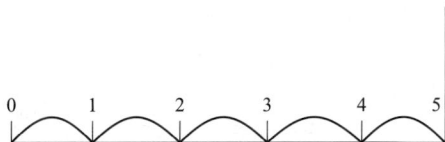

图 9.4 单利计息方式示意

如图 9.4 所示，0 点为第 1 年年初，是计息的起点，第 5 年年末是计息的终止点。例如，第 1 年年初本金为 P，单利的利息率为 i。

如果图 9.4 中的弧形代表每年产生的利息，则每年的弧形均相同。

每年到期的本利和，公式推导如下。

$$F_1 = P + P \times i = P \times (1 + i)$$
$$F_2 = P + P \times i + P \times i = P \times (1 + i + i) = P \times (1 + 2 \times i)$$
$$F_3 = P + P \times i + P \times i + P \times i = P \times (1 + i + i + i) = P \times (1 + 3 \times i)$$
$$F_4 = P + P \times i + P \times i + P \times i + P \times i = P \times (1 + i + i + i + i) = P \times (1 + 4 \times i)$$
$$F_5 = P + P \times i + P \times i + P \times i + P \times i + P \times i = P \times (1 + i + i + i + i + i) = P \times (1 + 5 \times i)$$

因此，单利终值的计算公式如下。

$$F_n = P \times (1 + n \times i)$$

本金 P 相对终值 F 而言,又称 P 为现值。终值可理解为到期的本利和,那么现值就是已知未来的终值而逆运算求出的现值。现值的公式推导如下。

$$F_n = P \times (1 + n \times i)$$

$$\frac{F_n}{(1 + n \times i)} = \frac{P \times (1 + n \times i)}{(1 + n \times i)}$$

$$\frac{F_n}{(1 + n \times i)} = P$$

$$P = \frac{F_n}{(1 + n \times i)}$$

9.2.2　一次性收付款的复利终值与现值

复利与单利的区别,主要从利息在下一个期间要不要再产生利息的角度来区分。

单利计息方式下利息在下一个期间不产生利息;复利计息方式下利息在下一个期间会产生利息。利息再产生利息的方式,通常称为"驴打滚",如图 9.5 所示。

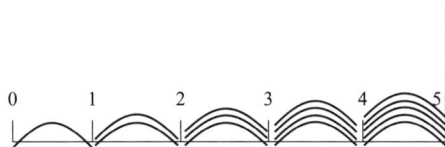

图 9.5　复利计息方式示意

如图 9.5 所示,如果将第 5 年的 5 个弧形看成 5 条跑道,那么从第 1 年年初的 0 点开始,第 1 条跑道上的利息是本金在每个年度产生的利息。第 2 条跑道的起点是第 2 年年初,第 5 年的年末为终点,这条跑道上的利息是指第 1 年本金产生的利息在第 2 至第 5 年产生的利息;第 3 条跑道的起点是第 3 年年初,第 5 年的年末为终点,这条跑道上的利息是指本金第 2 年产生的利息在第 3 至第 5 年所产生的利息;以此类推。

下面看一下复利本利和的实质:第 1 年的本利和在第 2 年再产生利息,第 2 年的本利和在第 3 年再产生利息,第 3 年的本利和在第 4 年再产生利息,以此类推。如果用这种思维来推导,公式如下。

$$F_1 = P + P \times i = P \times (1 + i)$$

$$F_2 = F_1 \times (1 + i) = P \times (1 + i) \times (1 + i) = P \times (1 + i)^2$$

$$F_3 = F_2 \times (1 + i) = P \times (1 + i)^2 \times (1 + i) = P \times (1 + i)^3$$

$$F_4 = F_3 \times (1 + i) = P \times (1 + i)^3 \times (1 + i) = P \times (1 + i)^4$$

$$F_5 = F_4 \times (1 + i) = P \times (1 + i)^4 \times (1 + i) = P \times (1 + i)^5$$

这种公式推导的思维模式，比利用图形一个个计算要简单得多，更有利于对复利的理解与应用。复利终值是上一年的本利和在本年再产生利息的本利和。

因此，n 年复利终值的计算公式如下。

$$F_n = P \times (1 + i)^n$$

求复利现值 P，是求复利终值的逆运算，公式推导如下。

$$F_n = P \times (1 + i)^n$$

$$\frac{F_n}{(1 + i)^n} = \frac{P \times (1 + i)^n}{(1 + i)^n}$$

$$\frac{F_n}{(1 + i)^n} = P$$

$$P = \frac{F_n}{(1 + i)^n}$$

$$P = F_n \times (1 + i)^{-n}$$

本部分标题为一次性收付款的复利终值与现值，之所以称为一次性收付款，是相对于分期收付款而言的，一次性收付款仅在起点及终点涉及现值及终值的计算。

9.2.3　年金终值与现值

分期收付款的简化形式是分期收付相等的款项，分期收付相等的款项就是年金的含义。

根据分期收付年金的时点不同，年金可以分为先付年金、后付年金、递延年金、永续年金四种形式。

图 9.6 表示在 5 年内每年支付年金，得出第 5 年年末的本利和；图中年金的支付时点均在每年年初，这类年金称为先付年金。

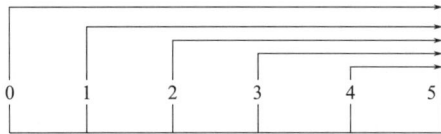

图9.6　先付年金终值计算示意

图9.7表示在5年内每年支付年金的时点均在每年年末,这类年金称为后付年金。注意,第5年年末也要支付年金。

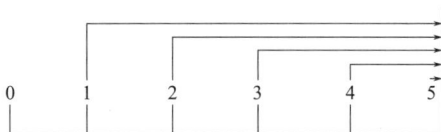

图9.7　后付年金终值计算示意

图9.8表示在5年内支付年金的起点不是在第1年的年初或年末,而是在第3年年末及之后,这类年金称为递延年金。

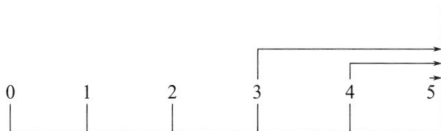

图9.8　递延年金终值计算示意

图9.9表示每年年末支付年金且支付年度无期限,这类年金称为永续年金。

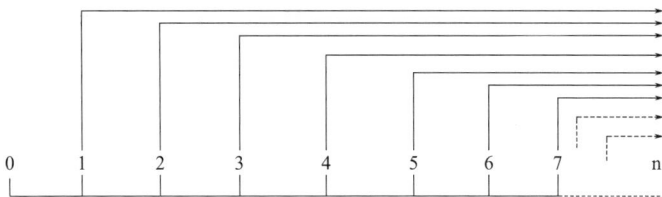

图9.9　永续年金终值计算示意

在以上所述的4种年金形式中,后付年金是比较常见的形式,故后付年金又称为普通年金。

下面先来看一下普通年金 A 在利率 i 的情况下的5年终值 F 的计算公式。

第1年年末支付的年金 A 在第5年年末到期的本利和 $= A \times (1+i)^4$。

第2年年末支付的年金 A 在第5年年末到期的本利和 $= A \times (1+i)^3$。

第3年年末支付的年金 A 在第5年年末到期的本利和 $= A \times (1+i)^2$。

第4年年末支付的年金 A 在第5年年末到期的本利和 $= A \times (1+i)^1$。

第 5 年年末支付的年金 A 在第 5 年年末到期的本利和 $= A \times (1 + i)^0$。

5 年的年金，于第 5 年年末到期的本利和计算如下。

$$F_5 = A \times (1 + i)^4 + A \times (1 + i)^3 + A \times (1 + i)^2 + A \times (1 + i)^1 + A \times (1 + i)^0$$

如果在公式两边同时乘以（$1 + i$），得到的公式如下。

$$(1 + i) \times F_5 = A \times (1 + i)^5 + A \times (1 + i)^4 + A \times (1 + i)^3 + A \times (1 + i)^2 + A \times (1 + i)^{0+1}$$

将以上两个公式相减，可以得到如下公式。

$$(1 + i) \times F_5 - F_5 = A \times (1 + i)^5 - A \times (1 + i)^0$$

$$F_5 + i \times F_5 - F_5 = A \times (1 + i)^5 - A$$

$$i \times F_5 = A \times (1 + i)^5 - A$$

$$F_5 = \frac{A \times (1 + i)^5 - A}{i}$$

上面是 5 年年金的具体情况，同理，n 年普通年金的终值计算公式如下。

$$F_n = \frac{A \times (1 + i)^n - A}{i} = A \times (F/A, i, n)$$

其中，（F/A，i，n）为年金终值系数。

再看一下年金现值的计算。现值 P 在年金终值的计算公式中没有出现，所以不能像单利和复利公式的逆运算那样推导公式。先来看一下普通年金现值计算的示意图，如图 9.10 所示。

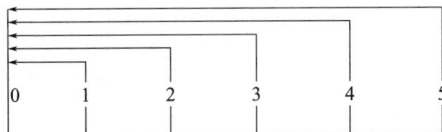

图 9.10　普通年金现值计算示意

如图 9.10 所示，计算年金现值的思路为每年年金分别按复利模式折算到第 1 年年初的现值之和，公式推导如下。

第 1 年年末支付的年金 A 在第 1 年年初的现值 $= A \times (1 + i)^{-1}$。

第 2 年年末支付的年金 A 在第 1 年年初的现值 $= A \times (1 + i)^{-2}$。

第 3 年年末支付的年金 A 在第 1 年年初的现值 $= A \times (1 + i)^{-3}$。

第 4 年年末支付的年金 A 在第 1 年年初的现值 $= A \times (1 + i)^{-4}$。

第 5 年年末支付的年金 A 在第 1 年年初的现值 $= A \times (1+i)^{-5}$。

则 5 年的年金现值的计算公式表示如下。

$$P_5 = A \times (1+i)^{-1} + A \times (1+i)^{-2} + A \times (1+i)^{-3} + A \times (1+i)^{-4} + A \times (1+i)^{-5}$$

在公式两边同时乘以（$1+i$），得到如下公式。

$$(1+i) \times P_5 = A \times (1+i)^0 + A \times (1+i)^{-1} + A \times (1+i)^{-2} + A \times (1+i)^{-3} + A \times (1+i)^{-4}$$

将以上两个公式相减，得到如下公式。

$$(1+i) \times P_5 - P_5 = A \times (1+i)^0 - A \times (1+i)^{-5}$$

$$P_5 + i \times P_5 - P_5 = A \times (1+i)^0 - A \times (1+i)^{-5}$$

$$i \times P_5 = A - A \times (1+i)^{-5}$$

$$P_5 = \frac{A - A \times (1+i)^{-5}}{i}$$

同理，n 年普通年金的现值计算公式表示如下。

$$P_n = \frac{A - A \times (1+i)^{-n}}{i} = A \times (P/A, i, n)$$

其中（P/A，i，n）为年金现值系数。

以上是普通年金终值与现值的计算公式，那么先付年金终值与现值应如何计算呢？

关于先付年金终值与现值的计算，可以转化成普通年金的终值与现值情形来探讨公式。先来看一下先付年金终值的计算，如图 9.11 所示。

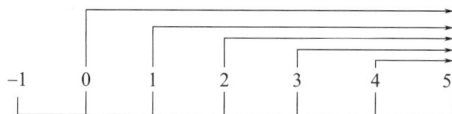

图 9.11　先付年金加期

图 9.11 是在图 9.6 的基础上，向前加了一个期间，从而有利于将先付年金演变成后付年金。对图 9.11 中的年限进行重新梳理，可以得到图 9.12。

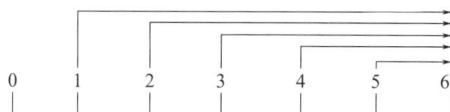

图 9.12　将先付年金转化成后付年金

图 9.12 与图 9.11 所表示的时间长度相同，即将先付年金演变成后付年金增加 1 期的情形，也就是 6 年的情形。这两个图形计算终值的时间点是相同的，不同的是改为后付年金形式后，如果按后付年金计算终值相当于最后一年也支付了年金，这较之先付年金多支付了最后一期的年金 A。分别按先付年金及后付年金形式计算的年金终值公式如下。

$$F_5 = A \times (F_先/A, i, 5) = A \times (F_后/A, i, 6) - A = A \times [(F_后/A, i, 5+1) - 1]$$

上面这个公式，可以理解为按后付年金 6 年的系数来计算先付年金 5 年的终值，计算的结果会多计入第 6 年年末的年金 A。因此，在后付年金 6 年终值的基础上再减去 A，就可以计算出先付年金 5 年的终值。

从上面的公式可以看出，年金系数的换算公式如下。

$$(F_先/A, i, 5) = (F_后/A, i, 5+1) - 1$$

上面的公式，用文字叙述如下。

先付年金终值系数同后付年金终值系数相比，期数加 1，系数减 1。

扩展到 n 期，道理相同，先付年金终值计算公式如下。

$$F_{先n} = A \times [(F_后/A, i, n+1) - 1] = A \times (F_后/A, i, n) - A$$

还可通过另外一个思维角度来理解：用后付年金系数计算先付年金终值时，不采用期数加 1 的后付年金系数，而是用相同期数的后付年金系数，如图 9.13 所示。

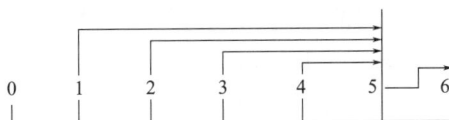

图 9.13　先付年金转化成后付年金

如图 9.13 所示，如果先计算到第 5 年年末的终值，可以用 5 年期的后付年金系数来计算。但从图 9.11 及图 9.12 所反映的关系来看，图 9.11 中先付年金终值的计算点应该在图 9.12 中的第 6 年年末，这相当于用 5 年期后付年金终值系数计算先付年金终值时，整体少计算了 1 期。因此，在 5 年期的后付年金终值系数的基础上再乘以 $(1+i)$，即可得到 5 年期的先付年金终值系数。年金终值系数的换算关系如下。

$$(F_先/A, i, 5) = (F_后/A, i, 5) \times (1+i)$$

上面的公式，用文字叙述如下。

先付年金终值系数同后付年金终值系数相比，在后付年金期数相同的系数基础上乘以（$1+i$），故用这个原理来计算的先付年金终值的公式如下。

$$F_{先5}=A \times (F_{先}/A,i,5)=A \times (F_{后}/A,i,5) \times (1+i)$$

扩展到 n 期，道理相同，先付年金终值计算公式如下。

$$F_{先n}=A \times (F_{先}/A,i,n)=A \times (F_{后}/A,i,n) \times (1+i)$$

以上为先付年金终值的情况，接下来看一下，如何利用后付年金现值系数计算先付年金现值。先来看一下 5 年每年年初支付年金的情况，如图 9.14 所示。

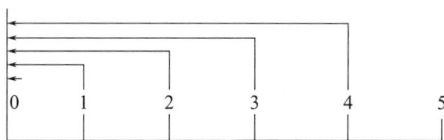

图 9.14 先付年金求现值

如图 9.14 所示，5 年期先付年金现值的计算，可以看成 4 年期后付年金现值的计算，再加上第 1 年年初无须折现的年金 A 合计计算而得。公式表示如下。

$$P_{先5}=A \times (P_{先}/A,i,5)=A \times (P_{后}/A,i,4)+A=A \times [(P_{后}/A,i,5-1)+1]$$

故年金现值系数的换算如下。

$$(P_{先}/A,i,5)=(P_{后}/A,i,5-1)+1$$

上面的公式，用文字叙述如下。

先付年金现值系数同后付年金现值系数相比，期数减 1，系数加 1。

扩展到 n 期，道理相同，先付年金现值计算公式如下。

$$P_{先n}=A \times (P_{先}/A,i,n)=A \times [(P_{后}/A,i,n-1)+1]=A \times (P_{后}/A,i,n-1)+A$$

如果换一个思路，将先付年金向前延伸 1 期，这样也可以利用后付年金现值系数来计算先付年金现值，如图 9.15 所示。

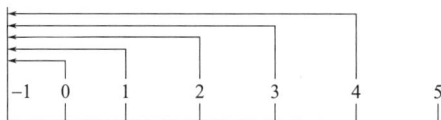

图 9.15 先付年金向前延伸一期

如图 9.15 所示，先付年金向前延伸 1 期，这样从 -1 期到 4 期，一共 5 年的后付年金，但此时 5 年期后付年金现值的计算点在 -1 年的年初，与先付年金需要计算现值的点 0 点相比，相差了 1 年。因此，在 5 年期后付年金现值的基础上乘以（$1+i$）即可以得到先付年金 0 点处的现值。公式表示如下。

$$P_{先5} = A \times (P_{先}/A,i,5) = A \times (P_{后}/A,i,5) \times (1+i)$$

故年金系数的换算如下。

$$(P_{先}/A,i,5) = (P_{后}/A,i,5) \times (1+i)$$

上面的公式，用文字叙述如下。

先付年金现值系数同后付年金现值系数相比，在期数相同的后付年金现值系数的基础上乘以（$1+i$）即可得到先付年金现值系数。

扩展到 n 期，道理相同，先付年金现值计算公式如下。

$$P_{先n} = A \times (P_{先}/A,i,n) = A \times (P_{后}/A,i,n) \times (1+i)$$

关于先付年金终值与现值的计算，均是按两种方法介绍的，多种方法可开拓思路。但从最终简化应用的角度来看，相同期数的后付年金系数应用比较简单，即先付年金的终值与现值系数均是相同期数的后付年金系数乘以（$1+i$）而得到的。

递延年金利用后付年金计算的原理比较简单，这里不作多叙，仅举一个现值的例子，如图 9.16 所示。

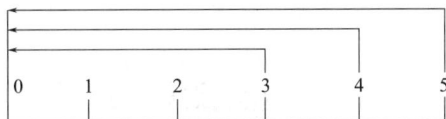

图 9.16　递延年金举例

如图 9.16 所示，第 3 年年末、第 4 年年末、第 5 年年末支付等额的年金，要求计算第 1 年年初的现值。

一种方法是将 5 年期间均看成是后付年金形式，但这样假设比实际情况多计算了 2 年的后付年金现值。那么，从 5 年期后付年金现值中减掉 2 年的后付年金现值，即可得出。计算公式如下。

$$P_{递} = A \times (P_{后}/A,i,5) - A \times (P_{后}/A,i,2)$$

另外一种方法是将图 9.16 转换成图 9.17 的情形计算。

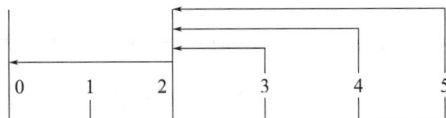

图 9.17　递延年金转换

首先，用后付年金计算出到第 2 年年末的现值；其次，将第 2 年年末的现值用复利形式折算到第 1 年年初；最后，计算出递延年金的现值。公式表示如下。

$$P_{递} = A \times (P_{后}/A, i, 3) \times (1 + i)^{-2}$$

以上列举重要的是从多个思维角度来考虑，从而开拓思路。开拓思路既有利于思维拓展训练，又有利于对此有更深入的理解。

最后，看一下永续年金的计算。

永续年金因为是无期限延续下去，所以无法计算终值。因此，对于永续年金一般需要计算永续年金的现值。利用后付年金现值公式，推导如下。

$$P_n = \frac{A - A \times (1 + i)^{-n}}{i} = \frac{A - \dfrac{A}{(1 + i)^n}}{i}$$

关于公式中的 $\dfrac{A}{(1 + i)^n}$，因永续年金中 n 为无穷大，故 $\dfrac{A}{(1 + i)^n}$ 近似为 0，所以永续年金的现值公式简化如下。

$$P_{永} = \frac{A - A \times (1 + i)^{-n}}{i} = \frac{A - \dfrac{A}{(1 + i)^n}}{i} = \frac{A - 0}{i} = \frac{A}{i}$$

9.3 应收账款决策分析

应收账款伴随着收入的确认而发生。应收账款的产生也意味着存货的减少，存货转化成了应收账款。从会计专业的角度来看，收入确认与成本结转的会计分录可以说明这一点。

存货转化为应收账款，可以说企业向增值变现又进了一步。但这一步还需要多久，会涉及资金占用、管理以及如何减少坏账成本等问题。

9.3.1 剖析应收账款的成本构成

持有存货期间，存在着存货成本的管理问题；同样的道理，存货转化成应收账款，因还未最终转化成现金，因此，应收账款也存在着成本管理问题。

应收账款的成本主要有三种，分别是机会成本、管理成本、坏账成本。

应收账款的机会成本，是指应收账款从形成到收回现金期间，应收账款占用的资金不能用于其他方面而损失掉的收益。

应收账款机会成本的计算公式推导如下。

应收账款的机会成本是因应收账款占用资金所产生的，故首先要计算应收账款平均占用的资金。

应收账款由变动成本、固定成本、成本增值 3 部分构成。应收账款由产成品转化而来，固定成本是产成品中包含的固定性制造费用或固定性直接费用。这部分固成本通常是折旧或租金等，一方面在本经营期间不表现为现金支付；另一方面与决策无关，无论生产产品与否，还是转化成应收账款与否，是均会存在的无关成本。故应收账款占用的资金是变动成本占用的资金。

$$应收账款占用资金 = 应收账款平均余额 \times 变动成本率$$

$$应收账款占用资金的机会成本 = 应收账款占用资金 \times 资金成本率$$

$$= 应收账款平均余额 \times 变动成本率 \times 资金成本率$$

$$= 日销售额 \times 应收账款周转期 \times 变动成本率$$

$$\times 资金成本率$$

关于"应收账款平均余额 = 日销售额 × 应收账款周转期"公式的推导，详见第 12 章业绩评价及绩效考核中的应收账款周转期计算分析。

应收账款的管理成本，是指在进行应收账款管理时，所增加的诸如调查客户信用状况费用、收账费用、账务记录及相关信息处理的成本。

应收账款的坏账成本，是指客户违约不能支付货款而造成应收账款不能收回而损失的成本。一般来说，经营稳健的企业坏账成本与应收账款发生额之间有一定的比例关系。坏账成本的计算公式如下。

$$应收账款的坏账成本 = 赊销额 \times 预计坏账损失率$$

预计坏账损失率，经常以过去年度的坏账损失率为基础，再对未来进行预测，从而预计损失率。

9.3.2 如何确定应收账款信用期间

$$应收账款的机会成本 = 日销售额 \times 应收账款周转期 \times 变动成本率 \times 资金成本率$$

从应收账款机会成本的计算公式可以看出，机会成本与应收账款周转期有关。应收账款周转期越长，机会成本就越大。那么，如何管理应收账款周转期呢？

一笔应收账款从产生开始，直到收回货款为止，这期间是这笔应收账款的周转期。如果将这个周转期拆分成两部分，拆分公式如下。

应收账款周转期 = 合同约定的赊销账期 + 逾期回款期

例如，企业与客户签订销售 10 台空调的合同，约定 60 天的账期，但客户逾期 30 天才支付货款，则应收账款周转期 = 60 + 30 = 90（天）。

虽然仅列举了一笔业务，但企业多笔业务同时存在的情况与此类似，只不过多笔业务情况下的应收周款周转期及赊销账期和逾期回款期均是平均数据。

无论是一笔业务还是多笔业务的平均数据，如何管理应收账款周转期的原理是相通的。应收账款周转期由赊销账期和逾期回款期两部分构成：逾期回款期与客户信用状况评估有关，与催收措施有关；赊销账期与客户的谈判有关，与企业的承受能力有关，与企业的选择决策有关。接下来，主要讲述赊销账期的管理。

合同约定的赊销账期，又称为信用期间。信用期间是指销售企业允许购货企业从购货开始到付款为止的赊欠时间，也就是从赊销开始到收回货款为止的允许期间。如果购货方严格按信用期间付款，那么信用期间等于应收账款周转期。

信用期间缩短，应收账款周转期也相应缩短，从而减少应收账款资金占用的机会成本；但缩短信用期间，也会影响产品的销售，减少销售收入的同时，也会减少毛利。因此，需要对信用期间进行决策，选择最大效益的信用期间。

信用期间的决策，主要是分析改变信用期间后的损益与改变前相比，是会增加销售企业的利润，还是会减少销售企业的利润。如果会增加利润，则可决策改变信用期间；如果会减少利润，则决策不改变信用期间。

【例 9-1】某销售企业拟将信用期间从 60 天改为 90 天。该企业分析了情况，设计了决策思路，以便按决策思路收集相关数据。相关资料如表 9.1 所示。

表 9.1　信用期间决策设计资料　　　　　　　　　　　　　单位：元

项目	60 天信用期间	90 天信用期间	增减情况
年销售额			
年销售成本			
毛利			
决策相关成本			
其中：管理成本			
坏账成本			
应收账款占用资金的机会成本			
存货占用资金的机会成本			
损益			

信用期间会影响管理成本、坏账成本、应收账款占用的机会成本；同时，信用期间也会影响存货的资金占用。例如，信用期变长，存货销量增加，则原材料的采购及产品的生产占用资金会增加，进而增加存货占用资金的机会成本。

依据表 9.1，该企业收集了最近年度的历史信息，如表 9.2 所示。

表 9.2　信用期间决策数据收集

项目	最近一年历史数据
年销售量（件）	1 000 000
年销售额（元）	5 000 000
年销售成本（元）	4 500 000
其中：变动成本（元）	4 000 000
毛利（元）	500 000
可能发生的收账管理成本（元）	50 000
可能发生的坏账损失（元）	40 000
平均存货水平（件）	100 000

收集变动成本历史数据的目的，在于计算应收账款的机会成本时要使用变动成本率；收集销售量的目的，在于存货占用资金的计算需要利用存货数量水平与存货的单位变动成本，而计算单位变动成本时需要利用销售量数据。

该企业预计了 90 天信用期间的预计决策信息，并与收集到的历史数据进行了整合，如表 9.3 所示。

表 9.3　信用期间预计数据

项目	最近 1 年历史数据	90 天信用期间情况
年销售量（件）	1 000 000	1 200 000
年销售额（元）	5 000 000	6 000 000
年销售成本（元）	4 500 000	5 300 000
其中：变动成本（元）	4 000 000	4 800 000
毛利（元）	500 000	700 000
可能发生的收账管理成本（元）	50 000	60 000
可能发生的坏账损失（元）	40 000	55 000
平均存货水平（件）	100 000	130 000

已知该企业要求的资金成本率为 10%。

最近 1 年应收账款占用资金的机会成本 = 日销售额 × 应收账款周转期 ×

$$变动成本率 \times 资金成本率$$
$$=(5\ 000\ 000/360)\times 60\times(4\ 000\ 000/4\ 500\ 000)\times 10\%$$
$$=74\ 074（元）$$

90 天信用期间应收账款占用资金的机会成本 = 日销售额 × 应收账款周转期 ×

$$变动成本率 \times 资金成本率$$
$$=(6\ 000\ 000/360)\times 90\times(4\ 800\ 000/5\ 300\ 000)\times 10\%$$
$$=135\ 849（元）$$

最近 1 年存货占用资金的机会成本 = 平均存货水平 × 单位变动成本 × 资金成本率

$$=100\ 000\times(4\ 000\ 000/1\ 000\ 000)\times 10\%$$
$$=40\ 000（元）$$

90 天信用期间存货占用资金的机会成本 = 平均存货水平 × 单位变动成本 ×

$$资金成本率$$
$$=130\ 000\times(4\ 800\ 000/1\ 200\ 000)\times 10\%$$
$$=52\ 000（元）$$

该企业在收集最近 1 年的历史数据时，因为最近一年企业的信用期间均是按 60 天赊销给客户的，所以最近 1 年的数据就是信用期间 60 天的数据。将前面计算的 90 天信息期的相关数据与最近 1 年的历史数据汇总，可得到信用期间决策数据比较，如表 9.4 所示。

表 9.4　信用期间决策数据比较　　　　　单位：元

项目	60 天信用期间	90 天信用期间	增减情况
年销售额	5 000 000	6 000 000	1 000 000
年销售成本	4 500 000	5 300 000	800 000
毛利	500 000	700 000	200 000
决策相关成本	204 074	302 849	98 775
其中：管理成本	50 000	60 000	10 000
坏账成本	40 000	55 000	15 000
应收账款占用资金的机会成本	74 074	135 849	61 775
存货占用资金的机会成本	40 000	52 000	12 000
损益	295 926	397 151	101 225

如表 9.4 所示，信用期间从 60 天延长到 90 天，增加了损益 101 225 元，因此可以做出延长信用期间的决策。

【例 9-1】中的决策过程为：先思考决策思路，再思考决策需要的数据，然后收集、预测、计算所需要的数据，最后根据比较损益增减情况进行决策。这是正常的决策过程，也是成本管理会计人员需要掌握的决策思路。

这样有利于成本管理会计人员与相关部门沟通时，思路清晰、有的放矢地沟通并收集数据。

以上关于信用期间改变的测算，有两种思路，一种是以企业总体平均信用期间为对象进行研究决策，如【例 9-1】；另一种是以单个客户的信用期间为对象进行研究决策。无论采用哪种思路，原理都相同，只是收集预计数据的相关范围需要区别对待。

9.3.3　如何确定现金折扣政策

$$应收账款周转期 = 信用期间 + 逾期回款期$$

这个公式适用于应收账款周转期大于信用期，客户付款超过了约定的信用期的情况。那么，有没有客户提前付款，应收账款周转期小于信用期的情况呢？如果有，公式项目之间的关系又如何呢？

$$应收账款周转期 = 信用期间 - 提前回款期$$

这个公式适用于客户提前回款的情况下，缩短了应收账款周转期的情况。让客户提前回款的措施，是由于销售企业给予了客户现金折扣。

现金折扣政策是指销售企业为了及早收回货款，给予购货方提前付款的优惠。

客户肯提前付款，是因为销售企业为了吸引客户在信用期间内早付款而给予了少支付部分货款的优惠。销售企业这样做的好处在于缩短了应收账款周转期，减少了资金占用的机会成本，但也少收回了部分货款，到底孰优孰劣，需要测算后做出决策。

例如，信用期间为 90 天，也就是说要求客户最迟 90 天付款。为了鼓励客户早付款，销售企业规定：30 天内付款给予 3% 的优惠，60 天内付款给予 1% 的优惠。因此，上面的现金折扣政策，可表示为 "3/30，1/60，N/90"。

现金折扣政策并不是一个单独的政策，而是与信用期间政策结合在一起考虑的综合政策。现金折扣决策设计资料如表 9.5 所示。

表 9.5　现金折扣决策设计资料　　　　　　　　单位：元

项目	60 天信用期间	90 天信用期间	增减情况
年销售额			
年销售成本			

续表

项目	60 天信用期间	90 天信用期间	增减情况
毛利			
决策相关成本			
其中：管理成本			
坏账成本			
应收账款占用资金的机会成本			
存货占用资金的机会成本			
现金折扣成本			
损益			

从决策思路上看，现金决策与信用期间决策的不同是增加了现金折扣成本。提供现金折扣条件下，因提早收回货款，会减少应收账款的资金占用金额，会相应减少应收账款占用资金的机会成本。

【例 9-2】沿用【例 9-1】资料，假设该企业提出了"3/30，1/60，N/90"的现金折扣政策，并预计会有 40% 的客户在 30 天内付款，30% 的客户选择在 60 天内付款，30% 的客户选择在 90 天内付款。

据此计算 90 天信用期间并提供现金折扣的情况下，应收账款占用资金的机会成本。从计算的角度来看，可将应收账款拆解成 3 部分：30 天内付款的应收账款，60 天内付款的应收账款，90 天内付款的应收账款。

$$应收账款占用资金的机会成本 = 日销售额 \times 应收账款周转期 \times 变动成本率 \times$$
$$资金成本率$$
$$= (6\,000\,000 \times 40\%/360) \times 30 \times (4\,800\,000/5\,300\,000) \times 10\% +$$
$$(6\,000\,000 \times 30\%/360) \times 60 \times (4\,800\,000/5\,300\,000) \times 10\% +$$
$$(6\,000\,000 \times 30\%/360) \times 90 \times (4\,800\,000/5\,300\,000) \times 10\%$$
$$= 86\,038（元）$$

计算的现金折扣成本如下。

$$现金折扣成本 = \sum 对应的应收账款 \times 现金折扣率$$
$$= 6\,000\,000 \times 40\% \times 3\% + 6\,000\,000 \times 30\% \times 1\% +$$
$$6\,000\,000 \times 30\% \times 0\%$$
$$= 90\,000（元）$$

将以上数据与前面相关数据汇总，可得到现金折扣决策数据比较，如表 9.6 所示。

表 9.6 现金折扣决策数据比较　　　　　　　　　　单位：元

项目	60 天信用期间	90 天信用期间并提供现金折扣	增减情况
年销售额	5 000 000	6 000 000	1 000 000
年销售成本	4 500 000	5 300 000	800 000
毛利	500 000	700 000	200 000
决策相关成本	204 074	343 038	138 964
其中：管理成本	50 000	60 000	10 000
坏账成本	40 000	55 000	15 000
应收账款占用的机会成本	74 074	86 038	11 964
存货占用资金的机会成本	40 000	52 000	12 000
现金折扣成本		90 000	90 000
损益	295 926	356 962	61 036

从表 9.6 的数据来看，如果将 60 天信用期间改为 90 天信用期间并提供现金折扣，会增加收益 61 036 元，因此可以选择 90 天信用期间并提供现金折扣。

这也说明选择 90 天信用期间并提供现金折扣方案可行，选择 90 天信用期方案也可行。

将 90 天信用期间并提供现金折扣方案，与 90 天信用期间方案相比较，管理者应选择哪个方案？

比较两种方案，重要的是看减少的应收账款占用资金的机会成本是否比增加的现金折扣成本多，如果多，应选择 90 天信用期间并提供现金折扣方案；否则，选择另一个可行方案。

减少的应收账款占用资金的机会成本 = 135 849 − 86 038 = 49 811（元）

减少的应收账款占用资金的机会成本 − 增加的现金折扣成本 = 49 811 − 90 000

= −40 189（元）

从以上计算结果来看，可选择 90 天信用期间方案。

管理者还可以通过比较两个方案的损益来判断应选择哪个方案。两个方案的数据对比如表 9.7 所示。

表 9.7 现金折扣与信用期间决策数据比较　　　　　　　　单位：元

项目	90 天信用期间	90 天信用期间并提供现金折扣	增减情况
年销售额	6 000 000	6 000 000	
年销售成本	5 300 000	5 300 000	

续表

项目	90 天信用期间	90 天信用期间并提供现金折扣	增减情况
毛利	700 000	700 000	
决策相关成本	302 849	343 038	40 189
其中：管理成本	60 000	60 000	
坏账成本	55 000	55 000	
应收账款占用的机会成本	135 849	86 038	-49 811
存货占用资金的机会成本	52 000	52 000	
现金折扣成本		90 000	90 000
损益	397 151	356 962	-40 189

如表 9.7 所示，90 天信用期间并提供现金折扣方案会比 90 天信用期间方案减少利润 40 189 元，因此可选择 90 天信用期间方案。

为什么说决策时"可能"选择呢？因为虽然决策支持数据如表 9.7 所述，但一方面有些数据是预计的，另一方面有时早收回应收账款可能比多增加 40 189 元的收益更重要，如存在现金断流等风险时。

但不要认为决策没有按以上测算的结果选择，就降低了成本管理会计的价值。恰恰相反，这体现了成本管理会计的价值。

9.4 应付账款决策分析

应收账款的信用期间是销售企业提供给客户的。所以，这个信用期间针对客户来讲，就是应付账款的信用期间。

应付账款的信用期间，是供应商提供的商业信用期间。对于购货方来说，会希望供应商提供的信用期间尽可能长，以便购货方能无成本地减少资金压力或占用供应商的资金经营。

对于供应商来讲，为了及早收回货款，可能会规定现金折扣政策，给予提前付款的购货方优惠。那么相对的，购货方在接到供应商提前付款的现金折扣政策通知时，需要决策是否选择享受供应商提供的现金折扣政策。

9.4.1 享受现金折扣的收益计算

当供应商提供"3/30，1/60，N/90"的现金折扣政策时，购货企业需要考虑是否选择提前付款享受现金折扣收益。

企业能享受现金折扣收益的前提条件是有资金提前支付货款，可见，能否享受现金折扣收益与企业的资金状况有关。

如果企业无论采取何种措施，都没有提前支付货款的资金，则不会享受现金折扣收益。

如果企业暂时没有资金，但能够从别处借款，那么是否享受现金折扣收益要看借款的利息成本与享受现金折扣收益之间的高低：如果借款的利息成本小于享受现金折扣收益，则企业可能借款去提前付款；否则，企业不会提前付款。

如果企业有资金，但同时也有别的投资机会，那么要看投资的报酬是否高于享受现金折扣的收益：如果享受现金折扣收益低于投资报酬，企业可能会选择别的投资机会；否则，可能提前付款。

有了以上的决策分析思路，企业做出是否享受现金折扣收益决策，需要计算享受现金折扣的收益率。接下来，就计算一下"3/30，1/60，N/90"中的"3/30"现金折扣的收益率。

如果购货企业应付给供应商的货款金额为 100 万元，则结果如下。

$$享受现金折扣收益 = 100 \times 3\% = 3（万元）$$

$$支付给供应商的货款 = 100 - 100 \times 3\% = 97（万元）$$

$$可以 90 天内付款但在 30 天内付款时的收益率 = 3/97 = 3.09\%$$

可以 90 天内付款但在 30 天内付款，说明 3.09% 是在 60（90-30）天期间享受到的收益率。如果按年收益率同其他方案比较，则享受现金折扣的年收益率计算如下。

享受现金折扣日收益率 = 3.09%/（90-30）= 0.0515%

享受现金折扣年收益率 = 0.0515% × 360 = 18.54%

以上推算过程，如果用公式来表示，享受现金折扣收益率的计算公式如下。

$$享受现金折扣收益率 = \frac{\dfrac{100 \times 3\%}{100 - 100 \times 3\%}}{90 - 30} \times 360 = \frac{\dfrac{3\%}{1 - 3\%}}{90 - 30} \times 360$$

$$= \frac{\dfrac{折扣率}{1 - 折扣率}}{付款期 - 折扣期} \times 360$$

上面的公式可简化为如下公式。

$$\text{享受现金折扣收益率} = \frac{\text{折扣率}}{1-\text{折扣率}} \times \frac{360}{\text{付款期}-\text{折扣期}}$$

利用这个公式，还可以计算 "3/30，1/60，N/90" 中的 "1/60" 的现金折扣收益率。

$$\text{享受现金折扣收益率} = \frac{\text{折扣率}}{1-\text{折扣率}} \times \frac{360}{\text{付款期}-\text{折扣期}}$$

$$= \frac{1\%}{1-1\%} \times \frac{360}{90-60} = 12.12\%$$

9.4.2 享受现金折扣的收益决策模型

决策树分析法已经指出了决策的思路，在已经计算了享受现金折扣收益的情况下，可以按决策树分析法进行比较。

如果企业无论采取何种措施，都没有提前支付的资金，则不会享受现金折扣收益。

如果企业暂时没有资金，但能够从别处借款，那么要看借款的利息成本与享受现金折扣收益之间的对比关系：借款的利息成本小于享受现金折扣收益，则企业可能借款去提前付款；否则，企业不会提前付款。

这是决策树模型的文字叙述。如果企业能从银行以 10% 的利率获得借款，判断企业是否应借款提前支付供应商货款。

"3/30，1/60，N/90" 的现金折扣政策中，30 天内付款享受现金折扣的收益率为 18.54%；60 天内付款享受现金折扣的收益率为 12.12%；无论 30 天内还是 60 天内付款，收益率均比借款利率高，企业应决策提前付款以享受现金折扣。

做这个决策时，有人会提出疑问：针对这两个日期，到底在哪个日期付款，企业的利益最大呢？

下面看一下 30 天付款获得的收益与支付的利息的净收益有多少，再与 60 天付款获得的净收益对比进行决策。

$$30\text{天付款获得的收益} = 100 \times 3\% = 3\text{（万元）}$$

$$30\text{天付款支付给供应商的货款} = 100 - 100 \times 3\% = 97\text{（万元）}$$

$$30\text{天付款借款的金额} = 30\text{天付款支付给供应商的货款} = 97\text{（万元）}$$

$$30\text{天付款借款利息} = 97 \times (10\%/360) \times (90-30) = 1.62\text{（万元）}$$

$$30\text{天付款净收益} = 3 - 1.62 = 1.38\text{（万元）}$$

同理，可以计算 60 天付款能获得的净收益，计算结果如表 9.8 所示。

表 9.8　享受现金折扣比较

付款方案	获得折扣收益（万元）	付款额（万元）	借款天数（天）	借款利息（万元）	净收益（收益－利息）（万元）
30 天付款	3	97	60	1.62	1.38
60 天付款	1	99	30	0.83	0.18

表 9.8 中，30 天付款获得 1.38 万元净收益，高于 60 天付款的净收益，故企业应决策借款 60 天，在 30 天时提前支付供应商的货款，会获得更多的利益。

如果企业有资金，但同时也有别的投资机会，是否会提前付款要看投资的报酬是否高于享受现金折扣的收益：如果投资报酬高于享受现金折扣的收益，企业可能会选择别的投资机会；否则，可能去提前付款。

如果企业有一个短期投资机会，可获得投资收益率 20%，因收益率 20% 高于 30 天付款享受现金折扣的收益率 18.54%，也高于 60 天付款享受现金折扣的收益率 12.12%，因此企业会选择投资方案，等到货款 90 天到期时再支付货款。

如果企业有一个短期投资机会，可获得投资收益率 15%，则企业会选择于 30 天付款、享受现金折扣的收益率 18.54%。

9.5　应收应付账款与时间价值的决策思考

对于持续经营的企业，可能会同时产生应收账款与应付账款。那么，企业应收账款与应付账款允许的信用期间能否配合起来，应收账款与应付账款实际的周转期能否配合起来，以减少企业的资金占用，获得更好的效益？

9.5.1　应收应付时间节点配合情况分析

应收应付时间节点如果能够配合起来，例如，应收账款的到期时间，刚好与应付账款的支付时间一致，这既能满足支付的需要，又能实现经营增值，减轻了企业经营的资金压力。

应收应付时间节点的配合，有两个方面的含义：一方面是供销体系洽谈允许的信用期间配合，另一方面是供销体系实际周转期的配合。

供销体系洽谈允许的信用期间配合，可以作为与供应商、客户洽谈信用期间时的谈判目标。

与客户洽谈时尽量缩短应收账款的信用期间，同时，与供应商洽谈时尽量延长应付账款的信用期间。如果两个方向的洽谈结果能够达成应收账款的信用期间等于或近似等于应付账款的信用期间，那么，收回的应收账款可用于支付应付账款，也就是生产经营上无须垫付资金的理想信用期间配合情况。

供销体系洽谈允许的信用期间配合，不要局限在一笔业务或一个完整经营周期的情况，不要局限在先有购货产生应付账款而后有销售产生应收账款的情况，而是要着眼于企业大局，在诸多业务总体平均的信用期间加以配合。

应收账款信用期间与应付账款信用期间的配合，在经营周期示意图中的直观表现，如图 9.18 所示。

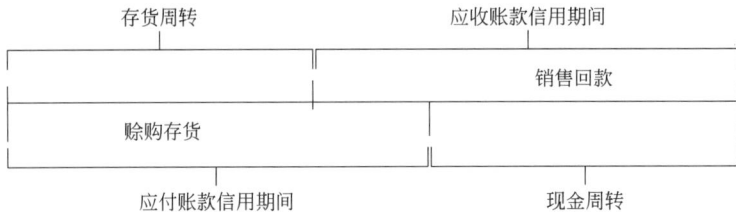

图 9.18　应收账款信用期间与应付账款信用期间的配合（1）

图 9.18 中，虽然两个期间有先有后，但配合的效果要求的是图上应收账款信用期间长度等于应付账款信用期间长度，如果是这样就达到了配合效果，就能总体上实现用收回的货款支付到期的货款。

以上是应收应付信用期间的配合，可以说是标准收付款账期的配合。但企业实际经营时，实际账期是否能够配合上，要看供销体系实际周转期的配合情况。

供销体系实际周转期的配合，是指实际收付款时达到了应收账款周转期与应付账款周转期相等或近似相等，如图 9.19 所示。

图 9.19 中，应收账款周转期与应付账款周转期相等或近似相等，那么，在诸多业务同时经营的过程中，这一笔销售业务收到了款，另一笔采购业务可能正好账款到期，这样资金总体流动会很顺畅。

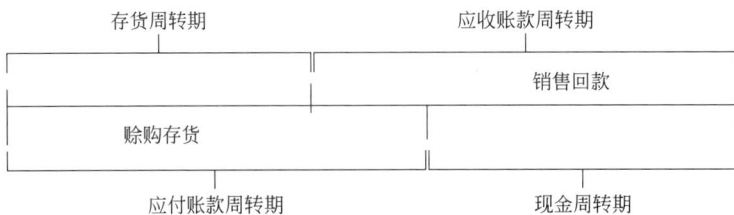

图 9.19　应收账款周转期与应付账款周转期的配合（2）

即使资金有时会短缺，但暂时垫付的资金是可预计的，是能合理安排的，而不会出现拆东墙补西墙、资金无着落的状况，这会减少企业的风险。

如果说供销体系洽谈允许的信用期间配合是一种已经洽谈成功的标准状况，那么供销体系实际周转期的配合就是一种已经在经营上做到的实际状况。

关于总体上的配合，有些行业或企业能够实现，如比较强势的企业，还可能超水平实现（如一些签订背靠背合同的企业）。但有些行业或企业可能无法实现，如上市公司生产销售货架，应收账款账期长，而采购的钢材几乎是现金采购，就无法做到总体上的收付配合，企业需要垫付经营资金。

9.5.2　标准账期与实际账期长短比较分析

如果说供销体系洽谈允许的信用期间配合是一种已经洽谈成功的标准状况，那么供销体系实际周转期的配合就是一种已经在经营上做到的实际状况。标准与实际相比往往会有差异，差异是有利的还是不利的，需要企业高层管理人员或管理会计人员关注并加以分析，以改进不利差异。

需要加以改进的不利差异如图 9.20 所示。

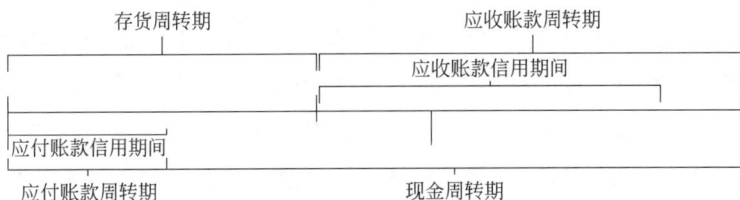

图 9.20　不利差异

如图 9.20 所示，应收账款的回款期标准为应收账款信用期间，实际回款期为应收账款周转期。如果应收账款的标准回款期小于实际回款期，说明有些应收账款是逾期收回的。同时，应收账款的信用期间长于应付账款的信用期间，而实际收款情况比预计的标准情况还在恶化，这更加剧了资金压力。

这种情况需要向高层领导建议，要求销售部门改善其回款情况。同时，需要建议细看应收账款账龄分析表，以及逾期应收账款报表，针对出现逾期的客户做重点改进管理。

应付账款的管理也是类似的道理，这里不再详述。

9.5.3　关于是否考虑时间价值的决策思考

如果应收账款的信用期间较长，或者虽然恰谈的应收账款信用期间较短，但实际回款的账期较长，这两种情况都会影响客户对企业的贡献。

企业接单时，考虑客户的贡献，除了利用毛利及毛利率指标评价外，还可以结合赊销账期，考虑应收账款占用资金的机会成本。在毛利基础上，扣减机会成本，再看客户是否对企业有贡献。如果没有贡献，可以考虑不接受订单，或与客户协商缩短信用期间。

对于信用期间较长的订单，合同评审时考虑应收账款占用资金的机会成本，就相当于考虑了时间价值，在实务中，经常考虑的是应收账款占用资金的利息成本。计算利息成本可以利用应收账款机会成本的计算方法。

$$应收账款占用资金的机会成本 = 日销售额 \times 应收账款周转期 \times$$
$$变动成本率 \times 资金成本率$$

利用此公式的原理，将其演变成合同评审时订单应收账款占用资金的利息成本，公式如下。

$$订单应收账款占用资金的利息成本 = 订单金额 \times 信用期间 \times 变动成本率 \times 利息率$$

利息率可按企业筹资成本率计算，例如，企业主要从银行借款以补充经营性流动资金的不足，那么可以按银行借款利率计算利息，并考虑利息抵税的影响。

合同约定一次性付款的利息成本，可以直接按公式计算；如果合同约定分期付款，可以分段计算利息成本。例如，合同签订预付 20% 货款，发货前支付 30% 货款，客户收货后 6 个月支付 40% 货款；剩余 10% 货款作为质保金，于客户收货后一年内支付。此合同需要分两段计算，其中 40% 的订单金额按 6 个月计算，10% 的订单金额按 12 个月计算。

合同评审时，关于利息成本的预计属于企业内部管理决策所需要的会计信息，每家企业计算利息成本的公式以及每个参数的算法，可能会有所不同。但每家企业设计利息成本时都要符合企业的实际情况，注重决策应用的合理指导作用。

9.6　最佳现金持有量分析

应收账款收款、应付账款付款之后，企业的现金结余就会发生变化。

现金结余多少合适，对企业来说，是一个决策问题。这项决策既要考虑企业对现金的需求，也就是要保持现金的流动性；又要考虑现金的盈利性。

9.6.1　现金与有价证券的转换原理

企业持有现金，主要是为了满足日常开支的需要、预防意外发生的需要，以及把握住潜在投资机会的需要。在能够满足现金需要的情况下，如果持有的现金还在增加，就要想办法减少现金持有量，以便增强企业的盈利能力。

减少现金持有量的方法有很多，如用现金购买固定资产、无形资产，对其他企业进行股权投资等。但有时企业减少现金持有量只是暂时的，在需要现金的时候，希望能够再转换成所需要的现金。

能够较快转换成现金的短期投资品种，最好在市场上有明确的市价，在需要现金时能够以明确的市价马上成交。投资短期有价证券比较符合这个特点。有价证券变现能力强，又可以获得比现金更高的收益性。

与有价证券相比，持有现金仅能获得银行活期存款利息，收益性低，但流动性强；持有股票或国债等有价证券的收益性比持有现金高，但流动性不如现金。所以，现金持有量最好在流动性和收益性之间权衡。

如果企业存在最佳现金持有量水平，那么，伴随着现金的收付，需要在现金与有价证券之间进行转换，如图 9.21 所示。

图 9.21　现金与有价证券转换原理

如图 9.21 所示，企业持有现金，如果随着收款持有量已高达 H 点，说明企业暂时不需要这么多现金，那么就可将一部分现金转换成有价证券，转换后现金下降到 Z 点水平；如果随着时间的推移，现金在支付情况下，持有量下降到 L 点，那么说明企业持有的现金量过少，此时就可将以前购买的有价证券出售一部分，出售后获得的现金使持有的现金水平上升到 Z 点水平。

如果总是按图 9.21 所示的情况进行现金持有量的调整，会形成以 Z 点水平为目标的上下波动情况，如图 9.22 所示。

如图 9.22 所示，现金持有量总是围绕着 Z 线水平在上下波动，Z 线水平是企业的最佳现金持有量。

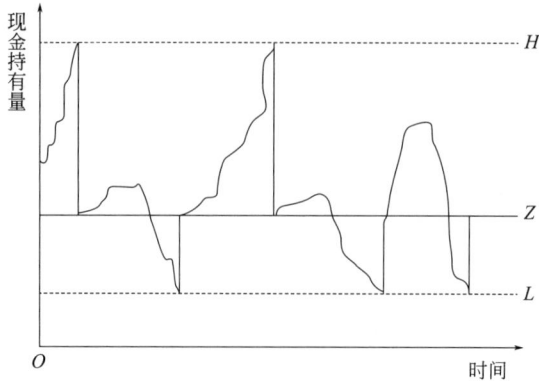

图 9.22　现金与有价证券转换长期原理

图 9.22 中，最高现金持量 H 线与 Z 线之间的距离，以及最低现金持有量 L 线与 Z 线之间的距离多少为宜，也就是转换时应该转换多少数量合适?

美国的默顿·米勒、丹尼尔·奥尔设计了如下的模型。先来看 H 与 L 及 Z 之间的关系。

$$H = 3Z - 2L$$

L 的设定需要综合考虑企业每日的最低现金需求、管理人员的风险承受倾向等因素的影响。

假设 F 为现金与有价证券的单位转换成本，σ 为每日现金净流量变动的标准差，K 为有价证券的日利息率，则 Z 用公式表示如下。

$$Z = \sqrt[3]{\frac{3F\sigma^2}{4K}} + L$$

9.6.2　最佳现金持有量的存货模式

利用存货模式可以确定最佳现金持有量，如图 9.23 所示。

采用存货模式计算经济订货量时，是假设没有最低持有量的。如果将图 9.23 的最低现金持有量移除，得到的现金持有量的存货模式如图 9.24 所示。

如图 9.24 所示，在 B 点或 F 点，现金降到最低处时将有价证券转换成现金，现金持有量一下子上升到 C 点或 G 点，然后逐渐均匀支付现金，均匀支付是一种人为假设；还有另外一种情形，如果因收到客户现金等因素使现金持有量上升到 C 点或 G 点时，也可以将现金兑换成有价证券。

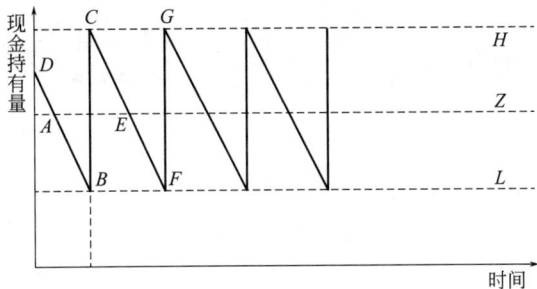

图 9.23　有最低现金持有量的模式

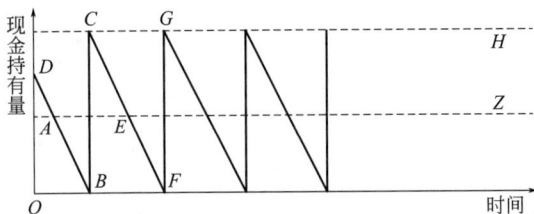

图 9.24　最佳现金持有量的存货模式

在图 9.24 的基础上，利用存货模式下计算经济订货量的原理，绘制最佳现金持有量计算模式图，如图 9.25 所示。

同存货类似，现金在持有转换的过程中，会发生持有成本以及转换成本。

关于如何推导计算最佳现金持有量，可参照经济订货量模型的相关内容。最佳现金持有量的计算公式如下。

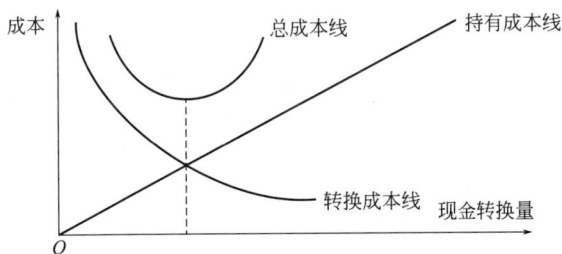

图 9.25　最佳现金持有量计算模式

$$\frac{最佳现金持有量}{2} \times 机会成本率 = \frac{期间现金需求量}{最佳现金持有量} \times 每次转换成本$$

$$最佳现金持有量^2 = \frac{2 \times 期间现金需求量 \times 每次转换成本}{机会成本率}$$

$$最佳现金持有量 = \sqrt{\frac{2 \times 期间现金需求量 \times 每次转换成本}{机会成本率}}$$

确定最佳现金持有量虽然有多种模型，但企业在不同时期确定最佳现金持有量时，要注意实际情况与模型的结合。因为模型中存在一些假设因素，企业应根据实际情况进行调整，确定企业的最佳现金持有量。

第 10 章

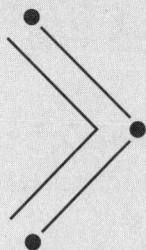

全面预算

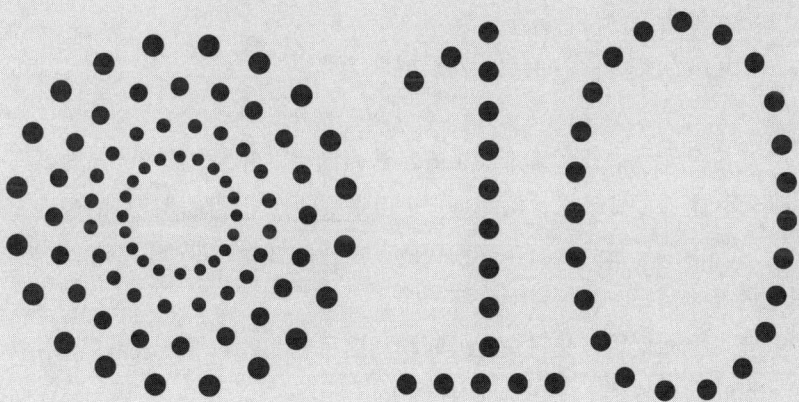

企业取得成功的关键在于能够在内外部信息的基础上，将企业的内部优势和外部机会很好地结合在一起，制定了适合企业发展的战略。但仅有好的战略还不够，企业必须将好的战略转化成行动，这个转化的手段就是全面预算。

10.1　全面预算的前提与准备工作

全面预算可以协调组织资源与组织战略，使"高调"的战略落地实施。

为了"高调"战略的实现，企业会提出分阶段的目标，这个分阶段的目标就是长短期目标。长短期目标的实现需要企业资源的培育和投入，以及资源的协调和统筹安排。

执行年度全面预算可以衡量企业目标发展需要的资源与企业的资源现状之间的差距，并通过年度全面预算筹划安排资源，以达到资源溢价效果，实现年度经营目标。

10.1.1　剖析战略目标、长短期计划与年度预算的关系

企业战略规划是企业发展的大方向，是企业的领头人带领员工们冲刺的方向，如果大方向错了，那么一定没有好果子吃，如人所熟知的诺基亚，因没走智能化手机的大方向而失去了市场；如果大方向是对的，虽然没有达到预想的效果，但企业在市场上还可能分得一杯羹。

如果说战略目标为企业的发展规划了"饼"，那么长短期计划就是分阶段抛出的"饼"。

"饼"无疑描述了未来的美好，让人憧憬，并为之奋斗。而如果要想实现未来的美好，企业要做什么，可能是一个由未来倒推出现阶段计划的过程。

这种倒推思想，是将未来模糊的、定性的概念、憧憬，倒推成现在细化的、可量化的具体目标，就像目标分解一样。

年度全面预算，是对企业战略和长期目标的分解承接或倒推承接。这种承接与企业现状如有差距，往往表现为资源的不匹配。

资源差距或不匹配可通过两个方面弥补或减小：一方面，企业必须新增投入，如提高产能需要购入的新设备、扩建的新厂房等；另一方面，企业可以精心培育、积累资源，如在本年度内建立完善的人才培训体系，将知识和技能提高到企业战略发展所需要的水平等。

全面预算是确定在一段时间内为实现企业目标所需要的资源筹划与安排。

关于战略目标、长短期计划与全面预算的关系如图 10.1 所示。

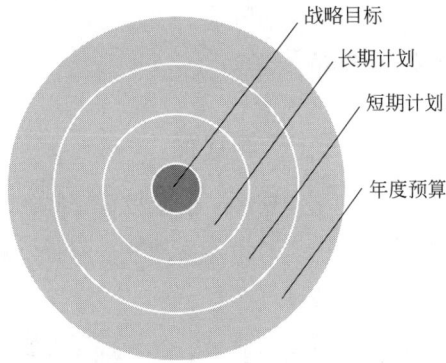

战略目标
长期计划
短期计划
年度预算

图 10.1　战略目标、长短期计划与年度预算的关系（1）

如果用"农村包围城市"来形容最终取得"革命"成功的战略目标，那么年度预算是最具有广大群众基础的，是对战略目标最有力的支持和承接。

图 10.2 中，之所以用塔形关系来展示四者之间的关系，是因为有些企业的规模较大，层级较多，企业主体多样化。例如，对于企业集团来讲，要制定一个战略目标，那么各个分、子公司的计划、预算均要支撑这个战略目标，而且总、分、子公司之间要协同好。

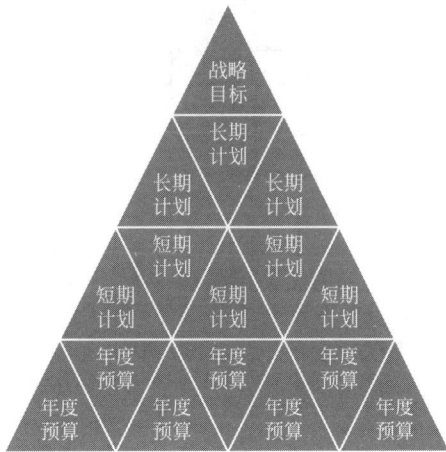

图 10.2　战略目标、长短期计划与年度预算的关系（2）

从战略目标、长短期计划与年度预算的关系来看，塔形关系图有利于理解全面预算以下三方面的作用。

（1）预算通过引导经营活动，并通过比较实际结果与预算目标，引入控制系统，控制经营活动，使企业经营达成预期目标。

（2）预算可以为分、子公司或部门经理沟通与提供从总预算分解的具体目标，实现内部分、子公司及各个部门之间的协调。

（3）预算可以作为业绩考核的标准。

10.1.2　组织架构的变更及责任中心的界定

预算之前，应先确定企业的组织架构，决定设置哪些部门去承接企业的战略职能。部门职能不清晰，成本费用的预算也不会清晰，同时，如果预算做好后再来调整组织架构，那么也要重新调整预算。

企业内部管理需要考虑集权或分权管理，分权管理需要界定责任中心。责任中心是指对相关事务负责的中心，包括成本中心、收入中心、利润中心、投资中心。

成本中心，是指对成本或费用负责的中心。成本中心可以分为标准成本中心和费用中心，其中标准成本中心又可分为基本成本中心和复合成本中心，如图 10.3 所示。

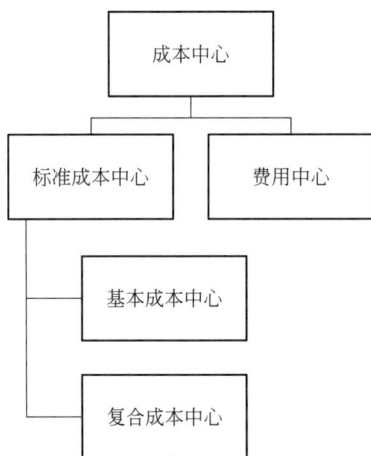

图 10.3　成本中心示意

图 10.3 中，基本成本中心是指没有下属的成本中心；复合成本中心是指有若干个下属的成本中心，如有若干个工段的车间。如果将工段视为基本成本中心，那么车间就是复合成本中心。

费用中心，是指对费用负责的中心，如行政管理部门。

收入中心，是指对收入负责的中心，如销售部门。收入中心如果仅对收入负责，而不对成本或利润负责，会降低企业整体资产的使用效果，所以，一般企业均不设置收入中心。

利润中心，是指对收入、成本、利润负责的中心，可以划分为人为利润中心和自然利润中心，如图 10.4 所示。

自然利润中心，如事业部、分公司、分厂，具有很大的独立性，具有独立的收入来源，可以向市场销售产品，按对外转让价格进行销售。

人为利润中心，如生产部、销售部，生产部与销售部之间按内部转让价格进行计价结算，有利于提高企业整体业绩。

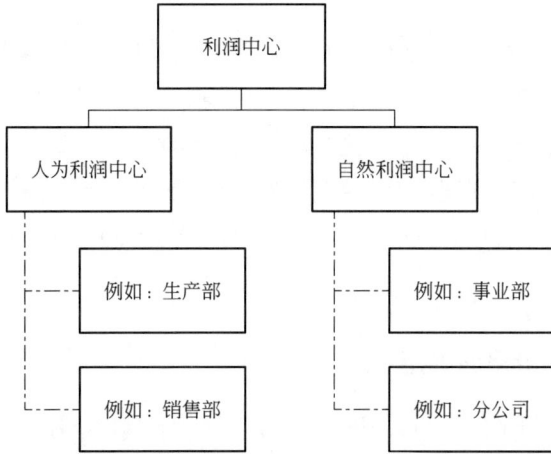

图 10.4　利润中心示意

图 10.5 为利润中心提高企业业绩的作用过程，从中可以看出设置人为利润中心的必要性。如果生产部与销售部之间按内部转让价格进行计价结算，那么生产部的收入因按标准固化，生产部想提高利润，努力的方向应是降低生产成本，以便最大化生产部利润；而销售部的成本因按标准固化，销售部想提高利润，努力的方向应是提高对外销售价格，以便最大化销售部利润。这有利于提高企业的整体利润。否则，生产部与销售部之间容易产生矛盾，不利于提高企业的整体利润。

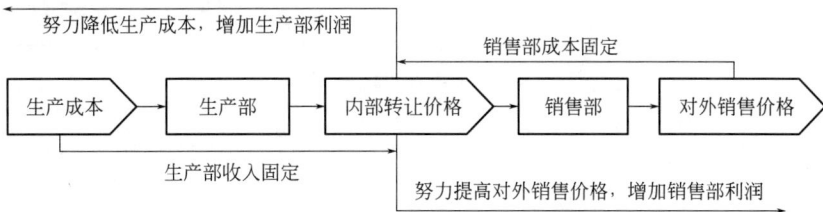

图 10.5　利润中心提高企业业绩的作用过程

图 10.6 反映了企业整体收入与成本的形成。对企业来讲，生产部的生产成本是企业的成本，销售部对外销售的价格是企业的收入，两者的差额就是企业的毛利。但根据企业毛利不容易判断是生产部还是销售部的贡献或责任。

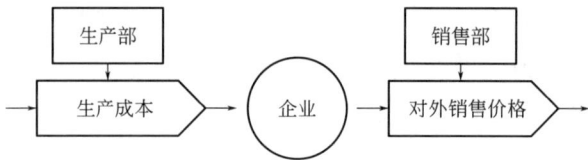

图 10.6　企业整体收入与成本的形成

例如，企业的毛利率低，销售部可能说是生产部的生产成本没有控制好，成本太高造成的；而生产部可能说是销售部的对外销售价格太低造成的。双方的"口水战"不利于分清责任，也不利于提高企业的整体利润。

投资中心是指既对利润负责，又对固定资产、无形资产等投资负责的中心。例如事业部、分公司、分厂等，只有被授予经营决策权和投资决策权的独立经营单位才能成为投资中心。

10.1.3　内部结算价格的确定

将生产部与销售部作为利润中心，从努力方向上来看，有利于企业整体利润的提高，但前提是必须建立在公正合理的内部结算价格的基础上；否则，双方还会以内部结算价格不公正为由，说本部门的经营业绩因内部结算价格有问题而影响了业绩。

设立了利润中心，那么，对于自然利润中心，无须建立内部结算价格（分公司有对外的销售价格），但对于人为利润中心，如将生产部门定义为利润中心，生产部门就要按内部结算价格将产品销售给销售部门，销售部门再将产品对外销售给客户。

内部结算价格的制定，要体现出企业经营系统的体系性，如图 10.7 所示。

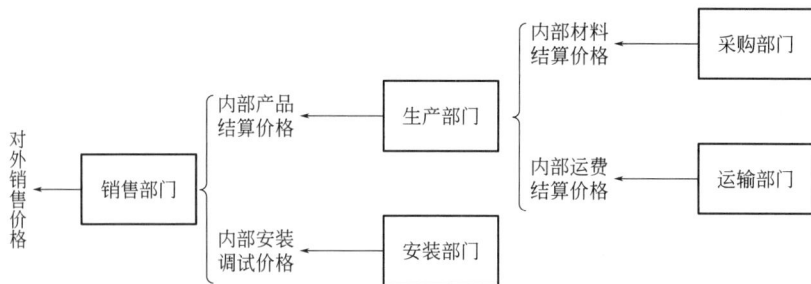

图 10.7　内部结算价格示意

图 10.7 所示是企业利润中心的举例。销售部门对外接单，给安装部门下单安装任务，给生产部门下单产品；然后，生产部门要给采购部门下单采购原材料，同时，

给运输部门下单运输任务。这个经营体系中的每一个利润中心，向相邻的另一个利润中心提供产品或劳务时，相互之间要界定内部结算价格，从而界定每个利润中心的利润业绩。

生产部门与销售部门进行结算时，除了要考虑采购部门的内部材料结算价格、运输部门的内部运费结算价格外，还要考虑人员工资、制造费用等因素，与销售部门协商制定内部产品结算价格。

这些内部结算价格，最好能以公平的市场价格为依据来制定。但没有绝对公平、公正、公允的内部结算价格，如果企业能制定相对公平的内部结算价格，各年度结算标准一贯性采用后，就能够对利润中心的各个年度经营业绩进行比较，从而评价该利润中心在各个年度的努力程度。

10.1.4　预算管理组织机构的建立健全

预算工作开展的效果如何，与预算管理组织机构的建立健全有关。

预算管理组织机构包括董事会、预算管理委员会、预算协调机构、预算执行机构和考核机构，如图 10.8 所示。

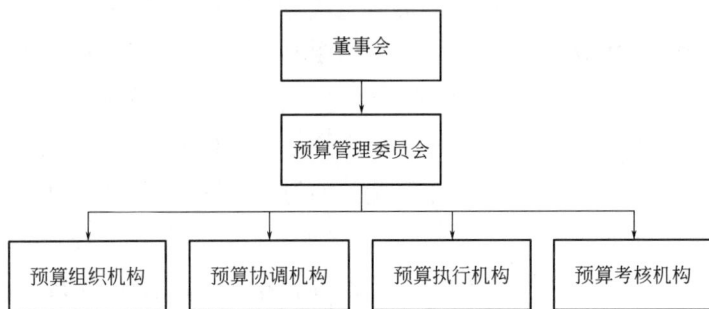

图 10.8　预算管理组织机构示意

董事会掌管企业预算的终审权以及资本性支出等重大资本预算的最终审批权，同时，对企业预算的日常执行情况与执行结果拥有监督权。

预算管理委员会是在董事会领导下的预算管理事务的常设权力机构，通常下设预算组织机构、预算协调机构、预算执行机构和预算考核反馈机构等部门。预算管理委员会主要负责确定预算的管理原则、流程、审查预算，监督预算的执行与控制，批准预算的调整，以及对预算的考核进行监督。

企业根据具体情况决定是否设置预算管理委员会。对于规模不太大的企业或对预算要求不高的企业，可能未设立预算管理委员会，其职能由一些部门或人员承担，如由财务部门进行预算的组织、控制与反馈，主管财务的副总经理进行预算的协调等。

即使设立预算管理委员会的企业，财务部门在整个预算工作中仍然起到很大的作用。有些企业的预算组织工作是由财务部门负责的，初步的审核与沟通工作也由财务部门负责，再上报给预算管理委员会。

预算执行机构也是预算的编制机构，通常是企业的各个部门，涉及预算编制及执行工作。企业的组织架构如何设置，关系到预算的编制与执行机构如何开展工作。因此，在编制预算之前，组织架构经常是先行确定的。

关于预算考核机构，有些企业由财务部门兼此职能，有些企业由人力资源部门兼任，有些企业成立专门的预算管理部门执行预算考核工作。

企业基于成本效益原则的考虑，对预算管理组织机构的设置会有所不同。但无论如何设置，应组织协调好预算的编制与执行，起到预算的引导、承接作用。

10.1.5 识别主要的预算因素

编制预算时，首先要识别主要的预算因素。

主要的预算因素是制约企业经营的主要因素，主要表现为制约企业发展的瓶颈因素。例如，在产品匮乏的情况下，企业生产出来的产品是不愁销路的，那么机器生产能力是预算的主要因素。现代企业竞争激烈，一般情况下主要的预算因素是销售需求。

企业所在行业的特点，可能会影响主要的预算因素。例如游戏软件开发行业，程序员可能会成为主要的预算因素，因为好的创意是需要足够素质的程序人员编写程序代码才能实现的。

社会环境的变化、企业情况的变化，都可能影响主要的预算因素，企业在不同的时期或阶段，可能存在不同的主要预算因素。例如，某企业一直以来，主要预算因素是销售需求，但去年年底接到了一个大订单，订单大到一年也生产不完，但客户要求在一年内交货。那么，企业现在主要需解决的应是生产能力问题，所以，生产能力成为主要的预算因素。

图10.9反映了识别主要预算因素的过程。主要预算因素是预算编制时首先要解决的因素，如果主要预算因素不解决，其他业务或财务预算就无法编制。例如，如果企业的主要预算因素是销售需求，那么，如果不能先预计销售量，生产预算就不知道怎么安排生产、采购预算就不知道采购多少原材料等。

主要预算因素被认为是制约企业经营的主要因素，也就是经营瓶颈，因此涉及如何突破瓶颈，解决主要因素的问题。

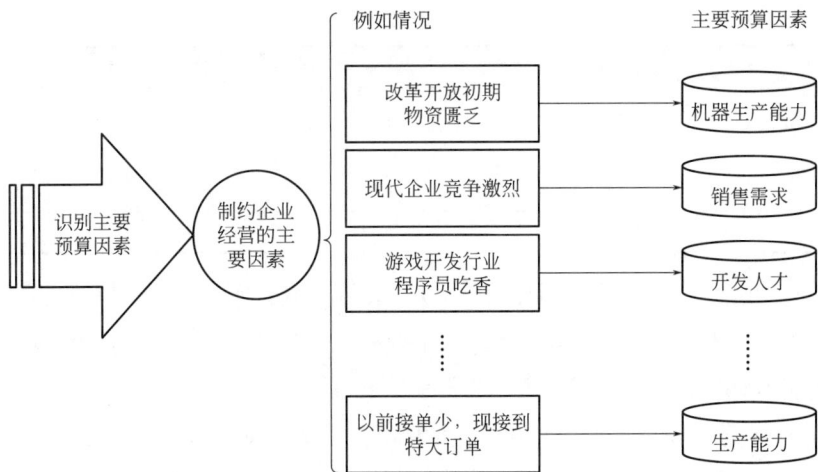

图 10.9　识别主要预算因素的过程

　　要突破瓶颈可以尝试别的方法，而不是一味地在原来的方法上做更难的向上突破。条条大路通罗马，其他方法可能同样能达到目的。例如，生产能力是瓶颈，购买设备、扩建厂房是很难马上突破瓶颈的，那么考虑委托外单位加工来解决主要因素，可能是问题的解决途径。

10.1.6　衡量预算编制依据或标准

　　编制预算时，除了先确定主要预算因素之外，还要确定预算编制依据或标准。

　　预算编制依据或标准，是指在编制预算时按什么标准编制，凭什么依据编制。

　　【例 10-1】某企业的预算利润表如表 10.1 所示。

表 10.1　预算利润表

项目	20×× 年预算
营业收入	4,535.00
减：营业成本	3,413.49
销售毛利额	1,121.51
销售毛利率	24.73%
减：税金及附加	17.50
销售费用	323.4
管理费用	323.64
财务费用	0.98
营业利润	455.99
利润总额	455.99

项目	20×× 年预算
减：所得税费用	114.00
净利润	341.99
净利润率	7.54%
期间费用率	14.29%

如表 10.1 所示，税金及附加为什么是 17.50 万元，所得税费用为什么是 114.00 万元，需要探究的就是预算编制依据或标准。

税金及附加是按照毛利额征收增值税 13%，再以增值税为基础征收城建税 7%、教育费附加 3%、地方教育费附加 2%，那么，税金及附加 =1 121.51×13%×（7%+3%+2%）=1 121.51×13%×12%=17.50（万元）；所得税是按照利润总额按 25% 所得税税率计算得出的，所得税费用 =455.99×25%=114.00（万元）。

按照税基和税率为依据大概计算得出的预算数，在没有其他调整因素的情况下，预算数据是合理的。但如果上年末有 50 万元的进项税额留抵，那么税金及附加预算高了，应该修改预算，考虑进项税额留抵因素。如果仔细研究期间费用中的业务招待费费用有 20 万元，那么要考虑业务招待费的至少 40% 不能抵扣，且最高不得超过销售收入的 5‰；这样就会增加所得税费用。

类似税金及附加、所得税费用与其他项目之间的勾稽关系，在编制预算之前就要想到。编制预算时要考虑，审核预算时要检验这种勾稽关系，以保证预算数据的合理准确。

其他的预算依据或标准，如消耗定额、标准工时等，也是预算依据或标准，是编制预算事先需要考虑的事项。

10.1.7 解析材料消耗定额的制定

标准成本是编制预算的重要依据。标准成本从分解因素的角度来看，包括单位材料标准成本、单位人工标准成本。单位材料标准成本与材料消耗定额及材料单价有关，单位人工标准成本与单位产品人工工时及小时工资率有关。

材料消耗定额是指在保证产品质量的条件下，经过大多数员工努力可以达到的消耗定额。材料消耗定额既包括构成产品实体的材料数量，又包括生产现场运输及工艺加工过程不可避免的损耗量。

材料消耗定额的制定，与规定的材料质量有关，也就是说，材料质量的好坏会影响材料的消耗量。企业需要先确定材料的质量标准，在质量符合设计的标准要求之下再来研究消耗量。

材料消耗定额 = 材料定额净用量 + 材料定额损耗量

材料消耗定额 = 材料定额净用量 /（1 - 材料定额损耗率）

可见，制定材料消耗定额，关键是确定材料定额净用量和材料定额损耗率。

材料消耗量一般包括 3 个部分：基本净用量消耗、工艺性消耗、非工艺性消耗。

基本净用量消耗是在完工产成品上看得见的消耗，因为净用量消耗才生产出了产成品。

工艺性消耗是指产品在加工过程中产生的消耗。

非工艺性消耗是指由于供应条件的限制、运输等造成的消耗和其他不正常的消耗。

材料消耗定额主要是基本净用量消耗和工艺性消耗之和，非工艺性消耗一般不计算在材料消耗定额之中。

关于材料消耗定额的制定方法，主要有技术分析法、标准试验法、实地测定法、统计分析法。

技术分析法，是指根据施工图纸、施工规范、施工工艺、设备要求等资料，采用一定的科学方法，计算出材料净用量与合理损耗的方法。用这种方法制定的定额，技术依据充分，比较准确，但工作量较大。这种方法适用于容易用体积或面积计算的块状或片状材料，如钢材、木材、砖等。

标准试验法，是指在实验室内，用标准仪器，在标准条件下，测定材料消耗定额的方法。这种方法要求实验室条件尽量与施工过程中的正常施工条件一致，同时在测定后用观察法进行审核和修正。这种方法适用于沥青、油漆、混凝土及砂浆等材料。

实地测定法，是指在一定条件下，通过实地观察、记录、测定，将得到的数据分析、整理而制定材料消耗定额的方法。这种方法注重实地观测，有较客观的科学性，比较准确，但工作量大，需要花费时间较多。这种方法适用于有既定工艺的施工现场，用来测定材料的消耗情况。

统计分析法，是指根据材料消耗量的历史统计资料，并考虑生产技术条件的变化等因素，制定材料消耗定额的方法。这种方法注重实际消耗水平，不需要理论计算，但要求有健全的统计资料，并尽量消除偶然因素的影响，才能做到定额的先进合理。

在确定损耗率时，除了认真测量施工现场所发生的各种损耗，去掉可避免部分，保留不可避免部分之外，还应该同责任成本管理挂钩。

以上关于如何确定材料消耗定额的问题，主要由技术部门等确定。但了解以上知识有利于开拓成本管理会计的视野，有利于与技术部门等沟通材料消耗定额；否则，对成本管理会计一点也不了解，会缺少编制预算成本的修订、测算等话语权。同时，当缺少材料消耗定额资料时，成本管理会计知道向哪些部门索要资料。

在预算新产品时，需要针对新产品消耗的原材料让技术部门等制定出材料消耗定额，同时，新年度的预算也需要修订或完善老产品的材料消耗定额。

10.1.8 解析材料价格标准的制定

材料标准成本可分为材料数量标准和材料价格标准。

材料价格标准主要由采购部门制定。采购部门制定某种材料的价格标准时，既要预测材料未来价格走势，又要对计入材料成本中的运费等进行预计，以便同实际价格口径一致；否则，进行实际与预算差异分析时，会缺乏可比性。

如果有一张预计材料单价的表，有利于采购部门进行材料单价预计。这张表可以由采购部门设计并编制，但对于采购管理水平不高的企业，这张表往往是由财务部门设计好后，再提供给采购部门，由采购部门填制。所以，成本管理会计人员有必要了解材料单价预算表，以便指导采购人员填写。材料单价预算表的一般格式如表 10.2 所示。

表 10.2　材料单价预算表

材料名称	规格型号	计量单位	出厂价			运费					运输合理损耗		其他费用		预算单价
			历史出厂价	预计涨跌率	预计出厂价	出厂地点	运输距离	运输方式	采购批量假设	单位运费	预计损耗率	损耗金额	费用率	金额	

对于材料单价预算表的格式，企业根据自己的材料特点、采购谈判情况，可以

适当增减项目。例如，有些企业同供应商洽谈的采购价格包含送货上门的运费，而且依据收货企业的实际收货重量作为结算重量，所以运费以及运输途中的合理损耗均不用考虑。

如果预算材料单价时需要考虑损耗，仅需考虑正常的合理损耗，如果损耗超出正常范围，非正常部分应由相关人员承担。例如，运输商造成的损失应由运输商承担，因材料品质造成的超常损耗应拒收或由供应商承担。

表 10.2 中的其他费用，主要是指材料的装卸费、途中保管费等。

采购部门预计材料单价的工作量较大，对采购部门的素质及管理水平要求较高。因此，有些企业的采购部门可能没有能力按表格进行材料采购单价的预计，而是在预算时采用简化处理方式。

例如，有些企业可能利用历史材料采购单价数据，采用增量预算方法，按未来行情趋势对历史数据直接进行结果的修正，不单独考虑运费、损耗和其他费用。

更为简化的企业操作方法是直接按销售毛利率来倒推销售成本，而不去预计生产成本中的材料成本，仅将销售量简单地按生产量来对待。当然，这样预计是简化了工作量，但对采购部门及生产部门如何安排未来工作缺乏指导意义。虽然实务中有些企业这样操作，但笔者并不建议企业推行这种做法。

以上内容探讨了材料消耗定额和材料单价标准，如果将两者的预算资料结合起来，就可以预计单位产品材料标准成本。

【例 10-2】某企业产品甲由材料 A 和材料 B 制成，产品甲的材料 A 的定额净用量为 5 千克，允许的损耗为 0.3 千克；材料 A 预计从供应商处购入的含运费的成本单价为 5.5 元，材料 A 途中没有损耗，装卸费为每千克 0.5 元。因此，材料 A 的材料消耗定额 = 5 + 0.3 = 5.3（千克），材料 A 的材料标准单价 = 5.5 + 0.5 = 6（元）。

材料 B 的定额净用量为 6 千克，不允许有损耗；材料 B 预计从供应商处购入的含运费的成本单价为 7.5 元；材料 B 途中不会有损耗，装卸费为每千克 0.5 元。因此，材料 B 的材料消耗定额 = 6 千克，材料 B 的材料标准单价 = 7.5 + 0.5 = 8（元）。

该企业产品甲的单位材料标准成本 = 5.3 × 6 + 6 × 8 = 79.8（元）。

10.1.9 解析工时标准的制定

标准工时是指将产品生产出来所需要花费的工时。统计工时数据，既有利于工资成本的核算，也有利于制造费用等间接费用的分摊。

如果企业生产的是多工序产品，标准工时就是各道工序的工时之和。因此探讨标准工时又转换成了探讨工序工时的问题。即使企业产品仅有一个工序，也可以看成是单工序工时的问题。

既然如此，产品每道工序的工时如何确定呢？

$$标准工时 = 正常工时 \times (1 + 宽放率)$$

正常工时是工人生产时正常工作节奏下的用时与机器正常运转时间之和。

$$宽放率 = (标准工时 - 实测工时) / 实测工时$$

宽放率与材料消耗定额的损耗率有些类似。在加工的过程中，有生理停顿、疲劳停顿等，这些停顿是必要的，因此包含在标准工时之内。

宽放率主要是如下几个方面的宽放之和。

（1）生理宽放：一般为 2%~5%。

（2）疲劳宽放：一般为 5%~20%。

（3）管理宽放：一般为 3%~10%。

（4）特殊宽放：特殊行业的宽放。

针对不同企业，宽放率的取值有一定的幅度。另外，企业不同阶段也有一个改善的过程，通过不断的测定改善才可能相对固化宽放率的标准。

如果要通过公式计算出标准工时，那么，需要得出正常工时。

正常工时可以通过直接观测法测算。例如，通过秒表测算，通常选择一般熟练工人在正常环境下作业时进行时间测量；可以通过秒表多次测量，将正常情况下的平均值作为正常工时。

标准工时的测定方法不只一种，还有预定动作时间标准法、工作因素法等方法。

10.1.10　解析小时工资率标准的制定

产品工时中的正常工时可分成两部分，一部分是机器工时，另一部分是人工工时。

机器工时可以用来分配制造费用；人工工时除了可以用来分配制造费用之外，对于实行计时工资制度的企业，还可以利用其计算工资成本。

如果说标准工时主要是由生产部门制定，那么，生产工人的小时工资率应主要由人力资源部门与生产部门共同制定。

人力资源部门与生产部门通常要了解行业内工人工资的水平状况，以及不同工种、不同技能水平工人的工资状况，并结合企业的工资基调确定工人的工资额度，这个工资额度就是特定工人的工资水平。例如，企业需要一个熟练钳工的工资水平为每月 7 000 元，需要一个熟练电焊工的工资水平为每月 9 000 元。

工资总额标准定出来后，就可以依据工资及工时计算小时工资率。

钳工、电焊工的每月标准工作日为 21.75 天，每天按 8 小时计算，则每个月的工作时间为 174 小时。

钳工的小时工资率 = 7 000/174 = 40.23（元 / 小时）

电焊工的小时工资率 = 9 000/174 = 51.72（元 / 小时）

以上是小时工资率的制定方法。如果在行业中每个工种都有标准的小时工资率，企业当然也可以借鉴，并在行业标准基础上进行修订。

标准工时与小时工资率标准结合在一起，可以计算单位产品的直接人工成本。

【例 10-3】某企业产品甲由工序 A 和工序 B 制成，工序 A 由钳工制作，单位产品的纯作业时间为 2 小时，工人对机器设备进行调整的时间为 0.1 小时，工间休息 0.15 小时，其他合理时间为 0.1 小时。因此，工序 A 的工时合计 = 2 + 0.1 + 0.15 + 0.1 = 2.35（小时）。

工序 B 由电焊工制作，单位产品的纯作业时间为 0.9 小时，不需要机器设备的调整时间，工间休息 0.1 小时，其他合理时间计为 0.1 小时。因此，工序 B 工时合计 = 0.9 + 0.1 + 0.1 = 1.1（小时）。

该企业产品甲的直接人工标准成本 = 40.23 × 2.35 + 51.72 × 1.1 = 151.43（元）。

10.2 全面预算的特点和内容

如果说战略目标是一个总目标，那么全面预算就是对总目标的分解和承接；如果说战略目标是定性的、模糊的，那么全面预算就是定量的、具体的。

10.2.1 全面预算的特点

全面预算是在预测的基础上，以数量或金额形式来反映企业一定时期经营活动的具体计划，为实现企业目标对资源和经营活动所做出的具体安排。

全面预算有两个特点。

全面预算和企业的战略目标应保持一致。企业是一个团队，多人作战，目标一致才能有效果；否则，各自为战，目标不一，无法形成合力，很容易被对手淘汰。

全面预算是可量化和可执行的，战略目标再好，如果不能通过全面预算来承接，不能分解成可量化、可考核的具体预算，是不可能在企业实际执行中落地实施的。

10.2.2 全面预算的体系内容

全面预算是一个体系，体系中的每个成员或每个部门或每个分部，需要彼此协调，形成一个有机的体系，并能够落地执行。

全面预算的体系内容如表 10.3 所示。

表 10.3 全面预算体系

名称		含义	包括内容
全面预算	业务预算	业务预算是预算的基础，主要通过预测企业日常业务活动编制	销售预算、生产预算、直接材料及采购预算、直接人工预算、制造费用预算、产品成本预算、销售及管理费用预算等
	专门决策预算	专门决策预算是指企业为那些在预算期内不经常发生的、一次性业务活动所编制的预算	根据长期投资决策结论编制的与购置、更新、改造、扩建固定资产决策有关的资本支出预算；与资源开发、产品改造和新产品试制有关的生产经营决策预算等
	财务预算	财务预算主要反映企业预算期现金收支、经营成果和财务状况的各项预算，是以业务预算和专门决策预算为基础编制的	现金预算、预计利润表和预计资产负债表

10.3 固定预算与弹性预算的编制方法

固定预算与弹性预算是预算编制的两种相对方法。固定预算仅按某一个业务量水平编制，而弹性预算可按不同的多个业务量水平编制。

10.3.1 固定预算的编制

固定预算又称静态预算，是根据预算期内正常的、可实现的某一个业务量水平编制的预算。在预算期末，将预算的实际执行结果与当初制定的业务量水平的预算数进行对比分析，并以此进行业绩的评价与考核。

这种预算方法比较简单，也是大部分企业目前采用的预算方法。

固定预算的缺陷：当实际的业务量水平与预算的业务量水平有差异时，实际结果与预算比较缺乏可比性，对业绩评价不合理，有些预算目标也失去了控制的意义。

10.3.2 弹性预算的编制

弹性预算又称变动预算，可按不同的多个业务量水平编制，能适应企业预算期内的任何业务量水平。

弹性预算编制的基本前提是将所有的成本费用按成本性态划分为变动成本和固

定成本，在这个前提下才可以编制预算方程。所以，不同的业务量水平均可代入预算方程式，并可生成对应业务量水平的预算。

弹性预算之单一产品品种的编制原理如下。

弹性成本预算 = 固定成本预算数 + 变动成本预算数

= 固定成本预算数 + 单位变动成本预算数 × 业务量预计数

弹性预算之多种产品品种的编制原理如下。

弹性成本预算 = 固定成本预算数 + ∑（单位变动成本预算数 × 业务量预计数）

【例 10-4】某公司编制的弹性预算如表 10.4 所示。

表 10.4　弹性预算

项目	固定预算		弹性预算	备注
	金额	单价或单位成本		
生产和销售量（件）	2 000		3 000	
销售收入（元）	20 000	10	30 000	弹性预算成本 = 实际业务量 × 单位变动成本
变动成本：				
直接材料（元）	6 000	3	9 000	
直接人工（元）	4 000	2	6 000	弹性预算收入 = 实际业务量 × 销售单价
安装费（元）	1 000	0.5	1 500	
半变动成本：				
其他成本（元）	3 600		4 600	$y = x + 1\,600$
固定成本：				
折旧费（元）	2 000		2 000	弹性预算成本 = 固定预算成本
租金与税金（元）	1 500		1 500	
总成本（元）	18 100		24 600	
利润（元）	1 900		5 400	

为了与实际结果进行比较，弹性预算的业务量可以采用实际的业务量作为最终版本的弹性预算，再将实际结果与最终版本的弹性预算进行比较差异分析。最终版本弹性预算的编制法，与按固定成本和变动成本分类生成预算方程有关。

表 10.4 中数据是将实际的业务量代入弹性预算模型而生成的预算，代入的弹性预算模型如下。

销售收入：弹性预算收入 = 实际业务量 × 固定预算销售单价。

变动成本：弹性预算成本 = 实际业务量 × 固定预算单位变动成本。

半变动成本：将实际业务量代入固定预算半变动成本方程 $y = x + 1\,600$。

固定成本：弹性预算成本 = 固定预算的固定成本。

弹性预算的差异分析如表 10.5 所示。

表 10.5 弹性预算的差异分析

项目	固定预算	弹性预算	实际结果	预算差异
生产和销售量（件）	2 000	3 000	3 000	0
销售收入（元）	20 000	30 000	30 000	0
变动成本：				
直接材料（元）	6 000	9 000	8 500	500F
直接人工（元）	4 000	6 000	4 500	1 500F
安装费（元）	1 000	1 500	1 400	100F
半变动成本：				
其他成本（元）	3 600	4 600	5 000	400A
固定成本：				
折旧费（元）	2 000	2 000	2 200	200A
租金与税金（元）	1 500	1 500	1 600	100A
总成本（元）	18 100	24 600	23 200	1 400F
利润（元）	1 900	5 400	6 800	1 400F

如表 10.5 所示，实际成本比预算成本高为不利差异，用 A 表示；实际成本比预算成本低为有利差异，用 F 表示；实际收入比预算收入高为有利差异，用 F 表示；实际收入比预算收入低为不利差异，用 A 表示。

有利差异与不利差异方向的判断，在于将预算控制集中于重要的不利差异方面。

【例 10-4】是将实际业务量代入全面预算，可快速生成弹性预算。接下来，进一步探讨弹性预算方程式，有了弹性预算利润方程式，将实际业务量代入方程式便可计算出弹性预算利润。

那么，依据这个原理编制弹性预算，只要在相应范围内，就可以按此模型的方程式计算。

【例 10-5】沿用【例 10-4】企业基本资料，弹性预算变动成本资料如表 10.6 所示。

表 10.6 弹性预算变动成本资料   单位：元

项目	固定预算		弹性预算
	金额	单位变动成本	
变动成本：			
直接材料	6 000	3	9 000
直接人工	4 000	2	6 000
安装费	1 000	0.5	1 500

如表 10.6 所示，变动成本模型方程式可定义为：$y = 5.5x$。

另外，半变动成本模型方程式为：$y = x + 1\,600$。

表 10.7 为弹性预算固定成本资料，固定成本模型方程式为：$y = 3\,500$。

表 10.7 弹性预算固定成本资料　　单位：元

项目	固定预算		弹性预算
	金额	单价或单位成本	
固定成本：			
折旧费	2 000		2 000
租金与税金	1 500		1 500
合计	3 500		3 500

综合所述，变动成本、半变动成本、固定成本综合的总成本模型方程式如下。

$$y = 5.5x + x + 1\,600 + 3\,500 = 6.5x + 5\,100$$

可以验算一下，将实际业务量 3 000 代入总成本方程式，则 $y = 6.5x + 5\,100 = 6.5 \times 3\,000 + 5\,100 = 24\,600$（元）。将固定预算业务量 2 000 代入总成本方程式，则 $y = 6.5x + 5\,100 = 6.5 \times 2\,000 + 5\,100 = 18\,100$（元）。

销售收入模型方程式为：$y = 10x$。

则利润模型方程式为：$y = 10x - (6.5x + 5\,100) = 3.5x - 5\,100$。

可以验算一下，将实际业务量 3 000 代入利润方程式，则 $y = 3.5x - 5\,100 = 3.5 \times 3\,000 - 5\,100 = 5\,400$ 元。将固定预算业务量 2 000 代入利润方程式，则 $y = 3.5x - 5\,100 = 3.5 \times 2\,000 - 5\,100 = 1\,900$（元）。

由此可见，弹性预算演变成了一个模型方程式，只要业务量在相关范围内，将业务量代入自变量 x，就可以计算出利润。这正体现了弹性预算的优点。

如果再延伸思考，由利润模型看 $y = 10x - (6.5x + 5\,100)$，方程式中的 10、6.5 及 x 是关键，10 代表销售单价，x 代表实际销售量，这均与销售部门有关，所以，这两个方面是销售部门的关注点及绩效考核的重点。

6.5 代表着单位变动成本，这与生产等成本部门有关。如果再逆向往前看，6.5 = 3 + 2 + 0.5 + 1，3 代表单位材料成本，2 代表单位人工成本，0.5 代表单位安装费，1 代表单位其他成本，在此基础上可找到责任部门去重点管理。例如，2 代表的单位人工成本与生产部门相关，关键因素分解如图 10.10 所示。

如图 10.10 所示，利用利润结果的因素分解法，可以清晰地看出各个部门应关注或考核的重点。例如生产部门，关于单位材料消耗量可以从出品率或废品率的角度进行考核，关于单位产品生产工时可以从生产效率的角度进行考核。

另外，虽然业务量x是考核销售部门的，但生产交货及时率却是要考核生产部门的，以便在产能允许的情况下，考核生产部门的生产组织能力。

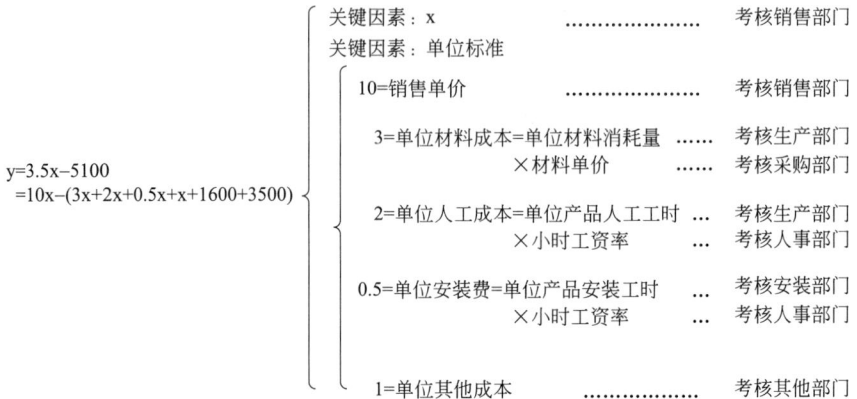

$$y=3.5x-5100$$
$$=10x-(3x+2x+0.5x+x+1600+3500)$$

关键因素：x	……………	考核销售部门
关键因素：单位标准		
10=销售单价	……………	考核销售部门
3=单位材料成本=单位材料消耗量 ……		考核生产部门
×材料单价	……	考核采购部门
2=单位人工成本=单位产品人工工时 …		考核生产部门
×小时工资率	…	考核人事部门
0.5=单位安装费=单位产品安装工时 …		考核安装部门
×小时工资率	…	考核人事部门
1=单位其他成本	……………	考核其他部门

图 10.10　关键因素分解

还有一个问题，是与第 6 章本量利分析的衔接。第 6 章讲述了经营杠杆系数，下面先利用经营杠杆系数测算实际业务量为 3 000 时可比预算利润应为多少，并与弹性预算的结果进行比较。

$$经营杠杆系数 = 1 + \frac{基期固定成本}{基期息税前利润} = 1 + \frac{5\,100}{1\,900} = 368.42\%$$

经营杠杆系数 368.42%，代表利润变化是销量变化的 3.684 2 倍；当销量由固定预算 2 000 增长到实际销量 3 000 时，销量增长 50%。由经营杠杆系数的含义预计可比预算利润，当销量增长 50% 时，可比预算利润会增长 50%×3.684 2 = 184.21%。

$$可比预算利润 = 1\,900 \times (1 + 184.21\%) = 5\,399.99（元）$$

可比预算利润的计算结果 5 399.99 元，与弹性预算的计算结果 5 400 元相差 0.01 元，也可以说四舍五入后是相等的。

以上两者的相等关系说明只要固定预算的固定成本与息税前利润预计合理，那么，不用编制弹性预算，利用经营杠杆系数便可计算出实际业务量水平的可比预算利润，以便于可比预算利润与实际利润的比较。

以上两者的相等关系，还可以提示我们，如果将企业上一年实际经营情况视为经营杠杆系数的基期，那么，利用经营杠杆系数与本年销量等数据可计算出本年度可比预算利润。

这个本年度可比预算利润的意义很重要，是指假设与上年度经营环境及管理水平相同的情况下企业本年度应该达成的业绩。将这个假设情况下的预计利润与实际利润相比，便于揭示企业的差异情况。

也许有人会问，假设与上年度经营环境及管理水平相同的情况下企业本年度应该达成的业绩，这样计算的预计利润与实际利润并不一定可比，因为假设情况在本年度可能有变化。那我们就将假设相同情况计算的预计利润作为基础再调整变化的差异，就可以调整成可比预算利润。这样的预算快速、简单，可以作为其他方法预算利润准确性与否的一个检验工具。

10.4　滚动预算的编制方法

探讨滚动预算之前，有必要先来看一下定期预算。定期预算与滚动预算是预算编制的两种相对方法。

定期预算，是指在编制预算时以不变的会计期间作为预算期的一种编制预算的方法。定期预算示意如图 10.11 所示。

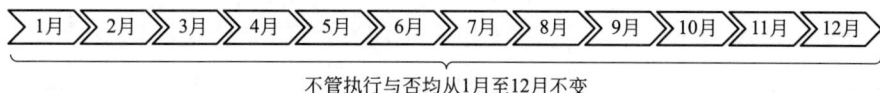

不管执行与否均从1月至12月不变

图 10.11　定期预算示意

滚动预算，又称为连续预算或永续预算，是指在编制预算时，将预算期与会计年度脱离开，随着预算的执行不断地延伸补充预算，逐期向后滚动，使预算期始终保持为一个固定期间的一种预算编制方法。

滚动预算可以按月滚动、按季滚动、按半年滚动；按月滚动太频繁，很多企业无法实现；比较常见的是按季滚动和按半年度滚动。以按季滚动为例，滚动预算示意如图 10.12 所示。

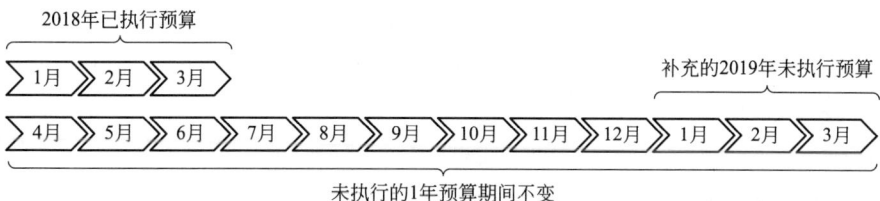

2018年已执行预算

补充的2019年未执行预算

未执行的1年预算期间不变

图 10.12　滚动预算示意

从以上定期与滚动合计数预算示意图来看，两者均有 12 个月的期间不变；但定期预算是指已执行期间与未执行期间不变，而滚动预算是指未执行期间不变。

滚动预算的优点在于能够保持预算的持续性，有利于考虑未来业务活动，结合企业近期目标和长期目标使预算随时间的推进不断加以调整和修订，能使预算与实际情况相适应，有利于充分发挥预算的指导和控制作用。

滚动预算的缺点在于编制工作量大。

10.5 零基预算的编制方法

探讨零基预算之前，有必要先来看一下增量预算。增量预算与零基预算是预算编制的两种相对方法。

增量预算方法是考虑历史，预算的编制是在历史基础上进行未来预期变化的调整而得出预算的方法。

例如差旅费预算，去年实际发生差旅费 100 万元，预算年度的业务量是去年的 1.3 倍，同时，销售管理要求深度开发客户，对客户的拜访频率要求增加，但有些拜访改用视频或微信。

企业预算是这样做出的：经研究测算销售增长会使差旅费增加，近几年比例系数为 0.8，则此部分所需差旅费 = 100 +（100×0.3×0.8）= 124（万元）；考虑销售管理要求增加拜访频率而预计造成差旅费增加 10 万元，利用视频或微信拜访预计减少预算 8 万元。综上，预算年度的差旅费预计 =124 + 10 - 8 = 126（万元）。

以上是在考虑历史的基础上进行增量调整的预算编制方法，那么，调整基础 100 万元合理吗？ 100 万元历史差旅费是否存在无效浪费及借机旅游等不合理现象？

如果换一种预算编制方法，不考虑历史已经发生的差旅费，而考虑实际业务是否会发生、编制的依据是否合理。零基预算方法就是这样的方法。

零基预算的编制原理在于对每项业务活动都评价其与企业的相关性、必要性，对相关必要的业务预计花费，并考虑花费的合理性。

零基预算下，针对上述差旅费如果结合每位业务员的销售任务，以及每位业务员的老客户拜访计划、新客户拜访计划、突发临时拜访计划等；并利用远程视频等拜访方式，可以降低差旅费。因此，预计预算年度发生差旅费 108 万元。

两种方法的对比如图 10.13 所示。

如图 10.13 所示，考虑必要性、相关性的预算方法叫零基预算，是一种与每个业务活动的必要性都有关的预算，而不是基于前期情况做出调整的预算。

零基预算从零开始判定的方法，注定了工作量大。因此，有些企业采用每 3 年或 5 年编制一次零基预算，而两次零基预算之间编制增量预算的方法。

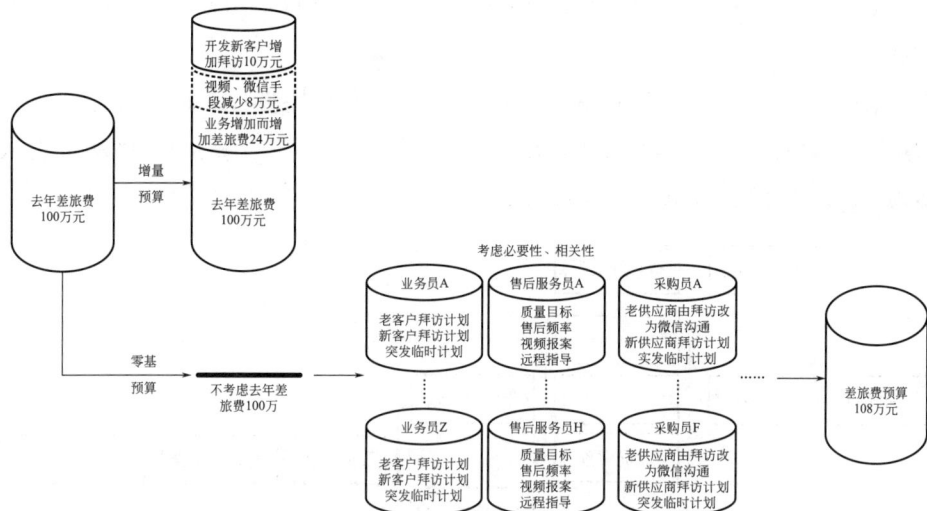

图 10.13 增量预算与零基预算对比

10.6 成本性态分类模式下全面预算的编制及调整

如果在编制成本预算时，按成本与业务量之间的依存关系，从变动成本和固定成本的角度来预计成本，也就是按成本性态分类模式来编制全面预算，有利于实际完成情况与预算的对比，以及分析差异并进行控制。这种方法实际上是弹性预算的编制方法。

与弹性预算不同的是，这种方法在编制年度全面预算时，并不知道实际的业务量，也不想按多个业务量预计。如果仅按一个预计的业务量编制预算，又类似于编制成本性态分类模式下的固定预算，等到实际业务量完成时，再将预计业务量替换成实际业务量来生成可比预算。下面介绍这种成本性态分类模式下的固定预算编制方法。

10.6.1 编制程序

在编制预算之前，先来看一下预算的编制程序，以便全局性地把握预算的编制，如图 10.14 所示。

如图 10.14 所示，销售预算是全面预算的编制起点，将销售需求作为主要的预算因素，这是针对以销定产的企业所采用的预算编制程序。接下来，由销售量推算出生产量，编制生产预算。再依据生产耗费的直接材料消耗数量，并结合原材料库存编制材料采购预算，并依据直接材料消耗数量及材料采购单价编制直接材料预算。

依据生产耗费的人工数据编制直接人工预算，依据耗费的其他生产相关的费用编制制造费用预算，结合直接材料预算、直接人工预算、制造费用预算编制产品成本预算，并预计产品总成本及单位成本。

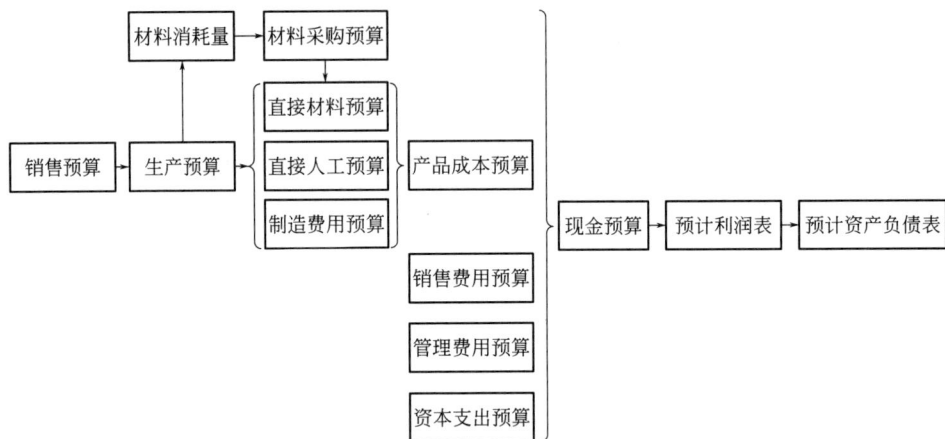

图 10.14　全面预算编制程序

销售部门编制销售费用预算，各个管理部门编制各自部门的管理费用预算，设备部门及其他资产管理部门依据项目可行性分析报告等编制资本支出预算。

依据上述预算的现金收支以及资金筹集或运用编制现金预算。涉及上述预算的收入或成本费用以及现金预算中关于资金短缺需要筹资产生的利息费用，编制预计利润表。

依据年初资产负债表，并结合上述预算中本年度资产、负债、所有者权益的预计变动，编制预计资产负债表。

10.6.2　案例及原理解析

下面通过编制一个月的预算，举例说明如何利用预算原理来编制企业预算。

1. 销售预算

销售预算是依据"销售收入 = ∑销量 × 销售单价"这个原理来编制的。销量是业务人员依据所管辖的客户或新开发客户的预计产品销售情况做出的，销售单价是进行市场行情趋势预判后做出的。

【例 10-6】某企业预计年度 1 月销量预算如表 10.8 所示。

表 10.8 预算年度 1 月销售预算

产品名称	销售量（个）	销售单价（元）	销售收入（元）
A	2 000	18.6	37 200
B	1 900	20	38 000
C	1 000	25	25 000
D	1 100	18	19 800
合计	6 000		120 000

2. 生产预算

生产预算是仅涉及实物量指标而不涉及金额的预算。接下来看一下在预计销售量的基础上如何推算生产量，如图 10.15 所示。

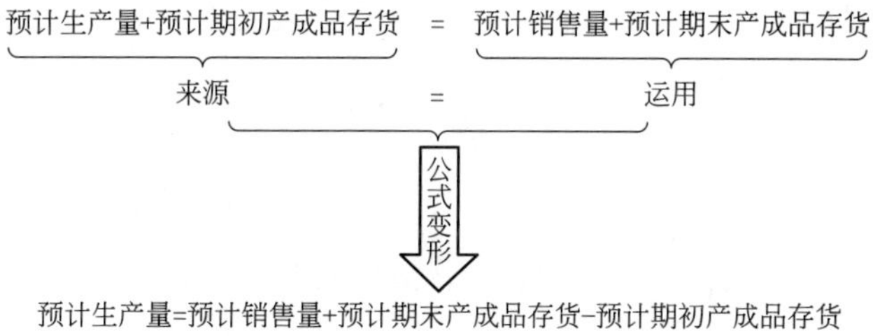

预计生产量+预计期初产成品存货 = 预计销售量+预计期末产成品存货

来源 = 运用

公式变形

预计生产量=预计销售量+预计期末产成品存货－预计期初产成品存货

图 10.15 产成品来源运用原理

该企业预计年度 1 月生产预算如表 10.9 所示。

表 10.9 预算年度 1 月生产预算 单位：个

产品名称	销量	期末产成品	期初产成品	产量
A	2 000	100	100	2 000
B	1 900	95	95	1 900
C	1 000	0	50	950
D	1 100	110	55	1 155
合计	6 000	305	300	6 005

3. 材料采购预算

材料采购预算是为生产产品所需要的直接材料预算服务的，故编制材料采购预算之前，先结合直接材料预算看一下编制的原理。

$$预计材料耗用量 = 预计生产量 \times 单位产品消耗定额$$

$$预计材料采购量 = 预计材料耗用量 + 预计期末材料存货 - 预计期初材料存货$$

$$预计材料采购成本 = 预计材料采购量 \times 单价$$

$$预计直接材料成本 = 预计材料耗用量 \times 单价$$

材料采购预算及直接材料预算的预算原理如图 10.16 所示。

如图 10.16 所示，先预计材料消耗量，再预计材料采购量，结合材料采购预算中的采购单价，来预计直接材料的消耗成本，完成直接材料预算。采购单价是依据未来预算期内材料采购行情趋势来预计的，材料采购数量是遵循来源等于运用的原理推算的，如图 10.17 所示。

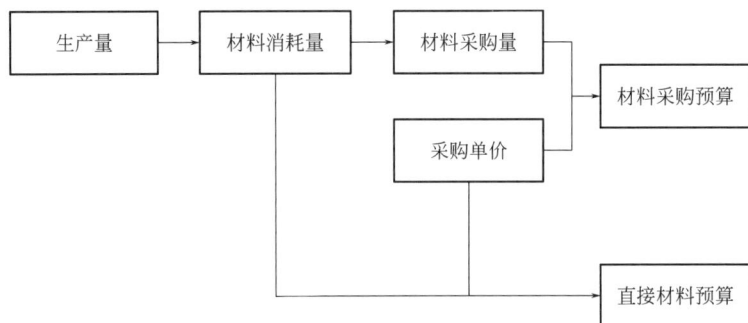

图 10.16　材料采购预算与直接材料预算的预算原理

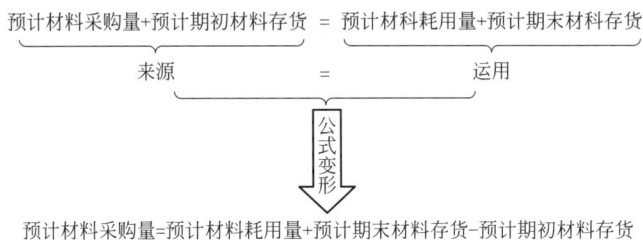

图 10.17　材料来源运用原理图

该企业预算年度 1 月材料采购预算如表 10.10 所示。

表 10.10　预算年度 1 月材料采购预算

材料名称	产品名称	产量（个）	消耗定额	材料消耗量（千克）	期末材料结存（千克）	期初材料结存（千克）	材料采购量（千克）	采购单价（元）	材料采购金额（元）
E	A	2 000	1.5	3 000	200	200	3 000	2	6 000
F	B	1 900	1	1 900	100	100	1 900	1.5	2 850
G	C	950	2	1 900	100	100	1 900	1.05	1 995

续表

材料名称	产品名称	产量（个）	消耗定额	材料消耗量（千克）	期末材料结存（千克）	期初材料结存（千克）	材料采购量（千克）	采购单价（元）	材料采购金额（元）
H	D	1 155	1	1 155	50	50	1 155	1	1 155
合计		6 005		7 955			7 955		12 000

4. 直接材料预算

从材料采购预算来看，假设企业生产的每个产品使用的主要材料只有一种。故在直接材料预算中，单位产品材料费用＝消耗定额 × 采购单价。

该企业预算年度 1 月直接材料预算如表 10.11 所示。

表 10.11　预算年度 1 月直接材料预算

产品名称	产量（个）	单位产品材料费（元）	直接材料成本（材料消耗成本）（元）
A	2 000	3.00	6 000
B	1 900	1.50	2 850
C	950	2.10	1 995
D	1 155	1.00	1 155
合计	6 005		12 000

5. 直接人工预算

预计直接人工成本＝预计生产量 × 单位产品工时定额 × 小时工资率

单位产品工时定额是由技术部门、生产部门测定的单位产品工时标准；小时工资率是人事部门根据公司的薪酬政策预计的工资报酬标准。

该企业预算年度 1 月直接人工预算如表 10.12 所示。

表 10.12　预算年度 1 月直接人工预算

产品名称	产量（个）	单位产品工时定额（小时）	小时工资率（元）	人工成本（元）
A	2 000	2	5	20 000
B	1 900	1	10	19 000
C	950	2	5	9 500
D	1 155	1	10	11 550
合计	6 005			60 050

6. 变动性制造费用预算

该企业预算年度 1 月变动性制造费用预算如表 10.13 所示。

表 10.13　预算年度 1 月变动性制造费用预算　　　　　单位：元

项目名称	预算金额
水费	500
电费	1 000
机物料消耗	2 800
其他	177.5
合计	4 477.5

如果变动性制造费用按照工时变动，则每小时承担的变动性制造费用计算如下。

该企业预算年度 1 月产品承担变动性制造费用预算如表 10.14 所示，每小时承担的变动性制造费用 = 4 477.5/8 955 = 0.5（元）。

表 10.14　预算年度 1 月产品承担变动性制造费用预算

产品名称	产量（个）	单位产品工时定额（小时）	工时总额（小时）	小时承担率（元）	成本金额（元）
A	2 000	2	4 000	0.5	2 000
B	1 900	1	1 900	0.5	950
C	950	2	1 900	0.5	950
D	1 155	1	1 155	0.5	577.5
合计	6 005		8 955		4 477.5

7. 固定性制造费用预算

固定性制造费用预算在相关产量范围内是固定不变的，如折旧费等。

该企业预算年度 1 月固定性制造费用预算如表 10.15 所示。

表 10.15　预算年度 1 月固定性制造费用预算　　　　　单位：元

项目名称	预算金额
管理工资	5 000
折旧	500
租赁费	2 000
其他	500
合计	8 000

如果固定性制造费用按照工时进行分配，则固定性制造费用分配率的计算如下。

固定性制造费用分配率 = 8 000/8 955 = 0.893 356（元 / 小时）。

该企业预算年度 1 月产品承担固定性制造费用预算如表 10.16 所示。

表 10.16　预算年度 1 月产品承担固定性制造费用预算

产品名称	产量（个）	单位产品工时定额(小时)	工时总额（小时）	分配率（元 / 小时）	成本金额（元）
A	2 000	2	4 000	0.893.356	3 573.42
B	1 900	1	1 900	0.893.356	1 697.38
C	950	2	1 900	0.893.356	1 697.38
D	1 155	1	1 155	0.893.356	1 031.82
合计	6 005		8 955		8 000

产品 D 工时总额 1 155 小时，按 0.893 356 元 / 小时分配，分得的成本金额四舍五入应为 1 031.83 元，但固定性制造费用总额 8 000 元，不可能多进行分配，故对最后一个产品 D 进行尾差调整，调整后成本金额取数为 1 031.82 元。

8. 产品成本预算

产品成本合计 = 直接材料成本 + 直接人工成本 + 变动性制造费用 + 固定性制造费用

单位产品成本 = 产品成本合计 / 产量

单位变动成本 = 单位产品成本 − 固定性制造费用 / 产量

销售成本 = 单位产品成本 × 销量

变动销售成本 = 单位变动成本 × 销量

假设企业期末没有在产品，没有直接费用，同时，为了简化计算，假设以前结存的单位产品成本与本月的单位产品成本相同。

该企业预算年度 1 月产品成本预算如表 10.17 所示。

表 10.17　预算年度 1 月产品成本预算　　　　　　单位：元

产品名称	直接材料成本	直接人工成本	变动性制造费用	固定性制造费用	成本合计	单位成本	单位变动成本	销售成本	变动销售成本
A	6 000	20,000	2 000	3 573.42	31 573.42	15.79	14.00	31 580	28 000
B	2 850	19 000	950	1 697.38	24 497.38	12.89	12.00	24 491	22 800
C	1 995	9 500	950	1 697.38	14 142.38	14.89	13.10	14 890	13 100
D	1 155	11 550	577.50	1 031.82	14 314.32	12.39	11.50	13 629	12 650
合计	12 000	60 050	4 477.50	8 000.00	84 527.50	14.08	12.74	84 590	76 550

9. 变动性销售费用预算

销售费用预算以销售预算为基础，分变动性销售费用和固定性销售费用进行预算。

变动性销售费用分别按项目与业务量之间的关系来预计，如按销售收入比例提取销售佣金。

销售佣金 = 预计销售收入 × 提取比例

企业销售佣金等变动性销售费用的预计，依据销售佣金等政策来计算。该企业销售佣金由上年度销售收入的 5% 提高到 5.6%；其他变动性销售费用从历史年度来看，占销售收入的 1.4%，预算年度预计无变化，如表 10.18 所示。

表 10.18　预算年度 1 月变动性销售费用预算

项目	销售收入（元）	变动性销售费用占比	变动性销售费用预算（元）
销售佣金	120 000	5.6%	6 720
其他变动性销售费用		1.4%	1 680
合计	120 000		8 400

10. 固定性销售费用预算

固定性销售费用可以依据费用项目逐项预计；可以采用增量预算法，也可以采用零基预算法预计。

该企业预算年度 1 月固定性销售费用预算如表 10.19 所示。

表 10.19　预算年度 1 月固定性销售费用预算　　　　　单位：元

项目名称	预算金额
基本工资	6 000
折旧	100
其他	500
合计	6 600

11. 管理费用预算

管理费用一般属于固定成本，如果以过去的实际开支为基础，可按可预见的未来变化做调整，也就是采用增量预算来预计。企业也可以按照必要性和相关性采用零基预算来预计管理费用。

该企业预算年度 1 月管理费用预算如表 10.20 所示。

表 10.20　预算年度 1 月管理费用预算

一级会计科目	二级会计科目	三级会计科目	四级会计科目	预算金额（元）
管理费用	职工薪酬	工资	基本工资	9 000
			加班工资	
			奖金	
			补偿金	
		社保		
		福利费	生日礼金	
			过节费	
			伙食费	
			其他	
		职工教育经费		
		工会经费		

续表

一级会计科目	二级会计科目	三级会计科目	四级会计科目	预算金额（元）
管理费用	办公经费	办公费		500
		通信费	移动话费	200
			固定话费	
		邮递费		100
		水电费		200
		保险费		
		保安服务费		
		绿化费		
		差旅费		1 000
		汽车费用	汽油费	1 000
			停车费	200
			路桥费	150
			保险费	
			其他	
		员工招聘费		
		业务招待费		1 000
		董事会费		
		会务费		
	中介机构费	审计费		
		法律服务费		
		评估费		
		券商费用		
		咨询费		
管理费用	折租摊修费	折旧费		200
		租赁费		
		低值易耗品摊销		
		计算机维护费		150
		其他修理费		100
	合计			13 800

12. 除利息支出外的财务费用预算

利息支出需要结合预算期企业的融资需求来预计，故利息支出预计在现金预算中进行。除利息支出之外的财务费用预算项目，如汇款手续费、汇兑损益等需逐项预计。

企业预算年度 1 月除利息支出外的财务费用预算如表 10.21 所示。

表 10.21　预算年度 1 月除利息支出外的财务费用预算

项目名称	预算金额（元）
手续费	200
汇兑损益	
合计	200

如表 10.21 所示，公司预计无外汇项目，无汇总损益；如果有外汇，要预计全年的外汇量，并按预计汇率的变化情况做出预计。

13. 资本支出预算

资本支出反映在投资支出计划与筹资计划中。编制现金预算与预计资产负债表时，会使用资本支出预算数据。

该企业预算年度 1 月资本支出预算如表 10.22 所示。

表 10.22　预算年度 1 月份资本支出预算

项目名称	项目数量（台）	项目金额（元）
计算机	2	10 000
空调	3	9 000
合计		19 000

14. 现金预算

现金预算需要针对业务预算和专门决策预算逐项预计现金流量情况，再将涉及现金部分计入现金预算。

（1）销售现金预算。

销售现金预算与企业的赊销政策有关。该企业的赊销政策为当月销售当月收款30%，次月收款70%，则可生成销售现金预算表，如表 10.23 所示。

表 10.23　预算年度 1 月销售现金预算

产品名称	当月销售			当月收款			月末应收账款
	销售量	销售单价	销售收入	收当月货款	收上月货款	收款合计	
A	2 000	18.6	37 200	12 610.80	10 712.40	23 323.20	29 425.20
B	1 900	20	38 000	12 882.00	24 046.40	36 928.40	30 058.00
C	1 000	25	25 000	8 475.00	15 820.00	24 295.00	19 775.00
D	1 100	18	19 800	6 712.20	25 357.20	32 069.40	15 661.80
合计	6 000		120 000	40 680.00	75 936.00	116 616.00	94 920.00

如表 10.23 所示，表中收上月货款，是指收上月销售额的 70%×（1 + 13%），月末应收账款是指当月销售额的 70%×（1 + 13%），其中 13% 为增值税税率。

（2）采购现金预算。

采购现金预算与供应商达成的赊购政策有关。供应商给该企业的赊购政策为当月采购当月付款 50%，次月付款 50%，则可生成采购现金预算表，如表 10.24 所示。

表 10.24　预算年度 1 月份采购现金预算

材料名称	产品名称	当月采购				当月付款			月末应付账款
		产量	材料采购量	采购单价	材料采购金额	付当月货款	付上月货款	付款合计	
E	A	2 000	3 000	2	6 000	3 390.00	3 661.20	7 051.20	3 390.00
F	B	1 900	1 900	1.5	2 850	1 610.25	1 739.07	3 349.32	1 610.25
G	C	950	1 900	1.05	1 995	1 127.18	1 217.35	2 344.53	1 127.18
H	D	1 155	1 155	1	1 155	652.57	704.78	1 357.35	652.57
合计		6 005	7 955		12 000	6 780.00	7 322.40	14 102.40	6 780.00

如表 10.24 所示，表中付上月货款，是指支付上月材料采购金额的 50%×（1 + 13%），月末应付账款是指当月材料采购金额的 50%×（1 + 13%），其中 13% 为增值税税率。

（3）直接人工现金预算。

企业一般是本月支付上月的工资，而本月发生的人工成本形成了月末的应付职工薪酬。该企业预算年度 1 月直接人工现金预算如表 10.25 所示。

表 10.25　预算年度 1 月直接人工现金预算

产品名称	当月人工成本				当月支付	月末
	产量（个）	单位产品工时定额（小时）	小时工资率（元）	人工成本（元）	上月工资（元）	应付职工薪酬（元）
A	2 000	2	5	20 000	17 000	20 000
B	1 900	1	10	19 000	16 150	19 000
C	950	2	5	9 500	8 075	9 500
D	1 155	1	10	11 550	9 818	11 550
合计	6 005			60 050	51 043	60 050

表 10.25 中的产品品种没有多大意义，也可以按人工成本总数、支付工资总数、应付职工薪酬总数来反映。

（4）变动性制造费用现金预算。

该企业当月发生的变动性制造费用均在当月支付，预算年度 1 月变动性制造费用现金预算如表 10.26 所示。

表 10.26　预算年度 1 月变动性制造费用现金预算

产品名称	当月变动性制造费用					当月付款（元）
	产量（个）	单位产品工时定额（小时）	工时总额（小时）	小时分配率（元）	成本金额（元）	
A	2 000	2	4 000	0.5	2 000.0	2 000.0
B	1 900	1	1 900	0.5	950.0	950.0
C	950	2	1 900	0.5	950.0	950.0
D	1 155	1	1 155	0.5	577.5	577.5
合计	6 005		8 955		4 477.5	4 477.5

（5）固定性制造费用现金预算。

该企业当月支付上月工资，当月发生的工资形成月末应付职工薪酬；折旧部分不发生现金支付；租赁费为每个季度支付一次，已经在上年度 12 月份预支了一季度的租赁费；其他为本月发生，本月支付。该企业预计年度 1 月固定性制造费用现金预算如表 10.27 所示。

表 10.27　预算年度 1 月固定性制造费用现金预算　　　　单位：元

项目名称	当月预算金额	当月付款	月末应付职工薪酬
管理工资	5 000	5 000	5 000
折旧	500		
租赁费	2 000		
其他	500	500	
合计	8 000	5 500	5 000

（6）变动性销售费用现金预算。

该企业当月支付上月佣金，当月发生的佣金 6 720 元形成月末应付职工薪酬；除佣金之外的变动性销售费用，当月发生当月支付。该企业预计年度 1 月变动性销售费用现金预算如表 10.28 所示。

表 10.28　预算年度 1 月变动性销售费用现金预算　　　　单位：元

变动性销售费用预算	当月支付上月佣金	当月支付其他现金	支付现金合计	月末应付职工薪酬
8 400	7 140	1 680	8 820	6 720

（7）固定性销售费用现金预算。

该企业当月支付上月工资，当月发生的工资形成月末应付职工薪酬；折旧部分不发生现金支付；其他为本月发生，本月支付。该企业预算年度 1 月固定性销售费用现金预算如表 10.29 所示。

表 10.29　预算年度 1 月固定性销售费用现金预算　　　单位：元

项目名称	当月预算金额	当月付款	月末应付职工薪酬
基本工资	6 000	6 000	6 000
折旧	100		
其他	500	500	
合计	6 600	6 500	6 000

（8）管理费用现金预算。

该企业当月支付上月工资，当月发生的工资形成月末应付职工薪酬；折旧部分不发生现金支付；其他为本月发生，本月支付该企业预算年度 1 月管理费用现金预算如表 10.30 所示。

表 10.30　预算年度 1 月管理费用现金预算　　　单位：元

一级会计科目	当月预算					当月付款	月末应付职工薪酬
	二级会计科目	三级会计科目	四级会计科目	预算金额			
管理费用	职工薪酬	工资	基本工资	9 000		9 000	9 000
			加班工资				
			奖金				
			补偿金				
		社保					
		福利费	生日礼金				
			过节费				
			伙食费				
			其他				
		职工教育经费					
		工会经费					
	办公经费	办公费		500		500	
		通信费	移动话费	200		200	
			固定话费				
		邮递费		100		100	
		水电费		200		200	
		保险费					
		保安服务费					
		绿化费					
		差旅费		1 000		1 000	

续表

当月预算					当月付款	月末应付职工薪酬
一级会计科目	二级会计科目	三级会计科目	四级会计科目	预算金额		
管理费用	办公经费	汽车费用	汽油费	1 000	1 000	
			停车费	200	200	
			路桥费	150	150	
			保险费			
			其他			
		员工招聘费				
		业务招待费		1 000	1 000	
		董事会费				
		会务费				
	中介机构费	审计费				
		法律服务费				
		评估费				
		券商费用				
		咨询费				
	折租摊修费	折旧费		200		
		租赁费				
		低值易耗品摊销				
		计算机维护费		150	150	
		其他修理费		100	100	
	合计			13 800	13 600	9 000

（9）财务费用现金预算。

该企业财务费用中的手续费，发生时即支付；利息为一个季度支付一次，季末支付全季利息，利息支出在现金预算中直接体现。该企业预算年度1月财务费用现金预算如表10.31所示。

表10.31　预算年度1月财务费用现金预算　　　　　　单位：元

项目名称	当月预算金额	当月付款
手续费	200	200
汇兑损益		
合计	200	200

（10）资本支出现金预算。

该企业计算机当月购买当月付款；空调当月购买，当月支付 90%，剩余 10% 半年后支付。该企业预算年度 1 月资本支出现金预算如表 10.32 所示。

表 10.32　预算年度 1 月资本支出现金预算

当月预算			当月付款（元）	月末应付账款（元）
项目名称	项目数量（台）	项目金额（元）		
计算机	2	10 000	10 000	
空调	3	9 000	8 100	900
合计		19 000	18 100	900

（11）现金综合预算。

现金预算中，各个部分采用了与收入、成本、费用等预算并排按列展开的方式，是为了初学者更容易理解和掌握，并方便看出与预算项目的对应关系。这样做也有利于资产负债表项目预计，如应付账款、应付职工薪酬等，为编制资产负债表准备数据。

编制现金预算原理涉及的公式如下。

$$可动用现金 = 期初现金余额 + 现金收入$$

$$现金余缺 = 可动用现金 - 现金支出$$

$$期末现金余额 = 现金余缺 + 现金筹措 - 现金投资等运用$$

现金预算的编制原理，也遵循来源与运用相等原理，如图 10.18 所示。

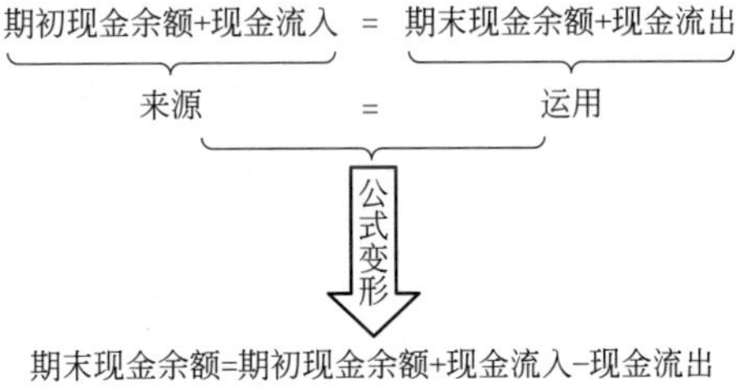

期初现金余额+现金流入　=　期末现金余额+现金流出

来源　　　=　　　运用

公式变形

期末现金余额=期初现金余额+现金流入-现金流出

图 10.18　资金来源与运用原理

对"期末现金余额 = 期初现金余额 + 现金流入 - 现金流出"公式的进一步演变如下。

期末现金余额 = 期初现金余额 + 现金流入 - 现金流出

　　　　　　 = 期初现金余额 +（现金收入 + 现金筹措）-（现金支出 + 现金投资等运用）

$$= （期初现金余额 + 现金收入 - 现金支出 ） + 现金筹措 - 现金投资等运用$$

$$= （可动用现金 - 现金支出 ） + 现金筹措 - 现金投资等运用$$

$$= 现金余缺 + 现金筹措 - 现金投资等运用$$

以上公式推导中，将现金流入分解为筹措之外的现金收入与现金筹措两部分，以及相同道理的现金流出，这是思维分解方式的应用。

在现金预算中，会涉及利息支出的预计，而利息支出是根据筹资借款额和借款利率计算的。借款利率可以依据国家宏观调控的方向来预计，筹资额可根据上面公式中的现金筹措额来预计。

预计的利息支出，可以进一步分析为费用化的利息支出和资本化的利息支出，费用化的利息支出要计入预计利润表。

接着需要将现金预算格式准备好，并将上面的各项现金数据填列到现金预算中。该企业预算年度 1 月现金预算如表 10.33 所示。

表 10.33 预算年度 1 月现金预算   单位：元

项目	1 月	2 月	3 月	4 月	5 月	……	12 月
期初现金余额	3 000.00	2 273.10					
销售收现	116 616.00						
采购付现	14 102.40						
直接人工付现	51 043.00						
变动性制造费用付现	4 477.50						
固定性制造费用付现	5 500.00						
变动性销售预算付现	8 820.00						
固定性销售预算付现	6 500.00						
管理费用付现	13 600.00						
财务费用付现	200.00						
经营活动付现小计	104 242.90						
经营活动现金流量	12 373.10						
投资活动的资本支出付现	18 100.00						
现金余缺	-2 726.90						
现金筹措的银行借款	10 000.00						
现金投资的有价证券	5 000.00						
期末现金余额	2 273.10						

如表 10.33 所示，1 月月初现金余额是承接上年度 12 月月末现金余额，从销售

收现到投资活动的资本支出付现是针对每个预算部分所涉及的现金部分。

$$经营活动现金流量 = 销售收现 - 经营活动付现小计$$

$$现金余缺 = 期初现金余额 + 经营活动现金流量 - 投资活动的资本支出付现$$

如果该企业现金筹措的银行借款是按至少 10 000 元整数借款，当现金超过 2 000 元时至少按 5 000 元投资有价证券。假设期初没有银行借款及有价证券，银行借款均是在月初借入，有价证券于月底购入。

月初借入银行借款，说明银行借款 10 000 元产生的利息会增加 1 月的财务费用，在借款利率为 3.6% 的情况下，1 月的借款利息 = 10 000 × 3.6%/12 × 1 = 30（元），应计入利润表中的财务费用。

至此，可以编制全部的财务费用预算表，如表 10.34 所示。

表 10.34　预算年度 1 月财务费用预算　　　　　　单位：元

项目名称	预算金额
利息费用	30
手续费	200
汇兑损益	
合计	230

15. 预计利润表

预计利润表中的有些项目来自前面所述的预算。销售收入来自销售预算；销售成本来自产品成本预算；销售费用来自销售费用预算；管理费用来自管理费用预算；财务费用中的利息支出来自现金预算中的费用化利息支出，其他来自财务费用预算。该企业预算年度 1 月预计利润表如表 10.35 所示。

表 10.35　预算年度 1 月预计利润表 - 完全成本法　　　　　　单位：元

项目	1 月	2 月	3 月	4 月	5 月	……	12 月	合计
销售收入	120 000.00							
减：销售成本	84 590.00							
销售毛利	35 410.00							
减：税金及附加	552.40							
销售费用	15 000.00							
管理费用	13 800.00							
财务费用	230.00							

续表

项目	1月	2月	3月	4月	5月	……	12月	合计
投资收益								
营业利润	5 827.60							
利润总额	5 827.60							
减：所得税费用	1 456.90							
净利润	4 370.70							

表 10.35 是按完全成本法编制的预计利润表，其中所得税费用 1 ～ 11 月按每月利润总额乘以 25% 计算，待 12 月再进行总体年度的纳税调整。

预计利润表中的税金及附加，是依据预算收入的预计交税情况及税金抵扣等情况计算的。在不考虑增值税留抵情况下的税金及附加，是依据"销售毛利 × 增值税税率 ×（城建税税率 + 教育费附加征收率 + 地方教育附加征收率）"计算得出的。

资产减值损失，依据对预计资产损失的计提或处置情况得出；投资收益同投资联系在一起，依据以前历史及未来投资情况预计收益情况得出。

接下来，再从变动成本法的角度编制该企业预算年度 1 月预计利润表，如表10.36 所示。

表 10.36　预算年度 1 月预计利润表 - 变动成本法　　　　单位：元

项目	1月	2月	3月	4月	5月	……	12月	合计
销售收入	120 000.00							
减：变动销售成本	76 550.00							
变动性销售费用	8 400.00							
边际贡献	35 050.00							
减：税金及附加	552.40							
固定性制造费用	8 000.00							
固定性销售费用	6 600.00							
固定性管理费用	13 800.00							
固定性财务费用	230.00							
投资收益								
营业利润	5 867.60							
利润总额	5 867.60							
减：所得税费用	1 456.90							
净利润	4 410.70							

假设变动成本法下利润表中的所得税费用按完全成本法下的所得税费用预计。

前面探讨过，如果按成本性态分类编制预计利润表，当年度实际销量完成时，可以将实际销量代入成本性态分类预算表中，从而得出可比预算利润。接下来探讨如何得出可比预算利润的方式。

表 10.36 所示的变动部分的收入、成本与销量之间的关系，加上固定成本，可编制一张表格，以便下一步将实际销量填入表格以计算可比预算利润，如表 10.37 所示。

表 10.37　预算年度 1 月预计利润表关系模板 - 变动成本法

项目		产品名称				合计
		A	B	C	D	
实际销量（个）						
预算收入	销售单价（元）	18.6	20	25	18	
	收入金额（元）					
预算变动销售成本	单位成本（元）	14	12	13.1	11.5	
	成本金额（元）					
预算变动销售费用	变动费用率	7%	7%	7%	7%	
	费用金额（元）					
边际贡献（元）						
减：税金及附加（元）						
固定性制造费用（元）		8 000.00				
固定性销售费用（元）		6 600.00				
固定性管理费用（元）		13 800.00				
固定性财务费用（元）		230.00				
投资收益（元）						
营业利润（元）						
利润总额（元）						
减：所得税费用（元）						
净利润（元）						

如表 10.37 所示，如果将 1 月的实际销量填到表格中，其他空白处设置好公式，则预计利润表可自动生成，便于计算可比预算利润，可比性比完全成本法下的利润表强。

例如，A 产品的实际销量为 2 100 个，B 产品的实际销量为 1 700 个，C 产品的实际销量为 2 000 个，D 产品的实际销量为 1 000 个，可以生成预计利润表，如表

10.38 所示。

表 10.38　预算年度 1 月预计利润表实际销量代入 - 变动成本法

项目		产品名称				合计
		A	B	C	D	
实际销量（个）		2 100	1 700	2 000	1 000	
预算收入	销售单价（元）	18.6	20	25	18	
	收入金额（元）	39 060	34 000	50 000	18 000	141 060
预算变动销售成本	单位成本（元）	14	12	13.1	11.5	
	成本金额（元）	29 400	20 400	26 200	11 500	87 500
预算变动销售费用	变动费用率	7%	7%	7%	7%	
	费用金额（元）	2 734.2	2 380	3 500	1 260	9 874.2
边际贡献（元）		43 685.80				
减：税金及附加（元）		835.54				
固定性制造费用（元）		8 000				
固定性销售费用（元）		6 600				
固定性管理费用（元）		13 800				
固定性财务费用（元）		230				
投资收益（元）						
营业利润（元）		14 220.26				
利润总额（元）		14 220.26				
减：所得税费用（元）		3 555.07				
净利润（元）		10 665.19				

　　编制成本性态分类预算表的好处在于，可以依据实际销量快速生成预计利润表，然后与实际完成情况进行比较分析。

16. 预计资产负债表

　　该企业根据年初资产负债表的情况，再结合预计利润表及现金流量表的情况，综合做出预计，编制出预算年度 1 月预计资产负债表，如表 10.39 所示。关于应收账款及应付账款期末预计数的确定，原理公式如下。

应收账款年末余额 = 应收账款年初余额 + 销售收入 ×（1 + 增值税税率）-
依据客户收账政策确定的期间回款额
应付账款年末余额 = 应收账款年初余额 + 原材料采购预算的采购额 -
依据供应商付账政策确定的期间付款额

表 10.39 预算年度 1 月预计资产负债表 - 变动成本法　　　　单位：元

项目	期初数	本期增加	本期减少	期末数	备注
货币资金	3 000.00	126 616.00	127 342.90	2 273.10	
交易性金融资产	0.00	5 000.00		5 000.00	有价证券
应收账款	75 936.00	135 600.00	116 616.00	94 920.00	
预付账款	6 000.00	0.00	2 000.00	4 000.00	租赁费
存货	3 827.50	76 527.50	76 550.00	3 805.00	产成品按变动成本反映
	705.00	12 000.00	12 000.00	705.00	原材料部分
固定资产	100 000.00	19 000.00	800.00	118 200.00	减少的是折旧
资产合计	189 468.50	374 743.50	335 308.90	228 903.10	
短期借款	0.00	10 000.00		10 000.00	
应付账款	7 322.40	13 560.00	14 102.40	6 780.00	材料货款
	0.00	19 000.00	18 100.00	900.00	资本支出
应付职工薪酬	51 043.00	60 050.00	51 043.00	60 050.00	生产工人
	5 000.00	5 000.00	5 000.00	5 000.00	固定制造部分
	7 140.00	6 720.00	7 140.00	6 720.00	变动销售佣金
	6 000.00	6 000.00	6 000.00	6 000.00	固定销售费用部分
	9 000.00	9 000.00	9 000.00	9 000.00	管理费用部分
应付利息	0.00	30.00		30.00	
应交税费	0.00	14 040.00		14 040.00	增值税
	0.00	1 456.90		1 456.90	所得税
	0.00	552.40		552.40	税金及附加部分
负债合计	85 505.40	145 409.30	110 385.40	120 529.30	
实收资本	80 000.00			80 000.00	
未分配利润	23 963.10	4 410.70		28 373.80	
所有者权益合计	103 963.10	4 410.70	0.00	108 373.80	
资产合计	189 468.50	149 820.00	110 385.40	228 903.10	

其中，没有考虑增值税留抵情况，应交增值税 = 销售收入 ×13% - 原材料采购成本 ×13%。

预计资产负债表是按照变动成本法的原理编制的，主要体现在存货项目上。故存货中的产成品反映的是变动成本，产成品期初及期末成本计算表如表 10.40 所示。

表 10.40 预算年度 1 月产成品期初及期末成本计算表

产品名称	单位变动产品成本（元）	1 月期初产成品		1 月期末产成品	
		数量（个）	成本金额（元）	数量（个）	成本金额（元）
A	14	100	1 400	100	1 400

产品名称	单位变动产品成本（元）	1月期初产成品		1月期末产成品	
		数量（个）	成本金额（元）	数量（个）	成本金额（元）
B	12	95	1 140	95	1 140
C	13.1	50	655	0	0
D	11.5	55	632.5	110	1 265
合计			3 827.5		3 805

10.7　简化预算编制方法

以上所述的成本性态分类预算的编制方法，对成本性态分解的要求较高。同时，对生产部门及采购部门成本预测的要求也较高。有些企业因为不能达到这种要求，采用非成本性态分类的方式编制预算，也就是不区分固定成本与变动成本，采用完全成本法编制预计利润表。

有些小企业考虑到成本效益，选择更简化的方式编制预算，主要是简化了产品成本预算的编制。

10.7.1　简化预算编制方法简介

简化预算编制方法，这是笔者起的名字，其是指针对一些企业主要简化了产品成本预算的编制，利用追求毛利率目标来倒轧企业成本编制预算的一种方法。

有些企业因产供销人员的素质原因，或出于节省成本的考虑，采用如图10.19所示的方法简化编制预算。

如图10.19所示，利用"收入 ×（1- 毛利率）"是倒轧销售成本的关键思路。简化预算方法还体现在以销定产的产量预算，一般情况下不考虑期初期末的库存，直接采用"销量 = 产量"的预算方式。

关于图10.19所示的产量预算之下的制造费用预算，在简化预算方式下，为了便于生产部门控制制造费用，要求分明细预算制造费用，制造费用预算与现金预算、预计资产负债表之间有关联，但与预计利润表之间没有关联，因为预计利润表中的销售成本是根据收入直接倒轧出来的。

10.7.2　简化预算编制方法举例

在预算编制比较熟练的情况下，往往将收入、费用预算中涉及的现金流量直接

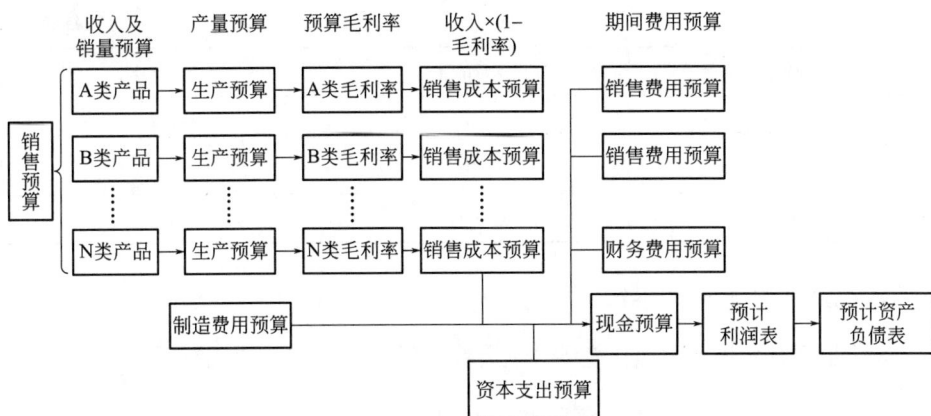

图 10.19 简化预算示意

预计出来，以便编制现金预算。在下面的举例中采用这种方法。

1. 销售预算

【例 10-7】某企业的收现政策为本期销售本期收款 30%，余下的 70% 在下个月收款。该企业预算年度 1 月简化销售预算如表 10.41 所示。

表 10.41　预算年度 1 月简化销售预算

产品名称	销售量（个）	销售单价（元）	销售收入（元）
A	2 000	18.6	37 200
B	1 900	20	38 000
C	1 000	25	25 000
D	1 100	18	19 800
合计	6 000		120 000
本期销售本期收现			40 680
上期销售本期收现			75 936

2. 生产预算

生产预算一般不考虑期初、期末库存，一般直接采用"销量＝产量"的预算方式。该企业预算年度 1 月简化生产预算如表 10.42 所示。

表 10.42　预算年度 1 月简化生产预算　　　　　　单位：个

产品名称	1 月销量	1 月产量
A	2 000	2 000
B	1 900	1 900

续表

产品名称	1月销量	1月产量
C	1 000	1 000
D	1 100	1 100
合计	6 000	6 000

3. 变动性制造费用预算

该企业预算年度1月简化变动性制造费用预算如表10.43所示。

表10.43　预算年度1月简化变动性制造费用预算　　　　单位：元

项目名称	预算金额
水费	500
电费	1 000
机物料消耗	2 800
其他	177.5
合计	4 477.5
现金支付	4 477.5

4. 固定性制造费用预算

该企业预算年度1月简化固定性制造费用如表10.44所示。

表10.44　预算年度1月简化固定性制造费用预算　　　　单位：元

项目名称	预算金额
管理工资	5 000
折旧	500
租赁费	2 000
其他	500
合计	8 000
现金支付	5 500

5. 销售成本预算

该企业预算年度1月简化销售成本预算如表10.45所示。

表 10.45　预算年度 1 月简化销售成本预算

产品名称	收入情况			毛利率	销售成本（元）
	销售量（个）	销售单价（元）	销售收入（元）		
A	2 000	18.6	37 200	15%	31 620.00
B	1 900	20	38 000	36%	24 320.00
C	1 000	25	25 000	40%	15 000.00
D	1 100	18	19 800	31%	13 662.00
合计	6 000		120 000		84 602.00
直接材料现金支出					14 340.04
直接人工现金支出					59 434.20

注：如果依据历史数据及预计情况，预计销售成本中直接材料占比 15%，直接人工占比 70%，制造费用占比 15%，并依据此比例预计材料现金支出及人工现金支出，但为了与制造费用合计一起为销售成本，需要调整一下，调整计入直接人工现金支出 =84 602-8 000-4 477.5-14 340.04/1.13=59 434.20。同时，假设简化预算当期材料采购在当期全部支付了现金，当期直接人工在当期也全部支付了现金，这样假设也是为了简化预算。

6. 其他预算

其他预算，例如销售费用预算、管理费用预算、资本支出预算与成本性态分类下的预算没有变化，不再一一列举。

7. 现金预算

该企业预算年度 1 月简化现金预算如表 10.46 所示。

表 10.46　预算年度 1 月简化现金预算　　　　　　　　单位：元

项目	1 月	2 月	3 月	4 月	5 月	……	12 月
期初现金余额	3 000.00	3 644.26					
销售产品收现	116 616.00						
采购材料付现	14 340.04						
直接人工付现	59 434.20						
变动性制造费用付现	4 477.50						
固定性制造费用付现	5 500.00						
变动性销售预算付现	8 820.00						
固定性销售预算付现	6 500.00						
管理费用付现	13 600.00						
财务费用付现	200						
经营活动付现小计	112 871.74						
经营活动现金流量	3 744.26						

续表

项目	1月	2月	3月	4月	5月	……	12月
投资活动 - 资本支出付现	18 100.00						
现金余缺	-11 355.74						
现金筹措 - 银行借款	20 000.00						
现金投资 - 有价证券	5 000.00						
期末现金余额	3 644.26						

与成本性态分类预算相比，主要是采购材料付现与直接人工付现不同。

同时，需要注意如果现金筹措的银行借款是按整数至少 10 000 元借款，则应从银行借款 20 000 元；如果当现金超过 2 000 元时至少按 5 000 元投资有价证券，则应投资 5 000 元有价证券。假设期初没有银行借款及有价证券，银行借款均是在月初借入，有价证券于月底购入。

如果银行借款均是在月初借入，说明银行借款 20 000 元产生的利息会增加 1 月份的财务费用，例如借款利率为 3.6% 的情况下，1 月份的借款利息 = 20 000 × 3.6%/12 × 1 = 60（元），应计入利润表中的财务费用。

8. 预计利润表

该企业预算年度 1 月简化预计利润表如表 10.47 所示。

表 10.47　预算年度 1 月简化预计利润表 - 完全成本法　　　　单位：元

项目	1月	2月	3月	4月	5月	……	12月	合计
销售收入	120 000.00							
减：销售成本	84 602.00							
销售毛利	35 398.00							
减：税金附加	552.21							
销售费用	15 000.00							
管理费用	13 800.00							
财务费用	260							
投资收益								
营业利润	5 785.79							
利润总额	5 785.79							
减：所得税费用	1 446.45							
净利润	4 339.34							

9. 预计资产负债表

如表 10.48 所示。

表 10.48　预算年度 1 月简化预计资产负债表　　　　单位：元

项目	期初数	本期增加	本期减少	期末数	备注
货币资金	3 000.00	136 616.00	135 971.74	3 644.26	
交易性金融资产	0.00	5 000.00		5 000.00	
应收账款	75 936.00	135 600.00	116 616.00	94 920.00	
预付账款	6 000.00	0.00	2 000.00	4 000.00	租赁费
存货					简化不考虑库存
固定资产	100 000.00	19 000.00	800.00	118 200.00	减少的是折旧
资产合计	184 936.00	296 216.00	255 387.74	225 764.26	
短期借款	0.00	20 000.00		20 000.00	
应付账款	0.00	19 000.00	18 100.00	900.00	资本支出
应付职工薪酬	5 000.00	5 000.00	5 000.00	5 000.00	固定制造部分
	7 140.00	6 720.00	7 140.00	6 720.00	变动销售佣金
	6 000.00	6 000.00	6 000.00	6 000.00	固定销售费用部分
	9 000.00	9 000.00	9 000.00	9 000.00	管理费用部分
应付利息	0.00	60.00		60.00	
应交税费	0.00	13 950.26		13 950.26	增值税
	0.00	1 446.45		1 446.45	所得税
	0.00	552.21		552.21	营业税金及附加部分
负债合计	27 140.00	81 728.92	45 240.00	63 628.92	
实收资本	80 000.00			80 000.00	
未分配利润	77 796.00	4 339.34		82 135.34	
所有者权益合计	157 796.00	4 339.34	0.00	162 135.34	
资产合计	184 936.00	86 068.26	45 240.00	225 764.26	

这些表建议还是自己做一下，有利于提高编表能力，并增强对预算表的理解与运用能力。

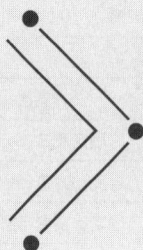

第 11 章

差异分析及控制

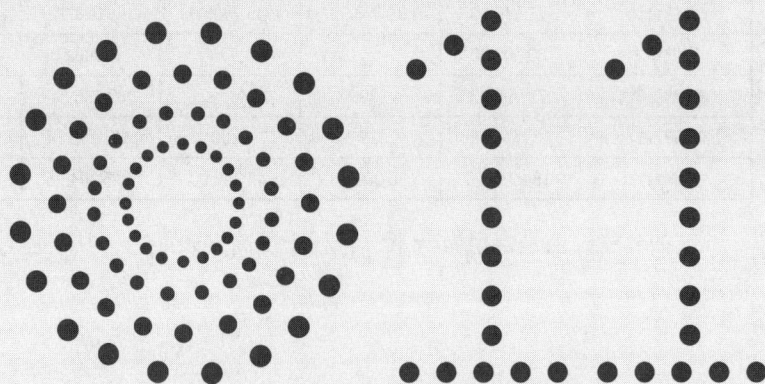

有了计划，有了预算，就有了标准，就有了努力的方向与目标。企业有的部门齐心协力，完成的工作业绩就较好；有的部门人心涣散，完成的工作业绩就较差。

工作业绩评价是通过实际工作结果与计划预算标准的对比进行的。实际与预算的对比，除了用于评价经营业绩外，还可用于差异分析，查找不利差异的具体原因，并加以控制及改善。

11.1 差异分析

实际与标准的差异分析，既需要知道总差异，又需要知道影响总差异的各个具体因素的差异，这样才能有的放矢地加以控制及改善。

成本差异，从成本构成的因素来看，存在材料成本差异、人工成本差异、制造费用差异，而这 3 个因素又可以进一步进行分解，形成差异的分析体系。

在理解和掌握差异分析体系之前，需要先了解差异的基本模式及原理。

11.1.1 差异分析的基本模式

$$差异 = 实际数 - 标准数$$

在运用这个基本公式时，需确定与谁比较、将谁作为标准。例如，与预算比较，则将预算作为标准；与上年数比较，则将上年数作为标准。

$$总成本差异 = 固定成本差异 + 变动成本差异$$

在产品成本差异体系中，经常探讨固定性制造费用差异。

$$变动成本差异 = 直接材料差异 + 直接人工差异 + 变动性制造费用差异$$

在变动成本差异的三个因素中，每个因素均可拆分成数量差异和价格差异。公式可进一步演化为如下公式。

$$变动成本差异 = 直接材料数量差异 + 直接材料价格差异 + 直接人工数量差异 +$$
$$直接人工价格差异 + 变动性制造费用数量差异 + 变动性制造费用价格差异$$

在固定成本与变动成本的差异分析因素中，并未提及直接费用，这是因为直接费用经常表现为成本核算对象专有性质的费用，比较实际与预算比较简单，因素分解意义也不大。

以上变动成本的 3 个数量差异以及 3 个价格差异，从差异计算的表达式来看，遵循以下原理。

$$价格差异 = 实际用量 \times (实际单价 - 标准单价)$$

$$数量差异 = 标准单价 \times （实际用量 - 标准用量）$$

用图形表示原理，如图 11.1 所示。

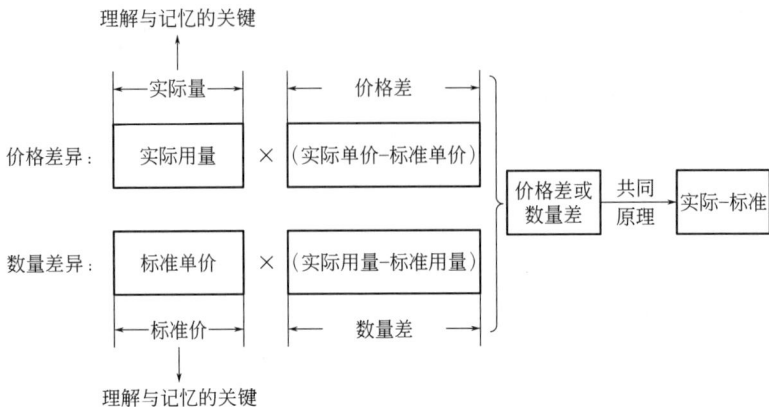

图 11.1 差异分析原理

如图 11.1 所示，价格差异是指价格差乘以实际量，数量差异是指数量差乘以标准价。价格差与数量差比较容易分辨，关键是需要分清分别乘以的对象。价格差要乘以量，乘的是实际量；数量差要乘以价，乘的是标准价。

11.1.2　直接材料成本差异的分析

$$
\begin{aligned}
直接材料总差异 &= 直接材料实际成本 - 直接材料标准成本 \\
&= 实际用量 \times 实际单价 - 标准用量 \times 标准单价 \\
&= 实际用量 \times 实际单价 - 实际用量 \times 标准单价 \\
&\quad + 实际用量 \times 标准单价 - 标准用量 \times 标准单价 \\
&= 实际用量 \times （实际单价 - 标准单价）+ 标准单价 \\
&\quad \times （实际用量 - 标准用量） \\
&= 直接材料价格差异 + 直接材料数量差异
\end{aligned}
$$

注意，以上计算推导公式中的标准用量是指实际产量条件下的标准用量，可以用公式表示如下。

$$标准用量 = 实际产量 \times 单位标准用量$$

从公式推导的结果来看，数量差异和价格差异的公式，与差异分析基本模式的原理公式相同。

举例计算差异如下。

【例 11-1】某企业生产 1 件 A 产品应耗用 E 原材料 1.5 千克，每千克 E 原材料成本为 2 元。在实际生产周期内，企业实际生产 2 100 件 A 产品，耗用了 3 250 千克 E 原材料，材料成本为 6 175 元。

直接材料价格差异 = 实际用量 ×（实际单价 – 标准单价）

$$= 3\ 250 \times (6\ 175/3\ 250 - 2) = 3\ 250 \times (1.9 - 2) = -325\ （元）$$

直接材料数量差异 = 标准单价 ×（实际用量 – 标准用量）

$$= 2 \times (3\ 250 - 2\ 100 \times 1.5) = 2 \times (3\ 250 - 3\ 150) = 200\ （元）$$

直接材料总差异 = −325 + 200 = −125（元）

直接材料价格差异为负是因为实际单价比标准单价低，节约了成本，故为有利差异，有利差异用 F 表示；直接材料数量差异为正是因为实际用量比标准用量高，成本超支，故为不利差异，不利差异用 A 表示。

如果用字母 F、A 分别表示有利、不利差异，材料成本差异表示如下。

直接材料价格差异 = 325（F）元

直接材料数量差异 = 200（A）元

直接材料总差异 = 125（F）元

企业计算差异后，重要的是分析产生成本差异的原因，分析差异应由哪个部门负责，以便对症下药，予以针对性改善。

直接材料价格差异的形成是采购部门的管理责任，可以反映采购部门的供应商开发能力以及采购价格谈判能力，可用来评价采购部门的业绩。

直接材料数量差异的形成一般来说是生产部门的管理责任，如因为返工、废品等原因在生产过程中造成的多用料差异，可用来评价生产部门的业绩。如果因为采购了质量不佳的材料而造成了材料消耗量增多，直接材料数量差异就不应该由生产部门负责，在评价生产部门业绩时应剔除此影响。

【例 11-1】中，如果不存在材料质量不合格的情况，那么，直接材料价格差异 325 元为有利差异，可以认为是采购部门努力的成果；直接材料数量差异 200 元为不利差异，可以认为是生产部门超支用料，没有控制好物料损耗的结果。

但如果这个企业收货时检验认为材料质量不完全符合合同规定的合格标准，虽然可以材料使用，但会造成材料耗用比正常情况多，故要求供应商每千克降价 0.1 元，合计降价 325 元来补偿企业多耗用材料的损失。这种情况下，说明计算的直接材料价格差异 325 元虽然为有利差异，但不能归功于采购部门；同时，计算的直接材料数量差异 200 元虽然为不利差异，但因为是企业购买了质量较差的材料造成的，属于企业总体做出了让步接收材料的决策，不能归责于生产部门。

11.1.3 直接人工成本差异的分析

直接人工成本总差异 = 直接人工实际成本 − 直接人工标准成本

$$= 实际工时 × 实际小时工资率 − 标准工时 × 标准小时工资率$$

$$= 实际工时 × 实际小时工资率 − 实际工时 × 标准小时工资率$$

$$+ 实际工时 × 标准小时工资率 − 标准工时 × 标准小时工资率$$

$$= 实际工时 × (实际小时工资率 − 标准小时工资率)$$

$$+ 标准小时工资率 × (实际工时 − 标准工时)$$

$$= 直接人工成本价格差异 + 直接人工成本数量差异$$

直接人工成本数量差异，又称为直接人工成本效率差异。

标准工时，是指实际产量条件下的标准工时，可以用公式表示如下。

$$标准工时 = 实际产量 × 单位标准工时$$

【例 11-2】某企业生产 1 件 A 产品耗用 2 工时，每工时成本为 5 元。在实际生产周期内，企业实际生产 2 100 件 A 产品，耗用了 4 000 工时，直接人工成本为 22 000 元。

直接人工成本价格差异 = 实际工时 × (实际小时工资率 − 标准小时工资率) = $4\,000 × (22\,000/4\,000 − 5) = 4\,000 × (5.5 − 5) = 2\,000$（元）= 2 000（A）元

直接人工成本数量差异 = 标准小时工资率 × (实际工时 − 标准工时)

$$= 5 × (4\,000 − 2\,100 × 2) = −1\,000（元）= 1\,000（F）元$$

直接人工成本总差异 = 2 000（A）元 + 1 000（F）元 = 1 000（A）元

直接人工成本价格差异主要是小时工资率差异，应主要用于考核评价人力资源部门；直接人工成本数量差异主要是生产用时差异，应主要用于考核评价生产部门。

【例 11-2】中直接人工成本价格差异 2 000 元的不利差异，主要应由人力资源部门解释超支的原因（是因为雇用了更高素质的员工而多花费了人工成本，还是因为雇用了匹配的员工但人工成本上涨造成的等），再根据分析的原因决策是否需要采取措施改善。

直接人工数量差异 1 000 元的有利差异，可认为是生产部门努力提高生产效率的结果。当然，也要注意做出这种结论的前提是衡量的标准合理、先进，这样考核评价的结论才有意义。

11.1.4 变动性制造费用差异的分析

变动制造费用总差异 = 变动制造费用实际成本 − 变动制造费用标准成本

$$= 实际工时 \times 实际费率 - 标准工时 \times 标准费率$$

$$= 实际工时 \times 实际费率 - 实际工时 \times 标准费率$$

$$+ 实际工时 \times 标准费率 - 标准工时 \times 标准费率$$

$$= 实际工时 \times (实际费率 - 标准费率) + 标准费率 \times$$

$$(实际工时 - 标准工时)$$

$$= 变动制造费用价格差异 + 变动制造费用数量差异$$

变动制造费用价格差异，又称为变动制造费用支出差异；变动制造费用数量差异，又称为变动制造费用效率差异。

关于直接材料、直接人工，以上均是以企业生产的其中一个产品品种 A 举例说明的，企业其他产品品种的成本差异与 A 产品类似。但对于变动性制造费用，因为不便于拆分，往往是针对企业总体来看的。下面从这个角度来看一下总体变动性制造费用的差异情况。

【例 11-3】某企业目前的设备可以一月内生产 2 100 件 A 产品，实际耗用人工工时 4 000 小时；生产 1 700 件 B 产品，实际耗用人工工时 1 600 小时；生产 2 000 件 C 产品，实际耗用人工工时 3 900 小时；生产 1 000 件 D 产品，实际耗用人工工时 980 小时。

企业全部变动性制造费用为 5 019 元。

企业 A 产品的标准变动性制造费用耗用工时 2 小时，标准费率为 0.5，计 1 元 / 件；B 产品的标准变动性制造费用耗用工时 1 小时，标准费率为 0.5，计 0.5 元 / 件；C 产品的标准变动性制造费用耗用工时 2 小时，标准费率为 0.5，计 1 元 / 件；D 产品的标准变动性制造费用耗用工时 1 小时，标准费率为 0.5，计 0.5 元 / 件。

$$实际总工时 = 4\,000 + 1\,600 + 3\,900 + 980 = 10\,480（小时）$$

$$标准总工时 = 2\,100 \times 2 + 1\,700 \times 1 + 2\,000 \times 2 + 1\,000 \times 1 = 10\,900（小时）$$

$$变动性制造费用价格差异 = 实际工时 \times (实际费率 - 标准费率)$$

$$= 10\,480 \times (5\,019/10\,480 - 0.5)$$

$$= 5\,019 - 5\,240 = -211（元）221（F）元$$

$$变动性制造费用数量差异 = 标准费率 \times (实际工时 - 标准工时)$$

$$= 0.5 \times (10\,480 - 10\,900)$$

$$= -210（元）= 210（F）元$$

$$变动性制造费用总差异 = 221（F）元 + 210（F）元 = 431（F）元$$

变动制造费用价格差异主要是小时分配率差异，小时分配率与变动性制造费用总额、生产总工时有关，这两项主要由生产部门管理。因此，变动性制造费用价格差异主要用于考核评价生产部门。变动性制造费用数量差异，又称为变动制造费用效率差异，主要由生产部门生产产品的工时效率所决定。所以，变动性制造费用数量差异也应用于考核评价生产部门。

可见，变动制造费用总差异431元的有利差异，可用来评价生产部门的业绩。

11.1.5　固定性制造费用差异的分析

固定性制造费用差异的原理与变动成本差异不同，下面通过公式来认识固定性制造费用的差异原理。

固定性制造费用总差异 = 实际固定性制造费用 - 分配的固定性制造费用

　　　　　= 实际产量 × 单位实际固定性制造费用 - 实际产量 ×

　　　　　单位标准固定性制造费用

　　　　　= 实际产量 × 单位实际固定性制造费用 - 标准产量 ×

　　　　　单位标准固定性制造费用 + 标准产量 ×

　　　　　单位标准固定性制造费用 - 实际产量 ×

　　　　　单位标准固定性制造费用

　　　　　= 实际产量 × 单位实际固定性制造费用 - 标准产量 ×

　　　　　单位标准固定性制造费用 + 单位标准固定性制造费用 ×

　　　　　（标准产量 - 实际产量）

　　　　　= 固定性制造费用价格差异 + 固定性制造费用数量差异

固定性制造费用总差异可分解成两个因素，其中一个因素是固定性制造费用价格差异，另一个因素是固定性制造费用数量差异。固定性制造费用价格差异，又称为固定性制造费用支出差异。

公式如下。

固定性制造费用价格差异 = 实际产量 × 单位实际固定性制造费用 - 标准产量 ×

单位标准固定性制造费用 = 实际固定性制造费用 - 标准固定性制造费用

固定性制造费用数量差异可进一步分解成两个因素，分解公式如下。

固定性制造费用数量差异 = 标准产量 × 单位标准固定性制造费用 -

实际产量 × 单位标准固定性制造费用

$$= 标准产量 \times 单位标准工时 \times 标准费率 -$$
$$实际产量 \times 单位标准工时 \times 标准费率$$
$$= 标准产量 \times 单位标准工时 \times 标准费率 -$$
$$实际产量 \times 单位实际工时 \times 标准费率 +$$
$$实际产量 \times 单位实际工时 \times 标准费率 -$$
$$实际产量 \times 单位标准工时 \times 标准费率$$
$$= 标准费率 \times （标准产量 \times 单位标准工时 -$$
$$实际产量 \times 单位实际工时）+ 标准费率 \times$$
$$（实际产量 \times 单位实际工时 - 实际产量 \times$$
$$单位标准工时）$$
$$= 固定性制造费用产能差异 +$$
$$固定性制造费用效率差异$$

固定性制造费用总差异总体可分解成 3 个因素，总体公式如下。

固定性制造费用总差异 = 固定性制造费用价格差异 + 固定性制造费用数量差异

= 固定制造费用价格差异 + 固定性制造费用产能差异 + 固定性制造费用效率差异

【例 11-4】某企业计划生产 A 产品 2 000 件，计划生产 B 产品 1 900 件，计划生产 C 产品 950 件，计划生产 D 产品 1 155 件；生产每件 A 产品的预算时间为 2 小时，生产每件 B 产品的预算时间为 1 小时，生产每件 C 产品的预算时间为 2 小时，生产每件 D 产品的预算时间为 1 小时。

预算的固定性制造费用为 8 000 元，实际的固定性制造费用为 8 350 元。

实际生产产品情况为生产 2 100 件 A 产品，实际耗用人工工时 4 000 小时；生产 1 700 件 B 产品，实际耗用人工工时 1 600 小时；生产 2 000 件 C 产品，实际耗用人工工时 3 900 小时；生产 1 000 件 D 产品，实际耗用人工工时 980 小时。

标准费率 = 8 000/（2 000 × 2 + 1 900 × 1 + 950 × 2 + 1 155 × 1）= 0.893 355 667（元 / 小时）

$$固定性制造费用价格差异 = 实际产量 \times 单位实际固定性制造费用$$
$$- 标准产量 \times 单位标准固定性制造费用$$
$$= 8 350 - 8 000 = 350（元）= 350（A）元$$

固定性制造费用数量差异 = 标准产量 × 单位标准固定性制造费用 - 实际产量 × 单位标准固定性制造费用 = 8 000 -（2 100 × 0.893 355 667 × 2 + 1 700 × 0.893 355 667 × 1 + 2 000 × 0.893 355 667 × 2 + 1 000 × 0.893 355 667 × 1）= 8 000 - 9 737.58 =

-1 737.58（元）

固定性制造费用产能差异 = 标准费率 ×（标准产量 × 单位标准工时 - 实际产量 × 单位实际工时）= 0.893 355 667 ×（2 000×2 + 1 900×1 + 950×2 + 1 155×1 - 4 000 - 1 600 - 3 900 - 980）= -1 362.37（元）

固定性制造费用效率差异 = 标准费率 ×（实际产量 × 单位实际工时 - 实际产量 × 单位标准工时）= 0.893 355 667 ×（4 000 + 1 600 + 3 900 + 980 - 2 100×2 - 1 700×1 - 2 000×2 - 1 000×1）= -375.21（元）

关于标准费率，取值 0.893 355 667 元 / 小时主要是为了减小四舍五入差异计算的影响。如果取值 0.89，误差则较大。

固定性制造费用效率差异为 -375.21 元，说明实际工时比标准工时少用而形成了有利差异；固定性制造费用产能差异为 -1 362.37 元，说明实际生产能力比设备等配套的标准产能大，也可以认为是产能利用率高而形成的有利差异。

固定性制造费用效率差异及固定性制造费用产能差异为负数，均为有利差异；固定性制造费用数量差异为负数，说明也为有利差异，同时，说明实际产量比标准产量高。

经过分析后，差异可进一步表示如下。

固定性制造费用数量差异 = 1 737.58（F）元

固定性制造费用产能差异 = 1 362.37（F）元

固定性制造费用效率差异 = 375.21（F）元

固定性制造费用数量差异反映了实际固定性制造费用与标准固定性制造费用的比较情况，在进行差异分析时，需要细化分析具体原因，再细分责任部门。如果是生产部门管理人员的工资超支，应评价考核生产部门；如果是生产部门不能决策负责的折旧超支，则不应考核评价生产部门，而应考核评价具有固定资产投资决策权的部门。

固定性制造费用数量差异由产能差异和效率差异组成，故应从两个分解因素来考虑。产能差异需要具体情况具体分析：如果是设备故障影响了产量，则应考核评价设备管理部门；如果是生产员工抵抗或抗拒生产，则应考核评价生产部门。

固定性制造费用效率差异是反映单位实际工时与单位标准工时的比较情况，这一点可通过公式变形表示如下。

固定性制造费用效率差异 = 标准费率 ×（实际产量 × 单位实际工时 - 实际产量 × 单位标准工时）= 标准费率 × 实际产量 ×（单位实际工时 - 单位标准工时）

变形后固定性制造费用效率差异，主要反映单位实际工时与单位标准工时的差异，工时差异应由生产部门负责，故应用于考核评价生产部门。

以上原因及责任部门的分析，如图 11.2 所示。

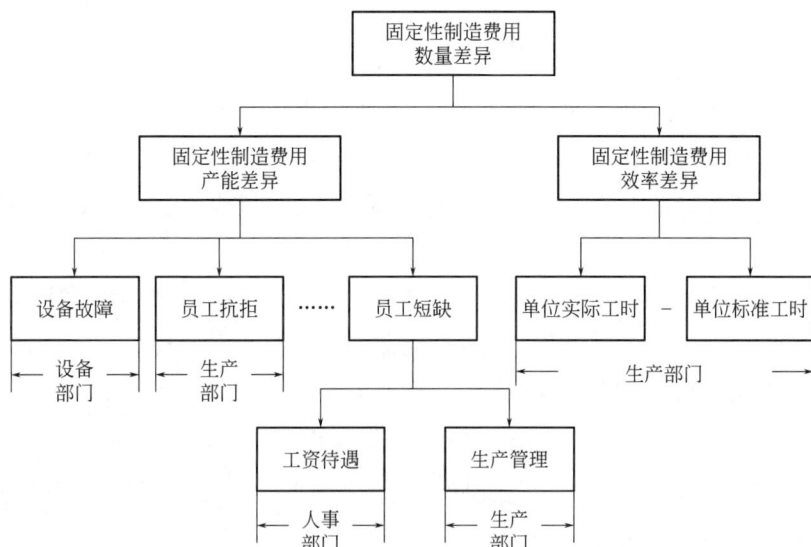

图 11.2　金字塔分析法

如图 11.2 所示，这种从上到下逐层分解，从金字塔的顶端分解到金字塔的底端，通过底端细化分析原因的方式，是一种重要的逻辑思维模式，是一种重要的分析方法。

11.1.6　销售价格差异的分析

$$销售价格差异 = 实际销售收入 - 标准销售收入$$

$$= 实际销量 \times （实际单价 - 标准单价）$$

销售价格差异的计算公式原理同直接材料价格差异、直接人工价成本格差异、变动性制造费用价格差异类似。

【例 11-5】某企业计划按标准价格 18.6 元销售 A 产品，但实际按每件 20 元出售了 2 100 件 A 产品，每件产品的标准完全成本是 15.8 元。

$$销售价格差异 = 实际销量 \times （实际单价 - 标准单价）$$

$$= 2\ 100 \times （20-18.6） = 2\ 940 （元） = 2\ 940 （F）元$$

销售价格差异因素中，实际销量、实际单价均由销售部门负责，故此项差异应用于考核评价销售部门业绩。

【例 11-5】中，因销售部门提高了产品 A 的销售价格，形成了有利差异，业绩应归功于销售部门。

11.1.7　销售量利润差异的分析

销售量利润差异 =（实际销量 - 标准销量）× 单位标准毛利润

其中：单位标准毛利润 = 单位收入 - 单位成本。

从公式来看，销售量利润差异实质上是数量的利润差异，故等于数量差乘以单位标准毛利润。

【例 11-6】某企业计划按标准价格 18.6 元销售 A 产品，但实际按每件 20 元出售了 2 100 件 A 产品，每件产品的标准完全成本是 15.8 元。假设标准销量为 2 000 件。

销售量利润差异 =（实际销量 - 标准销量）× 单位标准毛利润

$$=（2\ 100 - 2\ 000）×（18.6 - 15.8）=280（元）= 280（F）元$$

实际销量与标准销量的差异乘以单位标准毛利润，从这 3 个因素来看，实际销量是实际指标，其他两个均是标准指标。销售量利润差异主要考核实际指标偏离标准指标的差异，故此项差异是用来考核评价销售部门的。

【例 11-6】中，因销售部门在提高了产品 A 的销售价格的情况下，销量也提高了，形成了有利差异，业绩应归功于销售部门。

11.2　控　　制

刚刚割过的草地，散发着青草香味，天真浪漫的小男孩在草地上和小狗嬉戏，他们是那样的忘情，那样的投入，那样的旁若无人。许多成年男女在石径上散步，他们好像受了小孩感染，不约而同地将目光投向了玩耍的小孩，有的停下了脚步，有的在追寻曾经的童趣。

这动与静的结合之美，在我的头脑中挥之不去。人与自然的和谐，需要放松身心真诚相待。目光及此，我开始审视自己的工作。如果说企业内部环境与外部环境不同，那么，何不在企业内部营造一种氛围，在生产经营之动与身心归属之静中追寻真谛？

探寻的方法再多，但如果没有真诚改善的氛围，追寻会变成躁动；如果静下心来，齐心协力，效果自然会显现。前面所列的差异，只要凭借技术手段，都可以整理出来，但如何有效改善，这需要控制环境的协调配合。

控制主要有 5 个要素，分别为控制环境、风险评估、控制活动、信息与沟通、监控，中间 3 个要素在前面的章节中均有直接或隐含的说明，这里仅就控制环境和监控进行阐述。

11.2.1　控制环境分析

控制，主要围绕着目标进行。如何达成目标是控制的灵魂。

可别小看控制环境，控制环境在达成目标的进程中所起到了基础性作用。如果没有好的控制环境与意识，再好的控制手段或控制分析，就像石子落在棉花堆上一样，石子虽强，但棉花卸力，会没有任何反响。

控制环境营的造得，与企业最高管理层的思想意识关系很大。如果企业最高管理层重视控制，会影响下属也重视；否则，如果仅是下属重视，当需要最高管理层支持控制时，最高管理层却给下属负面信息，认为下属多此一举，则下属可能会消极对待控制。

最高管理层对控制的重视程度，一方面表现在口头及行动支持或宣传上，另一方面表现在制度文件或机制建立及实施落地上。

关于口头及行动支持或宣传，能从最高管理层的言行感受到；否则，员工是会察言观色，一旦最高管理层不重视，即使有好的制度机制，可能也会流于形式。

最高管理层给予口头行动支持的企业，其控制最终是要通过制度文件或机制建立来实施的。实现控制目标是全员的事情，最高管理层提供的是一种态度，一种肯定，一种这样做的信心，真正去实施控制的是员工，员工实施控制最终要落实到控制机制上。

员工实施控制时，要知道控制的方法，并有动力及意愿去实现控制目标。制度规范了控制方法，告诉了员工当出现什么情况时应当如何操作，如果不规范操作，会造成怎样的后果，会受到怎样的制度惩罚。机制除了制度规范外，还应包括员工与员工之间如何协调控制，如何通过绩效考核等措施激发员工实施控制的积极性等问题。

企业整体的控制氛围及环境，需要企业来营造，如图 11.3 所示。

如图 11.3 所示，态度方面的重视和运行方面的重视是相辅相成、相互促进的。光有态度重视不行，如虽然知道重要但不知如何控制，是不具有可操作性的；光有运行重视也不行，没有态度重视，容易使制度规范流于形式。

从成本管理会计的角度来看，控制的关键在于企业要极力促进领导重视，维护运行机制。营造好了控制环境，控制活动就容易开展，控制效果也易于实现。

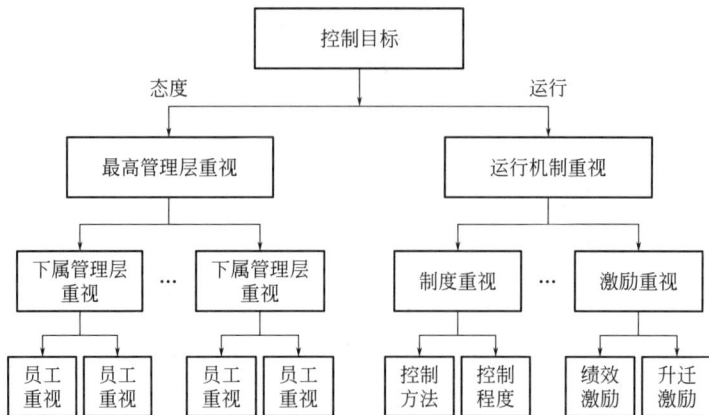

图 11.3　控制体系环境

11.2.2　控制点因素分析

控制的五个要素之中，风险评估是指对企业的生产经营活动进行评估，从中找出风险比较大的工作或领域，然后进行针对性的控制。

控制点因素分析与风险评估不同，控制点因素分析是在已经找到了需要进行控制的控制点之后，对于具体控制什么因素还需要进一步细化分析，以便对具体的控制因素针对性地探讨控制措施。

控制点因素分析是进一步的诊断分析，诊断的过程需要先列举各种相关的可能性，然后进行排查，排除相关性低、控制效果不好的因素，最终保留重要的、可实施控制的因素。

控制点因素分析是以已经找到的重要因素为出发点，这个出发点往往是前面进行差异分析时找到的主要差异。采用头脑风暴的方法尽可能列举可能的影响因素，再冷静理智地分析关键的影响因素。

例如，直接人工成本不利差异 1 000 元是企业需要控制的主要因素，那么，企业主要应从哪些方面进行控制？如图 11.4 所示。

图 11.4 采用了列举因素法，企业可据此尽可能将所有的影响因素都列举出来，再分析哪些是关键的影响因素。

例如，企业进一步分析认为，图 11.5 所示内容是影响直接人工成本的关键影响因素。

如图 11.5 所示，关键影响因素是企业对劳动力素质虽然要求不高，由于当前用工成本普遍上涨，造成了小时工资率的上升，这是直接人工成本价格差异存在 2 000 元不利差异的主要原因。

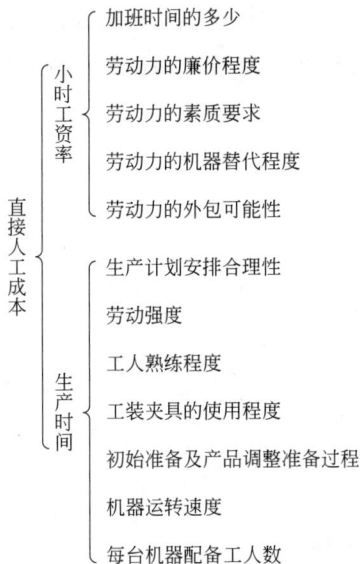

图 11.4　直接人工成本影响因素分析　　　图 11.5　直接人工成本关键影响因素分析

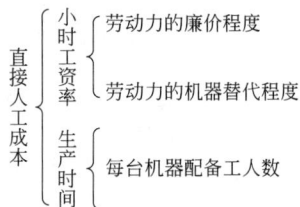

　　另外两个因素与企业的大部分人工生产工作可通过增加机器设备来替代有关。经测算，增加机器设备来替代人工，在提高效率的同时，也降低了成本。同时，目前企业所使用的机器需要配备的工人数，比新机器要多。由此可见，企业正需公司通过购买新机器来替代人工减少成本。

　　因素列举法可实现全部可能因素的列举，而进一步的因素分析有利于更好地聚焦于解决问题的方案，这可以说是在差异分析的基础上寻找解决方案的一种方法。成本管理会计可利用这种分析技术，探讨成本问题的解决方案。

　　如果列举因素时觉得有些捉襟见肘，也可以通过"人、机、料、法、环"等五个方面的因素来开拓思维，进行列举。"人"是员工方面的因素，"机"是机器方面的因素，"料"是材料方面的因素，"法"是方法方面的因素，"环"是环境方面的因素。

11.2.3　监控分析

　　监控，是对已实施的控制活动的监督控制，是监督检查之后进行改善的基础。持续改进的过程，有点像全面质量管理之中的 PDCA 循环，如图 11.6 所示。

　　图 11.6 中，"P"代表计划，包括方针和目标的确定，以及活动规划的制定；"D"代表实施，是指根据已知的信息，设计具体的方法、方案和计划布局，再根据设计和布局进行具体运作，实现计划中的内容；"C"代表检查，分清哪些对了，

哪些错了，明确效果，找出问题；"A"代表处置，对检查的结果进行处理，对成功的经验加以肯定，并予以标准化。对失败教训要总结，引起重视并解决；对没有解决的问题，应提交给下一个 PDCA 循环去解决。

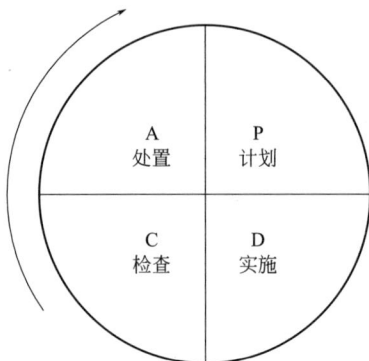

图 11.6　PDCA 循环

　　成本改进也是持续改进的过程，所以监控既有回头看、检查、发现的含义，又有每次生产对上次监控发现的问题进行改进的含义。能够持续检查发现，并持续改进，是全面成本管理的精髓。

　　生产经营人员在监控过程中发现的问题，成本管理会计可跟进并提出改进建议；同时，成本管理会计也可主动发现问题，并提出改进成本的建议。

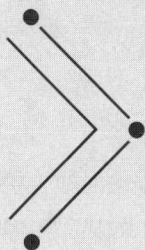

第 12 章

业绩评价及绩效考核

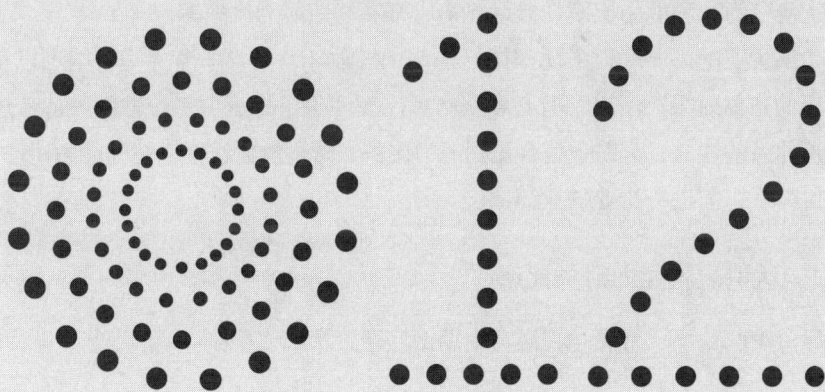

在当今社会，业绩评价及绩效考核对企业控制成本、实现经营目标的重要性日益突出。

因企业所在行业不同，生产经营特点不同，管理的要求也不同。当然，反映管理要求的绩效考核指标及方案会有差别，业绩评价的方法也会有所不同。无论企业与企业之间的差异有多大，企业之间所采用的业绩评价方法仍具有相似性，选用的绩效考核指标仍有一定的原理可循。

杜邦分析体系也一个评价体系，在这个体系中存在许多企业通用的评价方法，可利用其评价企业的业绩。

12.1　建立杜邦分析体系

会计报表中的数据是绝对数，如净利润 1 000 万元，我们很难根据绝对数直接判断出企业的经营效果，因为净利润 1 000 万元的取得还与投入有关。如果采用净资产收益率这个财务指标，在考虑了所有者投入的情况下来看回报情况，就比较容易判断企业的经营业绩。

这就是财务比率分析的好处。财务比率可分为构成性财务比率和相关性财务比率，其中，构成性财务比率是部分占总体的结构性比例的比率。财务比率很多，从大类上可分为盈利能力比率、营运能力比率、偿债能力比率等。

如果企业的每一个财务比率指标都是单打独斗，各自争芳斗艳，则难以发挥财务比率的整体效果，所以，有必要从财务比率评价指标上做系统性的整体考虑。杜邦分析体系的建立，有助于整合盈利能力比率、营运能力比率、偿债能力比率指标，从评价体系方面进行企业的业绩评价。

12.1.1　认识盈利能力财务比率

净资产收益率：当期净利润与当期平均净资产的比率。

$$净资产收益率 = \frac{净利润}{净资产平均余额}$$

$$净资产平均余额 = \frac{期初净资产 + 期末净资产}{2}$$

净资产收益率代表所有者投入的资本所产生净利润的能力，净资产收益率越高，代表所有者投入资本产生净利润的能力越强。净资产收益率是综合性的财务比率，是杜邦分析体系的核心指标。

总资产净利率：当期净利润与当期平均总资产的比率。

$$总资产净利率 = \frac{净利润}{总资产平均余额}$$

总资产净利率代表当期总资产产生净利润的能力，总资产净利率越高，代表当期总资产所产生净利润的能力越强。

以上两个指标的分子均是净利润，分母均是时点指标的平均值。因为分子净利润是时期指标，为了分子、分母口径的一致性，将分母的时点指标人为近似转化成时期指标，以反映这段时期所产生净利润的能力。

销售净利率：当期净利润与当期销售收入净额的比率。

$$销售净利率 = \frac{净利润}{销售收入净额}$$

销售净利率反映了当期发生的销售收入产生净利润的能力，代表每一元的销售收入能产生多少元的净利润。销售净利率越高，代表当期发生的销售收入所产生净利润的能力越强。

销售毛利率：当期销售毛利与当期销售收入净额的比率。

$$销售毛利率 = \frac{销售收入 - 销售成本}{销售收入净额} = \frac{销售毛利}{销售收入净额}$$

销售毛利率反映了当期发生的销售收入产生毛利的能力，销售毛利率越高，代表当期发生的销售收入产生毛利的能力越强。

销售毛利率代表企业获利能力的最高水平。收入与成本是配比的，收入发生的同时必然会发生对应的成本，收入减去成本得到的毛利是企业当期获利的最高水平。

不同行业的毛利率水平不同，同一行业的不同企业之间的毛利率水平也不相同。

毛利率水平代表了企业在市场竞争中的地位，毛利率水平高，可能表明企业居于垄断地位，或企业科技含量水平较高而居于主动地位；同时，毛利率水平越高，企业在市场中越主动，议价能力越强。

期间费用率：当期期间费用与当期销售收入净额的比率。

$$期间费用率 = \frac{期间费用}{销售收入净额}$$

期间费用包括销售费用、管理费用及财务费用。

期间费用率反映了当期产生的销售收入投入期间费用的水平，期间费用率越高，说明当期产生的销售收入所投入的期间费用水平越高，也就是高投入期间费用的同时并没有带来高水平的销售收入，说明企业的费用效率低。

销售净利率、销售毛利率、期间费用率，这3个指标的分子分母均是时期性指标，故不存在人为转换的问题，因为口径已经相同。

从销售净利率、销售毛利率、期间费用率三者的关系上来看，大致有如下的关系式。

$$销售毛利率 - 期间费用率 \geqslant 销售净利率$$

对于除了期间费用以外的其他税费、投资收益等较少的企业，其上述三个指标大致满足等式关系，所以，可利用这个关系进行因素分析：当销售净利率降低时，是因为销售毛利率降低造成的，还是期间费用率升高造成的？

如果企业有较多的营业外收支、投资收益、其他税费，上述关系式应是大于关系。因此，在进行因素分析时，除了要考虑期间费用和收入与成本因果配比关系外，还要考虑影响净利润的其他因素。

12.1.2 认识营运能力财务比率

总资产周转率：当期销售收入净额与当期总资产平均余额的比率。

$$总资产周转率 = \frac{销售收入净额}{总资产平均余额}$$

总资产周转率是反映企业营运能力的财务比率，代表在一定期间内总资产的周转次数。一定期间内总资产周转的次数越多，代表总资产周转速度越快，企业的营运能力越强。

从公式表述来看，总资产周转率代表平均总资产的占用水平所产生销售收入的能力，如果利用较少的总资产能够产生较多的销售收入，则说明总资产周转速度较快，企业的营运能力较强。

总资产周转率是营运能力指标中综合性较强的指标。总资产可进一步分解成固定资产、存货、应收账款等主要资产，因此，分析总资产周转速度的快与慢，可进一步探讨分析固定资产、存货、应收账款周转速度的快与慢，并针对周转慢的部分改善企业的营运能力。

固定资产周转率：当期销售收入净额与当期固定资产平均余额的比率。

$$固定资产周转率 = \frac{销售收入净额}{固定资产平均余额}$$

固定资产周转率是反映企业营运能力的财务比率，代表在一定期间内固定资产的周转次数。一定期间内固定资产周转的次数越多，代表固定资产周转速度越快，企业的营运能力越强。

固定资产周转率财务比率的意义，与总资产周转率相似。

计算固定资产周转率时，要注意分子与分母口径的时期一致性。例如，分子售如果是指上半年度的销售收入净额，那么分母中的固定资产是指年初与半年末的平均余额。

工业企业固定资产构成不同，所产生销售收入的能力也不同。

如果简单将固定资产划分为生产用固定资产、非生产用固定资产，那么生产用固定资产占总体固定资产的比重越高，利用生产用固定资产产生的销售收入越多，则企业的营运能力越强。这可从下面的公式推导看出。

$$固定资产周转率 = \frac{销售收入净额}{固定资产平均余额}$$

$$固定资产周转率 = \frac{销售收入净额}{生产用固定资产平均余额} \times \frac{生产用固定资产平均余额}{固定资产平均余额}$$

固定资产周转率 = 生产用固定资产周转率 × 生产用固定资产占总固定资产比重

生产用固定资产周转率一定程度上可说明企业产能的利用情况，如果企业生产性固定资产出现闲置，出现产能过剩情况，生产用固定资产周转率会降低；如果企业生产性固定资产都在用，而且利用率高，生产用固定资产周转率会提高。

如果非生产用固定资产的比重太高，但非生产用固定资产不能用于生产产品，不能通过生产的产品实现更多的销售收入，则企业的营运能力会变差。例如，企业的宿舍、行政楼、花园等固定资产建得非常奢华，这时企业应该注意这些非生产用固定资产对生产能力的影响。

流动资产周转率：当期销售收入净额与当期流动资产平均余额的比率。

$$流动资产周转率 = \frac{销售收入净额}{流动资产平均余额}$$

流动资产周转率的意义与总资产周转率、固定资产周转率的意义类似，不再详述。

与总资产周转率相类似，流动资产周转率也具有一定的综合性。流动资产可进一步分解成存货、应收账款等主要流动资产，因此，分析流动资产周转速度的快与慢，可进一步探讨分析存货、应收账款周转速度的快与慢，并针对周转慢的部分改善企业的营运能力。

应收账款周转率：当期销售收入净额与当期应收账款平均余额的比率。

$$应收账款周转率 = \frac{销售收入净额}{应收账款平均余额}$$

应收账款周转率与存货周转率在反映营运能力的财务比率中，是两个比较重要的财务比率。这两个财务比率在实务中应用比较广泛，很多非财务专业的管理人员也很熟悉这两个财务比率指标。

应收账款周转率表示应收账款在一定期间内周转的次数，也可以表示应收账款转化成现金的速度。应收账款转化成现金的速度越快，企业的营运能力越强。

分子销售收入是收入会计要素，是反映一段时间内收入累加的合计概念；分母应收账款是资产会计要素，是反映某个时点应收账款截止到期末的余额概念。这个指标反映了同时产生的收入与应收账款：收入可以累加，收入越多指标值越大；应收账款转化为收款越多，剩余的应收账款余额越少，指标值也越大。

可见，加快应收账款的周转，关键是加大销售收入的同时加快应收账款的回款，这才是健康良性企业的表现。否则，仅加大了销售收入，卖了很多货，企业人财物花费了很多，却收不回应收账款，那么，销售的努力均是无效劳动或无效耗费，企业可能面临资金流断流的风险。

对于指标分母应收账款平均余额，需要解释的是，应收账款真正转化成回款，才是这个指标的良好表现，故应收账款平均余额中不应该扣减坏账准备。应收账款周转率指标中的分子，严格来讲，应该使用赊销收入净额。

计算应收账款周转率指标值时，到底使用销售收入净额，还是使用赊销收入净额，可从两个角度来理解。

从财务会计角度来看，应该使用销售收入净额，因为对外的信息使用者无法获得赊销收入净额信息，故只能利用会计报表上的销售收入净额。

从管理会计角度来看，内部管理者可以获得赊销收入净额信息，但有时管理分析时也使用销售收入净额信息，是因为销售收入净额信息获取成本低。同时，如果企业将所有销售均看成是赊销业务，即使是现销业务也可看成是账期为0的赊销业务，这样销售收入与赊销收入是相等的。这也就是说，有些内部管理者对销售收入与赊销收入不进行区分。

即使内部管理者对销售收入与赊销收入进行严格区分，但如果企业一贯性地使用销售收入计算应收账款周转率，则企业不同历史时期的比率比较仍然可比；只不过如果企业与企业之间采用了不同的分子指标，会影响不同企业之间的可比性，这是计算应收账款周转率时需要注意的。

存货周转率：当期销售成本与存货平均余额的比率。

$$存货周转率 = \frac{销售成本}{存货平均余额}$$

存货周转率代表存货在一定期间内周转的次数，企业持有存货的最终目的是出售，此指标可代表存货销售给客户的速度。

存货快速销售给客户，会使分子、分母均发生有利变化。分子随着存货快速销售给客户，会快速累积增大；随着企业发货给客户，分母会变小，则存货周转率会提高，企业营运能力会增强。

可见，自存货销售给客户直到收回客户现金为止，营业周期上的各个节点转化的速度加快，会加快存货和应收账款的周转速度，也会加快流动资产的周转速度，增强企业的营运能力。

存货周转率的计算公式，与其他周转率计算公式的显著不同在于分子。其他周转率的分子均为销售收入净额，而存货周转率的分子为销售成本，这种不同正体现了分子、分母口径的一致性。

例如，应收账款周转率的分母应收账款是按照与客户签订销售合同口径计算的，是按销价计算的，所以，分子也是按销价计算的销售收入；存货周转率的分母是按照采购存货的历史成本计价的，是按成本计价的，所以，分子也是按成本计算的销售成本。

关于存货平均余额，如年度平均存货余额，通常有两种计算方法。

第1种：$存货平均余额 = \dfrac{年初存货余额 + 年末存货余额}{2}$。

第2种：$存货平均余额 = \dfrac{\dfrac{年初存货余额 + 年末存货余额}{2} + \sum\limits_{i=1}^{11} 第i月月末存货余额}{12}$。

第 2 种计算存货平均余额的方法，反映年度存货平均占用资金更为贴合实际情况，可避免年初、年末两个时点的存货不能代表全年，尤其对于季节性淡旺季比较明显的企业，第 2 种方法的计算结果更合理。

12.1.3 认识偿债能力财务比率

资产负债率：负债总额与资产总额的比率。

$$资产负债率 = \frac{负债总额}{资产总额}$$

资产负债率反映了企业的资金来源中有多大比例来源于负债，这个比率越高，代表企业负债经营程度越高，企业的总体偿债能力越弱。

不同行业中企业的资产负债率水平不同。例如，房地产企业的资产负债率较高，很多房地产企业的资产负债率高于 80%；但如果是制造业企业，资产负债率超过 70% 就已经不容易从银行取得借款了。一般认为，制造业企业的资产负债率在 40% ~ 60% 比较正常和安全。

权益乘数：资产总额与净资产的比率。

$$权益乘数 = \frac{资产总额}{净资产}$$

权益乘数代表着总资产是净资产的多少倍，倍数越高，代表资金来源之中的负债水平越高。

权益乘数在杜邦分析体系中，代表企业的偿债能力水平。下面来推导权益乘数与资产负债率之间的关系。

$$权益乘数 = \frac{资产总额}{净资产总额}$$

$$权益乘数 = \frac{资产总额}{资产总额 - 负债总额}$$

$$权益乘数 = \frac{1}{\dfrac{资产总额 - 负债总额}{资产总额}}$$

$$权益乘数 = \frac{1}{1 - \dfrac{负债总额}{资产总额}}$$

$$权益乘数 = \frac{1}{1 - 资产负债率}$$

可见，权益乘数可以用资产负债率来表示，因此，权益乘数也是偿债能力指标。

产权比率：负债总额与所有者权益总额的比率。

$$产权比率 = \frac{负债总额}{所有者权益总额}$$

产权比率代表所有者权益对负债的保障程度有多大，产权比率越高，代表所有者权益对负债的保障程度越低，企业资金来源中负债的资金来源越多。

产权比率的分子、分母之和是资产，分子、分母代表了企业资产的两个资金来源，而这个两个资金来源之间的比例关系，也代表了资金来源的结构关系。

流动比率：流动资产与流动负债的比率。

$$流动比率 = \frac{流动资产}{流动负债}$$

通常认为流动比率为 2∶1 比较正常，代表流动资产是流动负债的 2 倍；倍数越高，流动资产对流动负债的保障程度越高。也有人认为流动比率为 1.5∶1 比较正常，而 2∶1 相对保守，持这种观点的人通常认为流动负债并不是同一个时点到期的。

不同企业流动资产的结构不同，流动资产的质量不同，因此企业的流动比率要求也会不同。

如果想真实地了解流动资产对流动负债的保障程度，需要细分流动资产的构成因素。例如，应收账款多少，应收账款流动性比存货强；产成品多少，正常情况下产成品流动性比原材料强。

如果需要从流动资产大类区分流动性对流动负债的保障程度，需要利用速动比率进行分析。

速动比率：速动资产与流动负债的比率。

$$速动比率 = \frac{速动资产}{流动负债}$$

速动资产 = 流动资产 − 存货 − 预付账款 − 待摊费用

速动资产是指除流动性较慢的存货、预付账款、待摊费用之外的流动资产。存货、预付账款、待摊费用，这 3 项流动资产的变现能力弱，或无变现能力。

偿债能力是指企业资产迅速转变成现金的能力，而流动资产中存货从营业周期来看，处于营业周期的前期，转变成现金的能力比应收账款弱，在计算速动资产时要将其扣除。

之所以速动资产中要扣除流动性较弱的预付账款，是因为预付账款通常代表预付给供应商的货款，是需要供应商供应原材料后，再将预付账款冲掉，所以，预付账款不能收回现金，而仅能收回原材料，其变现速度比存货还慢。

待摊费用是指款项已经支付，后期需要摊销的资产，是无法变现的资产，故速动资产中应扣除待摊费用。

一般认为速动比率为 $1:1$ 比较合适，$1:1$ 表示速动资产同流动负债相等，说明速动资产对流动负债的保障程度较高。但对于这个指标企业也需要具体分析。对于现销企业来说，因企业没有应收账款，速动资产较少，速动比率低于 $1:1$，但并不代表偿债能力弱。

如果企业存在大量的应收账款，应收账款的质量又不高，即存在大量逾期收款困难的应收账款，虽然这家企业的速动比率较高，但企业的短期偿债能力并不强。

流动比率、速动比率，是反映企业短期偿债能力的财务比率，这两个指标中的分母均是流动负债，是短期负债，均反映分子对这个短期负债的偿还能力。

12.1.4 图文并茂构建杜邦分析体系

前文将三种能力的财务比率分别做了阐述，下面通过公式推导这三个方面的财务比率的联系。

$$总资产净利率 = \frac{净利润}{总资产平均余额}$$

$$= \frac{净利润}{销售收入净额} \times \frac{销售收入净额}{总资产平均余额}$$

$$= 销售净利率 \times 总资产周转率$$

可见，总资产净利率受两个因素的影响：销售净利率和总资产周转率。知道影响因素的意义在于可通过改善销售净利率或总资产周转率，来改善总资产净利率。

$$净资产收益率 = \frac{净利润}{净资产平均余额}$$

$$= \frac{净利润}{总资产平均余额} \times \frac{总资产平均余额}{净资产平均余额}$$

$$= 总资产净利率 \times 权益乘数$$

将影响总资产净利率的两个因素代入净资产收益率公式，得到公式如下。

$$净资产收益率 = 总资产净利率 \times 权益乘数$$

$$= 销售净利率 \times 总资产周转率 \times 权益乘数$$

净资产收益率公式，说明净资产收益率可分解成受两个因素的影响，还可分解

成受三个因素的影响

注意，此处的权益乘数等于总资产平均余额除以净资产平均余额，这与偿债能力财务比率所讲的权益系数的计算公式不同。因为杜邦评价体系讲究整体的协调性，为了配合总资产净利率，总资产净利率计算公式是通过总资产平均余额来计算的，故权益乘数的分子、分母也要通过平均余额来计算，否则公式不平衡，体系不协调。

净资产收益率分解成受 3 个因素的影响，这 3 个因素与上面所讲述的三个能力方面的比率联系在一起，也就是说净资产收益率受三大能力的影响，公式表示如下。

净资产收益率 = 销售净利率 × 总资产周转率 × 权益乘数

= 盈利能力比率 × 营运能力比率 × 偿债能力比率

当企业净资产收益率发生增减变化时，可以通过对这 3 个方面影响因素的分析，找出主要影响因素，通过因素改善来改进企业的净资产收益率指标。

杜邦分析体系用图形表示如图 12.1 所示。

图 12.1 中，影响净资产收益率为 4.25%，而销售净利率仅为 1.32%。比较低，企业应重点改善盈利能力。但如何改善盈利能力，则需要再进行细化分析，以便找出具体原因，有针对性地进行改善。

例如，如果净资产收益率下降是由于销售净利率造成的，需要进一步分析是由于销售毛利率低还是由于期间费用率高造成的。

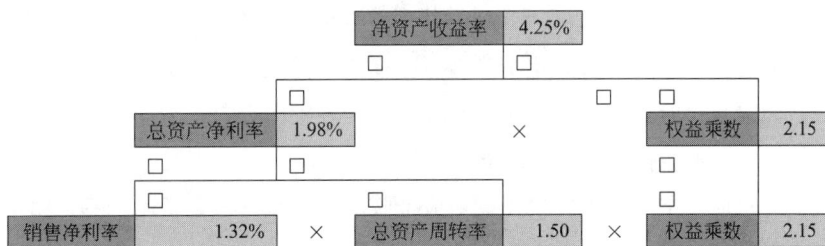

图 12.1 杜邦三因素分析体系

如果是由于销售毛利率低造成的，还需要分析是由于销售价格低还是生产成本高造成的；如果是由于期间费用率高造成的，还需要分析期间费用花费规模与销售收入规模的匹配性，分析销售费用、管理费用、财务费用因素。

如果企业不考虑投资损益因素影响的情况下，一般来说，企业的销售净利率可分解成如下公式。

净利润 = 销售毛利 - 税金及附加 - 期间费用 +

（营业外收入 - 营业外支出）- 所得税费用

$$净利润 = 销售毛利 - 税金及附加 - 期间费用 +$$

$$营业外收支净额 - 所得税费用$$

$$销售净利率 = \frac{销售毛利 - 税金及附加 - 期间费用 + 营业外收支净额 - 所得税费用}{销售收入净额}$$

$$销售净利率 = 销售毛利率 - 税金及附加率 - 期间费用率 +$$

$$营业外收支率 - 所得税费用率$$

从管理角度来看，业绩评价的责任中心往往同法律主体并不完全一致，因此，有些评价因素也会有所差异。

例如，对企业的人为利润中心进行管理者业绩评价，利润中心的管理者并不进行税务筹划，因为税务筹划往往是法律主体的公司针对公司整体进行的，故所得税费用的多少，并不用来评价人为利润中心的管理者。上面的公式可以演化如下。

$$销售净利率 = 销售毛利率 - 税金及附加率 - 期间费用率 +$$

$$营业外收支率 - 所得税费用率$$

$$销售净利率 + 所得税费用率 = 销售毛利率 - 税金及附加率 -$$

$$期间费用率 + 营业外收支率$$

$$销售税前利润率 = 销售毛利率 - 税金及附加率$$

$$- 期间费用率 + 营业外收支率$$

式中的营业外收支（如固定资产处置净损益、罚没收支等），对于人为利润中心来说，因没有投资决策权，故不享有固定资产处置净损益；因不对外面对工商、税务等部门，故不承担行政罚没收支。

税金及附加，主要是流转税及其对应征收的城建税、教育费附加等。由于人为利润中心无须税务筹划，企业有时存在着利用税收政策从整体上控制销售发票、采购发票的开具时点的情况，因此税金及附加可能不能真实地反映业务税金情况。因此，不对利润中心的管理者评价税金及附加的发生交纳情况。

以上公式如果不考虑营业外收支、税金及附加，可以进一步演化成如下公式。

$$责任中心销售税前利润率 = 销售毛利率 - 期间费用率$$

以上公式的一步步演化，有利于从最终实质来看，责任中心税前利润率受两个因素的影响，一个因素是销售毛利率，另一个因素是期间费用率。

因此，无论是业绩评价还是绩效考核，销售毛利率及期间费用率的控制、评价与考核，都是责任中心的工作重点。

以上是从责任中心的角度进行了公式的简化。

如果从法人主体的角度重新审视公式，存在有些法人主体交纳的所得税较少、税金及附加也不多、营业外收支同样较少的情况，对于这类中小型企业来说，公式近似表示如下。

$$销售净利率 \approx 销售毛利率 - 期间费用率$$

这个简化公式的意义在于能找出经营管理的重点。

同时，从另一个角度来考虑，即使法人主体交纳的所得税较多、税金及附加也不少，但对于影响经营管理的因素来说，税金是要按国家税法规定来交纳的，营业外收支往往是非经常性的损益。因此，评价法人主体的经营业绩时，销售毛利率、期间费用率仍是影响经常性损益的主要因素，仍是考虑的重点。

如果必须要考虑平衡关系，简化平衡公式可表示如下。

$$销售净利率 = 销售毛利率 - 期间费用率 \pm 其他影响率$$

再从总资产周转率的角度来看，如果净资产收益率的下降是由于总资产周转率下降引起的，则需要进一步分析是由于固定资产周转率引起的，还是由于流动资产周转率引起的；如果是由于流动资产周转率引起的，需要分析是由于存货周转率引起的，还是由于应收账款周转率引起的。

在不考虑大量对外投资的情况下，从公式分析的角度来看一下工业企业总资产周转率的分析公式。

$$总资产周转率 = \frac{销售收入净额}{总资产平均余额}$$

$$总资产周转率 = \frac{销售收入净额}{长期资产平均余额 + 流动资产平均余额}$$

$$= \frac{销售收入净额}{固定资产平均余额 + 其他长期资产平均余额 + 存货平均余额 + 应收账款平均余额 + 其他流动资产平均余额}$$

$$= \frac{销售收入净额}{固定资产平均余额 + 存货平均余额 + 应收账款平均余额 + （其他长期资产平均余额 + 其他流动资产平均余额）}$$

$$= \frac{销售收入净额}{固定资产平均余额 + 存货平均余额 + 应收账款平均余额 + 其他资产平均余额}$$

以上公式之所以简化成最后的公式，是因为一般工业企业的资产主要由固定资产、存货、应收账款3部分构成，其他资产如无形资产等相对较少。

这样简化公式，也有利于企业分析主要资产的构成，再根据这些主要资产周转率分析总资产周转率，从而改善企业的营运能力。

以上对于总资产周转率的因素分析方法，是分析一般企业问题的一种思维方式。幸福的家庭家家相似，不幸的家庭各有各的不同，企业的情况也类似。每家营运能力需要改善的企业，可能同以上的主要资产结构不同，但仍然适用以上的方法。例如，某家无形资产比较多的高新技术企业，只需将主要资产构成进行因素修改即可。

对于以上的思维方式，可能有人会提出质疑：上面的公式仅列出了主要资产，但没有看到主要资产周转率是怎么影响总资产周转率的。接下来再分别推导一下，主要资产影响总资产周转率的公式。

$$总资产周转率 = \frac{销售收入净额}{总资产平均余额}$$

$$总资产周转率 = \frac{销售收入净额}{固定资产平均余额} \times \frac{固定资产平均余额}{总资产平均余额}$$

$$总资产周转率 = 固定资产周转率 \times 固定资产占总资产比重$$

从这个公式可以看出，总资产周转率既受固定资产周转率的影响，又受固定资产比重的影响。如果固定资产比重较大，说明固定资产的绝对值也较多，但利用较多的固定资产必须产生足够多的销售收入，企业总资产周转率才会提高；如果固定资产较多而产生的销售收入较低，也会造成总资产周转率的降低。

如果从流动资产的角度来考虑，公式的推导类似。

$$总资产周转率 = \frac{销售收入净额}{流动资产平均余额} \times \frac{流动资产平均余额}{总资产平均余额}$$

$$总资产周转率 = 流动资产周转率 \times 流动资产占总资产比重$$

如果将流动资产周转率进行分解，用应收账款周转率来表示总资产周转率关系如下。

$$总资产周转率 = \frac{销售收入净额}{流动资产平均余额} \times \frac{流动资产平均余额}{总资产平均余额}$$

$$总资产周转率 = \frac{销售收入净额}{应收账款平均余额} \times \frac{应收账款平均余额}{流动资产平均余额} \times \frac{流动资产平均余额}{总资产平均余额}$$

= 应收账款周转率 × 应收账款占流动资产比重 × 流动资产占总资产比重

从以上公式可以看出，总资产周转率受应收账款周转率的影响，也受应收账款占流动资产比重的影响，还受流动资产占总资产比重的影响。当然，这个公式与受两个因素影响并无实质性差异，但对考虑问题的思维有好处，有利于开拓思维。

如果上面的公式换成从存货的角度来考虑，推导公式会有些差异，因为存货周转率是利用销售成本来计算的，公式推导如下。

$$总资产周转率 = \frac{销售收入净额}{总资产平均余额}$$

$$总资产周转率 = \frac{销售收入净额}{销售成本} \times \frac{销售成本}{存货平均余额} \times \frac{存货平均余额}{总资产平均余额}$$

$$总资产周转率 = \frac{销售成本 + 销售毛利}{销售成本} \times \frac{销售成本}{存货平均余额} \times \frac{存货平均余额}{总资产平均余额}$$

总资产周转率 =（1 + 成本毛利率）× 存货周转率 × 存货占总资产比重

以上公式的一步步乘积约简，最终仅剩余第一个因式的分子，以及最后一个因式的分母，有利于在中间增加相关因素，将总资产周转率分解成各个影响因素。

再从权益乘数角度来看，如果净资产收益率的下降是由于总资产周转率下降引起的，则需要进一步分析是不是没有较大程度利用负债经营，也就是没有利用好财务杠杆引起的。

$$权益乘数 = \frac{1}{1 - 资产负债率}$$

资产负债率代表企业负债经营的程度，如果企业经营资产中绝大多数来源于负债，如资产负债率为 75%，则权益乘数则会增大到 4 倍。图 12.1 中的权益乘数由 2.15 倍增大到 4 倍时，在其他条件不变的情况下，对净资产收益率的影响程度，如图 12.2 所示。

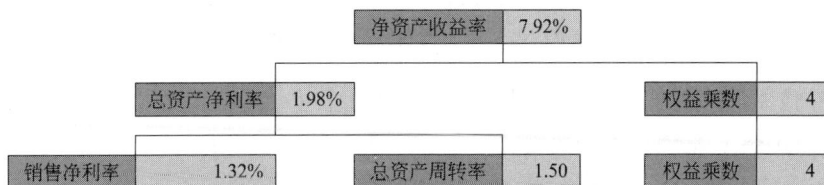

图 12.2　权益乘数增大的杜邦三因素分析体系

如图 12.2 所示，权益乘数由 2.15 倍增大到 4 倍时，净资产收益率由 4.25% 提高到 7.92%，这说明权益乘数增大会提高净资产收益率。这个结论是基于其他条件不变的情况。但这个假设是否真能成立，需要综合考虑，并不是在任何情况下增大权益乘数都能提高净资产收益率，而要遵循以下原理。

如果利用财务杠杆所筹集资金的负债代价小于总资产净利率（如总资产净利率大于借款利率），那么借款所筹集的资金产生的净利润大于借款利息，这说明企业不仅可以偿还利息，还可以增加净资产，并增大了净资产收益率，因此，未来适宜加大财务杠杆。

如果总资产净利率小于借款利率，那么借款所筹集的资金产生的净利润小于借款利息，说明未来盈利不足以偿还利息，会牺牲掉一部分净资产偿还利息，这会降低净资产收益率，未来不适宜加大财务杠杆。

利用杜邦 3 因素分析体系的乘法关系时，要注意总资产净利率大于负债筹资利率这个前提，在这个前提下才适宜加大权益乘数，加大财务杠杆，从而提高净资产收益率。

综上所述，杜邦分析体系是从具体因素分解的角度，阐述指标间关系的，如图 12.3 所示。

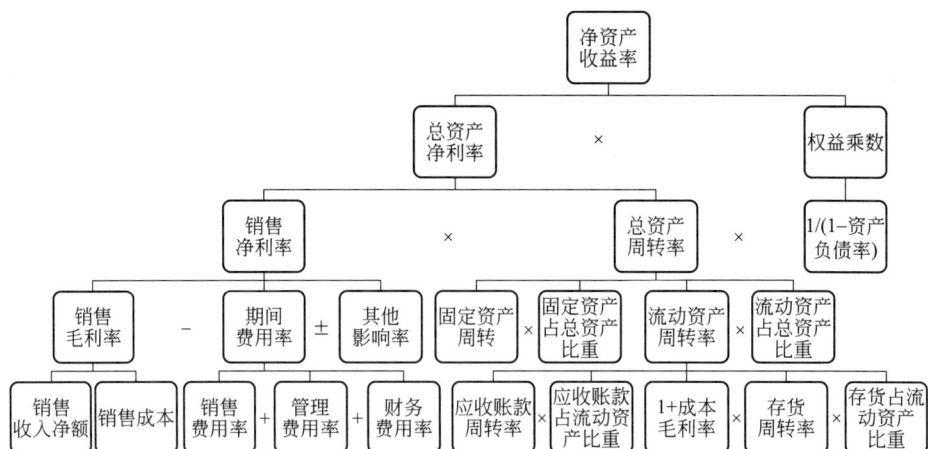

图 12.3　杜邦分析体系综合指标

图 12.3 中，净资产收益率是杜邦分析体系的核心指标，是最具有综合性和代表性的财务比率。通过以上的因素分解，可以在找出原因后进行改善。如果需要继续查找原因，可以对诸因素再进一步分解，如销售费用，可以进一步分解为提成、运费、差旅费、业务招待费等更细化的因素。

12.1.5　建立因素分析法与杜邦分析体系的结合分析体系

杜邦分析体系的核心指标净资产收益率，除了按以上分析方法进行分析之外，还可以利用因素分析法进行分析，分析每个影响因素对这个核心指标的影响程度有多大。

因素分析法有两种计算方法，一种是连环替代法，另一种是差额分析法。

下面通过举例来看一下如何利用因素分析法来分析净资产收益率相关因素的影响程度。

【例 12-1】某企业财务比率资料如表 12.1 所示。

表 12.1　财务比率资料

项目	2016 年	2017 年	增减
净资产收益率（F）	15.36%	14.43%	-0.93%
总资产收益率	9.66%	8.39%	-1.27%
销售净利率（A）	11.53%	12.07%	0.54%
总资产周转率（B）	0.838	0.695	-0.143
权益乘数（C）	1.59	1.72	0.13

连环替代法，就是按照因式对各个因素依次替代，利用每个因素替代后的数值与替代前数值的差值来表示该因素的影响程度。

将表 12.1 中的销售净利率设为 A 因素，总资产周转率设为 B 因素，权益乘数设为 C 因素，净资产收益率设为 F，则连环替代的关系因式如下。

$$F_{2016} = A_0 \times B_0 \times C_0$$

$$F_1 = A_1 \times B_0 \times C_0$$

$$F_2 = A_1 \times B_1 \times C_0$$

$$F_{2017} = A_1 \times B_1 \times C_1$$

各个因素影响程度的计算公式如下。

$$A\text{因素影响} = F_1 - F_{2016}$$

$$B\text{因素影响} = F_2 - F_1$$

$$C\text{因素影响} = F_{2017} - F_2$$

将表 12.1 中 2016 年、2017 年的相应数据代入公式，计算结果如下。

$$F_{2016} = 11.53\% \times 0.838 \times 1.59 = 15.36\%$$

$$F_1 = 12.07\% \times 0.838 \times 1.59 = 16.08\%$$

$$F_2 = 12.07\% \times 0.695 \times 1.59 = 13.34\%$$

$$F_{2017} = 12.07\% \times 0.695 \times 1.72 = 14.43\%$$

$$A \text{因素影响} = F_1 - F_{2016} = 16.08\% - 15.36\% = 0.72\%$$

$$B \text{因素影响} = F_2 - F_1 = 13.34\% - 16.08\% = -2.74\%$$

$$C \text{因素影响} = F_{2017} - F_2 = 14.43\% - 13.34\% = 1.09\%$$

$$\text{合计影响} = 0.72\% - 2.74\% + 1.09\% = -0.93\%$$

从连环替代法计算结果可见，B 因素即总资产周转率影响最大，使净资产收益率下降了 2.74%，是公司需要重点解决的因素。除了净资产周转率造成了负面影响外，销售净利率和权益乘数对净资产收益率的影响是积极的。

如果采用差额分析法，应如何计算？先来推导差异分析法公式。

$$F_{2016} = A_0 \times B_0 \times C_0$$

$$F_1 = A_1 \times B_0 \times C_0$$

$$F_2 = A_1 \times B_1 \times C_0$$

$$F_{2017} = A_1 \times B_1 \times C_1$$

$$A \text{因素影响} = F_1 - F_{2016} = A_1 \times B_0 \times C_0 - A_0 \times B_0 \times C_0 = (A_1 - A_0) \times B_0 \times C_0$$

$$B \text{因素影响} = F_2 - F_1 = A_1 \times B_1 \times C_0 - A_1 \times B_0 \times C_0 = A_1 \times (B_1 - B_0) \times C_0$$

$$C \text{因素影响} = F_{2017} - F_2 = A_1 \times B_1 \times C_1 - A_1 \times B_1 \times C_0 = A_1 \times B_1 \times (C_1 - C_0)$$

从以上推导结果可以看清每个因素是如何替代的。替代顺序应依次进行，按 A、B、C 的因素顺序依次进行替代，这个顺序是不可颠倒的；否则，影响程度会不同。同时，当替代某个因素时，未替代的因素保持不变，已经替代过的因素保持替代后不变。

将表 12.1 中 2016 年、2017 年的相应数据代入公式，差额分析法的计算结果如下。

$$A \text{因素影响} = (A_1 - A_0) \times B_0 \times C_0 = (12.07\% - 11.53\%) \times 0.838 \times 1.59 = 0.72\%$$

$$B \text{因素影响} = A_1 \times (B_1 - B_0) \times C_0 = 12.07\% \times (0.695 - 0.838) \times 1.59 = -2.74\%$$

$$C \text{因素影响} = A_1 \times B_1 \times (C_1 - C_0) = 12.07\% \times 0.695 \times (1.72 - 1.59) = 1.09\%$$

12.2 阶段性经营周期的分析评价

第 1 章介绍过经营周期，我们先来重温一下经营周期分阶段示意图，如图 12.4 所示。

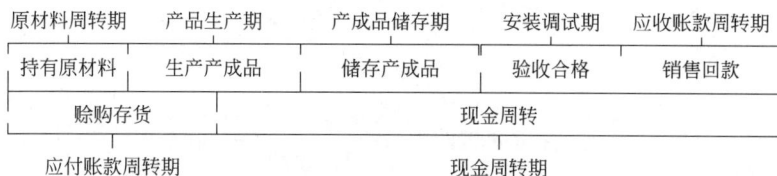

原材料周转期	产品生产期	产成品储存期	安装调试期	应收账款周转期
持有原材料	生产产成品	储存产成品	验收合格	销售回款

赊购存货	现金周转

应付账款周转期   现金周转期

图 12.4 经营周期分阶段示意

经过成本管理会计各个章节的学习，已经对经营周期的各个阶段有了新的认识。接下来逐一讲述如何计算经营周期各个阶段的周转期，以及如何分析理解。

12.2.1 存货周转期计算分析

在杜邦分析体系中，讲述了存货周转率的计算公式。

$$存货周转率 = \frac{销售成本}{存货平均余额}$$

存货周转期，又称为存货周转天数，代表存货周转一次需要的时间天数。如果存货一年（按 360 天计算）周转 3 次，那么周转一次需要 120 天，计算如下。

$$存货周转一次需要的天数 = 360/3 = 120（天）$$

那么，存货周转期计算公式如下。

$$存货周转期 = \frac{期间天数}{存货周转率}$$

成本管理会计对计算分析的及时性要求高，有时需要按半年度或季度进行存货周转期的计算。

无论按哪个期间天数来进行计算，分子与分母的口径一定要保持一致。期间天数按半年计算，那么存货周转率也要按半年周转的次数来计算；如果半年 180 天周转 1.5 次，那么，周转一次需要 180/1.5 = 120（天）。

接下来，将存货周转率公式代入存货周转期的公式中，再变形演变如下。

$$存货周转期 = \frac{期间天数}{存货周转率}$$

$$存货周转期 = \frac{期间天数}{\dfrac{销售成本}{存货平均余额}}$$

$$存货周转期 = \frac{存货平均余额}{\dfrac{销售成本}{期间天数}}$$

$$存货周转期 = \frac{存货平均余额}{每天销售成本}$$

企业持有存货的目的是出售，企业减少存货的方法也是出售，故这个公式可以理解为企业平均库存按每天销售存货的速度进行销售，多少天可以销售出去，这样计算得出的天数就是存货周转期。

接下来，计算分析存货周转期的各个阶段。

1. 原材料周转期计算分析

如果按存货周转率的分母转化成分子的思想，原材料领用到生产现场，转化成生产成本的直接材料成本，则原材料周转率的计算公式如下。

$$原材料周转率 = \frac{期间直接材料成本}{原材料平均余额}$$

如果平均原材料占用按每天生产领用的速度，多少天可以领用到生产现场上去？利用这个原理思想，原材料周转期公式表示如下。

$$原材料周转期 = \frac{原材料平均余额}{每天直接材料生产成本} = \frac{原材料平均余额}{\dfrac{期间直接材料生产成本}{期间天数}}$$

2. 产品生产期计算分析

如果按存货周转率的分母转化成分子的思想，在产品转化成产成品，产品生产周转率的计算公式如下。

$$产品生产周转率 = \frac{期间入库产成品成本}{在产品平均余额}$$

如果平均在产品资金占用按每天生产成品入库的速度，多少天可以生产完？利用这个原理，产品生产期公式表示如下。

$$产品生产期 = \frac{在产品平均余额}{每天入库产成品成本} = \frac{在产品平均余额}{\dfrac{期间入库产成品成本}{期间天数}}$$

3. 产品储存期计算分析

如果按存货周转率的分母转化成分子的思想，库存产成品转化成销售成本，产品储存周转率的计算公式如下。

$$产品储存周转率 = \frac{销售成本}{产成品平均余额}$$

如果平均产成品资金占用按每天销售给客户的速度，多少天可以销售完？利用这个原理，产品储存期公式表示如下。

$$产品储存期 = \frac{产成品平均余额}{每天销售成本} = \frac{产成品平均余额}{\dfrac{期间销售成本}{期间天数}}$$

图 12.4 中，存货周转期可划分为几个阶段，每个阶段的周期按上述思想可根据公式计算出来。但有一个问题，以上各阶段的周期相加是否同存货周转期相等，是否存在周期叠加？下面通过举例介绍。

【例 12-2】某企业三阶段存货周转期资料如表 12.2 所示。

表 12.2　三阶段存货周转期表资料

项目	存货				当年成本						备注
	原材料（万元）	在产品（万元）	产成品（万元）	合计（万元）	直接材料（万元）	直接人工（万元）	制造费用（万元）	当期投入合计（万元）	产品入库成本（万元）	销售成本（万元）	
年初	100	50	200	350							
增加	300	270	280	850	200	50	20	270	280	380	
减少	200	280	380	860							
年末	200	40	100	340							
平均存货	150	45	150	345							

周转期计算	名称	周转期（天）
	原材料周转期	270
	产品生产期	58
	产品储存期	142
	小计	470
	存货周转期	327

如表 12.2 所示，原材料周转期、产品生产期、产品储存期合计 470 天，远大于单独计算的存货周转期 327 天。可见，3 阶段周转期合计并不等于单独计算的存货周转期，但这并不影响分析的作用或意义。

表 12.2 中的 3 阶段周转期合计大于单独计算的存货周转期，主要是原材料周转期太长造成的。原材料本期购入 300 万元，但生产领用 200 万元相对较少，致使年末结存原材料 200 万元相对较多。对表 12.2 中的原材料周转期进行改善，改善后的效果如表 12.3 所示。

表 12.3　原材料改善存货周转期资料

项目	存货				当年成本						备注
	原材料（万元）	在产品（万元）	产成品（万元）	合计（万元）	直接材料（万元）	直接人工（万元）	制造费用（万元）	当期投入合计（万元）	产品入库成本（万元）	销售成本（万元）	
年初	100	50	200	350							
增加	300	420	280	1 000	350	50	20	420	280	380	
减少	350	280	380	1 010							
年末	50	190	100	340							
平均存货	75	120	150	345							
周转期计算	名称									周转期（天）	
	原材料周转期									77	
	产品生产期									154	
	产品储存期									142	
	小计									373	
	存货周转期									327	

如表 12.3 所示，原材料生产领用 350 万元，致使年末结存原材料 50 万元，比表 12.2 所示的原材料年末结存减少了 150 万元；原材料周转期缩减到 77 天；3 阶段周转期合计 373 天，比表 12.2 所示的 470 天减少了 97 天，原材料周转期得到了改善。

如表 12.3 所示，原材料领用增加，在生产的产成品并未增加的情况下，在产品的年末结存余额在增加，所以产品生产期增加到 154 天。生产周期在变长，因总的存货余额未变、销售成本未变，所以存货周转期并未改变。在表 12.3 的基础上对产品生产期进行改善，改善后的效果如表 12.4 所示。

表 12.4 在产品改善存货周转期资料

项目	存货				当年成本						备注
	原材料（万元）	在产品（万元）	产成品（万元）	合计（万元）	直接材料（万元）	直接人工（万元）	制造费用（万元）	当期投入合计（万元）	产品入库成本（万元）	销售成本（万元）	
年初	100	50	200	350							
增加	300	420	450	1 170	350	50	20	420	450	380	
减少	350	450	380	1 180							
年末	50	20	270	340							
平均存货	75	35	235	345							
周转期计算	名称									周转期（天）	
	原材料周转期									77	
	产品生产期									28	
	产品储存期									223	
	小计									328	
	存货周转期									327	

如表 12.4 所示，在产品年末结存减少 170 万元并转化成产成品的情况下，产品生产期由 154 天减少到 28 天，3 阶段周转期合计减少到 328 天。因总的存货余额未变、销售成本未变，所以存货周转期未变，仍为 327 天，还与 328 天已经非常接近了。这说明原材料、在产品的库存减少，有利于 3 阶段周转期向存货周期靠近。

如果想缩减存货周转期，只能让最终的库存产成品转变成销售成本，如表 12.5 所示。

表 12.5 产成品改善存货周转期资料

项目	存货				当年成本						备注
	原材料（万元）	在产品（万元）	产成品（万元）	合计（万元）	直接材料（万元）	直接人工（万元）	制造费用（万元）	当期投入合计（万元）	产品入库成本（万元）	销售成本（万元）	
年初	100	50	200	350							
增加	300	420	450	1170	350	50	20	420	450	600	
减少	350	450	600	1400							
年末	50	20	50	120							
平均存货	75	35	125	235							

	名称	周转期（天）
周转期 计算	原材料周转期	77
	产品生产期	28
	产品储存期	75
	小计	180
	存货周转期	141

如表 12.5 所示，年末产成品在减少 220 万元的情况下，产品储存期由 223 天减少到 75 天，存货周转期也由 327 天减少到 141 天。由此可见，从最终的改善效果来看，只有加快原材料领用、在产品的生产，同时必须有效地加快销售产成品，才能加快存货周转速度。

再回到 3 阶段周转期合计与存货周转期之间的差异上，虽然表 12.4 显示两者仅相差 1 天，但按以上所述的方法计算的 3 阶段周转期合计与存货周转期之间仍存在差异。

如果以与存货周转期的分母相同口径来计算 3 阶段周转期合计，则 3 阶段周转期的计算公式如下。

$$原材料周转期 = \frac{原材料平均余额}{每天销售成本} = \frac{原材料平均余额}{\dfrac{期间销售成本}{期间天数}}$$

$$产品生产期 = \frac{在产品平均余额}{每天销售成本} = \frac{在产品平均余额}{\dfrac{期间销售成本}{期间天数}}$$

$$产品储存期 = \frac{产成品平均余额}{每天销售成本} = \frac{产成品平均余额}{\dfrac{期间销售成本}{期间天数}}$$

如果按这 3 个公式计算 3 阶段周转期合计，能够保证 3 阶段周转期合计与存货周转期相等，如表 12.6 所示。

表 12.6　3 阶段周转期合计与存货周转期相等

项目	存货				当年成本						备注
	原材料 （万元）	在产品 （万元）	产成品 （万元）	合计 （万元）	直接 材料 （万元）	直接 人工 （万元）	制造 费用 （万元）	当期投 入合计 （万元）	产品入 库成本 （万元）	销售 成本 （万元）	
年初	100	50	200	350							

续表

项目	存货				当年成本						备注
	原材料（万元）	在产品（万元）	产成品（万元）	合计（万元）	直接材料（万元）	直接人工（万元）	制造费用（万元）	当期投入合计（万元）	产品入库成本（万元）	销售成本（万元）	
增加	300	270	280	850	200	50	20	270	280	380	
减少	200	280	380	860							
年末	200	40	100	340							
平均存货	150	45	150	345							
周转期计算	名称									周转期（天）	
	原材料周转期									142	
	产品生产期									43	
	产品储存期									142	
	小计									327	
	存货周转期									327	

如表 12.6 所示，原材料周转期、产品生产期、产品储存期这 3 阶段周转期合计 327 天，与存货周转期相等。从数据之间的勾稽关系来看，两者做到了相等。

但依据这种方法计算的 3 阶段周转期长短，实际与每个阶段的平均存货余额有关。这种 3 阶段周转期变成了按每个阶段的平均存货余额的比例关系来分配存货周转期，分析 3 阶段周转期变成了分析每阶段存货金额多少，意义不大。因此，笔者还是赞同最先介绍的 3 阶段周转期的计算方法。

以上的举例是假设企业没有安装验收期的情况，如果企业存在安装验收期，主要有两种做法：一是采用记录时间节点的方式记录每个项目或产品的安装验收期；二是将安装验收期间看成库存还没有出会计账的角度进行计算，将产品储存期延长到安装验收期结束。

12.2.2 应收账款周转期计算分析

应收账款周转期的计算原理与含义，与存货周转期类似，故不再推导，计算公式如下。

$$应收账款周转期 = \frac{应收账款平均余额}{每天销售收入净额} = \frac{应收账款平均余额}{\dfrac{期间销售收入净额}{期间天数}}$$

12.2.3 应付账款周转期计算分析

$$应付账款周转率 = \frac{赊购成本}{应付账款平均余额}$$

应付账款周转率的计算原理，与应收账款类似。赊购原材料成本反映了一段时间的成本累计概念，而应付账款反映了某个时点应付账款截至期末的余额概念。

应付账款周转率越大，说明应付账款周转次数越多，周转越快，资金的压力越大。反之，应付账款周转率越小，说明应付账款周转次数越少，周转越慢，企业付款的资金压力越小。但应注意应付账款周转率变小也要在正常范围内，如果资金不足导致应付账款逾期不能支付，应付账款周转率太小，说明企业可能还有破产的风险。

$$应付账款周转期 = \frac{应付账款平均余额}{每天赊购成本} = \frac{应付账款平均余额}{\dfrac{期间赊购成本}{期间天数}}$$

关于赊购成本，从管理会计的角度来看，内部经营管理者获取这个数据比较容易，可以使用以上计算公式。但对于外部信息使用者来说，获取赊购成本比较困难。因此，从财务会计的角度，外部信息使用者经常使用销售成本来代替赊购成本。

利用销售成本计算的应付账款周转率及周转期的公式如下。

$$应付账款周转率 = \frac{销售成本}{应付账款平均余额}$$

$$应付账款周转期 = \frac{应付账款平均余额}{每天销售成本} = \frac{应付账款平均余额}{\dfrac{期间销售成本}{期间天数}}$$

从财务会计与管理会计两个角度的计算公式来看，管理会计利用赊购原材料成本更为合理，计算结果也更为准确；而财务会计利用销售成本，销售成本来源于产品的完全生产成本，完全生产成本不但包含采购原材料的直接成本，还包括直接人工和制造费用。可见，销售成本的内容构成与应付账款的口径不同，财务会计计算的合理性与准确性不如管理会计。

外部信息使用者如果一直使用销售成本来计算应付账款周转期，则同一家企业的年度之间仍然是可比的，仍可通过此财务比率来分析判断。

$$应付账款周转率 = \frac{赊购成本}{应付账款平均余额}$$

$$应付账款周转率 = \frac{赊购成本}{销售成本} \times \frac{销售成本}{应付账款平均余额}$$

经过变形的公式，可以看出管理会计与财务会计的应付账款周转率之间的差别，相差系数为赊购成本 / 销售成本，具体表现如下。

$$管理会计应付账款周转率 = \frac{赊购成本}{销售成本} \times \frac{销售成本}{应付账款平均余额}$$

$$管理会计应付账款周转率 = \frac{赊购成本}{销售成本} \times 财务会计应付账款周转率$$

管理会计与财务会计应付账款周转率计算结果不同，从上面的公式可以看出，财务会计应付账款周转率要大于管理会计应付账款周转率，财务会计应付账款周转期要小于管理会计应付账款周转期。

12.2.4　现金周转期计算分析

现金周转期的计算原理，与存货、应收账款、应付账款周转期的计算原理不同。

现金周转期不适合正向的直接计算，而需要通过与存货、应收账款、应付账款周转期之间的关系来倒推计算。

现金周转期 = 存货周转期 + 应收账款周转期 - 应付账款周转期 = 经营周期 - 应付账款周转期。

例如，某企业的存货周转期为 60 天，应收账款周转期为 90 天，应付账款周转期为 30 天，则现金周转期 = 60 + 90-30 = 120（天）。

现金周转期代表现金周转一次所需要的时间，周转一次需要的时间越短，说明现金占用越少，现金周转效率越高。缩短现金周转期，是每家企业所追求的目标，缩短现金周转期手段可以通过前面公式所关联的存货、应收账款、应付账款周转期来解决。

现金周转运营的效率还可以通过现金周转率来表示。对于现金周转率这个财务比率，通常是先计算得出现金周转期，再通过现金周转期来计算现金周转率，公式如下。

$$现金周转率 = \frac{期间天数}{现金周转期}$$

$$现金周转率 = \frac{期间天数}{存货周转期 + 应收账款周转期 - 应付账款周转期}$$

现金周转率公式的计算含义：一段期间的天数除以现金每周转一次需要的天数，得到现金在这段时间内周转的次数。

例如，某企业的存货周转期为 60 天，应收账款周转期为 90 天，应付账款周转期为 30 天，则现金周转期为 120 天。如果一年按 360 天计算，则一年内现金周转率 = 360/120 = 3（次）。

12.3　设计平衡计分卡评价体系

杜邦分析体系主要是从财务角度对企业经营业绩进行评价。投资者对法人主体的经营管理者进行业绩评价时，往往不会管控得特别细，通常以结果为导向从财务角度进行业绩评价考核。

法人主体的经营管理者要想完成投资者的评价考核要求，除了要将企业财务结果目标分解给下属经营管理者之外，还要对下属经营管理者的经营过程进行约束考核。

平衡计分卡正是基于这种思想，试图通过财务、客户、内部流程与创新、学习与成长全方位的管理过程及结果评价，来激发管理绩效，实现企业战略目标。

关于平衡计分卡每个维度的评价指标，如表 12.7 所示。

表 12.7　平衡计分卡指标

维度	核心指标	其他指标
财务	净资产收益率	销售净利率、投资报酬率、经济增加值
顾客	客户满意度、从客户处获得的利润	送货及时率、客户忠诚度、老客户保有率、新客户开发率、市场份额、回款率
内部流程与创新	经营周期、一次性产出合格率、新产品的收入比重	生产质量、服务质量、安装质量、废品率、产品返修率、非计划内的机器设备停工时间、原材料标准齐套率、产品生产及时率、产品合格率、一次性产出合格率、存货周转期、原材料周转期、产品生产期、产品储存期、安装调试期、应收账款周转期、应付账款周转期、现金周转期、新产品的引入、新产品的收入比重、专利产品的收入比重、研发投入费用占销售收入的比率、研发费用回收期、管理方法创新、人事激励制度创新
学习与成长	人均销售收入增长率、人均利润增长率	员工满意度、年人均培训时间达成率、员工保持率、人均销售收入、销售增长率

12.3.1　设计财务层面的衡量指标

财务层面的衡量指标，主要体现的是从财务结果角度应向投资者或股东展示什么业绩。

基于这种设计思想，财务层面衡量的核心指标应是净资产收益率，以便向投资者展示利用所有者的净资产进行经营获得的收益有多少。

此外，还可通过营业利润、投资报酬率、EVA（Economic Value Added，经济增加值）、现金流量来进行业绩评价。

关于 EVA，将在"12.4　EVA 价值管理评价体系"中进行讲述。

在企业的不同时期，财务层面衡量各个指标的重要性程度并不相同。

举例如下。

初创期：销售增长率、现金流量通常比其他指标更重要。

成长期：销售增长率、销售净利率、投资报酬率通常比其他指标更重要。

成熟期：销售净利率、投资报酬率、现金流量通常比其他指标更重要。

衰退期：现金流量通常比其他指标更重要。

注意，销售增长率应在学习与成长维度体现。

在设计衡量指标时，要注意企业在不同时期可能会选用不同的指标。

12.3.2　设计客户层面的衡量指标

客户层面的衡量指标，主要体现的是应向客户展示什么，同时，能从客户处获得什么。

经营管理者向客户展示什么，贡献什么？如果能为客户付出多一点，贡献多一点，客户对企业的回报也会随之而来，这正是付出与回报原理的应用。

从付出的角度来讲，客户层面的衡量指标主要包括送货及时率、客户满意度、新客户的拜访频率等。

从回报的角度来讲，客户层面的衡量指标主要包括客户忠诚度、老客户保有率、新客户开发率、市场份额、从客户处获得的利润等。

通过对客户的付出，企业可能在市场上获得利润、获得现金流，实现企业价值的增值，实现企业的经营目标。

客户层面衡量的核心指标，主要为客户满意度、从客户处获得的利润，这也是付出与回报的重要体现。

接下来，看一下客户层面的一些衡量指标。

（1）送货及时率指及时送货的批次数占送货总批次数的比率。送货及时率反映了与客户协议规定的时间送货的及时程度，是影响客户满意度的一个重要方面。

（2）客户满意度是反映客户对供应商的产品、服务等满意与否的指标，客户满意度越高，代表客户对企业的产品越满意，后期再度购买的可能性也越大。但也要注意如何能够获得客户的真实评价，同时，注意参与评价的客户是否是决定购买的关键人员，否则，该指标会失去意义。

（3）新客户拜访频率反映了企业多长时间需要拜访一次客户。企业可根据上门拜访、电话拜访等不同方式，设置拜访频率。同时，还要考虑新客户的重要程度、订单成交的可能性，设置不同的拜访频率。

（4）客户忠诚度指客户对企业的黏性，对企业的偏好及信赖。客户忠诚度体现为当企业没有特别大的变化时，客户会重复购买企业的产品。企业可从客户持续购买的时间长度及购买频率等衡量客户忠诚程度。如果持续购买的时间越长，购买的频率越高，说明客户对企业越忠诚。

（5）老客户保有率指当年交易的老客户数占年初客户数的比率。如果比率较低，说明老客户流失较多。老客户保有率是客户忠诚度的一个重要表现。

（6）新客户开发率指一定期间内成功交易的新客户占全部有意向客户的比率。新客户开发率反映了企业在开发新客户方面的能力。但也要注意不要过分追求高开发率，因为如果意向客户太少，可能会造成开发成功率较高，这可能是企业对客户的信息收集能力较差造成的。企业要在一定的客户信息源的基础上判断新客户开发率。

（7）回款率指企业本期收到客户的货款占本期含税销售额的比率。回款率越高，代表企业的回款状况越好。但也要注意特别大订单的预收或应收对本期回款率的不正常影响；如果有特别大的订单影响，可将其剔除后再计算回款率。

（8）市场份额可用相对数或绝对数表示。用相对数表示的市场份额是指在有行业全部销售额数据的情况下，企业销售额占行业全部销售额的比率。当不知道市场份额的相对数时，可采用营业收入绝对值来考核，绝对值增大，代表市场份额在增长。

（9）从客户处获得的利润可以分客户进行反映。例如，客户 A 的销售收入、销售成本、直接销售费用、分摊的期间费用。这种管理报表的反映，有利于评价企业对客户 A 的管理效果，有利于企业对客户 A 的责任人进行业绩评价。

12.3.3　设计内部流程与创新层面的衡量指标

内部流程与创新层面的衡量指标，一方面是内部流程方向衡量指标，另一方面是创新方向衡量指标。

无论是内部流程方向，还是创新方向，衡量指标主要体现的都是企业内部业务的管理效率及效果如何，应该在哪些业务中处于领先，未来应该在哪些方面进行研发创新，以便保持持续竞争力。

内部流程方面的衡量指标主要有生产质量、服务质量、安装质量、废品率、产品返修率、非计划内的机器设备停工时间、原材料标准齐套率、产品生产及时率、产品合格率、一次性产出合格率、存货周转期、原材料周转期、产品生产期、产品储存期、安装调试期、应收账款周转期、应付账款周转期、现金周转期等。

内部流程方面衡量的核心指标主要为经营周期、一次性产出合格率。

内部流程方面的衡量指标与分阶段经营周期评价体系中的营运周转时间有关，可以同那部分内容结合进行分析评价。

创新方面的衡量指标主要有新产品的引入、新产品的收入比重、专利产品的收入比重、研发投入费用占销售收入的比率、研发费用回收期、管理方法创新、人事激励制度创新等。

创新方面衡量的核心指标主要为新产品的收入比重。

无论是中小企业，还是世界五百强企业，即使是世界上行业最领先的企业，如果不重视创新，也可能带来毁灭性的灾难。例如，手机行业里，大家比较熟知的爱立信、摩托罗拉，以及当时无人相信会遭遇灭顶之灾的诺基亚。如果战略大方向上的创新力不足，没有跟上行业的发展，可能因缺乏创新而失败。

创新，并非仅仅是新产品、新技术、新工艺方面的前所未有的创新。其实，创新也是一点一滴新想法的积累，在积累的基础上升华。创新也包括制度创新、管理方法创新、人事劳资激励等方面的创新。

对于创新的认识与理解，要有开拓性思维、发散性思考。如果思想不解放，也很难收获创新。

12.3.4　设计学习与成长层面的衡量指标

学习与成长层面的衡量指标，主要体现的是企业的人才储备、学习培训、员工技能等方面怎样取得进步与发展。

学习与成长层面的衡量指标，主要有员工满意度、年人均培训时间达成率、员工保持率、人均销售收入增长率、人均利润增长率、销售增长率等指标。

学习与成长层面衡量的核心指标主要为人均销售收入增长率、人均利润增长率。

下面主要介绍员工满意度、年人均培训时间达成率和人均销售收入增长率。

（1）员工满意度。企业可以通过员工评价来反映对企业的满意程度。员工满意度可通过满意的员工数量占评价员工总数量的比率，或按员工打分的分数进行评价。

（2）年人均培训时间达成率。年人均培训时间包含企业内训（岗前培训，在岗培训）和企业外训两个方面。

$$年人均培训时间 = \frac{年度培训总小时数}{年度平均在岗人数}$$

年度培训总小时数为当年度所有培训小时数之和。

例如，某培训 8 人参加，培训时长为 2 小时，则该培训总时数为 16 小时。

$$年度平均在岗人数 = \frac{\dfrac{年初在岗人数 + 年末在岗人数}{2} + \sum_{i=1}^{11}第 i 月末在岗人数}{12}$$

（3）人均销售收入增长率。

人均销售收入增长率 =（本期人均销售收入 – 上期人均销售收入）÷ 上期人均销售收入

其中：人均销售收入衡量员工效率的指标，使用这个指标进行衡量的效果也较好。随着中国人工成本的大幅增长，如果不能将人均销售收入提高到一定的水平，则企业往往是亏损的。这个指标的使用中，往往需要衡量评价主体的全部人员的人均销售收入。

关于平衡计分卡体系，与绩效考核方案之间的联系也表现在为绩效考核方案提供了绩效考核指标。

关于通过平衡计分卡为绩效考核方案提供指标，也可以借鉴一下实务做法。

最后，来看一下企业长短期战略目标与平衡计分卡 4 个层面之间的关系。

平衡计分卡的 4 个层面相互联系：客户是实现战略目标的关键，内部流程与创新是实现战略目标的基础，学习与成长是实现战略目标的推动，财务是实现战略目标的最终目标与结果。

可见，除了做好这 4 个层面之间的衔接配合外，还需要做好这 4 个层面与战略目标的分解与承接，如图 12.5 所示。

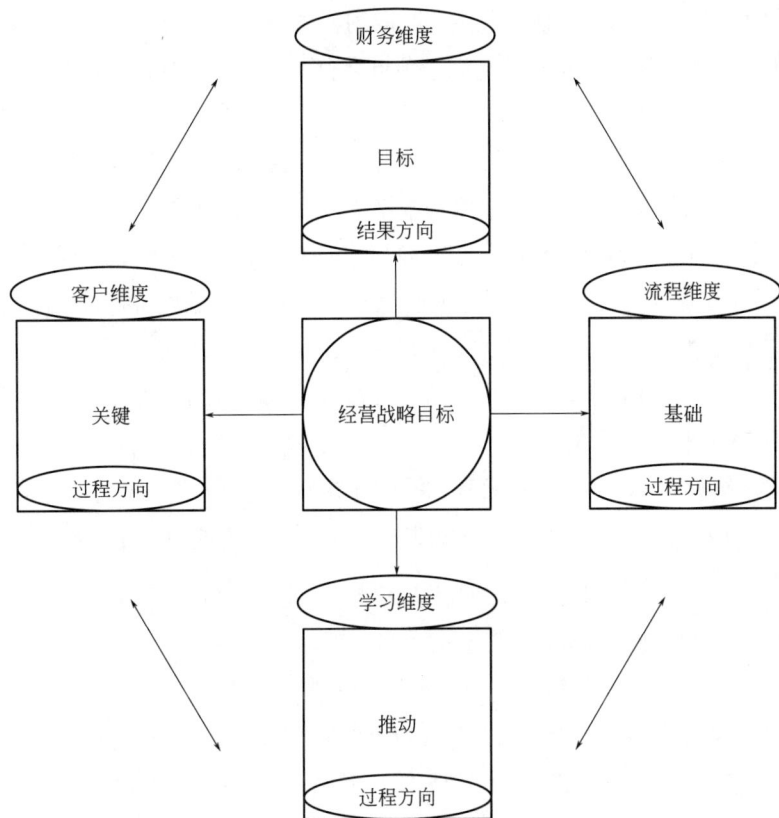

图 12.5　平衡计分卡维度

12.4　EVA 价值管理评价体系

EVA 业绩评价指标的提出是财务评价思想的一次创新，这次创新为何能在许多大型企业，如可口可乐、索尼等公司中得以应用？因为它是将企业利润与所有者利润分别看待的。

所有者在现代大型企业中，往往并不是企业的经营管理者，企业往往是由职业经理人经营。那么，所有者怎样来看待经营管理者的业绩，如何对经营管理者的业绩进行合理的衡量，与 EVA 的引入很有契合度。

12.4.1　EVA 价值管理原理

先从企业的角度来看待企业利润。企业股东将资本投入企业，资本就成为企业的实收资本。所以，企业利用已收到的资本进行经营，认为资本是没有代价的，因而将企业净利润理所当然地认为是企业赚取的利润。

如果从所有者的角度来看待利润，观点会有所差别。所有者将资本投入企业，就失去了投资其他企业或市场的机会，因此，所有者认为其投入企业的资本是有机会成本的，是牺牲了机会成本才投入企业的。如果企业赚取的净利润不如机会成本，那么所有者认为得不偿失，还不如将资本投资其他渠道而获利。

因此，所有者认为企业利润应该在净利润的基础上再减去所有者权益对应的机会成本。如果这样计算还有盈利，才是所有者可以接受的盈利。将这样计算的利润，称为所有者利润。

所有者招募经营管理者，在设计激励经营管理者的激励绩效方案时，可以采用评价指标 EVA 来进行评价。

因此，从所有者的角度，所有者利润的计算公式如下。

$$EVA = 息前税后利润 - （短期借款 + 一年内到期的长期借款$$
$$+ 长期负债 + 所有者权益）\times 加权平均的资本成本率$$

资本是指有偿使用的资金，用公式表示如下。

$$资本 = 有偿负债 + 所有者权益$$
$$有偿负债 = 短期借款 + 一年内到期的长期借款 + 长期负债$$

息前税后利润再减去使用资本的成本，就可得到所有者的 EVA。所以，所有者在聘用职业经理人进行经营时，评价经营者的业绩就很客观。

加权平均资本成本如何计算？与资本的组成部分，以及每个部分的个别资金成本有关。

关于有偿负债的资本成本，由于企业在取得资金时，与资金的提供者之间有合同协议，规定了资金的使用利息成本，这比较容易取得。

所有者权益对应的机会成本应怎样计算？这是所有者与经营者需要考虑的，但有个底限，也就是所有者权益的机会成本不会低于有偿负债的成本；否则，所有者的资金还不如借贷给别人而不再投资经营，所以这是一个基本原则。

以上公式中加权平均资本成本率的使用，无非是想计算出负债和所有者权益的使用成本，如果分别使用各自的成本率计算也可以。如果负债的成本率均相同，计算公式如下。

$$EVA = 息前税后利润 - （短期借款 + 一年内到期的长期借款 +$$
$$长期负债）\times 负债的资本成本率 \times （1 - 所得税税率） - 所有者权益 \times$$
$$所有者权益的资本成本率$$

如果各部分负债的成本率不相同，分别对应分拆开就可以了。

长期负债主要包括长期借款、应付债券、长期应付款，前两项是有息债务。长期应付款一般反映了所有者投入企业而未列入企业实收资本中的资金，有些企业与所有者之间规定是有息的，有的所有者并未收取利息，即使并未收取利息，但经营者使用投资者的资金也是存在机会成本的，也要按有息成本的负债来对待。

12.4.2 经济增加值的计算举例

【例 12-3】甲企业投资 1 000 万元，其中长期借款 600 万元，权益性资本 400 万元；长期借款成本率与权益性资本成本率分别为 6% 和 10%，企业当年获得息前税后利润为 80 万元，请评价企业的经营业绩。（企业所得税税率为 25%）

$$净利润 = 息前税后利润 - 长期借款 \times 负债的资本成本率 \times (1-25\%) = 80 - 600 \times$$
$$6\% \times (1 - 25\%) = 53（万元）$$

$$EVA = 息前税后利润 - 长期借款 \times 负债的资本成本率 \times (1 - 25\%) -$$
$$所有者权益 \times 所有者权益的资本成本率 = 80 - 600 \times 6\% \times (1 - 25\%) -$$
$$400 \times 10\% = 13（万元）$$

【例 12-4】乙企业投资 1 500 万元，其中长期借款 600 万元，权益性资本 900 万元；长期借款成本率与权益性资本成本率分别为 6% 和 10%，企业当年获得息前税后利润为 123 万元，请评价企业的经营业绩。（企业所得税税率为 25%）

$$净利润 = 息前税后利润 - 长期借款 \times 负债的资本成本率 \times$$
$$(1 - 25\%) = 123 - 600 \times 6\% \times (1 - 25\%) = 96（万元）$$

$$EVA = 息前税后利润 - 长期借款 \times 负债的资本成本率 \times$$
$$(1 - 25\%) - 所有者权益 \times 所有者权益的资本成本率 = 123 -$$
$$600 \times 6\% \times (1 - 25\%) - 900 \times 10\% = 6（万元）$$

如果利用净利润比较甲、乙企业的经营业绩，那么，乙企业盈利 96 万元比甲企业盈利 53 万元高出 43 万元。

因甲、乙企业的投资额不同，所以更适合从投资回报率角度来比较甲、乙企业的经营业绩。计算如下。

$$甲企业的投资回报率 = 53/1 000 = 5.3\%$$

$$乙企业的投资回报率 = 96/1 500 = 6.4\%$$

利用投资回报率评价，也是乙企业回报率高。

如果利用 EVA 来评价，则甲企业的经营业绩 13 万元要好于乙企业的 6 万元。可见，EVA 评价方法，对于所有者来说更为合理。

12.4.3　EVA 价值管理体系在绩效考核体系中的应用

EVA 在绩效考核体系中，既可以按照一个绩效考核指标来对待，也可以按照绩效额度计算的基础来对待。

EVA 在绩效考核方案中的应用，尤其是针对所有者或股东对职业经理人的业绩评价，评价更为客观。对于无息的长期负债及所有者权益也要承担期望的资金成本，是双方均易于接受的。职业经理人提高 EVA 的意愿会更强烈，因为这有利于增加其个人的绩效收入。

国资委对国有企业领导人的绩效考核方案中，就设置了 EVA 指标，以调动其工作积极性。

在上市公司中，董事会要对股东大会负责，董事会中有些董事是大股东，董事会在选聘总经理并对上市公司的总经理进行考核时，也会使用 EVA 指标，以调动总经理的积极性。

在非上市的私人企业中，有些私人企业的经营规模很大，分支机构众多，特别是集团性企业，当授权职业经理人或信得过的亲属进行经营时，对被授权经营者经营业绩的评价与考核，也可以使用 EVA 指标。

12.5　解析沃尔评分法

亚历山大·沃尔将若干个财务比率用线性关系结合起来，以此来评价企业的信用水平，这种方法被称为沃尔评分法。

12.5.1　认识沃尔评分法

沃尔评分法的原理：选择七种财务比率，分别给定其在总评价中所占的比重，总和为100分，在此基础上确定标准比率，并与实际比率比较，评出每项指标的得分，求出总评分。沃尔综合评分表如表 12.8 所示。

表 12.8　沃尔综合评分表

财务比率	比重（1）	标准比率（2）	实际比率（3）	相对比率（4 = 3÷2）	综合指数（5 = 1×4）
流动比率	25	2.00	1.66	0.83	20.75
净资产 / 负债	25	1.50	2.39	1.59	39.75
资产 / 固定资产	15	2.50	1.84	0.74	11.04
销售成本 / 存货	10	8	9.94	1.24	12.43
销售收入 / 应收账款	10	6	8.61	1.44	14.35

续表

财务比率	比重（1）	标准比率（2）	实际比率（3）	相对比率（4 = 3÷2）	综合指数（5 = 1×4）
销售收入 / 固定资产	10	4	0.55	0.14	1.38
销售收入 / 净资产	5	3	0.40	0.13	0.67
合计	100				100.37

沃尔评分法从理论上讲，有以下弱点。

（1）未能证明为什么要选择这七项指标，而不是更多或更少，以及选择别的财务比率。

（2）未能证明每个指标所占比重的合理性。

（3）当指标严重异常时，会对综合指数产生不合逻辑的重大影响。例如，财务比率提高 1 倍，综合指数增加 100%，而财务比率缩小 1 倍，综合指数减少 50%。

现代社会与沃尔时代相比，已发生了很大变化，财务指标的使用以及财务比率的安排，均出现了重大调整，但沃尔评分法在绩效考核方案上的原理仍被借鉴应用。

12.5.2　沃尔评分法在绩效考核体系中的应用

绩效考核方案在不同企业的考核方式不同，考核方案的表现形式也不同。但大多数企业的绩效考核方案，均利用了沃尔评分法的原理，在考核方案中设计了重点引导企业达成结果的财务比率指标，以激励企业员工努力工作，达成财务比率目标，实现好的业绩。绩效考核方案举例如表 12.9 所示。

表 12.9　绩效考核方案

绩效指标	权重	目标值
1. 主营业务收入	40%	18 587
2. 净利润	25%	1 198
3. 存货周转天数	10%	55
4. 应收账款周转天数	10%	85
5. 逾期应收账款	10%	110
6. 安全事故	5%	0
合计	100%	

表 12.9 是一家企业的绩效考核方案，主要考核以下方面的内容。

（1）收入规模，即市场占有规模方面的指标：主营业务收入。

（2）净利规模，即收入所带来利润能力指标：净利润。

（3）现金流量，即收入转化现金流的影响指标：逾期应收账款。

（4）营运效率，即资金投入产生收入能力指标：应收账款周转天数、存货周转天数。

（5）安全运营，即人、财、物的运营安全指标：安全事故。

以上指标中，前3个方面的指标是财务指标，是从结果导向引导企业行动，激励员工为达成结果目标努力。

绩效指标的选用与企业当时的管理重点有关。从财务比率指标来看，主要有盈利能力指标、营运能力指标、偿债能力指标。从表12.9来看，企业并没有将偿债能力指标纳入绩效考核方案，也就是说，企业的偿债能力不一定是当时的重点关注领域。或者，企业的考核指标中有关联内容，无须再进行特殊考核，避免重复考核。

沃尔评分法中一共列举了7个财务指标，这也是进行绩效考核方案时应注意的。每个人的关注力、记忆力是有限的，太多的财务考核指标容易让人印象不深，建议指标不要太多，要突出重点的考核领域。都是重点，反而可能都不是重点，可能说的也是这个道理。

12.6 建立企业特色的绩效考核体系

关于跳蚤，有人做过试验，将跳蚤放入一个杯底可伸缩的杯子里。当杯底距离杯口不太高的情况下，跳蚤毫不费力就跳出了杯子，跳出来后还会嘲笑试验者："小样，太小瞧我了，就这高度，焉能难倒我？"

试验者似乎看透了跳蚤的心思，在杯口放上了盖子，结果跳蚤接连跳了几次，每次都被盖子反弹回杯底。跳蚤连续几天努力跳，结果都不能跳出去。后来，跳蚤不跳了。

试验者看到了不再跳跃的跳蚤，就将盖子拿开了。但跳蚤已经不尝试跳了，跳蚤似乎变成了"爬蚤"。接下来，试验者说："你才小样，懒家伙，我就不信你不跳。"试验者用火给跳蚤升温，刚开始，虽然没有盖子，但跳蚤已经跳不出去了；试验者再给杯底升温，随着温度逐渐升高，以及跳蚤的连续尝试，最后跳蚤跳出了杯子。

可见，跳蚤理论可以用来解释企业为什么要进行绩效激励和惩罚。这个例子里面，盖子犹如惩罚或禁止性制度命令，加热的火力犹如绩效考核的激励措施，杯底与杯口的高度犹如考核目标，企业需要利用绩效考核体系来发挥激励经营管理者的作用。

12.6.1 企业特色的绩效考核体系概述

之所以称为特色，是因为每个被考核主体都有自己独特的经营特点、管理要求、改善方向，因此，也不可能照抄照搬其他主体的绩效考核方案，要因地制宜、因体施策，构建具有自己特色的绩效考核体系。

按考核人与被考核人之间的关系不同，可将绩效考核体系分为法人主体及责任中心两种类型。这两种类型的考核人与被考核人之间对企业经营信息的掌握程度也不同，因此，每种类型关注的考核点或使用的考核手段均会有所差异，如图 12.6 所示。

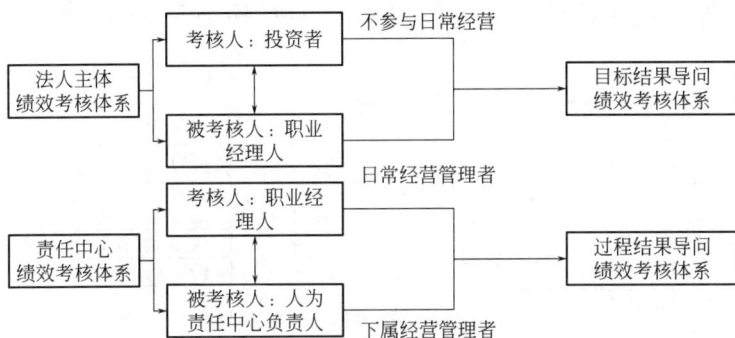

图 12.6 绩效考核体系分类

如图 12.6 所示，法人主体绩效考核体系因投资者或股东不直接参与日常经营管理，投资者经常聘用高层管理者经营，并对高层管理者执行长短期计划目标进行考核，故考核的指标往往是财务结果性指标，以高层管理者年终将要达成的目标为导向进行激励。

另一个以目标结果导向作为法人主体绩效考核体系的原因，在于投资者对高层管理者的管理要求不可能太细化，太细化的要求会使高层管理者管得太呆板，难以灵活地采用不同的市场方式达成目标结果。

同时，太细化的考核数据也难以获取，因为投资者更信赖经注册会计师审计的财务会计报表，财务会计报表报送给外部信息使用者的往往是整体性财务信息，本身就是结果导向的。

如图 12.6 所示，责任中心绩效考核体系因高层管理者和责任中心的负责人均参与日常经营管理，双方不仅需要定义财务结果目标是什么，还需要探讨如何才能达成财务结果目标，在达成的过程中还需要控制什么等，所以考核导向为过程结果导向，而且双方均是内部管理者，管理报表的细化数据容易获取，双方信赖内部审计对管理报表进行的审计。

12.6.2　法人主体的特色绩效评价体系

法人主体的特色绩效评价体系，是指企业外部投资者或上级管理部门对企业法人主体的业绩进行评价，根据其完成状况进行评分，据以确定绩效发放额度的体系。

外部投资者或上级管理部门与法人主体之间沟通确定绩效考核方案的程序如图12.7所示。

如图12.7所示，外部投资者或上级管理部门与职业经理人及其团队，先沟通确定年度预算，外部投资者结合预算及年度关键的目标要求，提出绩效考核指标，并对指标进行定义，沟通考核指标的计划目标，并考虑指标权重，最终双方确定绩效考核方案。

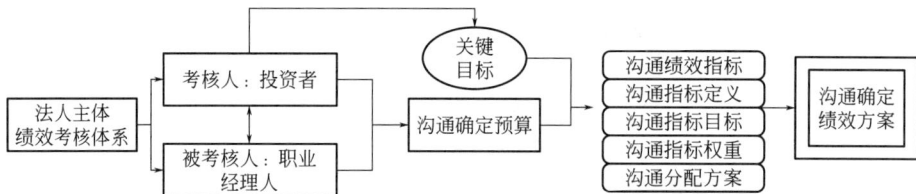

图 12.7　沟通确定绩效考核方案的程序

以上所说的绩效考核方案，可以认为是沃尔评分法的改造方案。

关于绩效方案按沃尔评分法改造的方案举例如表12.10所示。

表 12.10　×××公司绩效考核方案

项目	权重	绩效指标	权重	目标值
客观指标	90%	1. 主营业务收入	40%	18 587
		2. 净利润	25%	1 198
		3. 存货周转天数	10%	55
		4. 应收账款周转天数	10%	85
		5. 逾期应收账款	10%	110
		6. 安全事故	5%	0
主观指标	10%	1. 管理制度健全性	30%	
		2. 人事报表提交及时性	30%	
		3. 财务类报表提交及时性	40%	
合计	100%			

如表12.10所示，绩效考核方案的指标定义如下。

（1）以上指标的计算，允许超过100%，存在加分项；目标值中绝对数的计量单位为万元。

（2）以上客观指标计算时所用的数据，为考核单位经外部审计后的会计报表数据，以及经内部审计后的管理报表数据。

（3）存货周转天数＝360×（年初存货/2＋年末存货/2）/销售成本；当实际值小于目标值时，存货周转天数达成率＝100%；当实际值大于目标值时，存货周转天数达成率＝1−（实际值−目标值）/目标值。

（4）应收账款周转天数＝360×（年初应收账款/2＋年末应收账款/2）/销售收入净额；当实际值小于目标值时，应收账款周转天数达成率＝100%；当实际值大于目标值时，应收账款周转天数达成率＝1−（实际值−目标值）/目标值。

（5）逾期应收账款达成情况指标中的实际值，是指公司20××年年末管理报表逾期应收账款余额。

（6）逾期应收账款达成情况指标的分数：当实际值小于或等于目标值时，分数为100%；当实际值每大于目标值15万元时，相应扣减20%。例如，实际值大于目标值30万元时，则分数为60%。

（7）绩效总体额度＝净利润×15%，绩效发放额度＝绩效总体额度×综合绩效指标分数。

（8）绩效发放额度分配方案，总经理分配60%，其他高层管理者分配40%。其他高层管理者的分配由总经理另做方案分配，但发放额度不允许超过绩效发放额度的40%。

关于实际经营结果按绩效考核方案进行评分的表，如表12.11、表12.12所示。

表 12.11　绩效考核方案评分表

项目	权重	绩效指标	权重	目标值	实际值	绩效指标达成率	单项绩效指标分数	综合绩效指标分数
客观指标	90%	1. 主营业务收入	40%	18 587	18 029	97%	39%	76%
		2. 净利润	25%	1 198	1 162	97%	24%	
		3. 存货周转天数	10%	55	50	100%	10%	
		4. 应收账款周转天数	10%	85	110	70%	7%	
		5. 逾期应收账款	10%	110	300	0%	0%	
		6. 安全事故	5%	0	—	100%	5%	
主观指标	10%	1. 管理制度健全性	30%			100%	30%	10%
		2. 人事报表提交及时性	30%			100%	30%	
		3. 财务报表提交及时性	40%			100%	40%	
合计	100%							86%

表 12.12 绩效额度计算表

净利润	绩效计提比例	绩效总体额度	综合绩效指标分数	绩效发放额度
1 162	15%	174	86%	149.64

这个考核方案将净利润作为计算绩效额度的基础，除了净利润外，EVA 也可以作为职业经理人绩效额度的计算基础。

另外，有些企业可能对个人的绩效评分按表 12.11 所示的方法进行，而对于绩效额度的计算基础采用一个数值（如 10 万元或 30 万元），然后通过计算基础与经营效果的评分值相乘得出绩效额度。

依据沃尔评分法制定的绩效考核方案，主要确定绩效指标、权重、目标值，下面主要从这 3 个方面来看如何制定绩效考核方案。

关于如何确定绩效指标，重要的是要体现出企业的年度工作重点。当年度工作重点发生变化时，方案也要随之变更。如果年度工作重点之间需要衔接，企业要做好相应的衔接工作。

【例 12-5】某企业连续 3 年的绩效考核方案如表 12.13、表 12.14、表 12.15 所示。

表 12.13 2××6 年绩效考核方案

项目	权重	绩效指标	权重	目标值
客观指标	90%	1. 营业收入达成率	40%	6 939
		2. 净利润达成率	40%	518
		3. 应收账款 + 存货占收入比率达成率	10%	30%
		4. 逾期应收账款达成情况	10%	350
主观指标	10%	1. 管理制度健全性	30%	
		2. 人事报表提交及时性	30%	
		3. 财务类报表提交及时性	40%	
合计	100%			

表 12.14 2××7 年绩效考核方案

项目	权重	绩效指标	权重	目标值
客观指标	90%	1. 营业收入达成率	40%	7 106
		×× 服务收入	4%	582
		×× 租赁收入	2%	368
		其他收入	34%	6 156
		2. 净利润达成率	40%	630
		3. 应收账款 + 存货占收入比率达成率	10%	30%
		4. 逾期应收账款达成情况	10%	350

续表

项目	权重	绩效指标	权重	目标值
主观指标	10%	1. 管理制度健全性	30%	
		2. ×× 系统开发及签约	30%	
		3. 财务类报表提交及时性	40%	
合计	100%			

表 12.15 2××8 年绩效考核方案

项目	权重	绩效指标	权重	目标值
客观指标	90%	1. 营业收入达成率	40%	8 431
		×× 服务收入	4%	615
		×× 新产品收入	2%	300
		其他收入	34%	7 516
		2. 净利润达成率	40%	790
		3. 应收账款 + 存货占收入比率达成率	10%	30%
		4. 逾期应收账款达成情况	10%	300
主观指标	10%	1. ×× 系统成功应用 10 000 套	60%	10 000
		2. 财务类报表提交及时性	40%	
合计	100%			

以上 3 年绩效方案的客观指标中，2××6 年为基础的绩效考核方案，即起步阶段的绩效方案，营业收入达成率是指总体营业收入的达成情况；2××7 年的绩效考核方案将营业收入达成率进行了细化，对 ×× 服务收入和 ×× 租赁收入单列进行考核；2××8 年的绩效考核方案又单列了 ×× 新产品收入进行考核。逐年调整收入考核内容，体现了销售的重点管理方向。

以上 3 年绩效方案的主观指标中，2××6 年为基础的绩效考核方案；2××7 年将 ×× 系统开发及签约作为绩效考核指标；2××8 年 ×× 系统成功应用 10 000 套。这两年的绩效方案中，对 ×× 系统做了目标要求，2××8 年在 2××7 年的基础上更进一步，年度考核指标也进一步衔接。

关于指标定义，考核人与被考核人双方要定义清晰、明确、具体，以避免指标实际计算时存在歧义。同时，有歧义的指标也不利于在实施时达成目标。

关于指标权重，在被选中的关键目标中权衡，看这些被选中的指标哪个更重要，更重要的指标的权重也更高，以引起被考核者的重视。

【例 12-6】某企业 2××7 年绩效考核方案设计。

表 12.16 2××7 年绩效考核方案设计

项目	权重	绩效指标	权重
客观指标	90%	1. 营业收入达成率	40%
		2. 净利润达成率	40%
		3. 应收账款周转率达成率	8%
		4. 逾期应收账款达成情况	12%
主观指标	10%	1. 人事档案完整规范性	30%
		2. 人事报表提交及时性	30%
		3. 财务类报表提交及时性	40%
合计	100%		

如表 12.16 所示，2××7 年绩效考核方案设计中，因以前年度应收账款总体周转及回收状况良好，故应收账款周转率达成率、逾期应收账款达成情况指标权重设计得较低，合计权重为 20%；但 2××7 年实际应收账款逾期较多，因此需要在下一年度制定绩效方案时注意修改。该企业 2××8 年绩效考核方案设计如表 12.17 所示。

表 12.17 2××8 年绩效考核方案设计

项目	权重	绩效指标	权重
客观指标	90%	1. 营业收入达成率	30%
		2. 净利润达成率	30%
		3. 应收账款 + 存货占收入比率达成率	20%
		4. 逾期应收账款达成情况	20%
主观指标	10%	1. 人事档案完整规范性	30%
		2. 管理制度健全性	30%
		3. 财务类报表提交及时性	40%
合计	100%		

如表 12.17 所示，企业在制定 2××8 年绩效考核方案时，对应收账款 + 存货占收入比率达成率、逾期应收账款达成情况两个指标的权重，由上一年同期的 20% 调整为 40%。

指标目标的确定要体现出激励作用，注意不要制定得高不可攀，否则，被考核人没有积极性，会失去考核意义；也要注意不要制定得较低，否则，轻而易举实现目标，可能被考核人认为绩效考核是在走过场，流于形式。

有些硬性绩效考核指标必须慎重对待，不能因为今年实际完成得不好，以后年度就放宽考核标准。

【例 12-7】某企业上年度逾期应收账款目标设定与本年度逾期应收账款目标设定分别如表 12.18、表 12.19 所示。

表 12.18　上年度逾期应收账款目标设定

项目	权重	绩效指标	权重	目标值	实际值	绩效指标达成率	单项绩效指标分数
客观指标	90%	1. 营业收入达成率	30%	6 100			
		2. 净利润达成率	30%	593			
		3. 应收账款 + 存货占收入比率达成率	15%	30%			
		4. 逾期应收账款达成情况	25%	90	375	0%	0
主观指标	10%	1. 管理制度健全性	30%				
		2. 人事报表提交及时性	30%				
		3. 财务类报表提交及时性	40%				
合计	100%						

表 12.19　本年度逾期应收账款目标设定

项目	权重	绩效指标	权重	目标值
客观指标	90%	1. 营业收入达成率	30%	6 500
		2. 净利润达成率	30%	670
		3. 应收账款 + 存货占收入比率达成率	15%	30%
		4. 逾期应收账款达成情况	25%	90
主观指标	10%	1. 管理制度健全性	50%	
		2. 财务类报表提交及时性	50%	
合计	100%			

如表 12.18 及表 12.19 所示，上年度逾期应收账款目标设定为 90 万元，但上年度年末实际逾期 375 万元，该指标得分为 0 分；但本年度制定的逾期应收账款目标并未因为上年度是 0 分而调高目标值，目标仍然设定为 90 万元。由此可知该企业想通过这个硬性指标来改善公司的现金流。

如果年度逾期应收账款完成得好，并不是要维持目标不变，而是要求会变高。例如，有一家公司上年度逾期应收账款目标设定为 400 万元，上年末逾期应收账款实际为 255 万元，本年度逾期应收账款目标设定为 200 万元，提出了更高的要求。

有人认为逾期应收账款应该与销售收入规模有关。绩效考核方案是企业内部的管理方案，与管理者的要求有关，与企业的实际状况有关，与行业特点有关，不能一概而论。有的企业可能会与销售规模关联，目标值控制在一定的百分比之内；有的企业管理者根据日常的管理要求、风险的忍受程度，定出目标要求。

关于应收账款＋存货占收入比率达成率，这个指标在表 12.18 和表 12.19 中的目标值设定是一样的。也就是说，按行业标准和本集团的管理要求，应收账款和存货的合计周转效率维持在 3.3 次的水平是正常的目标，通常不会做大的调整；不会因为实际完成得好，而将目标再提高，因为这个目标与销售收入提高有关。

关于预算目标的制定，因被考核人可能存在保守情况，低估企业利润，而有时需要通过预算偏差率考核来引导被考核人。

预算偏差率＝（实际净利润－预算净利润）/ 预算净利润，当预算偏差率≥150% 时，分数为 80%；当 150%＞预算偏差率≥100% 时，分数为 85%；当 100%＞预算偏差率≥50% 时，分数为 90%；当 50%＞预算偏差率≥30% 时，分数为 95%；当 30%＞预算偏差率≥0% 时，分数为 100%。

预算偏差率对纠正预算松弛或预算保守者过低地预计利润具有一定的作用。

当年度预算在年中进行变更时，绩效考核方案的目标值也需要随之变更，如图 12.8 所示。

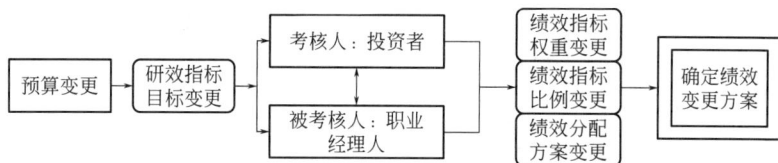

图 12.8　预算与绩效考核方案的目标值变更

当年度预算在年中发生变更时，如果关系到绩效指标的目标值发生变更，考核人与被考核人在变更目标值的情况下，要重新考虑管理的侧重点是否发生变化，是否需要变更绩效指标的权重，以及绩效计提比例、绩效分配方案等。一般来说，对因预算变更而关系到的绩效变更，一般不做大的修改，以保持考核政策的一贯性。

关于分配方案，如何在被考核人之间分配绩效额度，要事先确定，以避免真正分配时发生纠纷，这样也有利于在已知情况下让个人努力去达成目标。

外部投资者或上级管理部门与法人主体之间沟通确定绩效发放额度的程序如图 12.9 所示。

如图 12.9 所示，绩效计算人依据绩效考核方案和财务、管理报表等计算出绩效额度，如果计算过程中有疑问，需要先向绩效审批人请示汇报，再与被考核人沟通绩效额度的计算结果。如果被考核人对绩效额度计算结果有异议，绩效计算人需要向绩效审批人汇报异议，对于异议的处理，绩效审批人需要考虑是由绩效计算人向被考核人沟通回复还是由绩效审批人向被考核人沟通回复，之后再最终确定绩效发放额度。

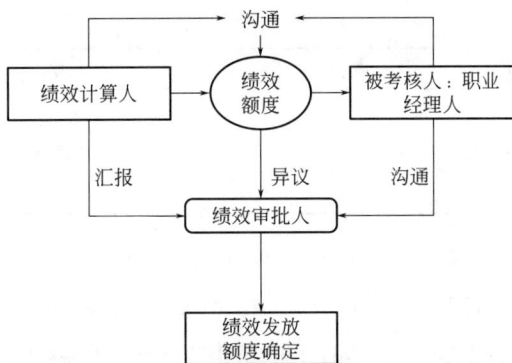

图 12.9 绩效发放额度确定程序

考虑程序适用时，一定要结合企业本身的特点以及管理要求，调整成适合本企业的程序或流程，并在今后的绩效管理工作中不断地总结，加以改善，提高绩效管理水平。

12.6.3 责任中心的特色绩效评价体系

责任中心的绩效评价体系如何确定？每个责任中心的绩效考核侧重点是什么？从原理上看，这与法人主体的绩效评价体系有相同之处。但每类责任中心的要求不同，绩效考核的关注点也会不同。

接下来，主要从成本中心、利润中心的角度讲述绩效评价体系。

成本中心的主要绩效考核指标是成本降低率。

成本中心考核的成本必须是可控成本，可控成本的降低额以及降低率可用于成本中心的业绩评价。

$$成本降低额 = 实际成本 - 预算成本$$

$$成本降低率 = 成本降低额 / 预算成本$$

成本中心，例如工段或班组的绩效考核方案举例如表 12.20 所示。

表 12.20 成本中心绩效考核方案

项目	权重	绩效指标	权重	目标值
客观指标	90%	1. 成本降低率	30%	
		2. 废品率	15%	
		3. 一次性产出合格率	15%	
		4. 产品生产及时率	20%	
		5. 人均产值	20%	

续表

项目	权重	绩效指标	权重	目标值
主观指标	10%	1. 管理制度健全性	50%	
		2. 报表提交及时性	50%	
合计	100%			

利润中心的主要绩效考核指标是利润中心可控利润。

利润中心边际贡献 = 利润中心的销售收入 - 利润中心的变动成本

利润中心可控利润 = 利润中心的销售收入 - 利润中心的变动成本

- 利润中心可控固定成本

利润中心，例如生产部门的绩效考核方案举例如表 12.21 所示。

表 12.21　利润中心绩效考核方案

项目	权重	绩效指标	权重	目标值
客观指标	90%	1. 人均销售收入增长率	20%	
		2. 可控利润	30%	
		3. 存货周转期	15%	
		4. 产品生产期	15%	
		5. 产品合格率	20%	
主观指标	10%	1. 管理制度健全性	50%	
		2. 报表提交及时性	50%	
合计	100%			

在企业的实务管理中，很多企业通过年度绩效考核进行管理，针对部门负责人或部门全体人员进行绩效考核激励。

部门绩效考核从实质来看，也是责任中心考核，往往从如何定位部门管理来看待应将部门定位于哪类责任中心，再从责任中心的权责方面考虑制定绩效考核方案。

有些企业将生产部定义为利润中心，将生产部的下属部门定义为成本中心，如图 12.10 所示。

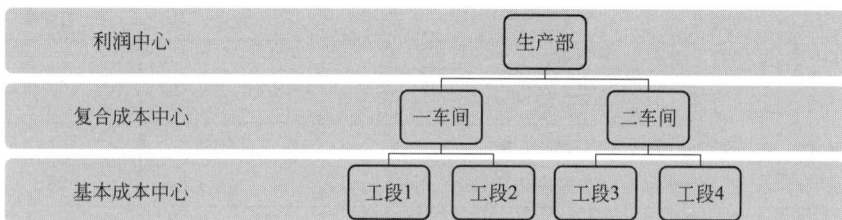

图 12.10　将生产部定义利润中心示意

有些企业将生产部定义为成本中心，将生产部的下属部门定义为标准成本中心或费用中心，如图 12.11 所示。

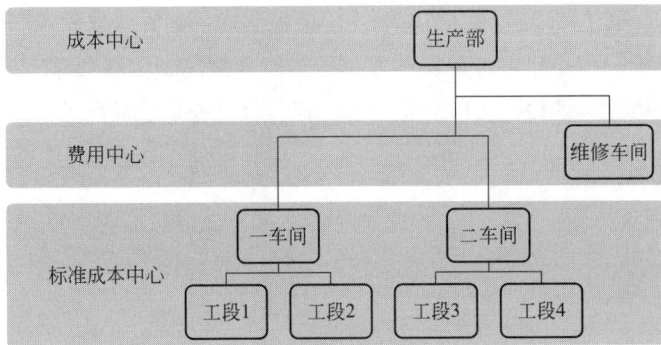

图 12.11　将生产部定义成本中心示意

有些企业将销售中心定义为利润中心，将大客户部、经销商部、外销部定义为销售中心下属的利润中心，将商务组、售后组定义为成本中心，如图 12.12 所示。

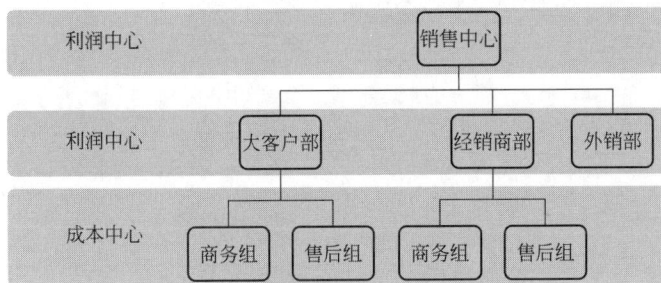

图 12.12　销售中心定义利润中心示意图

将销售中心作为利润中心的绩效考核方案举例如表 12.22 所示。

表 12.22　销售中心绩效考核方案

项目	权重	绩效指标	权重	目标值
客观指标	90%	1. 人均销售收入增长率	20%	
		2. 人均可控利润增长率	30%	
		3. 回款率	15%	
		4. 逾期应收账款达成率	15%	
		5. 客户满意度	10%	
		6. 新客户开发率	10%	
主观指标	10%	1. 管理制度健全性	50%	
		2. 报表提交及时性	50%	
合计	100%			

其他部门的定义，参考上述部门定义为责任中心的思想，不再详述。

沟通确定绩效方案及绩效发放额度程序，类似于法人主体程序。

需要注意，每年绩效考核方案的制定不要流于形式，要注意考虑战略发展规划、长短期计划目标、每个年度或阶段的发展侧重点，像编制零基预算一样，每年重新考虑该年度的绩效考核指标，以起到引导作用，提升企业的整体绩效。